Kindheit – Bildung – Erziehung. Philosophische Perspektiven

Reihe herausgegeben von

Johannes Drerup, Institut für Allgemeine Erziehungswiss, Technische Universität Dortmund, Dortmund, Deutschland

Franziska Felder, Institut für Bildungswissenschaft, Universität Wien, Wien, Österreich

Veronika Magyar-Haas, Departement Erziehungs- und Bildungswiss, Université Fribourg Fribourg, Schweiz

Gottfried Schweiger, Ethik und Armutsforschung, Universität Salzburg, Salzburg, Österreich

In der Reihe „Kindheit – Bildung – Erziehung: Philosophische Perspektiven" erscheinen Monographien und Sammelbände, die sich mit philosophischen Debatten über Fragen der Kindheit, der Bildung und der Erziehung beschäftigen. Thematisiert werden etwa Problematiken der theoretischen Konzeptualisierung, der Legitimation und Gewährleistung von Erziehung und Bildung in (post-)modernen Gesellschaften genauso wie aktuelle Kontroversen über normativ relevante Unterscheidungen zwischen Kindern und Erwachsenen, über spezifische Güter der Kindheit und über das Verhältnis von Eltern- und Kinderrechten in und außerhalb von liberalen Demokratien. Die Reihe richtet sich an Interessierte aus der Erziehungs- und Bildungsphilosophie, den Childhood Studies, der Philosophie der Kindheit und aus weiteren philosophischen Disziplinen (z.B. Politische Philosophie), die sich mit den genannten Themen- und Problemfeldern beschäftigen.

In the series „Childhood and Education. Philosophical Perspectives" monographs and edited volumes are published that deal with philosophical debates about childhood and education. Topics include philosophical questions and problems concerning the conceptualization, justification and the practice of education in (post-) modern societies, as well as controversies over normatively relevant distinctions between children and adults, the specific goods of childhood, and the relation between the rights of children and parents in and beyond liberal democracies. The series addresses scholars from the philosophy of education, childhood studies, philosophy of childhood as well as from other philosophical disciplines (e.g. political philosophy), who are interested in the aforementioned topics and issues.

Weitere Bände in der Reihe https://link.springer.com/bookseries/16428

Phillip D. Th. Knobloch · Johannes Drerup ·
Dilek Dipcin
(Hrsg.)

On the Beaten Track

Zur Theorie der Bildungsreise im Zeitalter
des Massentourismus

   J.B. METZLER

Phillip D. Th. Knobloch
Institut für Allgemeine Erziehungswissenschaft und Berufspädagogik
Technische Universität Dortmund
Dortmund, Deutschland

Johannes Drerup
Institut für Allgemeine Erziehungswissenschaft und Berufspädagogik
Technische Universität Dortmund
Dortmund, Deutschland

Dilek Dipcin
Institut für Allgemeine Erziehungswissenschaft und Berufspädagogik
Technische Universität Dortmund
Dortmund, Deutschland

ISSN 2662-5040   ISSN 2662-5059   (electronic)
Kindheit – Bildung – Erziehung. Philosophische Perspektiven
ISBN 978-3-662-63373-1   ISBN 978-3-662-63374-8   (eBook)
https://doi.org/10.1007/978-3-662-63374-8

Die Deutsche Nationalbibliothek verzeichnet diese Publikation in der Deutschen Nationalbibliografie; detaillierte bibliografische Daten sind im Internet über http://dnb.d-nb.de abrufbar.

© Der/die Herausgeber bzw. der/die Autor(en), exklusiv lizenziert durch Springer-Verlag GmbH, DE, ein Teil von Springer Nature 2022
Das Werk einschließlich aller seiner Teile ist urheberrechtlich geschützt. Jede Verwertung, die nicht ausdrücklich vom Urheberrechtsgesetz zugelassen ist, bedarf der vorherigen Zustimmung der Verlage. Das gilt insbesondere für Vervielfältigungen, Bearbeitungen, Übersetzungen, Mikroverfilmungen und die Einspeicherung und Verarbeitung in elektronischen Systemen.
Die Wiedergabe von allgemein beschreibenden Bezeichnungen, Marken, Unternehmensnamen etc. in diesem Werk bedeutet nicht, dass diese frei durch jedermann benutzt werden dürfen. Die Berechtigung zur Benutzung unterliegt, auch ohne gesonderten Hinweis hierzu, den Regeln des Markenrechts. Die Rechte des jeweiligen Zeicheninhabers sind zu beachten.
Der Verlag, die Autoren und die Herausgeber gehen davon aus, dass die Angaben und Informationen in diesem Werk zum Zeitpunkt der Veröffentlichung vollständig und korrekt sind. Weder der Verlag noch die Autoren oder die Herausgeber übernehmen, ausdrücklich oder implizit, Gewähr für den Inhalt des Werkes, etwaige Fehler oder Äußerungen. Der Verlag bleibt im Hinblick auf geografische Zuordnungen und Gebietsbezeichnungen in veröffentlichten Karten und Institutionsadressen neutral.

Coverabbildung: © littlehenrabi/Getty Images/iStock

Planung/Lektorat: Franziska Remeika
J.B. Metzler ist ein Imprint der eingetragenen Gesellschaft Springer-Verlag GmbH, DE und ist ein Teil von Springer Nature.
Die Anschrift der Gesellschaft ist: Heidelberger Platz 3, 14197 Berlin, Germany

Inhaltsverzeichnis

On the beaten track. Zur Theorie der Bildungsreise im Zeitalter des Massentourismus. Einleitung 1
Phillip D. Th. Knobloch, Johannes Drerup und Dilek Dipcin

Historische Perspektiven

Kavaliersreisen in der (höfischen) Gesellschaft der Singularitäten. Anmerkungen zu Andreas Reckwitz' Theorieangebot aus Sicht der Frühneuzeit-Reiseforschung 13
Mathis Leibetseder

Ida Pfeiffer oder die unstillbare Lust auf Reisen um die Welt 27
Ottmar Ette

Bildung zum Kosmopolitismus. Reisen als anthropologische Methode bei Rousseau, Kant und Wilhelm von Humboldt 43
Ruprecht Mattig

Beziehungsaufnahmen – Fotografieren auf Reisen zwischen Selbstverortung, Dokumentation, Kritik, Kommunikation und Traum 57
Ulrike Mietzner

Theoretische und empirische Perspektiven

Zwischen Virtualität und Präsenz. Theoretische und empirische Annäherungen an das Verhältnis von Tourismus und Bildung 75
Alfred Schäfer

Die Bildungsreise oder: Erfahrungen mit dem ästhetischen Selbst 101
Leopold Klepacki und Jörg Zirfas

Reisen und Bildung nach deren zwischenzeitlichem ‚Ende' 115
Burkhard Liebsch

**Kreuzfahrt-Reisen bildet? Kreuzfahrtreisende zwischen
Optimierung, Disziplinierung und (Subjekt-)Bildung** 129
Lilli Riettiens

**Umsetzungsformen von internationalen Mobilitätsprogrammen
an Grundschulen** 141
Bernd Wagner

Alternative Perspektiven

Zimmerreisen.. 157
Jürgen Nielsen-Sikora

Eine Zimmerreise in Zeiten von Corona 169
Bernd Stiegler

Back to B-more – eine Serienbildungsreise vor Ort 205
Olaf Sanders

**„Livin' on the road my friend". Eine Bildungsreise auf
den Spuren von Townes van Zandt**................................ 221
Jürgen Oelkers

**Reisen an den Grenzen des Kapitalismus. Autobiografische
Berichte über das Aussteigen und Verweigern** 243
André Schütte

Herausgeber- und Autorenverzeichnis

Über die Herausgeber

Phillip D. Th. Knobloch Philophisch-Pädagogische Fakultät, Katholische Universität Eichstätt-Ingolstadt, Eichstätt, Deutschland

Johannes Drerup Institut für Allgemeine Erziehungswissenschaft und Berufspädagogik, Technische Universität Dortmund, Dortmund, Deutschland

Dilek Dipcin Institut für Allgemeine Erziehungswissenschaft und Berufspädagogik, Technische Universität Dortmund, Dortmund, Deutschland

Autorenverzeichnis

Dilek Dipcin Institut für Allgemeine Erziehungswissenschaft und Berufspädagogik, Technische Universität Dortmund, Dortmund, Deutschland

Johannes Drerup Institut für Allgemeine Erziehungswissenschaft und Berufspädagogik, Technische Universität Dortmund, Dortmund, Deutschland

Ottmar Ette Institut für Romanistik, Universität Potsdam, Potsdam, Deutschland

Leopold Klepacki Institut für Pädagogik, Friedrich-Alexander-Universität Erlangen-Nürnberg, Erlangen, Deutschland

Phillip D. Th. Knobloch Philophisch-Pädagogische Fakultät, Katholische Universität Eichstätt-Ingolstadt, Eichstätt, Deutschland

Mathis Leibetseder Geheimes Staatsarchiv Preußischer Kulturbesitz, Berlin, Deutschland

Burkhard Liebsch Philosophisches Institut, Universität Bochum, Bochum, Deutschland

Ruprecht Mattig Institut für Allgemeine Erziehungswissenschaft und Berufspädagogik, Technische Universität Dortmund, Dortmund, Deutschland

Ulrike Mietzner Institut für Allgemeine Erziehungswissenschaft und Berufspädagogik, Technische Universität Dortmund, Dortmund, Deutschland

Jürgen Nielsen-Sikora Department Erziehungswissenschaft, Universität Siegen, Siegen, Deutschland

Jürgen Oelkers Institut für Erziehungswissenschaft, Universität Zürich, Zürich, Schweiz

Lilli Riettiens Department Erziehungs- und Sozialwissenschaften, Universität zu Köln, Köln, Deutschland

Olaf Sanders Fakultät für Geistes- und Sozialwissenschaft, Helmut-Schmidt-Universität Hamburg, Hamburg, Deutschland

Alfred Schäfer Institut für Pädagogik, Martin-Luther-Universität Halle-Wittenberg, Halle(Saale), Deutschland

André Schütte Department Erziehungswissenschaft, Universität Siegen, Siegen, Deutschland

Bernd Stiegler Literaturwissenschaft, Universität Konstanz, Konstanz, Deutschland

Bernd Wagner Erziehungswissenschaftliche Fakultät, Universität Leipzig, Leipzig, Deutschland

Jörg Zirfas Department Erziehungs- und Sozialwissenschaften, Universität zu Köln, Köln, Deutschland

On the beaten track. Zur Theorie der Bildungsreise im Zeitalter des Massentourismus. Einleitung

Phillip D. Th. Knobloch, Johannes Drerup und Dilek Dipcin

Wir leben in einer Welt der ausgetretenen Pfade, die sich im Zuge von ökonomischen, kulturellen und politischen Globalisierungsprozessen immer mehr zu einer Art touristischem Weltinnenraum präparierter Erfahrungswege und -möglichkeiten wandelt. Kaum ein Ort auf diesem Planeten – vom Mount Everest Base Camp bis zur Antarktis –, der nicht in ein Objekt und Produkt möglicher touristischer Erfahrung transformiert wurde oder wird. Im weltumspannenden System des modernen Massentourismus spiegeln sich wie in einem Brennglas die Ambivalenzen, Paradoxien und Widersprüche (post-)moderner Formen individueller und kollektiver Lebensführung und ihrer Kritik.

Moderner Tourismus ist ein zentraler Wirtschaftsfaktor und wird als Möglichkeit gesehen, globale ökonomische Ungleichheit abzubauen, ist aber zugleich Ausdruck dieser Ungleichheit, da diese mit radikal ungleichen Chancen von Mobilität einhergeht (Messerschmidt 2010). Kapitalistisch organisierter Massentourismus scheint die Tendenz aufzuweisen, die sozialen, kulturellen und ökologischen Grundlagen, auf denen er aufbaut, nicht nur zu verändern, sondern in vielen Fällen auch zu zerstören. Aber schon die Kritik an den desaströsen Folgen

---

P. D. T. Knobloch (✉)
Philophisch-Pädagogische Fakultät, Katholische Universität Eichstätt-Ingolstadt, Eichstätt, Deutschland
E-Mail: phillip.knobloch@ku.de

J. Drerup · D. Dipcin
Institut für Allgemeine Erziehungswissenschaft und Berufspädagogik, Technische Universität Dortmund, Dortmund, Deutschland
E-Mail: johannes.drerup@tu-dortmund.de

D. Dipcin
E-Mail: dilek.dipcin@tu-dortmund.de

© Der/die Autor(en), exklusiv lizenziert durch Springer-Verlag GmbH, DE, ein Teil von Springer Nature 2022
P. Knobloch et al., *On the Beaten Track*, Kindheit – Bildung – Erziehung. Philosophische Perspektiven, https://doi.org/10.1007/978-3-662-63374-8_1

von Massentourismus in manchen Regionen der Welt – so eine Kritik der Kritik – scheint Ausdruck ‚westlichen' Superioritätsgebarens[1] zu sein, wenn man die Perspektiven und Interessen von Betroffenen nicht bzw. nicht angemessen berücksichtigt, denen man empfiehlt, ihr Auskommen anderweitig zu verdienen. Stattdessen versteht man sich lieber als progressiver Mensch, fliegt über organisierte Reiseformate zum Schildkrötenretten an die Strände Costa Ricas und produziert so die Umweltprobleme mit, deren Folgen man beansprucht zu beheben.[2] Man möchte als kosmopolitisch orientierter[3] Backpacker traditionelle Kulturen für sich ‚entdecken', reproduziert so neokoloniale Sichtweisen und untergräbt die Grundlagen der imaginierten ‚traditionellen Lebensweisen', für die man vorgibt sich zu interessieren, die sich aber ggf. längst an die antizipierten Vorstellungswelten und Bedürfnisstrukturen des Tourismus angepasst haben. Man sucht von Reiseagenturen angepriesene traditionell-authentische Formen der Gastfreundschaft und Gastlichkeit, die unter Bedingungen massentouristisch organisierten und betreuten Reisens kaum realistische Erfahrungen und Erwartungen beschreiben dürften. Man versucht einem an Kriterien der Effizienz und Optimierung orientierten Alltagsleben zu entkommen, gestaltet aber die Individualreise – von der Vor- bis zur Nachbereitung – konform zu diesen Kriterien. So ‚macht' man Thailand und Vietnam und erledigt Laos gleich mit: *Life is a journey*. Man möchte mit einem Lonely Planet im Gepäck ‚authentische Erfahrungen' machen und bewegt sich in hochgradig standardisierten Erfahrungsräumen der organisierten Selbstverwirklichung. Das mal ironisch konnotierte, mal kritisch ambitionierte Nachdenken über organisierte Kulissen der *staged authenticity* hindert nicht daran, verächtlich auf Formen des Massentourismus herabzublicken, an denen man selbst immer schon partizipiert. Man orientiert sich am Ideal des kulturellen Dialogs und der Verständigung und grenzt sich ab von Pauschalurlaubern, denen man Kultur- und Bildungsdefizite attestiert. Als distinktionsbewusster Bildungsbürger übt man sich in Konsum- und Kapitalismuskritik, um dann die nächste ‚Bildungsreise' zu buchen – etwa: auf den Spuren Alexander von Humboldts durch Südamerika. Ein Verständnis von Reisen als hochkultureller Praxis und Medium der

---

[1] Hierzu stellt Groeben fest: „Tourismuskritiker aus wohlhabenden westlichen Ländern machen es sich häufig ziemlich einfach, wenn sie von den zerstörerischen Wirkungen des globalen Fremdenverkehrs schreiben. Sie heben die eigene Opferrolle hervor, indem sie sich zum Sprachrohr der Erniedrigten und Geschädigten machen. Gleichzeitig demonstrieren sie ihre eigene moralische Überlegenheit als Kritiker. Selbstviktimisierung plus Selbsterhöhung der Gruppe, in deren Namen man spricht, ist vielleicht einfach unwiderstehlich" (2020, 135). Zur Kritik der Tourismuskritik auch bereits: Enzensberger (1958).

[2] Der Topos der Konservierung fremder ‚Kulturen' und vor allem ‚Kulturgüter' war selbst auch eine kolonialer Topos und eine Rechtfertigungsstrategie zur Enteignung von Gruppen, deren Besitz man zwecks Schutz und Bewahrung ins Museum im Heimatland bringen bzw. rauben konnte. Analoges gilt auch für die Kolonialgeschichte des Naturschutzes und ihre Folgen bis in die Gegenwart (z. B. Schürmann 2021).

[3] Kosmopolitische Rechtfertigungen des Reisens werden entsprechend häufig als Ausdruck neoliberaler Selbst- und vor allem Weltermächtigung gedeutet und kritisiert.

Selbstverbesserung im Sinne von Idealen der Persönlichkeitsbildung geht konform mit Formen der ökonomischen Inbeschlagnahme und Kommerzialisierung (Reisen bildet!), denen man in einem immer dichteren Netz von touristisch erschlossenen Gebieten kaum zu entgehen vermag. Die zunehmende Demokratisierung, d. h. Möglichkeit des Reisens – zumindest in wohlhabenden Teilen des Planeten – und damit verbundene Bildungsaspirationen, gehen so mit neuen Formen der kulturalisierten Ungleichheit und Politik einher (eine Elite von *frequent travellers* vs. die Masse der Pauschaltouristen oder der ‚Abgehängten' bzw. ‚in der Heimat Gebliebenen'; Reckwitz 2017).

In der Geschichte der Menschheit konnten sich noch nie so viele Menschen derart häufig und über derart weite Strecken auf den Weg machen und am weltweiten, kulturellen ‚Reichtum' partizipieren. Welche längerfristigen Auswirkungen der weltweite Massentourismus aber auf den Prozess der Zivilisation (Elias), auf den Wandel individueller und kollektiver Welt-, Selbst- und Sozialverhältnisse, damit verknüpfter Bildungskonzeptionen und Subjektivierungsformen (Schäfer 2000, 2011), sowie auf Einstellungen wie Toleranz und Respekt im Rahmen der Weltgesellschaft hat, ist keineswegs ausgemacht. Zu ambivalent sind die entsprechenden Praktiken und systemischen Kontexte, in denen gereist wird, zu vielfältig die intendierten und vor allem nicht intendierten Effekte und Nebeneffekte. Statt weltbürgerliche Bildung bzw. Ideale einer Global Citizenship Education zu fördern, kann es zur Bekräftigung des eigenen und Abwertung des Anderen kommen (Krogull 2018), statt kosmopolitischer Bildung im Sinne einer Transzendierung der mitgeschleppten Vorurteile im Lichte universeller Prinzipien sind in manchen Fällen ein paar Souvenirs, (Kultur-)Rassismus und Xenophobie das Einzige, was nach der Reise bleibt. Ob und in welcher Hinsicht die politischen, moralischen, pädagogischen und ökonomischen Hoffnungen, die mit Reisen von unterschiedlicher Seite verbunden werden (etwa der UN: Weltfrieden etc.) sich daher als gerechtfertigt erweisen, bleibt überaus zweifelhaft.

Die hier beschriebenen Ambivalenzen, Ziel- und Funktionskonflikte und ihre Kritiken sind keineswegs neu, sie begleiten die Geschichte des (Massen-)Tourismus von Anfang an (z. B. Groebner 2018, 2020). So wie man heute das Verhalten von Rucksackreisenden – *Southeast Asia on a shoestring* – kritisiert, die von einer organisierten Bar-Rallye zur anderen taumeln, so mokierte man sich schon über die Ausschweifungen junger englischer Aristokraten auf der Grand Tour, von denen vermutet wurde, dass sie nicht andere Kulturen und Weltläufigkeit, sondern vor allem unterschiedliche Weinsorten kennenlernten. Später rümpft man dann die Nase über ‚proletarische' Formen des organisierten Reisens und fährt stattdessen – auch mit Thomas Cook – nach Ägypten.

Das Aufkommen des modernen Massentourismus geht einher mit neuen Formen des Konsums[4] und damit verbundenen Welt- und Selbstwahrnehmungen. Die genuin moderne Idee, dass mit Reisen in erster Linie hedonistische Ziele verfolgt werden, ist kaum zu trennen von den Ideen der Selbstverbesserung, der

---

[4] Zur Geschichte des Konsums: Trentmann (2016).

sozialen Distinktion durch touristischen Konsum, wobei touristischer Konsum und unterschiedliche Deutungen von Bildung als Selbstverbesserung historisch und kontemporär ineinander übergehen. Zugleich gab es und gibt es natürlich ganz unterschiedliche Motivationen und Arten zu reisen, und unterschiedliche Formen der pädagogischen und politischen Instrumentalisierung des touristischen Reisens. So stellt der Tourismushistoriker Eric Zuelow fest:

> Tourism is a reflection of how we see the world around us. We can use it to help define ourselves by social class, education, gender, or nationality. It follows that tourism can also be used as a pedagogical tool. Leisure has ideological content and it can be, as in the case of Kraft durch Freude, disturbing. Far from an innocent diversion, tourism deserves the same careful thought and reflection that we give other aspects of life (Zuelow 2016, 183).

Tourismus und Reisen sind Praktiken – auch das kann man aus historischen Rekonstruktionen lernen (Zuelow 2016) –, die gelernt werden müssen. Sie setzen in soziokulturelle, -ökonomische und -politische Infrastrukturen eingebettete Formen der Wahrnehmung, des Konsums und der Lebensführung voraus, die historischen Wandlungsprozessen unterworfen sind und zugleich zur Veränderung eben dieser Wahrnehmungs-, Konsum- und Lebensführungsmuster beitragen.[5]

Wie wir reisen und was wir mit dem Reisen jeweils in ideeller und evaluativer Hinsicht verbinden, gibt Aufschluss über die Zeit und Gesellschaft, in der wir leben, über die sozialen Milieus und kulturellen Kontexte, in denen wir verwurzelt sind, und die Lebensideale, an denen wir unser Leben ausrichten. So verbindet man heute mit Reisen und Tourismus auch Ideen der Selbstverwirklichung, des Selbstausdrucks, der Selbstdarstellung und der Selbstbestimmung, sowie damit verbundenen Ideen der Bildung auf und durch Reisen, wobei dem Reisen entsprechend eine Reihe von positiven Bildungs- und Lerneffekten zugeschrieben werden (Stone und Petrick 2013). Die Rede über Reisen und Bildung ist nicht zu trennen von Formen der Valorisierung und der Distinktion, von Hierarchisierungen und Ranglisten, von Macht und Politik, von Technologien der Fremd- qua Selbstführung (Reiseführer; Reiseportale und -Apps etc.), von bildungstouristischen Transformationserwartungen und -enttäuschungen, von normativen Vorgaben, Geltungs- und Superioritätsansprüchen und ihrer kritischen Dekonstruktion. Debatten über Reisen und Bildung und ihre Konzeptualisierung, Bewertung und Kritik weisen entsprechend nicht erst im Zeitalter des Massentourismus gewisse argumentative Besonderheiten auf. Die ‚wahre Bildung' ist ganz ähnlich wie das ‚richtige Reisen' Gegenstand von ähnlich gelagerten gesellschaftskritischen Dauerkontroversen, so wie auch die Kritiken und ihre normativen Grundlagen und Maßstäbe ähnliche Voraussetzungen machen: Kommerzialisierung, mangelnde Autonomie und Authentizität werden kritisiert und mehr oder minder pauschalisierende Tourismusschelte flüchtet sich in ahistorische,

---

[5]Z.B. zu den Folgen von touristischen Flugreisen und der damit verbundenen ‚Jet-age'-Ästhetik auf die subjektive Wahrnehmung und Erfahrung von Zeit und Raum, Selbst und Welt: Schwartz (2020).

nostalgisch-retrotopische[6] Betrachtungen, in denen ‚wahre Bildung' und ‚wahres Reisen' bzw. ‚Bildungsreisen' noch möglich gewesen sein sollen[7]. Den Kritikern können dann umgekehrt wiederum elitär-milieuspezifische Vorurteile und Ressentiments vorgeworfen werden. Was dann aber ggf. das ‚richtige Reisen' und die ‚richtige Bildung' in ‚falschen' massentouristisch organisierten Bildungswelten ausmachen könnte und wie sich die Grundlagen von Reise- und Tourismus- qua Bildungskritik systematisch ausweisen und rechtfertigen lassen, bleibt meist eher unklar und vage gehalten. So kann man etwa in einem aktuellen Ratgeber zum ‚richtigen Reisen' lesen:

> Für mich ist das höchste Ideal des Reisens die Veränderung des Reisenden. Reisen, die solchen Ansprüchen genügen, sind aufwendig und anstrengend, sie erfordern Zeit und Mühsal, sie verlangen uns einiges ab. Wir haben den Planeten vermessen, die Welt kartiert und den Menschen übergroß gemacht. Alles wird verortet in einem der etablierten Koordinatensysteme. Wir müssen aufbegehren gegen die Entzauberung der Welt. Das Gefühl der Befremdung bleibt auf der Strecke, das Gefühl sich zu verlieren, das Gefühl nicht zu verstehen. Es entschwindet die existenzielle Überraschung (Trojanov 2018, 199).

Diese und andere Ideen, Ideale und Leitorientierungen sind aus der bildungstheoretischen und -philosophischen Tradition bekannt und in diesem Zusammenhang wenig überraschend. Was jedoch überrascht ist, wie wenig systematische Beiträge es bislang zu dem Themenkomplex – Reisen und Bildung – aus Sicht der Bildungsphilosophie und -theorie gibt (vgl. z. B. Schäfer 2000, 2014; Krüger u. a. 2014; Koerrenz 2015; Koller 2014). Diese Forschungslücken und auch die derzeit durch die Covid-19-Pandemie bedingte reisefreie Zeit nehmen die Autor_innen dieses Bandes zum Anlass, sich dem Thema ‚Reisen und Bildung im Zeitalter des Massentourismus' aus der Distanz bildungstheoretischer- und philosophischer Reflexion zu widmen.

Zu den Beiträgen: Die in diesem Band versammelten Artikel nehmen das Thema der Bildungsreise aus unterschiedlichen Perspektiven in den Blick, die nicht nur durch unterschiedliche wissenschaftstheoretische, disziplinäre und methodisch-methodologische Standpunkte, Spezialisierungen und Vorlieben begründet sind, sondern den Begriff der Bildungsreise mitunter auch sehr unterschiedlich interpretieren. Während die im ersten Teil versammelten Artikel *historische Perspektiven* auf das Thema Bildungsreise eröffnen, wird es von den Beiträgen des zweiten Teils aus *theoretischer und empirischer Perspektive* behandelt. Die Artikel des dritten und letzten Teils eröffnen insofern *alternative Perspektiven,* als sie zumindest das gängige Verständnis des Begriffs der Bildungsreise irritieren und erweitern dürften.

Der erste Teil über historische Perspektiven auf das Thema Bildungsreise beginnt mit Mathis Leibetseders Auseinandersetzung mit der Kavalierstour des 17. und 18. Jahrhunderts. In seinem Beitrag mit dem Titel „Kavaliersreisen in der

---

[6] Zum Phänomen des Geschichtstourismus in Geschichte und Gegenwart und damit verbundenen Formen der nostalgischen Konstruktion und Inszenierung von Vergangenheit: Groebner (2018).

[7] Zur Bildungsreise aus historischer Perspektive z. B. Leibetseder (2013).

(höfischen) Gesellschaft der Singularitäten. Anmerkungen zu Andreas Reckwitz' Theorieangebot aus Sicht der Frühneuzeit-Reiseforschung" geht Leibetseder der Frage nach, ob diese frühmodernen Adelsreisen dem gegenwärtigen Massen- und Individualtourismus doch ähnlicher sind, als es auf den ersten Blick erscheint. Dazu greift Leibetseder die von Reckwitz zur Charakterisierung der gegenwärtigen Gesellschaft der Singularitäten eingeführte Gegenüberstellung von Standardisierung und Singularisierung auf, um damit Unterschiede wie auch Gemeinsamkeiten zwischen spät- und frühmodernen Reisepraktiken herauszustellen.

Mit der vermutlich ersten Frau, die selbstständig die gesamte Welt auf einer Reise umrundete, setzt sich Ottmar Ette in seinem Beitrag mit dem Titel „Ida Pfeiffer oder die unstillbare Lust auf Reisen um die Welt" auseinander. Nach einem kurzen Überblick über das Leben der 1797 geborenen und 1858 gestorbenen Österreicherin, der sich auf deren Autobiographie stützt, folgt die Auseinandersetzung mit Pfeiffers wohl berühmtestem Reisebericht *Eine Frauenfahrt um die Welt*. Mit diesem Reisebericht wurde laut Ette eine Subgattung eingeführt, nämlich die der Frauenreise, weshalb die Analyse den Fokus nicht nur auf eurozentrische Perspektiven in der Beschreibung der bereisten außereuropäischen Länder, Kulturen und Bevölkerungen richtet, sondern darüber hinaus auch das Verhältnis von weiblichen und männlichen Blicken in diesem Werk herausarbeitet.

Ruprecht Mattig setzt sich in seinem Beitrag mit den Überlegungen von Jean-Jacques Rousseau, Immanuel Kant und Wilhelm von Humboldt über den Zusammenhang von Kosmopolitismus, Bildung und Reisen auseinander. Dabei betont er in seinem Beitrag mit dem Titel „Bildung zum Kosmopolitismus. Reisen als anthropologische Methode bei Rousseau, Kant und Wilhelm von Humboldt", dass die komplexen Reflexionen dieser Autoren im Kontext einer sich damals immer systematischer entwickelnden Anthropologie zu verstehen sind, die sich nicht nur auf die philosophische und politische Aufklärung, sondern eben auch auf Reiseliteratur stützte. Hiervon ausgehend zeigt Mattig, dass Reisen und Reiseberichte nicht nur Erkenntnisse über die kosmopolitische Verfasstheit des Menschen liefern, sondern überhaupt erst zur Bildung von Weltbürgern, insbesondere auch von nicht selbst gereisten, beitragen sollten.

In ihrem Beitrag mit dem Titel „Beziehungsaufnahmen – Fotografieren auf Reisen zwischen Selbstverortung, Dokumentation, Kritik, Kommunikation und Traum" setzt sich Ulrike Mietzner mit der Praxis des Fotografierens auf Reisen sowie mit der Verbreitung und Rezeption solcher Fotografien auseinander. Dabei fragt sie nach den Funktionen und Bedeutungen dieser visuellen Umgangs- und Ausdrucksformen und nach deren Bildungspotenzialen. Vertieft behandelt werden dabei Themenfelder wie etwa das touristische Sehen, Selfies und Reisefotos in den Sozialen Medien, professionelle Reisefotografie, ethnografisches Fotografieren, Jugendgruppenfahrten vor 1938/1939 sowie Reise-Bilder Jugendlicher beim Deutschen Jugendfotopreis.

Der zweite Teil über theoretische und empirische Perspektiven auf das Thema Bildungsreise beginnt mit einem Beitrag von Alfred Schäfer mit dem Titel „Zwischen Virtualität und Präsenz. Theoretische und empirische Annäherungen an das Verhältnis von Tourismus und Bildung". In diesem setzt sich Schäfer zunächst mit Aspekten einer Kulturkritik am Tourismus auseinander, die insbesondere auf dessen Kommerzialisierung, und damit verbunden etwa auf den Inszenierungscharakter von Reisen und auf enttäuschte Vorstellungen und Versprechen von Authentizität zielt. Entgegen der Annahme, dass Bildung durch Reisen unter diesen Bedingungen gar nicht mehr möglich ist, zeigt Schäfer dann sowohl theoretisch als auch empirisch am Beispiel von Reisenden nach Mali und Ladakh auf, wie Bildungsräume beim Reisen gerade zwischen Virtualität und Präsenz eröffnet und gedacht werden können.

In ihrem Beitrag mit dem Titel „Die Bildungsreise oder: Erfahrungen mit dem ästhetischen Selbst" gehen Leopold Klepacki und Jörg Zirfas der Frage nach, was unter einer Bildungsreise zu verstehen ist, die sich am Konzept ästhetischer Bildung orientiert. Um ästhetische Bildungsmöglichkeiten auf Reisen herauszustellen, wird zunächst aufgezeigt, was in diesem Zusammenhang unter einer ästhetischen Erfahrung und einer Bildungsreise zu verstehen ist. Die Überlegungen führen dann zu einer Auseinandersetzung mit der Frage, inwiefern eine Bildungsreise heute noch als eine Kunst, verstanden als eine Kunst der Reise, begriffen werden kann. Entscheidend erscheint dabei, dass sich der Reisende in ein Spannungs- und Abständigkeitsverhältnis zur Welt begibt, in einen Zwischenraum zwischen der heimischen und der fremden Welt eintritt, da ein solcher Schwebezustand, der mit Erfahrungen der Nicht-Zugehörigkeit oder Nicht-Vertrautheit einhergeht, als ästhetischer Modus der Selbst- und Welterfahrung betrachtet werden kann.

Burkhard Liebsch geht in seinem Beitrag mit dem Titel „Reisen und Bildung nach deren zwischenzeitlichem Ende" der Frage nach, ob es ein mit Bildung einhergehendes Reisen, wie es der Begriff der Bildungsreise suggeriert, überhaupt noch gibt und geben kann. Dazu werden die beiden Begriffe Reisen und Bildung auf vielfältige Art und Weise philosophisch und literarisch beleuchtet, diskutiert und in Zusammenhang gestellt. Trotz aller Verfallsformen der Bildungsreise und ihrer berechtigten Kritik führen die Überlegungen zu der Frage, ob die Zeit des bildenden Reisens, sei es real oder virtuell, physisch oder imaginär, endgültig vorbei sein soll, oder ob nicht doch nach neuen, demütigeren und pathischen Formen eines bildendenden Reisens gesucht werden sollte.

In ihrem Beitrag mit dem Titel „Kreuzfahrt-Reisen bildet? Kreuzfahrtreisende zwischen Optimierung, Disziplinierung und (Subjekt-)Bildung" analysiert Lilli Riettiens den Reiseratgeber *Kreuzfahrt-Knigge für die Frau von Welt. Dos and Don'ts auf Hoher See* von Peggy Günther im Hinblick auf die Frage, inwiefern die Kreuzfahrt hier als Bildungsreise konzipiert wird. Dabei zeigt Riettiens auf, dass dieser Ratgeber durchaus auf die Bildung von Subjekten zielt, jedoch im Sinne einer spezifischen Form der Subjektivierung, die herausgearbeitet und diskutiert wird. Als problematisch erscheint die leitende Idee einer optimal auf die Reise vorbereiteten ‚Frau von Welt' insbesondere deshalb, da hier fragwürdige Stereotype reproduziert und idealisiert werden und letztlich jede Form der Irritation auf Reisen vermieden werden soll.

Bernd Wagner setzt sich in seinem gleichnamigen Beitrag mit „Umsetzungsformen von internationalen Mobilitätsprogrammen an Grundschulen" auseinander, die auf der Idee beruhen, dass Reisen der Persönlichkeitsentwicklung dienen kann. Da insbesondere Schülerinnen und Schüler, die weniger Gelegenheiten zu reisen haben, in die Programme einbezogen werden sollen, die umsetzenden Institutionen diesem Anspruch aber nur eingeschränkt gerecht werden, fragt der Artikel nach Möglichkeiten für eine bessere Umsetzung. Dazu wird exemplarisch das Mobilitätsprogamm Erasmus+ der Europäischen Union aufgegriffen, und es werden unter Bezugnahme auf Interviews die Sichtweisen verschiedener Akteurinnen und Akteure herausgearbeitet.

Der dritte Teil über alternative Perspektiven auf das Thema Bildungsreise beginnt mit einem Beitrag von Jürgen Nielsen-Sikora über „Zimmerreisen". Ausgehend von einigen Überlegungen zur Corona-Pandemie verweist er auf die Chance, den Lockdown für Bildungsreisen im eigenen Zimmer zu nutzen. Derartige Zimmerreisen die bereits im 18. Jahrhundert von Xavier de Maistre beschrieben wurden, werden dann unter maßgeblichem Bezug auf das von Bernd Stiegler zu diesem Thema verfasste Buch *Reisender Stillstand* vorgestellt und diskutiert. Dabei wird deutlich, dass sich die Zimmerreise nicht nur auf Wohnungen beschränkten muss, sondern sich auch andere Orte, wie etwa die Straße oder der Supermarkt, dazu anbieten. Der Beitrag endet mit Überlegungen zur Bedeutung des Begriffs Seminar und dem Vorschlag, neue Seminarräume durch das Reisen durch die unendlichen Zimmer unseres Selbst zu schaffen.

Im Anschluss an den vorangegangenen Beitrag über das Konzept der Zimmerreise präsentiert Bernd Stiegler unter der Überschrift „Eine Zimmerreise in Zeiten von Corona" einen eigenen Zimmerreisebericht. Als Autor eines Buches über die Geschichte der Zimmerreise erschien ihm der erste Lockdown im Frühjahr 2020 als der Moment, um sich erstmals selbst auf Zimmerreise zu begeben. Über 40 Tage lang veröffentlichte er dabei jeden Tag ein Foto und einen kurzen Text im Internet. Für den vorliegenden Band wählte er einige Etappen bzw. Fotos und Texte seiner Reise aus, die einen konkreten Eindruck von (s)einer realen Zimmer- und Bildungsreise vermitteln.

Der Beitrag von Olaf Sanders mit dem Titel „Back to B-more – eine Serienbildungsreise vor Ort" schließt insofern an das Thema der Zimmerreise an, als es sich hier um den Bericht über eine Bildungsreise handelt, die man ebenfalls zuhause durchführen kann. Ausgangspunkt dieser Reise sind verschiedene Fernsehserien von David Simon, in denen die US-amerikanische Stadt Baltimore eine zentrale Rolle spielt. Der facettenreiche Reisebericht zeigt, welche komplexen und verzweigten Gedanken man sich im Anschluss an diese Serien machen kann. Daher werden die Serien von Simons hier nicht nur als Bildungsgut verstanden, sondern auch empfohlen, um sich im Lockdown und danach vor dem Fernseher auf eine Bildungsreise nach Baltimore zu begeben.

Jürgen Oelkers setzt sich in seinem Beitrag mit dem Titel „‚Livin' on the road my friend'. Eine Bildungsreise auf den Spuren von Townes van Zandt" mit Liedern des US-amerikanischen Country-Musikers Townes van Zandt auseinander, in denen die Themen Reisen und Bildung eine zentrale Rolle spielen.

Besungen werden in diesen Liedern Reisen quer durch Amerika, die einer langen Suche gleichkommen, die weder Anfang noch Ende haben, ein rastloses Hin und Her, von Station zu Station. Es ist die Welt der sozial Marginalisierten, das Leben *on the road,* das van Zandt beschreibt und Oelkers in Hinblick auf ein spezifisch amerikanisches Verständnis von Bildung und Reisen analysiert, das, so das Fazit, in kein pädagogisches Programm passt.

In seinem Beitrag mit dem Titel „Reisen an den Grenzen des Kapitalismus. Autobiografische Berichte über das Aussteigen und Verweigern" analysiert André Schütte die Bücher *Der Mann ohne Geld* (Mark Boyle), *Ich kauf nix!* (Nunu Kaller) und *No Shopping* (Judith Levine), in denen die Autoren über ihre eigenen Versuche berichten, auf Konsum weitgehend zu verzichten. Da diese selbst ihre Erfahrungen metaphorisch als Reise bezeichnen und von Veränderungserfahrungen berichten, geht Schütte unter Bezugnahme auf bildungstheoretische Überlegungen von Wilhelm von Humboldt, Goethe und Platon der Frage nach, ob und inwieweit die beschriebenen Reisen in die Konsumverweigerung als Bildungsprozesse bezeichnet werden können. Darüber hinaus werden Rückschlüsse auf das zeitgenössische Reisen und auf ein zeitgemäßes Reise-Verständnis gezogen.

Abschließend möchten wir allen Autorinnen und Autoren ausdrücklich danken, die es mit ihren Beiträgen ermöglichen, das Thema der Bildungsreise im Zeitalter des Massentourismus aus den unterschiedlichsten Perspektiven zu beleuchten und in vielfältiger Art und Weise zu überdenken. Danken möchten wir auch Franziska Remeika vom Metzler Verlag, die unser Projekt unterstützt und begleitet hat. Ein besonderer Dank gilt Louisa Kolb, die die Beiträge formatiert hat. Allen Lesern wünschen wir nun: gute Reise!

Literatur

Enzensberger, Hans Magnus. 1958. Vergebliche Brandung der Ferne. Eine Theorie des Tourismus. In: Merkur, Nr. 126. https://www.merkur-zeitschrift.de/hans-magnus-enzensberger-vergebliche-brandung-der-ferne/. Zugegriffen: 23. Febr. 2021.
Groebner, Valentin. 2018. *Retroland. Geschichtstourismus und die Sehnsucht nach dem Authentischen.* Frankfurt a. M,: Fischer.
Groebner, Valentin. 2020. *Ferienmüde. Als das Reisen noch geholfen hat.* Konstanz: Konstanz University Press.
Koerrenz, Ralf. 2015. *Globale Bildung auf Reisen.* Paderborn: Schöningh.
Koller, Hans-Christoph. 2014. Bildung unter den Bedingungen kultureller Pluralität. Zur Darstellung von Bildungsprozessen in Wolfgang Herrendorfs Roman „Tschick". In *Bildung unter Bedingungen kultureller Pluralität,* Hrsg. Florian von Rosenberg und Alexander Geimer, 41–58. Wiesbaden: Springer VS.
Krogull, Susanne. 2018. *Weltgesellschaft verstehen.* Wiesbaden: Springer VS.
Krüger, Jens Oliver, Alfred Schäfer, und Sabrina Schenk. 2014. Zur Analyse von Erfahrungsdiskursen. In *Interferenzen,* Hrsg. Christiane Thompson, Kerstin Jergus, und Georg Breidenstein, 153–174. Paderborn: Schöningh.
Leibetseder, Mathis. 2013. Kavalierstour – Bildungsreise – Grand Tour: Reisen, Bildung und Wissenserwerb in der Frühen Neuzeit. *Europäische Geschichte Online (EGO),* Hrsg. Leibniz-

Institut für Europäische Geschichte (IEG), Mainz 2013-08-14. http://www.ieg-ego.eu/leibetsederm-2013-de URN: urn:nbn:de:0159-2013070226. Zugegriffen: 13. März 2021.
Messerschmidt, Astrid. 2010. Touristen und Vagabunden – Weltbürger in der Migrationsgesellschaft. In *Weltbürgertum und Kosmopolitisierung*, Hrsg. Bendedikt Widmaier und Gerd Steffens, 123–135. Schwalbach: Wochenschau.
Reckwitz, Andres. 2017. *Die Gesellschaft der Singularitäten*. Berlin: Suhrkamp.
Schäfer, Alfred. 2000. Die Bildungsreise konfrontiert mit dem kulturell Fremden. *Bildung und Erziehung* 52 (2): 183–202.
Schäfer, Alfred. 2011. *Irritierende Fremdheit: Bildungsforschung als Diskursanalyse*. Paderborn: Schöningh.
Schäfer, Alfred. 2014. *Selbst-Spiegelungen am Anderen*. Paderborn: Schöningh.
Schürmann, Felix. 2021. Ein Schädel in Seronera. Myles Turner und das kolonialmilitärische Erbe des Naturschutzes in Ostafrika. https://geschichtedergegenwart.ch/ein-schaedel-in-seronera-myles-turner-und-das-kolonialmilitaerische-erbe-des-naturschutzes-in-ostafrika/. Zugegriffen: 23. März 2021.
Schwartz, Vanessa. 2020. *Jet age aesthetic*. New Haven: Yale University Press.
Stone, Matthew, und James Petrick. 2013. The educational benefits of travel experiences: A literature review. *Journal of Travel Research* 52 (6): 731–744.
Trentmann, Frank. 2016. *Empire of things*. London: Penguin.
Trojanov, Ilija. 2018. *Gebrauchsanweisung fürs Reisen*. München: Piper.
Zuelow, Eric. 2016. *A history of modern tourism*. London: Palgrave MacMillan.

Historische Perspektiven

Kavaliersreisen in der (höfischen) Gesellschaft der Singularitäten. Anmerkungen zu Andreas Reckwitz' Theorieangebot aus Sicht der Frühneuzeit-Reiseforschung

Mathis Leibetseder

Wo es um die Rechtfertigung des Reisens ging, hegte die Reiseliteratur des 17. und 18. Jahrhundert eine Vorliebe für antike Autoritäten und Helden. *Brandenburgischer Ulysses* lautete etwa der Titel jener gedruckten Reiseerzählung, in der Sigismund von Birken (1668) die Kavalierstour des Markgrafen Christian Ernst von Brandenburg-Bayreuth nacherzählte. In einer weit ausholenden Widmungsvorrede erläuterte der Autor unter anderem, worin die eigentlichen Gefahren derartiger Unternehmungen zu erblicken seien: nämlich nicht im Erkunden unbekannter Weltgegenden oder im Zusammentreffen mit furchteinflößenden Fabelwesen, sondern in der Bewahrung moralischer Integrität angesichts fremdländischer Verlockungen. Darin verborgen lag bereits das stille Eingeständnis, dass die Mehrzahl der Reisen *on beaten tracks* verlief – und zwar letztlich weltweit. Gegen Ende des Aufklärungsjahrhunderts stellten nicht einmal mehr Seereisen nach China oder Indien Europäer vor große Herausforderungen (Osterhammel 2013, 89). In der frühmodernen Phase der Globalisierung schien nicht nur Europa, sondern auch die Welt kleiner geworden – zumindest für gebildete Europäer. So nimmt es nicht wunder, dass sowohl Kavalierstouren deutscher Adelssöhne als auch Grand Tours europäischer Aristokraten ausgetretene Pfade kaum einmal verließen (zur Terminologie siehe Leibetseder 2004, 18–23). Dennoch blieb der Anspruch, unterwegs Besonderes zu erleben und zu erfahren, grundsätzlich bestehen. Fern heimatlicher Gefilde hofften Reisende auf etwas zu stoßen, was vom Bekannten und Alltäglichen abwich. So oszillierten frühneuzeitliche Adelsreisen letztlich zwischen Alltäglichem und Besonderem.

M. Leibetseder (✉)
Geheimes Staatsarchiv Preußischer Kulturbesitz, Berlin, Deutschland
E-Mail: mathis.leibetseder@gsta.spk-berlin.de

© Der/die Autor(en), exklusiv lizenziert durch Springer-Verlag GmbH, DE, ein Teil von Springer Nature 2022
P. Knobloch et al., *On the Beaten Track*, Kindheit – Bildung – Erziehung. Philosophische Perspektiven, https://doi.org/10.1007/978-3-662-63374-8_2

Dem Besonderen geht auch Andreas Reckwitz in seinem zuerst 2017 erschienenen Buch *Gesellschaft der Singularitäten* auf den Grund. Die titelgebenden Singularisierungen werden Reckwitz' zufolge durch individuelle und kollektive Praktiken des Beobachtens und Bewertens sowie des Hervorbringens und Aneignens produziert und gehen aufs engste einher mit der Kulturalisierung von Räumen, Zeiten, Kollektiven, Objekten und Subjekten. Als Trägerschicht derartiger Kulturalisierungen identifiziert der Autor eine neue, mit der postindustriellen Kreativökonomie eng liierte Mittelklasse, die zu den Gewinnern des spätmodernen Globalisierungsschubs zählt; ihr gegenüber steht die kollektiv abgewertete alte Mittelklasse der Industriemoderne, deren raison d'être auf Praktiken der Standardisierung, Formalisierung und Generalisierung fußt. Vormoderne Gesellschaften sieht Reckwitz dagegen durch andersartige Logiken des Allgemeinen bzw. Besonderen geprägt, die vor allem in den Segmenten Religion und Kirche, höfische Gesellschaft und Hochkultur sowie in der Volkskultur wirksam waren (Reckwitz 2017, 94). Wie sich frühmodernes Reisen in diese Logiken einfügt, ist jedoch eine offene Frage – und soll in diesem Beitrag anhand der Kavalierstour erörtert werden.

Analytisch ist die Kavalierstour des 17. und 18. Jahrhunderts gewiss in jenem gesellschaftlichen Segment zu verorten, das Reckwitz mit den Schlagworten höfische Gesellschaft und Hochkultur umreißt. Dieses Segment war aber auch mit der frühneuzeitlichen Wissensrevolution aufs engste liiert – also mit jener Umwälzung verfügbarer Bildungsbestände nicht nur des klassischen Humanismus', der sich aufgrund der fortlaufenden Erschließung neuer textueller wie materieller Wissensbestände kontinuierlich wandelte, sondern auch des empirischen Wissens über Natur, Welt und Gesellschaft überhaupt. Diese Wissens- und Hochkultur forderte und förderte durchaus auch das Besondere im spezifisch modernen Sinn – nämlich als aus innerer Dichte und Komplexität resultierende Singularität, einschließlich zugehöriger kultureller Aufwertungsprozesse. Um dies argumentativ zu untermauern, werde ich auf den folgenden Seiten in zwei aufeinanderfolgenden Schritten bezüglich der Kavalierstour nach Logiken des Allgemeinen und des Besonderen fragen, bevor ich diese, in einem dritten Schritt, in Reckwitz' Theorieangebot einzuordnen suche. Letztlich geht es mir also um eine stärkere historisch-phänomenologisch Fundierung dieser Theorie. Entsprechend eng entfalte ich meine Gedanken in Auseinandersetzung mit Reckwitz' Theorieangebot.

1 Kavalierstour und Standardisierung

Der frühneuzeitliche Adel war einem hohen Generalisierungsdruck ausgesetzt; in Familie, Militär, Kirche und Staat sahen sich Einzelpersonen einer oft rigiden Disziplinierung unterworfen. Standardisierend auf die Lebensläufe adliger Männer wirkte neben der Professionalisierung des Militärs vor allem der Fürstenstaat mit seinen Bildungs- und Verwaltungseinrichtungen und der Forderung nach formellen und informellen Qualifikationen. So musste der perfekte Fürstendiener einerseits über bestimmte sprachliche, historisch-politische und juridische Fachkenntnissen verfügen, zugleich aber auch verfeinerte Körpertechniken beherrschen und einen angemessenen Lebensstil pflegen.

Der maßgebliche Lebensstil war der eines perfekten Hofmanns bzw. des *honnête homme* – so, wie er in den Schriften Castigliones (1528), Farets (1630), Graciáns (1647) und ihrer Nachfolger formuliert und etabliert wurde. Diese Schriften standen in der Fürstenspiegeltradition und erklärten unter anderem formalisierte Körpertechniken wie Tanzen, Kunstreiten und Fechten zu Standardfähigkeiten jedes adligen Jünglings. All dies musste mit *sprezzatura* (Nonchalance) aufs gesellschaftliche Parkett gezaubert werden; der dahinterstehende Drill durfte nicht sichtbar werden. Daran scheiterte, wer sich den entsprechenden Exerzitien nicht unterzog, sich dem ‚Prozess der Zivilisation' (vgl. Elias 1969) individuell entzog, Zivilität und höfische Verhaltensstandards also nicht erlernte. Erfolgen sollte dies am besten dort, wo diese Künste erfunden und am weitesten perfektioniert worden waren, nämlich in Italien und Frankreich; sogenannte Ritterakademien harrten dort Europas Adelssöhnen (Conrads 1982). Die Ausbildung begann so üblicherweise im Knabenalter mit häuslichem Unterricht durch einen Tutor, setzte sich durch Studienaufenthalte an Akademien und Universitäten fort und mündeten im Idealfall in eine mehrjährige Kavalierstour, die dem jungen Adligen zwischen dem 15. und 25. Lebensjahr den letzten Schliff verlieh. Ultima Ratio des Erziehungsprogramm war das Bestehen-Können in der Konversation, also im gesellschaftlichen Verkehr der höfischen Gesellschaft (Leibetseder 2004, 39–46). Erziehung und Ausbildung erzeugten also standardisierte Lebensläufe, die „Integration in die höfische Gesellschaft" (Heiß 1982/1983) blieb das sozial bestimmende Ziel von Erziehung und Ausbildung.

Dem skizzierten Anforderungsprofil genügte der Adel nicht in seiner gesamten sozialen Spannbreite; die Adelswelt unterschied sich nach Gereisten und Nichtgereisten. Grundlegend und nahezu allgemeingültig war dabei die Geschlechterdifferenz – Jünglinge reisten, Jungfern blieben zuhause –, woraus vor allem eine Kulturalisierung des Reisens als vorwiegend männlicher Domäne resultierte. Europa mit seinen Wissensbeständen aus Vergangenheit und Gegenwart lieferte transnationale Aktionsräume primär für Männer, viel seltener aber für Frauen. Frauen mochten lange Zeit zwar Leserinnen von Reiseliteratur sein, aber kaum einmal Autorinnen derselben; erst seit der zweiten Hälfte des 18. Jahrhunderts traten sie in dieser Eigenschaft hervor (Chard 1999, 35). Weitere Binnendifferenzierungen in Adelsfamilien und -dynastien entwickelten sich zwischen erst- und nachgeborenen Söhnen, aber auch zwischen Familienlinien mit unterschiedlichen Rang-, Status- oder Vermögenschancen. Selbst der gesamte Adelsstand kann nach Gereisten und Nichtgereisten klassifiziert werden: Angehörige der großen westeuropäischen Königshäuser unternahmen in der Regel keine Erziehungs- oder Bildungsreisen, der europäische Hochadel im Allgemeinen schon. Was den Landadel in den deutschen Territorien anbelangt, so existierten dort zahlreiche Geschlechter, die sich Reisen grundsätzlich nicht leisten konnten (Leibetseder 2004, 25–39). Ähnlich sah es in den Reichs- und teilweise auch in den Landstädten aus, wo es nicht nur für das adelsgleiche Patriziat, sondern teilweise auch für wohlhabende Bürgerliche infrage kam, bei der adeligen Kavalierstour zumindest Anleihen aufzunehmen. Schnittmengen mit der Kavalierstour besaßen auch nichtadelige Berufsreisen (Militär, Professoren, Gelehrte, Ärzte usw.) – neben den Beobachtungsbereichen vor allem auch den geographischen Perimeter. Kavalierstouren und ähnlich gelagerte bürgerliche Reisepraktiken trugen so zur Entstehung ständeübergreifender Bildungs- und Funktionseliten bei, die ihre Geschicke als mit dem Allgemeinwohl eng verknüpft begriffen. Diese schmale Schicht potentieller Amtsträger ging spätestens in der zweiten Hälfte des 18. Jahrhunderts in den sogenannten ‚gebildeten Ständen' auf (Möller 1986, 290–296; Dipper 1991, 208–223). Die Gegenüberstellung gebildeter (adliger und bürgerlicher) und tendenziell ungebildeter, weil nichtgereister, mithin also provinzieller und abgehängter (adeliger und bürgerlicher) Personen und Schichten ist Reckwitz' gesellschaftlicher Analyse (alte vs. neue Mittelklasse) durchaus strukturell vergleichbar, wie sich auch das Verhältnis dieser Gruppierungen zu Wissen und Globalisierung in Früh- und Spätmoderne ähnelt.

Wie sehr die von Gereisten kultivierten Werte die höfische Gesellschaft gerade des 18. Jahrhunderts insgesamt prägten, kann an der Italiensehnsucht des Preußenkönigs Friedrichs II. exemplarisch ablesen werden: Der Nichtgereiste ließ in Potsdam zahlreiche Bauten nach architektonischen Vorbildern ausgesprochener Grand Tour-Länder errichten; vor allem Italien, aber auch England, Frankreich und die Niederlande standen für die Weiterentwicklung seiner Residenzstadt Pate (Hahn 2003, 55, 66–80). Dies allein deutet schon an, wie standardisiert der geographische Perimeter der Kavalierstour war: Typischerweise reisten die Kavaliere mit ihren Hofmeistern und einem oder mehreren Dienern sowie ihrem mehr oder weniger ausladenden Gepäck durch Italien, Frankreich, die Niederlande und England, seltener auch nach Spanien oder durch skandinavische Länder, vereinzelt auch nach Osteuropa. Die Habsburgerhöfe in Wien und Prag wurden ebenfalls als Reiseziele empfohlen, zumal für Reisende aus den deutschen Territorien. Wertet man Leichenpredigten aus – die einzige serielle Quelle zur Kavalierstour –, so führte das Reiseziel Italien nur bis ca. 1600, um im 17. Jahrhundert von Frankreich und den Niederlanden abgelöst zu werden (Kürbis 2010, 74).

Zumindest der Italien, Frankreich und die Niederlande umfassende Rundkurs folgte alten Heer- und Landstraßen, die teilweise auf antike Römerstraßen zurückgingen (Gräf und Pröve 1997, 75–78). Gerade für den Fernverkehr blieb also eine über die Jahrhunderte gewachsene Infrastruktur von grundlegender Wichtigkeit. Erst Eisenbahn, Automobilität und Flugverkehr sollten hier im 19. und 20. Jahrhundert für eine Umwälzung der Mobilitätsvoraussetzungen sorgen. Immerhin bewirkte das Aufkommen der Kutsche als Individual- und Gruppenverkehrsmittel seit dem 16. Jahrhundert neben einer moderaten Beschleunigung des Überlandreisens auch eine gewisse Erhöhung und Verdichtung innerstädtischer Mobilität. Mittels stundengenauer Fahrpläne und ausgeklügelter Routen folgte daraus aber auch eine Standardisierung von Reisegewohnheiten und -abläufen. Gewiss etablierte sich entlang vordefinierter Postkurse auch eine gewisse Infrastruktur (von der Herberge bis zum lokalen Cicerone), die das Reisen kommerzialisierte, es aber auch einfacher, bequemer, sicherer und besser kalkulierbar machte (ebd., 126, 160, 164). Verfasser von Reiseführern und Reisebeschreibungen orientierten sich an diesen Routen, was die verbreitete Intertextualität dieser Gattungen noch zusätzlich befeuerte. Auch Kartografen schufen visuelle Repräsentationen von Räumen und Routen und Kupferstecher brachten Bilder in Umlauf, die vorlagengetreue Eindrücke von Stadtansichten und Sehenswürdigkeiten vermittelten. Autoren von Reiseführern führten die verschiedenen Repräsentationsformen zuweilen zusammen; so integrierte etwa Peter Ambrosius Lehmann in seine *Vornehmsten Europäischen Reisen* (1706) sowohl Postkurse als auch Beschreibungen und Karten. Derartiges förderte Reiselust und Fernweh wahrscheinlich nicht unerheblich. Standardisierungen und Kommerzialisierungen ermöglichten eine numerische und soziale Ausweitung des Reiseverkehrs, wovon aber auch aristokratische Reisende letztlich profitierten – und zwar selbst dann, wenn sie in Privatkutschen unterwegs waren. Gegen Ende des 18. Jahrhunderts gab es sogar Ansätze zu einer Akademisierung des Reisens; an der Adelsuniversität Göttingen bot der Staatswissenschaftler August Ludwig von Schlözer zwischen 1777 und 1795/1796 Reisekollegs an (Kleinschmidt 2002, 120).

Dabei blieb das eigentliche Reisen im Sinne eines Unterwegsseins notwendiges Übel. Die Klagen über holprige Straßen, erbärmliche Herbergen, überhöhte Preise, Gefährdungen durch Un- und Überfälle rissen nicht ab. In ihnen drückt sich schon das ausgeprägte Verlangen nach einer weiteren Eliminierung von Fährnissen aller Art aus. Zumindest implizit artikuliert sich so früh ein Bedürfnis, möglichst komfortabel zu reisen – lange bevor Technik und Ökonomie dies gewährleisten konnten. Das Hauptaugenmerk des Reisenden ruhte daher nicht auf dem Unterwegssein, sondern auf Aufenthalten. Reisen hieß, Städte besuchen – und so entstand auch in den wichtigsten Städten rund um die Reisenden bald eine spezifische Infrastruktur. Rom besaß Dank des seit Jahrhunderten etablierten Pilgerwesens diesbezüglich zu Beginn der Neuzeit einen gewissen Vorsprung; aber wohl keine zweite Stadt erfand sich im 17. oder 18. Jahrhundert gerade mit Blick auf Reisende in einem so hohen Maße neu wie die zur *capitale du monde* aufsteigende französische Metropole Paris (Grosser 1989, 359–403). Bemühungen, die von mittelalterlichen Strukturen bestimmte Stadt gezielt aufzuwerten, reichten bis in die Regierungszeit König Heinrichs IV. zurück (De Jean 2014, 6–7). An Fahrt gewannen diese Bestrebungen allerdings erst unter König Ludwig XIV. und seinem Finanzminister Jean-Baptiste Colbert, der durch die gezielte Förderung bestimmter Gewerbezweige Paris zum Inbegriff der zeitgenössischen Vorstellungen von allem machte, was mit Mode, Luxus und dem guten Leben überhaupt zu tun hatte (De Jean 2005). Mit kostspieligen Konsumartikeln aller Art drang Frankreich tief in die Träume und Sehnsüchte der europäischen Oberschichten vor und sorgte für eine fundamentale Neuausrichtung von Bedürfnisstrukturen. Beschreibungen, Pläne und Stadtansichten taten ein Übriges. Erste Stadthistoriografen (Sauval 1724), aber auch Reisende stellten sich freiwillig in den Dienst der *Capitale:* Nemeitz' *Sejour de Paris* (1718) beschreitet den schmalen Grat zwischen Ratgeber und Reisebeschreibung und gewährt so bis heute aufschlussreiche Einblicke in ‚touristische' Lebenswelten.

Derart eingehegt war auch der städtische Aufenthalt alles andere als individuell, der Raum für eigene Erfahrungen und Beobachtungen weitgehend vorstrukturiert. Wer eingeschriebene Grenzziehungen überwinden wollte, musste dies gezielt tun, dann jedoch in offenem Widerspruch zu den normativen Zielsetzungen der Kavalierstour (und verwandter bürgerlicher Reiseformen). Diese nahmen nämlich nicht das Selbstbildungsideal der Klassik vorweg oder propagierten Reisen gar als Mittel zur Selbstentfaltung oder Selbstverwirklichung. Vielmehr stellten Reisende sich ins Interesse des Gemeinwohls. Anstatt sich großstädtischen Amüsements zu überlassen, sollten die Kavaliere auf ihrer Tour Einblicke in fremde Gewohnheiten, Gebräuche, Einrichtungen, Organisationen usw. sammeln, um später in ihren Herkunftsterritorien positive Veränderungen bewirken zu können. Dementsprechend wurden Aufenthalte in Städten wie Paris der strengen Disziplin von Tages- und Stundenplänen unterworfen, die Unterrichtseinheiten, Besichtigungstouren und gesellschaftliche Verpflichtungen in enger Taktung aneinanderreihten (Leibetseder 2004, 108). Besichtigt werden musste dabei potenziell alles vom Königspalast bis zum Armenhaus – das gab die ramistisch-enzyklopädische Strukturierung der Beobachtungsbereiche bis in feinste Verästelungen hinein vor, wie sie etwa von Nathan Chytraeus (1594) im Rahmen einer Sammlung von Inschriften schematisch ausgearbeitet wurde. Fremde Gemeinwesen sollten in ihrer Totalität, also möglichst umfassend studiert, erfasst und beschrieben werden. Das machte die Kavaliersreise potenziell zum *high travel,* um auf die Kategorisierung eines anonymen Autors im *Edinburgh Review* des Jahres 1815 zurückzugreifen. Demnach war der ideale Reisende ein „hochkompetente[r] Experte", der durch Reisen nützliches Wissen gewann und sich dadurch vom *low travel* der „schriftstellernder Kaufleute und Juweliere" absetzte (Osterhammel 2013, 87).

Die Kavalierstour des 17. und 18. Jahrhunderts war also Teil der relativ stark formalisierten Standeserziehung junger adliger Männer, wobei die standardisierten Reiserouten und -inhalte an sich schon das Erreichen des erhofften Bildungsziels verbürgten. Wer mit intaktem Leumund von Studien und Reisen zurückkehrte, galt in der engmaschigen Anwesenheitsgesellschaft der Höfe als qualifiziert für Aufgaben in fürstenstaatlichen Einrichtungen und Kollegien. Das Reisen stand aber auch mit einer (technologisch begrenzten) Ausweitung entsprechender Infrastrukturen sowie einer beginnenden Kommerzialisierung des Reisens in Wechselwirkung. Dies hatte zur Folge, dass Reisen rationaler angegangen und Aufwendungen für Vorausplanungen genauso reduziert werden konnten wie Unwägbarkeiten aller Art. Als Gesamtunternehmen waren Kavalierstouren besser kalkulierbar als Adelsreisen früherer Zeiten. Gerade deshalb konnte das relativ risikoarme Reisen nun in die Jugendzeit verlagert werden. Aber war es nicht ausgerechnet diese ‚Allgemeinisierung' des Reisens, die auch Potenziale für eine Kultivierung von Singularitäten barg?

2 Kavalierstour und Singularisierung

Im vorigen Abschnitt habe ich das Reisen in Wechselwirkung mit Logiken der Standardisierung beschrieben. In diesem Abschnitt geht es dagegen um jene Logiken der Singularisierung, die mit frühmodernen Erziehungs- und Bildungsreisen in Zusammenhang gebracht werden können. Andreas Reckwitz exemplifiziert die Gesellschaft der Singularitäten vor allem an den Bereichen der Wohn-, Ernährungs- und Körperkultur, aber eben auch an jenen der Ausbildung und Erziehung sowie des Reisens. Zu Beginn seines Reisekapitels stellt Reckwitz fest, diese Tätigkeit sei „eine zentrale und identitätsstiftende Beschäftigung des Subjekts der neuen Mittelklasse". Deren Angehörige reisten nicht primär zu Urlaubs- und Erholungszwecken, sondern verstünden Reisen „auch und immer mehr als eine Tätigkeit […], bei der es gilt fremde Orte aktiv zu erkunden." Den damit einhergehenden Prozess apostrophiert Reckwitz als „Entdifferenzierung des Reisens", da Reisen und Berufstätigkeit für Akteure „innerhalb der Wissens- und Kulturökonomie" nicht getrennt nebeneinander bestehen, sondern miteinander ganzjährig verflochten seien (Reckwitz 2017, 320). Damit sind aber auch die Beweggründe frühmoderner Kavaliere auf Reisen treffend charakterisiert; denn satirischen Anwürfen bürgerlicher Provenienz zu trotz reisten die Kavaliere nicht zum Vergnügen oder zur Zerstreuung, sondern zum Nutzen der Herkunftsgesellschaft. Kontrastiv stand der Kavalierstour jedoch selbstverständlich nicht – wie im Falle der neuen Mittelklasse – der postindustrielle Massentourismus gegenüber, sondern die strukturelle Ortsgebundenheit weiter Teile der vorindustriellen Bevölkerung. Dem einzelnen Kavaliersreisenden ging es unterwegs zwar nicht um Selbstentfaltung oder Selbstverwirklichung, aber doch um Selbstvervollkommnung, weshalb auch frühmoderne Adelsreisen mit Subjektivierungs- und Individualisierungsprozessen in Verbindung gebracht werden können.

Dem „kuratierten Reisen des spätmodernen Subjekts" (ebd., 321) steht das kuratierte Reisen des frühmodernen Subjekts daher letztlich strukturhomonym gegenüber; genauso lässt sich in beiden Fällen ein grundlegendes Spannungsverhältnis zwischen individueller Kuratierung und sozialer Standardisierung konstatieren. Trotz der starken Determinierung der Kavalierstour durch formalisierte Routen und rationalisierte Reiseabläufe blieb das Reisen doch mit der Erwartung verbunden, besondere Orte kennenzulernen und besondere Momente zu erleben. Auch Reckwitz' Beobachtung, spätmoderne Reisende betrieben „im Kern" Singularisierungen des Raums und der Zeit (ebd., 322), können umstandslos auf frühmoderne Reisende übertragen werden – was Reckwitz selbst andeutet, indem er Paris und die Toskana als „Reiseklassiker" mit einer „spektakulären Einzigartigkeit" benennt, also als

> Reiseziele mit räumlicher Eigenkomplexität, die ihnen eine interessante Dichte und überraschende Andersheit verleiht, sodass man ihnen gegenüber nicht emotional neutral ist, sondern von ihnen in den Bann gezogen oder auch irritiert, angeregt oder nachdenklich gemacht wird (ebd.).

Mit Paris und der Toskana, mit Frankreich und Italien sind nämlich die Hauptpole der Kavalierstour benannt.

Als Rundreise erscheint das Itinerar der Kavalierstour selbst Ausfluss langfristiger Valorisierungsprozesse, die sich in einer an Räumen, Zeiten, Kollektiven, Objekten und Subjekten festzumachenden kulturellen Topographie materialisierten. Grundlegend für die Konstruktion dieser Topographie war jedoch das Seltene, Kuriose oder Wunderbare. Die Grenzen zwischen diesen drei Konzepten verschwammen Chloe Chard zufolge jedoch wegen der „extreme singularity, which invests an object with incomparability by removing it, partially or entirely, from any category of objects with which it might be compared" (1999, 55). Was Italien betrifft, so beruhen derartige Inkongruenzen zunächst einmal auf dem für zeitgenössische Aristokratien ausschlaggebenden Prinzip der Anciennität – also auf dem Altersvorrang, den die Apenninenhalbinsel als Kernprovinz des verschwundenen Imperium Romanum besaß. Dabei muss bedacht werden, dass vieles von dem, was heute als „klassische Sehenswürdigkeiten und Hochkultur" eingestuft wird und spätmodernen Reisenden keine „herausgehobene Authentizität" mehr verspricht (Reckwitz 2017, 323), im 17. und 18. Jahrhundert der jüngeren Vergangenheit oder unmittelbaren Gegenwart zuzurechnen bzw. durch archäologische Grabungen erst jüngst dem Boden entrissen worden, und damit spektakulär und einzigartig war (Schnapp 2009). Die klassische Antike war im frühneuzeitlichen Italien mithin alles andere als die tote Kultur einer untergegangenen Zeit; gerade deshalb hielt das Land für Reisende ganz besondere Authentizitätsversprechen bereit. Italien war für die Reisenden zugleich Verlebendigung all dessen, was sie sich im Zuge ihrer Erziehung in Unterricht und Lektüre mühsam angeeignet hatten, und Erfahrung der eigenen zeitgenössischen Hochkultur *in statu nascendi,* denn die kulturellen Erzeugnisse der Antike bestimmten die europäische Kulturproduktion auch noch in Barock und Aufklärung. Zur Valorisierung Italiens trug aber auch die außerordentliche konstitutionelle und kulturelle Diversität bei, die das Land seit der Renaissance prägte. Der monarchische Kirchenstaat und die Seerepublik Venedig standen dabei idealtypisch für die unterschiedlichen Verfassungsoptionen, welche die Landkarte des frühmodernen Europas aufzuweisen hatte.

Der Valorisierung Italiens stand jene Frankreichs diametral gegenüber. Die französische Provinz erfuhr noch im Laufe des 17. Jahrhunderts eine starke Abwertung. Wusste man die alte Königsregion der Île de France und entlang der Loire sowie eine Reihe von Städten auf der Route nach Süden anfangs noch zu schätzen (z. B. Chaney und Wilks 2014, 59–144), konzentrierte sich das Interesse adliger Reisender im 18. Jahrhundert dann nahezu ausschließlich auf Paris. In Paris lässt sich vielleicht auch zuerst greifen, was für den Tourismus seit der industriellen Moderne prägend geworden ist, nämlich eine räumliche Konfektionierung, die sich gerade auch an ein internationales Publikum richtet. Beginnend mit der Errichtung des Pont Neuf wurde die französische Hauptstadt binnen eines Jahrhunderts einer grundlegenden Transformation unterzogen, das Stadtbild tiefgreifend erneuert, wenn nicht sogar revolutioniert (De Jean 2014, 21–44). Dabei entstand eine Reihe von Landmarken wie die Place Royale mit dem Reiterstandbild König Ludwigs XIV. und einer für damalige Verhältnisse völlig neuartigen architektonischen Rahmung; die Fassade des Louvre wurde einer grundlegenden Modernisierung unterzogen. Zudem wurden die alten Stadtmauern geschleift; an deren Stelle trat ein ringförmiger Boulevard. Der Verzicht auf Befestigungswerke kam einer Sensation gleich, stand er doch für die Stärke und Uneinnehmbarkeit der französischen Monarchie (ebd., 96–121). Auch das städtische Leben erhielt durch eine Vielzahl von Einzelmaßnahme neue Impulse: Es entstanden Kaffeehäuser und Lokalitäten, in denen man auswärts speisen konnte, Läden und Galerien, in denen man sich mit Luxusgütern eindecken konnte, eine Straßenbeleuchtung, die Kriminalität eindämmte und nächtliches Leben ermöglichte, ein System von Mietkutschen *(Fiacres),* die zumindest zeitweilig als innerstädtischer Personennahverkehr fungierten, innerstädtische Briefkästen und noch einiges mehr. Unter staatlicher Lenkung oder Förderung entwickelten sich ferner Luxusindustrien für Spiegel, Gobelins, Porzellan, Möbel, Juwelen, Schuhe und Kleidung, die bald europaweit vertrieben und nachgefragt wurden. Das System einer sich kontinuierlich verändernden, mehrmals jährlich wechselnden Bekleidungsmode kam zuerst in Paris auf; die höfische Gesellschaft erwies sich dabei als Schrittmacher, bald galt sogar die einfache Pariser Bevölkerung als besser gekleidet als irgendwo anders in Europa (De Jean 2005). In diesem Sinne war Paris eine moderne Stadt mit entsprechenden Authentizitätsversprechen, in der hochkulturelle Angebote neben Einblicken in einen „fremden Alltag"' (Reckwitz 2017, 323) standen, wobei mit der Partizipation von Reisenden jedoch bereits gerechnet wurde.

Mit der Eigenkomplexität von Reisezielen wie Paris ging aber auch eine hohe Angebotsdichte mit einzigartigen Differenzierungschancen einher. Dank „aktiver Gestaltung und geschickter Zusammenstellung" (ebd., 321) konnten so bis zu einem gewissen Grad auf dem Mikrolevel speziell kuratierte Erfahrungen gemacht werden, die auch individuellen, familialen, konfessionellen, politischen usw. Bedarfslagen Rechnung trugen. Im Paris der Jahre 1731/1732 kaprizierten sich zwei pietistisch erzogene Grafen etwa auf den Besuch königlicher, akademischer und karitativer Einrichtungen; die Teilnahme an Lustbarkeiten der Karnevalszeit oder auch am allgegenwärtigen Glücksspiel wurde dagegen peinlichst vermieden. Besonderes Augenmerk ruhte allerdings auf allem, was mit dem religiösen Leben der französischen Hauptstadt in Zusammenhang stand. Die besondere, in ihrer Eigenkomplexität irritierende religiöse Erfahrung machte sich an der Person des Diacre de Parîs fest – der 1727 verstorbenen Leitfigur der Pariser Jansenisten –, dessen Grab auf dem Friedhof der Kirche St. Médard mittlerweile zum Schauplatz täglicher Heilungswunder geworden war (Leibetseder, im Druck). Dabei waren die Kavaliere und ihr Hofmeister durchaus zu differenzierten Beobachtungen in der Lage, denn ihr Interesse, Details über den Jansenismus und das religiöse Leben in Frankreich zu erfahren, überstieg bei weitem das Bedürfnis nach konfessioneller Selbstvergewisserung. Mit weitem Kescher sammelten sie so vielgestaltige Wissenspartikel rund um die Religionsthematik, ohne sie in ein vorgefertigtes Weltbild einzuordnen. Damit genügten sie dem enzyklopädischen Anspruch aufklärerischer Reiseliteratur (Osterhammel 2013, 54–57; Leibetseder 2017).

Das Beispiel zeigt aber auch, dass neben Räumen und Orten auch Kollektive wie Religions- oder Konfessionsgemeinschaften für Reisende Singularitätspotential besaßen. Weitere Anlaufpunkte für reisende Kavaliere boten berühmte Personen. Das Zusammentreffen mit überregional berühmten Persönlichkeiten ermöglichte nicht nur das Erleben eines besonderen Moments, sondern bestätigte auch die eigene Integration in die transregionale höfische Gesellschaft (Leibetseder 2004, 104–114). In diesem Zusammenhang fügen sich auch die kurzen Präsentationssequenzen bei den gekrönten Häuptern Europas, die vor Ort mitunter über Wochen eingefädelt werden mussten und über deren Realisierungschancen niemals letzte Gewissheit herrschte (ebd., 125–137). Neben Räumen und Zeiten, Kollektiven und Subjekten taugten freilich auch Objekte, die sich reisende Kavaliere unterwegs aneigneten, zur Singularisierung. Wie die europäische Kultur der Spätmoderne war namentlich auch die europäische Hochkultur der Frühmoderne eine Hyperkultur, in der Objekte aus europäischen und außereuropäischen Zusammenhängen zirkulierten. Die Jagd nach singulären Objekten war der Kavalierstour eingeschrieben, wobei kunstfertige oder massenhafte Kopien singuläre Qualitäten nicht entwerteten, sondern bestätigten. Allenthalben greifbar – und strukturbildend – war diese Jagd vor allem in Italien, wo die Reisenden auf einen regelrechten Markt für Antiken (und Repliken), aber auch zeitgenössische Kunstwerke trafen (Leibetseder 2013, 18; Miller 2018). Wenn mit Menschen Objekte reisten und in neue Kontexte eingefügt wurden, so war dies auch im Falle frühmoderner Kavaliersreisenden eine „Statusinvestition"; sie fördert „soziales Prestige und erhöht das Singularitätskapital". Allerdings unterlag die frühmoderne Statusproduktion einer anderen sozialen Logik als die spätmoderne. Bezugspunkt war weniger das individuelle, als das familiale bzw. kollektive Obenbleiben. Ressource ist Kultur also hie wie da – einschließlich des „Berechtigungsbewusstseins", welchem zufolge „man kompetent und befugt ist, sich die Welt und die Kulturen der Anderen für die Erweiterung des eigenen Horizonts zu eigen zu machen" (Reckwitz 2017, 324).

2.1 Fazit

Wie Andreas Reckwitz am Ende seiner Beschäftigung mit dem Reisen in der Gesellschaft der Singularitäten festhält, bewegt sich „das spätmoderne Reisen in einem kaum aufzulösenden Spannungsfeld zwischen Standardisierung und Singularisierung" (ebd.); spätmoderne Reisende suchten zwar authentische Erfahrungen, kämen aber dennoch nicht umhin, „standardisierte touristische Angebote in Anspruch zu nehmen". Der Tourist der Spätmoderne werde *nolens volens* in ein „Touristenkollektiv" hineingezwungen (ebd.). Diese Beobachtungen treffen prinzipiell auch auf Kavaliere und andere Reisende zu, die den ‚gebildeten Ständen' im hier diskutierten Zeitraum zugeordnet werden können. Trotz solcher Strukturhomonymien gilt es aber auf die spezifische gesellschaftliche Verortung der Kavaliertour hinzuweisen – einer Reiseform, die gänzlich auf das Segment der höfischen Gesellschaft mit ihrer spezifischen Wissens- und Hochkultur zugeschnitten war. Aufgrund der bereits erwähnten Gemeinwohlorientierung war der Kavalier auf seiner Europatour als Zuträger von Wissen über die besuchten Räume und Gesellschaften funktional denn auch dem entstehenden Fürstenstaat zugeordnet. Kavaliere reisten gewissermaßen stellvertretend und implizit auch im Auftrag und zum Besten ihrer Herkunftsgesellschaften. Daher spielte die Verschriftlichung des Reisens eine zentrale Rolle – unabhängig davon, ob Kavaliere über ihre Reisen nun Briefe oder Berichte anfertigten. Reiseberichte waren im 17. und 18. Jahrhundert „Erkenntniswerkzeug[e]"; sie wurden „gattungspoetisch der alten Kategorie der *Historia* als der beschreibenden Literatur schlechthin zugeordnet" (Osterhammel 2013, 177, 179). Mit derartiger Wissensproduktion (und -reproduktion) trugen die jungen Adligen bei zur Rezeption und Diffusion von Wissen – zum innereuropäischen Kulturtransfer –, allerdings auf gesellschaftlich höchstem Niveau. Diffusionskanal war die Kavalierstour auch für die unterschiedlichsten Singularitäten der höfischen Gesellschaft, die zwar europaweit anerkannten Stilen, Moden und Formen folgte, aber eben immer auch Möglichkeiten zur Profilierung über das Besondere eröffnete. Die Produkte dieser (höfischen) Gesellschaft der Singularitäten sind heute vielerorts vor allem noch in Schloss- und Gartenanlagen zu besichtigen, aber auch in Museen und Kunstsammlungen. So standen Kavalierstour und höfische Gesellschaft letztlich in einem reziproken Bedingungsverhältnis: Die höfische Gesellschaft war gleichsam Ausgangs- und Zielpunkt dieser Reiseform; ohne sie hätte der höfischen Gesellschaft ein wichtiges Singularisierungs- und Standardisierungsmittel gefehlt.

Wenn sich die frühmoderne Kavaliersreise so letztlich doch recht deutlich vom durch Reckwitz ins Auge gefassten spätmodernen Individualtourismus unterschied, dann müssen die bereits konstatierten Strukturhomonymien als regressive Züge jüngerer Reisepraktiken gelesen werden. Oder weniger abstrakt formuliert: Schon die frühmoderne Adelsreise entwickelt grundlegende Muster zur Singularisierung von Räumen, Zeiten, Kollektiven, Subjekten und Objekten, die von nachfolgenden Generationen Reisender zwar rezipiert, angeeignet, fortgeschrieben und ‚allgemeinisiert', letztlich aber nicht durch gänzlich Neuartiges ersetzt oder überwunden wurden. Insofern erscheinen frühmoderne Adelsreisen wie die Kavalierstour in späteren Erscheinungen des Massen- und Individualtourismus gewissermaßen ‚aufgehoben'. Zumindest in Bezug auf das Reisen bzw. reisende Angehörige sozialer Eliten dürften sich das Bedürfnis nach Singularitäten stärker als durchläufiges Phänomen erweisen, als Reckwitz' Ausführungen vermuten lassen – mag es in der Spätmoderne auch noch einmal einen Verallgemeinerungsschub erfahren. Gleichzeitig enthält die im modernen Tourismus aufgehobene Kavalierstour freilich auch das Versprechen einer Selbstaristokratisierung durch Bildung. Wenn Reisen bildet, so adeln Bildungsreisen. ‚Mobiliora, nobiliora/je beweglicher, desto edler' lautete schon ein frühneuzeitliches Sprichwort zum Reisen, das in der Spätmoderne nun gewissermaßen als vom Kopf auf die Füße gestellt erscheint. Nur am Rande sei bemerkt, dass es sich mit den übrigen von Reckwitz beschriebenen Bereichen – Wohnen, Ernährung und Körperkultur – ähnlich verhält: Auch dabei handelt es sich um gesellschaftliche Praktiken, bei denen bereits vor- und frühmoderne Oberschichten Stile entwickelten, welche noch von den neuen Mittel- und Oberschichten der Spätmoderne begierig aufgegriffen werden.

Literatur

von Birken, Sigismund. 1668. *Hochfürstlicher Brandenburgischer Ulysses [...]*. Bayreuth: Gebhard.
Castiglione, Baldassare. 1528. *Il Libro del Cortegiano*. Venedig: Romano und d'Asolo.
Chaney, Edward, und Timothy Wilks. 2014. *The Jacobean grand tour. Early Stuart travellers in Europe*. London: I. B. Tauris.
Chard, Chloe. 1999. *Pleasure and guilt on the grand tour. Travel writing and imaginative geography 1600–1830*. Manchester: Manchester University Press.
Chytraeus, Nathan. 1594. *Variorum in Europa Itinerarum Deliciae*. Herborn: [Corvinus].
Conrads, Norbert. 1982. *Ritterakademien der Frühen Neuzeit. Bildung als Standesprivileg im 16. und 17. Jahrhundert*. Göttingen: Vandenhoeck & Ruprecht.
Dipper, Christof. 1991. *Deutsche Geschichte 1648–1789*. Frankfurt a. M.: Suhrkamp.
Elias, Norbert. 1969. *Über den Prozeß der Zivilisation*. Zwei Bände. Bern: Francke.
Faret, Nicolas. 1630. *L'honneste-homme ou, L'art de plaire à la court*. Paris: Toussaint du Bray.
Gracián, Baltasar. 1647. *Oráculo manual y arte de prudencia*. Huesca: Juan Nogués.
Gräf, Holger Thomas, und Ralf Pröve. 1997. *Wege ins Ungewisse. Reisen in der Frühen Neuzeit 1500–1800*. Frankfurt a. M.: Fischer.
Grosser, Thomas. 1989. *Reiseziel Frankreich. Deutsche Reiseliteratur vom Barock bis zur Französischen Revolution*. Opladen: Westdeutscher Verlag.
Hahn, Peter-Michael, 2003. *Geschichte Potsdams von den Anfängen bis zur Gegenwart*, München.
Heiß, Gernot. 1982/1983. Integration in die höfische Gesellschaft als Bildungsziel. Zur Kavalierstour des Grafen Johann Sigmund von Hardegg 1646/50. *Jahrbuch für Landeskunde von Niederösterreich* 48/49: 99–114.
De Jean, Joan. 2005. *The essence of style. How the french invented high fashion, fine food, chic cafés, style, sophistication and glamour*. New York: Free Press.
De Jean, Joan. 2014. *How Paris became Paris. The invention of the modern city*. New York: Bloomsbury.
Kleinschmidt, Harald. 2002. *Menschen in Bewegung. Inhalte und Ziele historischer Migrationsforschung*. Göttingen: Vandenhoeck & Ruprecht.
Kürbis, Holger. 2010. Kavalierstouren des brandenburgisch-preußischen Adels (1550–1750). Quantitative Überlegungen. *Jahrbuch für Brandenburgische Landesgeschichte* 61: 60–82.
Lehmann, Peter Ambrosius. 1706. *Die Vornehmsten Europäischen Reisen [...]*. Hamburg: Benjamin Schiller.
Leibetseder, Mathis. 2004. *Die Kavalierstour. Adlige Erziehungsreisen im 17. und 18. Jahrhundert*. Köln: Böhlau.
Leibetseder, Mathis. 2013. Kavalierstour – Bildungsreise – Grand Tour: Reisen, Bildung und Wissenserwerb in der Frühen Neuzeit. In *Europäische Geschichte Online (EGO)*, Hrsg. Leibniz-Institut für Europäische Geschichte (IEG), Mainz 2013-08-14. http://www.ieg-ego.eu/leibetsederm-2013-de URN: urn:nbn:de:0159-2013070226. Zugegriffen: 13. März 2021.
Leibetseder, Mathis. 2017. Between specialisation and encyclopaedic knowledge. Educational travelling and court culture in early eighteenth-century Germany. In *Beyond the grand tour.*

Northern metropolises and early modern travel behaviour, Hrsg. Rosemary Sweet, Gerrit Verhoeven, und Sarah Goldsmith, 108–124. London: Routledge.

Leibetseder, Mathis. Im Druck. Am Grab des *diacre* François de Pâris. Die Wahrnehmung des ‚jansenistischen' Paris im Reisetagebuch der pietistischen Grafen Reuß und Lynar (1731/1732). In *Bücher, Bilder, Bibliotheken. Der Jansenismus im deutschsprachigen Raum, 1640–1789*. Hrsg. Friedrich Vollhardt und Christoph Schmitt-Maaß. Berlin: de Gruyter.

Miller, Norbert. 2018. *Marblemania. Kavaliersreisen und der römische Antikenhandel.* München: Deutscher Kunstverlag.

Möller, Horst. 1986. *Vernunft und Kritik. Deutsche Aufklärung im 17. und 18. Jahrhundert.* Frankfurt a. M.: Suhrkamp.

Nemeitz, Joachim Christoph. 1718. *Séjour de Paris [...]*. Frankfurt a. M.: Förster.

Osterhammerl, Jürgen, 2013. Die Entzauberung Asiens. Europa und die asiatischen Reiche im 18. Jahrhundert, 2. Auflage, München.

Reckwitz, Andreas. 2017. *Die Gesellschaft der Singularitäten. Zum Strukturwandel der Moderne.* Berlin: Suhrkamp.

Sauval, Henri. 1724. *Histoire et recherches des antiquités de la ville de Paris.* 4 Bände. Paris: Charles Moette und Jacques Chardon.

Schnapp, Alain. 2009. *Die Entdeckung der Vergangenheit. Ursprünge und Abenteuer der Archäologie.* Stuttgart: Klett-Cotta.

Ida Pfeiffer oder die unstillbare Lust auf Reisen um die Welt

Ottmar Ette

Ida Pfeiffer war allem Anschein nach die erste Frau, die bewusst und willentlich auf einer Reise die gesamte Welt umrundete (Ette 2020, 510–555). Zwar gibt es in der Forschungsliteratur zahlreiche Hinweise auf Frauen, die als Begleiterinnen, als Packerinnen oder in anderen Funktionen etwa im Rahmen des transatlantischen Handels seit dem 16. Jahrhundert tätig waren; doch dürfte es erst diese wagemutige Österreicherin gewesen sein, die selbstständig die gesamte Welt auf einer Reise umrundete. Selbstverständlich schließt dies nicht aus, dass an Bord von europäischen Forschungsschiffen etwa des 18. Jahrhunderts nicht auch verkleidete Frauen an Bord gewesen wären, die ihre Identität verheimlicht hätten und etwa mit einem James Cook oder einem Louis-Antoine de Bougainville die Erde umsegelt hätten. Doch Ida Pfeiffer unternahm *als Frau* und auf eigene Kosten wie auf eigenes Risiko eine derartig riskante Unternehmung.

Im Verlauf des 19. Jahrhunderts nahmen die Frauenreisen und deren literarische Darstellungen in Form von Buchpublikationen deutlich zu und umfassten einen wachsenden Anteil an der im Zeitalter der Romantik seit der zweiten Hälfte des 18. Jahrhunderts weiter zunehmenden Begeisterung für Reiseberichte. Ida Pfeiffer dürften Reisende wie Georg Forster oder Alexander von Humboldt schon früh bekannt gewesen sein, interessierte sie sich doch bereits in jungen Jahren für Reiseberichte aller Art. Aber umgekehrt war sie auch dem weitgereisten Humboldt sehr wohl bekannt, setzte sich dieser doch nachdrücklich für das reiseliterarische Schaffen und die Aktivitäten der 1797 in Wien geborenen Reisenden ein. Er interessierte sich früh für die Wienerin und unterstützte diese außergewöhnliche Frau – wie viele andere reisende Frauen auch – tatkräftig und zum Teil mit Mitteln

O. Ette (✉)
Institut für Romanistik, Universität Potsdam, Potsdam, Deutschland
E-Mail: ette@uni-potsdam.de

aus der eigenen Tasche. Denn die Bildung von Frauen, denen zum damaligen Zeitpunkt noch die Tore der Universität verschlossen blieben, war für ihn ein wichtiger Aspekt bei der Demokratisierung von Wissen und Wissenschaft (Werner 2000) in einer in Entstehung begriffenen Wissensgesellschaft, in welcher sich Frauen zunehmend eigene Bereiche erkämpften.

Alexander von Humboldt besaß in seiner reichen Bibliothek (Stevens 1863) nicht nur Ida Pfeiffers Werke – die sie ihm wohl nachträglich geschickt hatte –, sondern sorgte auch dafür, dass sie als erste Frau in die renommierte *Gesellschaft für Erdkunde* zu Berlin als Ehrenmitglied aufgenommen wurde. Mehrfach äußerte er sich sehr positiv über diese Reisende, zitierte sie wiederholt in seinem *Kosmos;* und er schuf auch die Möglichkeit, dass sie an den Preußischen Hof eingeladen wurde und dort mit einer preußischen Auszeichnung dekoriert wurde (Werner 2000, 14). Es dürfte wohl kaum übertrieben sein, nicht nur von der Achtung, sondern auch von der Bewunderung Humboldts für die willens- und durchsetzungsstarke Ida Pfeiffer zu sprechen, der er den Weg zu solchen Ehrungen als erster Frau ebnete.

Dabei war er gewiss nicht der einzige Bewunderer. Denn sie unternahm nicht nur ausgedehnte Reisen, sondern schrieb darüber auch sehr weit verbreitete Reiseberichte, die sich beim Publikum größter Beliebtheit erfreuten und zu wahren Bestsellern wurden. Ida Pfeiffer bietet das sehr besondere Beispiel für ein Reiseschreiben, bei welchem das Schreiben das Reisen retro-alimentiert und dank hoher Verkaufszahlen neue Reisen möglich macht. Wer aber war diese außergewöhnliche Frau? Bevor wir uns der Analyse ihrer Texte widmen, sei ihr Leben, ihrer Autobiographie grob folgend, kurz resümiert.

Die künftige Weltreisende wurde am 14. Oktober 1797 als drittes Kind der wohlhabenden Kaufmannsfamilie Reyer in der österreichischen Hauptstadt geboren (Habinger 1997, 2014; Donner 1997). Ihre Lebensbilanz liest sich makellos: Sie legte wohl auf ihren Reisen an die 240.000 km zur See und nicht weniger als 32.000 km auf insgesamt vier Kontinenten zurück, worüber sie alles in allem dreizehn Bücher schrieb, die in sieben Sprachen übersetzt wurden. Bis zu ihrem neunten Lebensjahr wuchs Ida als einziges Mädchen unter fünf Brüdern auf. Ihr Vater habe keine Geschlechterunterschiede in der Erziehung der Kinder gewollt: Ida wurde mit der gleichen Härte wie ihre Brüder behandelt, genoss dafür aber auch dieselben Rechte. Sie trug, so heißt es bei ihr rückblickend, auch am liebsten Knabenkleider, und sie sagte von sich, sie sei wild wie ein Junge und beherzter und vorwitziger als ihre älteren Brüder gewesen (Habinger 1997). Das waren ideale Vorzeichen für ihre spätere Laufbahn. Denn der Vater soll des Öfteren im Scherz gesagt haben, er wolle aus ihr einen Offizier machen. Ida nahm nicht nur die harte Erziehung, sondern auch dieses Geschlechterbild an. Dies erklärt auch später noch manchen im Sinne Judith Butlers verstandenen *Gender trouble*.

Nach dem Tod des Vaters im Jahre 1806 versuchte die Mutter, ihre Vorstellungen von Mädchenerziehung durchzusetzen. Es gab einigen Widerstand, Selbstverstümmelungen und psychosomatische Erkrankungen; aber mit dreizehn Jahren musste die junge Ida endgültig Mädchenkleidung akzeptieren und die verhassten weiblichen Pflichten und Verhaltensweisen erlernen. Ihren großen

Freiheitsdrang kompensierte sie durch die Lektüre von Reiseliteratur. Doch sie tat all dies tieftraurig, da ihr diese Welt der Reisen, die für die Männer vorbehalten waren, ein für alle Mal verschlossen schien. Ida wehrte sich mit allem, was sie hatte, gegen ein weibliches Rollenbild, in das die Mutter sie zu zwingen suchte.

Traurig verlief auch die Geschichte eines 1810 eingestellten Hauslehrers, der es wie auch immer bewerkstelligte, Ida von ihren sogenannten Pflichten als Frau zu überzeugen. Doch als dieser Hauslehrer, Joseph Trimmel, 1814 Ida einen Heiratsantrag machte und Ida einwilligen wollte, verweigerte die Mutter ihre Zustimmung aus Standesgründen. Im Gegenzug musste Ida nach jahrelangem Widerstand nachgeben und in eine Vernunftehe einwilligen: 1820 heiratete Ida den um vierundzwanzig Jahre älteren Advokaten Dr. Mark Anton Pfeiffer. Mit ihm zog sie nach Lemberg um. Doch bald schon stellten sich finanzielle Schwierigkeiten des Advokaten ein, der nunmehr häufig nach Arbeit suchen musste. Ida zog mit ihren zwei Söhnen wieder nach Wien zurück, wo sie die beiden Knaben unter enormen Schwierigkeiten großzog. Über diesen Lebensabschnitt berichtete sie ausführlich in ihrer Autobiographie, die für alle biographischen Darstellungen maßgeblich wurde. Durch heimliche Arbeit versuchte Ida, die entstandene Armut zu lindern und zu kaschieren, da sie zu stolz war, um ihre Familie um Hilfe zu bitten. Doch *de facto* lebten sie und ihre Kinder nun in ärmlichen Verhältnissen.

Zahlreiche kleinere Reisen erlaubten es Ida Pfeiffer, immer wieder dem Ehedasein zu entfliehen; schließlich übersiedelte sie mit ihren beiden Söhnen 1833 endgültig nach Wien und lebte nun – abgesehen von kurzen Besuchen – von ihrem Mann getrennt. Sie schuf sich ihr eigenes Leben. Bis zum Tode ihres Mannes, der 1838 verstarb, gab es freilich immer Kontakte zwischen den Ehepartnern; doch zog Ida Pfeiffer als allein erziehende Mutter ihre beiden Söhne groß, bis diese das Haus verließen. Nach dem Tod ihrer Mutter 1837 und dem ihres Mannes konnte eine neue Phase ihres Lebens beginnen. Auf kleineren Reisen hatte sie 1836 bei Triest erstmals das Meer gesehen und schwor sich, ihrer finanziellen Verhältnisse zum Trotz nicht eher zu ruhen, als bis sie ihre weiten Reisepläne in die Tat umgesetzt hatte. Mit eben jener Hartnäckigkeit, mit der sie dem Leben ständig entgegen getreten war, setzte sie ihre Pläne, so schwierig sie auch zu verwirklichen waren, um. So wurde sie in ihrem dritten und letzten Lebensabschnitt zu jener Reisenden, als welche sie in die Geschichte einging (Ujma 2003). Es ist im Übrigen spannend zu sehen, dass wie bei Alexander von Humboldt, der bei Ostende in Begleitung Forsters erstmals das Meer gesehen hatte, mit dem Tod der Mutter und dem Antritt des Erbes erst die Weltreisen einsetzten.

Nach mancherlei Vorbereitungen begann ab 1842 – Ida Pfeiffer war damals Mitte vierzig – ihr Reiseleben, das sie bis zu ihrem Lebensende nie wieder zur Ruhe kommen lassen sollte. Es stellte sich ein Rhythmus ein, der Reisen und Schreiben eng miteinander verband: Ida schuf sich als Autodidaktin ihre eigene Sprache. Bald sorgten die Schlichtheit und Ehrlichkeit ihrer Reiseberichte dafür, dass sie auf ein treues Lesepublikum zählen konnte. Dies galt schon für ihre erste Reise ins Heilige Land. Ursprünglich war das Tagebuch ihrer Palästinareise nur als persönliche Erinnerungshilfe gedacht; doch ließ sich Ida Pfeiffer auf Drängen des Wiener Verlegers Dirnböck zu einer zunächst anonymen Veröffentlichung drängen, was sie nicht bereute. Ihre *Reise einer Wienerin in das Heilige Land* erzielte vier Auflagen und wurde wie alle folgenden Reiseberichte Ida Pfeiffers in mehrere Sprachen übersetzt. Damit war ihre Karriere als professionelle Reiseschriftstellerin eingeleitet. Und zugleich verfügte sie so über eine finanzielle Unabhängigkeit als Frau und über Einkünfte, die in weitere Reisen umzumünzen waren.

Diese erste größere Reise führte sie ganz im Sinne der Orientreisen des 19. Jahrhunderts ab März 1842 nach Konstantinopel, Beirut, Jerusalem, Damaskus, Baalbek und Alexandria sowie Kairo, bevor sie wieder über Sizilien und Italien Ende des Jahres 1842 Wien erreichte. Lange Zeit hielt sie das Anonymat dieser Reise, welche ihre Wiener Freunde als viel zu gefährlich für eine Frau erachtet hatten, aufrecht. Doch ihre Reise gab ihr Mut und ihr Reisebericht das dringend benötigte Geld für weitere Reisen, die sich bald schon anschlossen. Ihr Reisebericht transportierte wie bei den reisenden Männern den von Edward Said mit Recht inkriminierten Orientalismus der europäischen Besucher.

Knapp zweieinhalb Jahre nach ihrer Rückkehr aus dem Orient durchstreifte sie sechs Monate lang Skandinavien und Island. Das für sie vollkommen ungewöhnliche Leben der isländischen Bevölkerung beschrieb sie in ihrer *Reise nach dem skandinavischen Norden und der Insel Island im Jahre 1845* in zwei wiederum sehr erfolgreichen Bänden. Sie hatte zwischenzeitlich Englisch gelernt und sich Kenntnisse im naturkundlichen Bereich, aber auch etwa in der Photographie autodidaktisch angeeignet. Gegen Ende ihrer Reise wurde sie in Stockholm der schwedischen Königin vorgestellt. Doch ihren Ruf als Weltreisende begründete die Wienerin dann mit ihrer 1850 in drei Bänden erschienenen *Frauenfahrt um die Welt*, wobei der Titel bereits die Außergewöhnlichkeit weiblichen Reisens signalisierte und gewiss auch vermarktete.

Im Mai 1846 brach Ida Pfeiffer auf und gelangte über Hamburg nach Rio de Janeiro, wo wir sie etwas später wiedersehen werden. Eine Teilerkundung Brasiliens schloss sich an. Danach ging es im Februar 1847 in Richtung Kap Hoorn, von wo sie über Valparaíso schließlich Tahiti erreichte. Von dort reiste sie weiter nach Macau, Hongkong und Kanton, bevor sie über Singapur und Ceylon den indischen Subkontinent betrat. Calcutta, Benares und Bombay waren dort ihre Stationen, Sie wurde immer wieder – wie auch an anderen Punkten ihrer Reise – gefährdet und bedroht. Doch Ida Pfeiffer gab nicht auf und ließ sich auch auf gefährliche Wegstrecken ein, von denen man ihr dringlich abgeraten hatte. Im April 1848 reiste sie weiter nach Mesopotamien, besuchte Bagdad, sah die Ruinen von Babylon und Ninive, bevor sie dann über Armenien, Georgien, Odessa und Konstantinopel wieder in ihre Heimatstadt zurückkehrte. Längst hatte sich ihr Leben in einen immer weitere Teile der Erde umfassenden Reisebericht verwandelt.

Durch Nachrichten von der Revolution von 1848 beunruhigt und aus Sorge um ihre Angehörigen brach Ida Pfeiffer ihre Weltreise frühzeitig ab; nach zweieinhalb Jahren Abwesenheit erreichte sie ein belagertes Wien, das am 31. Oktober von den kaiserlichen Truppen im Sturm genommen wurde. Die Revolution in ihrem Österreich war gescheitert. Erst danach durfte sie ihre Heimatstadt wieder betreten. Sie hatte zum ersten Male als Frau die Welt umrundet. Doch die Lust,

Reisen um die Welt zu unternehmen, war nun noch stärker geworden. Mit dreiundfünfzig Jahren startete Ida Pfeiffer ihre zweite Frauenreise um den Erdball. Diese dauerte mehr als vier Jahre und führte sie nach Kapstadt, tief in die indonesische Inselwelt, zu ausgedehnten Reisen quer durch Nord- und Südamerika. Die großen Strapazen dieser zweiten Weltumrundung setzten ihr freilich zu. Ihr Gesundheitszustand begann sich langsam zu verschlechtern. Auf Grund der gebotenen Kürze ist diese zweite Weltumrundung hier nicht in allen Details darstellbar. Doch selbst Alexander von Humboldt, der sie in allem unterstützte, riet ihr von einer weiteren Reise und einem Besuch Madagaskars dringend ab. Doch Pfeiffers Lust war nun unstillbar.

Von allen Ratschlägen ungerührt bestieg sie 1856 in Rotterdam ein Schiff nach Mauritius, wo sie sich mehrere Monate lang aufhielt. Doch ihre Reise nach Madagaskar stand unter keinem guten Stern. In eine missglückte Verschwörung gegen die Königin verwickelt und der Spionage angeklagt, wurde sie zunächst inhaftiert und dann des Landes verwiesen. Nach vielerlei Strapazen nach Mauritius zurückgekehrt, musste sie ihre geplante Australienreise wegen der von ihr mitgeschleppten Malariaerkrankung abbrechen. So gelangte sie nicht mehr, wie eigentlich geplant, auf den fünften Kontinent. Im September 1858 kehrte sie schwer gezeichnet nach Wien zurück. Dort starb sie in der Nacht vom 27. auf den 28. Oktober 1858. Nicht ihre Lust auf Reisen, wohl aber ihr Lebensbericht als Reisebericht war zu einem Ende gekommen.

Nun zu jenem Werk, das ihren Ruhm als Weltreisende im eigentlichen Sinne begründete und auf jene Reise zurückging, die sie als dritte – nach der Palästinareise und der Reise nach Skandinavien und nach Island – unternahm; eine Reise, die sie ab 1846 nach Südamerika, China, Ostindien, Persien und Kleinasien führte und deren Bericht 1850 in drei Bänden zu Wien unter dem Titel *Eine Frauenfahrt um die Welt* erschien. Mit diesem Titel hatte sie gleichzeitig eine Subgattung des Reiseberichts eingeführt, deren Bezeichnung wir leicht abgeändert verwenden können: die Gattung der Frauenreise. In ihrer Vorrede, die sie zu dieser Ausgabe verfasste und auf März 1850 datierte, kam sie auf ihre Motivation, auf ihre Beweg-Gründe, wie ihr Selbstverständnis zu sprechen:

> Schon in mehreren Zeitungen ward ich *Touristin* genannt; dieser Name gebührt mir indessen, seiner gewöhnlichen Bedeutung nach, leider nicht. Einerseits besitze ich zu wenig Witz und Laune, um unterhaltend zu schreiben, und andrerseits zu wenig Kenntnisse, um über das Erlebte gediegene Urteile fällen zu können. Ich vermag nur schmucklos das zu erzählen, was mir begegnet, was ich gesehen, und will ich etwas beurteilen, so kann ich es bloß von dem Standpunkte einfacher Anschauung aus. [...] Wie es den Maler drängt, ein Bild zu malen, den Dichter, seine Gedanken auszusprechen, so drängt es mich, die Welt zu sehen. Reisen war der Traum meiner Jugend, Erinnerung des Gesehenen ist nun das Labsal meines Alters. [...] Möchte die Erzählung meiner Erlebnisse den geehrten Lesern und Leserinnen nur einen Teil jenes Vergnügens bieten, das die Reise selbst mir in großem Maße gewährte! (Pfeiffer 1994, 5)

Die Ablehnung des damals populär werdenden Neologismus *Tourist* erfolgt einerseits, weil sich die Autorin selbst nicht in der Lage sah, in einem amüsierenden Tone und vor allem mit den entsprechenden rhetorisch-literarischen Formen über ihre Reisen zu berichten. Anderseits grenzt sie sich auch mangels Kenntnissen von einem wissenschaftlichen Schreiben und damit von der Form der wissenschaftlichen Forschungsreise ab. Ida Pfeiffer ist im Grunde mehr in jenem positiven Sinne, den das Wort im 19. Jahrhundert annehmen sollte, eine *dillettante*, die aus Neigung reist. Der Begriff des ‚Touristen' war für sie offenkundig noch zu sehr mit jenem *Grand Tour* verbunden, der obligatorischen Bildungsreise für junge aufstrebende Adelige etwa nach Italien, als dass sie damit in einen Zusammenhang gebracht werden wollte. Ihr Beweg-Grund war nicht die gesellschaftliche Ambition, sondern das Vergnügen und weit mehr noch: die unstillbare Lust.

Ida Pfeiffer versteht den Begriff ‚Tourist' ganz anders, als ihn Stendhal, sicherlich einer der wichtigen Schöpfer dieses Terms, nur wenige Jahrzehnte zuvor geprägt hatte; und sie verstand ihn auch gänzlich anders als wir, die wir diese Begriffsverwendung im heutigen Zeitalter des Massentourismus pflegen. Dieser Aspekt der Begriffsverwendung in den Zeitungen ist insoweit nicht uninteressant, als Reisen – freilich innerhalb Europas – zunehmend zwar noch nicht zu einem Massenphänomen, wohl aber zu einem an Masse zunehmendem Phänomen vor allem des oberen Bürgertums geworden waren.

Wir haben es zugleich mit einer Entwicklung zu tun, in welcher die Bildungsreise wie auch die Erlebnis- oder Abenteuerreise zunehmend den Schichten des Bürgertums offenstand, denken wir etwa an die Reisen junger Briten nicht mehr nur nach Rom und Florenz, sondern in die Schweizer Alpen (Schaumann 2020). Diese Entwicklung führte zweifellos dazu, dass sich das Reisen in eine geradezu ‚normale' Tätigkeit und Seinsweise des Menschen verwandelte. Immerhin: Ida Pfeiffer distanzierte sich eindeutig vom Begriff des ‚Touristen', gerade weil ihr die eigene Reise zum eigentlichen Lebensinhalt geworden war. Im Unterschied zur Vergnügungsreise betonte sie stets die großen Anstrengungen und Entbehrungen, denen sie sich aussetzte und unterwarf, und grenzte sich zugleich auch von jenen wissenschaftlichen Reisenden ab, für welche Georg Forster oder Alexander von Humboldt stellvertretend standen. Mit diesen unterschiedlichen Abgrenzungen schuf sich die eigenwillige Wienerin bewusst oder unbewusst ihren eigenen Platz innerhalb des Systems der Reiseliteratur. Und dieser Platz war geschlechterspezifisch kodiert und ließ sich nicht mit den Reisen von Männern vergleichen.

Damit ist ein zweiter Aspekt angesprochen, geht es der Wienerin doch nicht um eine Forschungsreise mit wissenschaftlicher Zielsetzung, sondern um eine Reise aus innerem Drang. Ida Pfeiffer reist aus eigener Abenteuerlust, aus dem eigenen Begehren, zu sehen und zu erfahren, aus dem Wunsch nach eigener Selbstverwirklichung als Frau; einer Lust, welcher in der patriarchalischen Gesellschaft im Biedermeier enge Grenzen gesetzt sind. So kommt die Dimension der Befreiung aus überkommenen Konventionen hinzu, die in ihrer Lebenszeit freilich noch übermächtig schienen. Es gelingt ihr, durch ihre Reisen gleichsam diese Zwänge und Fesseln zu sprengen und dank ihres beeindruckenden Publikumserfolgs diesen neuen Lebensstil, diese neue Selbstreflexion der Frau in die bürgerliche Gesellschaft zu vermitteln. Mag sein, dass Ida Pfeiffer auf Fragen hin eher konventionelle Vorstellungen von der Geschlechterrolle der Frau entwickelte: Ihre Lebenspraxis aber sah anders aus.

Mit dieser Frage hängt schließlich ein dritter Aspekt zusammen: Er betrifft das geschlechterspezifische Reisen und damit jene zusätzliche Dimension des Reiseberichts, welche alle Literatur in Bewegung ausmacht (Ette 2020, 127–129). Denn das Männliche erscheint noch im 19. Jahrhundert als der *degré zéro* des Geschlechts; und erst aus der Perspektive der Frauenreisen wird deutlich, dass auch bei den Männerreisen – die ‚natürlich' nicht so heißen – die jeweilige Perspektive eine geschlechtlich fundierte ist. Vergessen wir dabei nicht, wie sehr die männliche Reise – und insbesondere der reiseliterarische Ort der Ankunft – just von der Erscheinung der Frau, dem Rebecca-Motiv der fremden Schönen und der Unbekannten, geprägt wird. Diesem männlichen Blick auf die schöne Unbekannte entspricht in den Frauenreisen tatsächlich der weibliche Blick auf den unbekannten Mann. Erst aus dem Blickwinkel der im 19. Jahrhundert sich häufenden Frauenreisen wird deutlich, wie sehr diese Wahrnehmungs- und Darstellungsformen ‚selbstverständlich' männlich-patriarchalisch geprägt sind, wobei sich derlei Darstellungsformen durchaus gerade auch in den Lebensläufen und Präsentationsweisen schreibender und reisender Frauen wiederfinden lassen. Zu vorherrschend war der männliche Blick, als dass ihn Frauen wie Ida Pfeiffer sogleich hätten ablegen können.

Nicht zufällig verglich sich Ida Pfeiffer in ihrem angeführten Vorwort mit den männlichen Formen von Maler und Dichter, die wie der Wissenschaftler etwas ganz Spezifisches hervorzubringen vermögen. Sie selbst erscheint demgegenüber lediglich als ein Subjekt, das seinem Drängen nachgibt, ‚die Welt zu sehen'. Letztlich aber führt dies auch zu einer Hervorbringung, einem Schreiben, das sehr stark vom Gesehenen, vom Auge geprägt wird. Damit ergibt sich implizit sehr wohl eine Art der Gleichstellung, welche freilich die Geschlechterdifferenz und damit die besondere Rolle der Frau nicht tilgt. Diese besondere Rolle und damit die Vergeschlechtlichung des Blickwinkels zeigt sich in der oben zitierten Passage nicht zuletzt auch durch das Ansprechen nicht nur der Leser, sondern bewusst auch der Leserinnen. All dies geht recht versteckt vor sich; doch ergeben sich in diesem Bereich von Beginn an signifikante Umbesetzungen gegenüber der Reiseliteratur der noch immer dominanten männlichen Autoren.

Am 1. Mai 1846 verließ Ida Pfeiffer Wien und reiste über Prag und Dresden nach Hamburg, von wo aus sie die Überfahrt nach Amerika in Angriff nahm, welche damals mindestens zwei Monate dauerte, bisweilen aber auch drei bis vier Monate in Anspruch nehmen konnte. Dies hing auch davon ab, ob man ein Dampfschiff oder ein Segelschiff wählte, wobei Ida Pfeiffer betonte, dass man bei einem Segelschiff ganz dem Kapitän desselben ausgeliefert sei, der unumschränkter Herrscher und Gebieter über alles an Bord, einschließlich des Essens, sei. Pfeiffer schilderte und beschrieb – wie viele Reisende vor und nach ihr – die vielen Mitreisenden an Bord, eine Tatsache, die dem langen Vorgang der Überfahrt geschuldet ist und die Annäherung an das Reiseziel – anders als bei unseren heutigen Flugreisen – zu einem wesentlichen Teil der Reise selbst werden lässt. So beginnt die große Weltreise Ida Pfeiffers ohne einen eigentlichen reiseliterarischen Ort des Abschiednehmens: Das Wasser der Elbe geht unmerklich über in das der Nordsee; und schon ist das Schiff auf der Höhe der Insel

Helgoland, die damals noch England gehörte. Die Überfahrt über den Atlantik hatte begonnen. Am 9. und 10. August 1846 trat man dann ein in den Wendekreis der Tropen, wobei man in zwanzig Meilen Entfernung an den Kapverdischen Inseln vorbeisegelte, ohne sie freilich ausmachen zu können. Die Passagiere feierten das Überqueren des Äquators: ein hochgradig ritueller Akt, der heutzutage längst vergessen, aber in vielen Reiseberichten des 18. und 19. Jahrhunderts (Ette 2020) präsent ist.

An Bord von Ida Pfeiffers Schiff schien längst alles ‚normalisiert' zu sein – kein Wunder, erzählte der Kapitän doch, dass er bereits zum vierzehnten Mal eine Reise nach Brasilien unternehme. Die gestiegene Frequenz der Seereisen hatte ganz grundlegend dazu beigetragen, dass auch eine Transatlantikfahrt zunehmend für alle Beteiligten zur Routine werden konnte. Die Überquerung der Linie war für Guillaume-Thomas Raynal noch jener Punkt, an dem die zahmen, zivilisierten Europäer zu blutrünstigen Aussaugern, zu Tigern zu werden pflegten, die all ihre scheinbare Menschlichkeit ablegten, um die Kolonien und deren Menschen zum eigenen Vorteil möglichst massiv ausbeuten und auspressen zu können. Bei anderen Reisenden verkehrten sich die Hierarchien an Bord beim Überqueren des Äquators in einen *monde à l'envers,* in eine Welt auf dem Kopf. Bei Ida Pfeiffer jedoch ist das Passieren der Äquatorlinie zu einer gänzlich harmlosen, unscheinbaren Szenerie, zu einem freudigen Ereignis ohne größere Bedeutung, geworden:

> Am 29. August nachts 10 Uhr begrüßten wir die südliche *Hemisphäre!* Ein beinah stolzes Gefühl bemächtigte sich aller, aber besonders jener, die zum ersten Mal die Linie überschritten. Wir schüttelten einander freudig die Hände und beglückwünschten uns, als hätten wir eben eine Heldentat vollbracht. Einer der Reisenden hatte für diese Feierlichkeit ein paar Flaschen Champagner mitgenommen. Lustig flogen die Stöpsel in die Luft, und ein fröhliches *Lebehoch* wurde der neuen Hemisphäre zugetrunken.
>
> Unter dem Schiffsvolke fand keine Feierlichkeit statt; es ist dies auf den wenigsten Schiffen mehr gebräuchlich, da dergleichen Feste selten ohne Unordnung und Trunkenheit ablaufen. Unsern Schiffsjungen, der die Linie zum erstenmale passierte, konnten es aber die Matrosen doch nicht ganz schenken, und er wurde mit einigen Eimern Seewasser tüchtig getauft. (Pfeiffer 1994, 18)

So dürfen wir uns eine Äquatorüberquerung Mitte des 19. Jahrhunderts, hier in der Beschreibung Ida Pfeiffers, vorstellen. Wir sind auf halbem Wege zur sprachlosen Querung irgendwelcher Längen- und Breitengrade, über die wir an Bord heutiger Flugzeuge nicht einmal mehr informiert werden. Bei Ida Pfeiffers Reise findet zumindest noch ein symbolischer Eintritt in eine *neue* Welt statt, die hier als neue Hemisphäre bezeichnet wird. Dies markiert den Ort eines Übergangs, der auf die Ankunft in einem fremden, einem weit entfernten Land und dessen Bewohnern vorbereitet. Im September kam das Schiff in der Bucht von Rio de Janeiro an. Doch berichtet die Wienerin, dass die Reisenden durch zahlreiche Formalitäten bei der geplanten Einreise derart aufgehalten wurden, dass man den Abend und die Nacht noch auf dem Schiff zubrachte, bevor man am nächsten Morgen dann von Bord gehen konnte. Die Lage der Stadt wird als durchaus hübsch dargestellt; aber wenn man erwartet, dass darauf die euphorische Darstellung einer wunderbaren Stadt folgt, deren tropische Bilder evoziert werden, dann wird man von der Reiseschriftstellerin bitter enttäuscht. Denn Ida Pfeiffer beschreibt die spektakuläre

Bucht von Rio de Janeiro, ihrer ersten Stadt in der Neuen Welt, nüchtern, ja abfällig aus einer sehr abgeklärten europäischen Perspektive:

> Es war am 17. September morgens, als ich nach beinahe 2 1/2 Monaten zum erstenmale wieder festen Boden betrat. Der Kapitän geleitete uns Reisende selbst an Land, nachdem er noch jedem angelegentlich empfohlen hatte, ja nichts einzuschmuggeln und ganz besonders keine versiegelten Briefe.
>
> Wir landeten an der *Praia dos Mineiros*, einem schmutzigen, ekelhaften Platze, bevölkert mit einigen Dutzenden ebenso schmutzigen, ekelhaften Schwarzen, die auf dem Boden kauerten und Früchte und Näschereien zum Verkauf laut schreiend und preisend anboten.– von da kamen wir gleich in die Hauptstraße (Rua direita), deren einzige Schönheit ihre Breite ist. Sie enthält mehrere öffentliche Gebäude, wie das Zollhaus, die Post, die Börse, Wache usw., die aber alle so unansehnlich sind, dass man sie gar nicht bemerken würde, ständen nicht immer viele Leute davor.
>
> Am Ende dieser Straße liegt das kaiserliche Schloss, ein ganz gewöhnliches großes Privatgebäude, ohne Ansprüche auf Geschmack und schöne Architektur. Der Platz davor (Largo do Paco), mit einem einfachen Brunnen geziert, ist sehr unrein und dient des Nachts vielen armen, freien Negern zur Schlafstelle, die dann des Morgens ihre Toilette ganz ungeniert vor aller Leute Augen machen. [...]
>
> Die Stadt bietet also an Plätzen, Straßen und Gebäuden dem Fremden durchaus nichts Anziehendes; wahrhaft abschreckend aber sind die Menschen, welchen man begegnet – beinahe durchgehends nur Neger und Negerinnen mit den plattgedrückten, häßlichen Nasen, den wulstigen Lippen und kurz gekrausten Haaren. Dazu sind sie meist noch halbnackt, mit elenden Lumpen bedeckt, oder sie stecken in europäisch geformten, abgetragenen Kleidungsstücken ihrer Herren. Auf 4 bis 5 solcher Schwarzen kommt dann ein Mulatte, und nur hie und da leuchtet ein Weißer hervor.
>
> Noch widerlicher wird das Bild durch die häufigen Gebrechen, die man überall gewahrt, und worunter ganz besonders die Elephantiasis in schreckliche Klumpfüße ausartet; an Blindheit und andern Übeln ist auch kein Mangel vorhanden. Ja sogar auf Hunde und Katzen, die in großer Anzahl in den Gassen umherlaufen, erstreckte sich die allgemeine Häßlichkeit – auch diese sind meist schäbig oder voll Wunden und Räuden. (Pfeiffer 1994, 24–27)

So sieht bei Ida Pfeiffer also der reiseliterarische Ort der Ankunft aus. Zwar verweist die österreichische Reiseschriftstellerin in der unmittelbaren Folge darauf, dass sie sich mit der Zeit an die Hässlichkeit der Menschen und Gegenstände gewöhnt habe, und dass es unter den jungen Mädchen und Frauen durchaus auch einige ansehnliche gebe. Doch wird in dieser Passage ganz bewusst – aus der Rückschau – das unmittelbare Erleben einer geradezu schockartigen Erfahrung von Andersheit dargestellt. Maßstab für diese Welterfahrung ist allein der unhinterfragt europäische, die Wahrnehmung nicht-europäischer Menschen gerät schnell zu einem von Rassismen durchzogenen Gemälde. An dieser Stelle mag man erahnen, dass nicht die Gegenstände das Ziel der Reiselust Pfeiffers sind, sondern das Reisen selbst. Bringt die Wienerin die Heterostereotypen ihres österreichischen und bald schon europäischen Lesepublikums zum reiseliterarischen Ausdruck?

Ida Pfeiffers Schreibstil ist zweifellos schlicht, spröde und in keinerlei Weise rhetorisch geschult und ausladend. Ihre von mancherlei Vorurteilen geprägte Herangehensweise an die außereuropäische Welt schuf ihr ohne Zweifel viele geneigte Leserinnen und Leser. Die gesamte Anlage von Rio de Janeiro entspricht nicht ihren Erwartungen: Der Wienerin gefallen insbesondere die großen öffentlichen Gebäude nicht, vor allem auch nicht das Schloss, in welches Spix und Martius dereinst die österreichische Kaisertochter Leopoldina zur Hochzeit mit dem künftigen Kaiser Pedro I. begleitet hatten. In der Beschreibung Ida Pfeiffers gerät der Palast zu einem banalen, schmucklosen Privatgebäude. Alles steht im Zeichen einer bodenlosen Enttäuschung. Die festgestellte Hässlichkeit springt dann auf die Bevölkerung über, wobei extrem eurozentrische Vorurteile hinsichtlich der Schönheitsbegriffe unmittelbar geäußert werden. Im Grunde erfolgt eine völlige Abwertung der schwarzen Bevölkerung, wobei sich die Wienerin noch nicht einmal der Kategorien ihrer Beschreibung vergewissert. Ihre europäische Leserschaft störte dies nicht.

Unter den vielen Schwarzen und den wenigen Mulatten leuchten nur selten die Gesichter von Weißen hervor – und dieses Leuchten verrät uns viel über die Wertigkeit dieser *whiteness,* die hier zum ungefilterten Ausdruck kommt. Denn dieses Weiß-Sein wird mit dem Licht, der Erleuchtung und damit aller Transzendenz bestückt, die hier semantisch aufgeladen am Horizont der europäischen Reisenden erscheinen. In einem letzten Schritt erfasst die Hässlichkeit schließlich auch alle anderen Straßenbewohner, also die Hunde und die Katzen, welche die Straßen und Plätze als Lebensraum mit den Schwarzen teilen und ebenso wie diese von Krankheiten und Seuchen befallen sind. Ein fürwahr abstoßendes Bild, das Ida Pfeiffer uns von ihrer Ankunft in der damaligen Hauptstadt Brasiliens zeichnet. Es gibt wenige Reisetexte, die uns so unverblümt und ungeschminkt die Wertvorstellungen und Vorurteile europäischer Provenienz vor Augen führen.

Nach einer Woche in Rio de Janeiro hat sich unsere reisebegeisterte Frau an die Menschen vor Ort gewöhnt, hält aber fest, dass dem männlichen Geschlecht die Schönheit in minderem Maße zuteilgeworden sei. Zudem rückt sie die Schwarzen in die Nähe der Affen: Überdies sei ihr Verstand zwar klar, aber eine Frage der Erziehung. Dieser Ausdrucksform eingefleischten Rassismus' mischt sie gleich eine weitere topische Prophezeiung bei, die zweifellos noch immer im Zeichen der Haitianischen Revolution fast ein halbes Jahrhundert zuvor steht: Das Erwachen dieses Volkes werde dereinst für die Weißen fürchterlich sein, könnten sich die Schwarzen doch leicht ihres zahlenmäßigen Übergewichts bewusst werden. Diesen Ausfällen, die wohl durchaus charakteristisch sind für weite Teile der Bevölkerung Europas um die Mitte des 19. Jahrhunderts, fügt sie Ansichten gegen die Sklaverei und manche Kritik an den Briten bei, die zwar die Sklavenschiffe vor der afrikanischen Küste abfingen, aber die Sklaven nicht etwa in die Freiheit entließen. Vielmehr würden sie die gleichsam als Schiffsladungen aufgebrachten Schwarzen noch zehn Jahre lang in sklavischer Arbeit ausbeuten, sodass sie nicht weniger unfrei gehalten würden. Zu allem hat Ida Pfeiffer dezidierte Ansichten, die sie in ihrer Reiseliteratur auch unumwunden äußert. Das Los der Sklaven sei trotz aller Gegenrede nicht so schlecht, wie es viele Europäer glaubten, denn ihr Schicksal sei weniger hart als das der russischen, polnischen oder anderer Bauern, die man freilich nicht als Sklaven bezeichne – eine Überlegung, die sich übrigens schon bei Alexander von Humboldt findet, der auf das schwere Los der

Leibeigenschaft aufmerksam machen wollte. Bei der Wienerin aber verkommt dieses Argument zu einer Relativierung der Gräuel der Sklaverei.

Damit haben die Ansichten der Ida Pfeiffer zur Bevölkerung vor Ort noch nicht ihr Ende gefunden. Die Brasilianer – und damit meinte sie offenkundig in erster Linie die Bewohner portugiesischer Abkunft – könne man als ‚ins Amerikanische übersetzte Europäer' bezeichnen. Freilich wird deren Bild dadurch getrübt, dass bei ihnen die Sucht nach Geld wie bei allen nach Amerika Verpflanzten zur blinden Leidenschaft werde. In allen Gesellschaftsschichten stellt Pfeiffer eine tiefe Entsittlichung fest.

Am Ende aber wendet sich die Wienerin an jene Österreicher, die ihr Glück an Brasiliens Küsten versuchen und ihr Land verlassen wollten. Die Haltung Ida Pfeiffers ist in dieser Sache klar. Zu guter Letzt werden wir auch noch Zeugen eines Mordversuches durch einen entlaufenen Sklaven, eines Maroon, dessen sich die Reisende zu erwehren hat. Sie wehrt sich gegen den Angreifer, der mit Machete und Lasso bewaffnet ist, mit Hilfe eines Sonnenschirms und eines kleinen Taschenmessers. Ihr Sonnenschirm bricht ab, ihr bleibt allein das Griffende in der Hand, das sie freilich bis an ihr Lebensende aufbewahren sollte. Von zufällig vorbeikommenden Reitern wird der entlaufene Sklave wieder eingefangen: Das Abenteuer geht glücklich zu Ende.

Dem Besuch einer deutschen Kolonie folgt dann eine Reise ins Innere Brasiliens; Pfeiffer wird bei diesen Ausflügen vom Grafen Berchtold begleitet, den sie in Prag kennengelernt hatte. Gemeinsam besuchen sie das vor fünfzehn Jahren gegründete Novo Friburgo; doch muss Ida Pfeiffer den weiteren Teil der Reise zu den Indianern dann alleine unternehmen, da sich die Wunde des Grafen, die dieser im Kampf mit dem Maroon erlitten hatte, zu verschlimmern begann. Doch die an den verschiedensten Gegenständen interessierte Frau war fest entschlossen, ihre Reise auch ohne den Grafen fortzusetzen. So reist sie alleine mit einem einzigen Führer weiter, der stets gefragt wird, wie es komme, dass sie alleine reise. Der aber antwortet jeweils mit dem zunächst verwunderlichen Hinweis auf die Wissenschaft: So würden alle glauben, sie sei wegen der Wissenschaft auf Reisen. Der Wissenschaft, die nicht weniger patriarchalisch strukturiert war als die Gesamtgesellschaft, schien man das Erstaunliche eher zuzutrauen.

Auf dem Weg zu den Indianern kam Ida Pfeiffer an Plantagen vorbei, wo sie sich erneut gegen die Sklaverei äußerte, aber zugleich bemerkte, dass die kleinen Sklavenjungen mit den Kindern des Sklavenhalters – wie später von Gilberto Freyre in *Casa Grande & Senzala* beschrieben – spielten: Mancher Fellach in Ägypten oder die Bauern in Osteuropa hätten ein schlimmeres Schicksal. Schließlich gelangte die österreichische Weltreisende bei den Indianern an, die sie noch hässlicher fand als die Schwarzen: So werden die Gesichtszüge der indigenen Bevölkerung als noch abstoßender beschrieben. Ida Pfeiffers Kommentare geben uns Aufschluss über die verbreiteten Einschätzungen ihrer Zeit. Zu den Gesichtszügen komme bei den Indianern ein Zug von Dummheit, der sich durch den ständig offenstehenden Mund äußere. Derartige Rassismen machen es schwer, die Pfeiffer für eine rein emanzipatorische Haltung als Frau zu verwenden; denn vieles von dem, was sie niederschrieb, ist in heutiger Zeit längst politisch unkorrekt. Gewiss ist Pfeiffer von der Geschicklichkeit der Puris beim Bogenspannen oder von ihrer Fähigkeit beeindruckt, allein dem Geruch nach entlaufene schwarze Sklaven wieder auffinden zu können; doch kennt sie letzteres nur vom Hörensagen.

Die Österreicherin wird von den Puris, die sie als Wilde bezeichnet – und doch befinden wir uns gerade einmal sechs Tagesreisen von Rio de Janeiro entfernt –, gastfreundlich aufgenommen. Die Sprache dieser Indianer ist ihrer Ansicht nach sehr arm – ohne dass sie dies jemals überprüft hätte. Hier macht sich die Differenz zu den Untersuchungen wissenschaftlicher Reisender wie Spix und Martius besonders bemerkbar.

Als Höhepunkt ihres Ausfluges zu den „Wilden" laden die Puris Ida Pfeiffer zum Essen ein, einer Einladung, der sie gerne folgt, gibt es doch allerlei Spezialitäten, die sie aus Wien nicht kennt. Diese Szene mag gemeinsam mit der Aufführung fremder Tänze die grenzenlose Neugier verdeutlichen, welche die österreichische Reisende immer wieder in ihrer Reiselust bestärkt:

> Mein Appetit war grenzenlos, da ich seit morgens nichts genossen hatte; ich fing also gleich mit dem Affenbraten an, den ich überaus köstlich fand;– bei weitem nicht so zart und schmackhaft war das Fleisch des Papageis.
>
> Nach Beendigung der Tafel bat ich die Indianer, mir einen ihrer Tänze aufzuführen und sie willfahrten gerne meinem Begehren.– Da es schon dunkel war, so brachten sie viel Holz herbei, errichteten eine Art Scheiterhaufen und zündeten ihn an; die Männer schlossen einen Kreis herum und begannen den Tanz. Sie warfen ihre Körper mit merkwürdiger Plumpheit von einer Seite zur andern und bewegten dabei den Kopf nach vorwärts; hierauf traten auch die Weiber hinzu, blieben jedoch etwas hinter dem Männerkreise zurück und machten dieselben plumpen Bewegungen. Die Männer stimmten noch überdies ein höllisches Geplärr an, das einen Gesang vorstellen sollte, und alle verzerrten dazu die Gesichter ganz abscheulich. Einer der Wilden stand daneben und spielte auf einer Art von Saiteninstrument. Es war aus dem Rohr einer Kohlpalme gemacht und ungefähr 2 bis 2 1/2 Fuß lang; ein Loch hatte man über quer geschnitten, 6 Fasern des Rohres aufgehoben und an beiden Enden durch einen kleinen Sattel in der Höhe erhalten. Es wurde darauf wie auf einer Guitarre gespielt, die Töne klangen sehr leise, widrig und heiser.
>
> Diese erste Aufführung nannten sie einen Friedens- oder Freudentanz. Einen viel wilderen führten die Männer allein auf. Nachdem sie sich hierzu mit Bogen, Pfeilen und tüchtigen Knitteln bewaffnet, schlossen sie ebenfalls wieder einen Kreis, nur waren ihre Bewegungen viel lebhafter und wilder als beim ersten Tanze; auch schlugen sie dabei mit den Knitteln schauderhaft um sich herum. Dann stoben sie plötzlich auseinander, spannten die Bogen, legten die Pfeile auf und machten die Pantomime, als schössen sie dem fliehenden Feinde nach; dabei stießen sie fürchterlich durchdringende Töne aus, die im ganzen Walde widerhallten; ich fuhr erschrocken empor, denn ich glaubte wirklich von Feinden umzingelt und ohne die geringste Hilfe und Stütze in ihre Gewalt geraten zu sein;– ich war herzlich froh, dass dieser gräßliche Siegestanz bald ein Ende hatte.
>
> Als ich mich dann zur Ruhe begab und nach und nach alles stille um mich ward, befiel mich eine Angst anderer Art; ich dachte der vielen wilden Tiere, der schrecklichen Schlangen, die vielleicht ganz nahe um uns hausen möchten und des offenen, schutzlosen Obdaches, unter welchem ich die Nacht zubringen musste. (Pfeiffer 1994, 56 f.)

In dieser Passage lassen sich zwei Arten von Blicken der Europäerin auf die indigene Bevölkerung unterscheiden. Zum einen handelt es sich um einen deskriptiven, zahlreiche Details erfassenden Blick, der wesentlich anthropologisch oder völkerkundlich eingefärbt ist und möglichst viele Kenntnisse über die fremde

Kultur sammeln möchte. Zum anderen gibt es einen von der eigenen Kultur her überdeterminierten, wertenden oder abwertenden Blick, der die Sitten und Gebräuche, die Tänze und Gesänge letztlich implizit immer mit den eigenen Riten und Gebräuchen, mit der eigenen Musik und dem Tanz der Europäer vergleicht und abwertet. Aus dieser doppelten Kodierung ergibt sich eine eigentümliche Spannung, die den gesamten Reisebericht durchzieht. Selbstverständlich greifen beide Blicke ineinander, bedingen sich wechselseitig; und doch ist aufschlussreich zu sehen, dass selbst die größte Abscheu Ida Pfeiffer nicht davon abzubringen vermag, die Augen offenzuhalten und alles möglichst genau zu beschreiben. Haben wir es hier mit einer Frühform des massentouristischen Blickes mit seiner unumgänglichen Exotisierung des ‚Anderen' zu tun?

Die kulturell-völkerkundliche Kodierung ist dabei interessanterweise von Beginn der Vorbereitungen zum Tanz an eine geradezu religiöse, brennen doch zuerst die Scheiterhaufen, um dann teuflischen Gebräuchen den Platz zu überlassen. Das ‚Andere' wird gleichsam dämonisiert, wird zu einer Bedrohung des Ich, wie sie ähnlich von wilden Tieren ausgeht. Es ist das Wilde, das fasziniert und im gleichen Atemzuge anzieht und abstößt. Als kulturelle Äußerungen werden Tanz und Gesang dabei nicht wirklich wahrgenommen: Diese kulturellen Praktiken scheinen eindeutig der europäischen Zivilisation – im Gegensatz zur amerikanischen Barbarei – vorbehalten zu bleiben. Nach der Rückkehr nach Rio de Janeiro folgt schon bald die Weiterreise per Schiff nach Valparaíso, die sich freilich noch verzögert. Denn man bleibt längere Zeit vor der brasilianischen Küste liegen, sieht ein Sklavenschiff einlaufen, das 670 Sklaven nach Brasilien einschmuggeln soll. Die Deportation afrikanischer Sklaven geht Mitte des 19. Jahrhunderts ungehindert weiter. Im Übrigen übt Pfeiffer auch Kritik an den Übertreibungen vieler Reisender, welche auch die Schönheit des Kreuzes des Südens übertrieben hätten. Denkt sie hierbei auch an den von diesem Sternbild so begeisterten Humboldt? Überhaupt die Pfeiffer'sche Kritik: Reisende würden häufig Dinge beschreiben, die sie selbst nicht sahen, sondern nur vom Hörensagen kennen; wirklich von ihnen gesehene Gegenstände würden oft mit allzu großer Phantasie geschildert. Ida Pfeiffer betont demgegenüber ihren sachlichen, deskriptiven Stil, dessen Ausfälle wir freilich gesehen haben.

Am 2. März 1847 gelangt Ida Pfeiffer nach der Umrundung von Kap Hoorn in den Hafen von Valparaíso und damit in jene Hafenstadt, welche einen traurigen und einförmigen Eindruck auf unsere österreichische Reisende macht. Ida Pfeiffer bleibt nur fünf Tage zur Besichtigung der Stadt, da sie das nächste Schiff nach Lima nimmt. So bleibt auch aus Kostengründen keine Zeit für einen Besuch von Santiago de Chile. Die Einfahrt eines französischen Kriegsschiffes verändert die Reisepläne Ida Pfeiffers, denn nun fährt sie nicht weiter in die peruanische Hauptstadt, sondern nimmt mit dem französischen Schiff Kurs auf die polynesische Inselwelt und insbesondere auf Tahiti, wo sie nach neununddreißig Tagen auf See ankommt. Kurz entschlossen hatte sie dem amerikanischen Kontinent den Rücken zugewandt. Die negative Schilderung der chilenischen Hafenstadt überspringend, rückt damit das seit dem letzten Drittel des 18. Jahrhunderts in Zentrum der europäischen Aufmerksamkeit gerückte Tahiti in den Vordergrund. Bei einer

Reise ins Landesinnere trifft sie einen Neunzigjährigen, der sich noch gut an die zweite Reise von James Cook – an der bekanntlich auch Georg Forster teilnahm – zu erinnern vermag. Auch für Ida Pfeiffer sind diese Erinnerungen an das, was sie – wie wir gleich sehen werden – die „goldenen Zeiten" nennt, sehr präsent, hat sie doch sicherlich Cooks und Forsters Reiseberichte schon in ihrer Jugend verschlungen. Gerade aus dieser Lese- und Erlebensdifferenz heraus lässt sich ihre Ankunft auf Tahiti lesen und verstehen:

> Noch war der Anker nicht gefallen, so umgaben uns schon ein halb Dutzend Pirogen (Kähne) mit Indianern, die von allen Seiten auf das Deck kletterten und uns Früchte und Muscheln anboten, aber nicht wie einst gegen rote Lappen oder Glasperlen – diese goldenen Zeiten für die Reisenden sind vorüber – sie verlangten Geld und waren im Handel so gewinnsüchtig und geschickt wie die zivilisiertesten Europäer. Ich bot einem der Indianer ein Ringelchen von Bronze; er nahm es, beroch es, schüttelte den Kopf und gab mir sogleich zu verstehen, dass es nicht von Gold sei. Er bemerkte einen Ring an meinem Finger, faßte nach meiner Hand, beroch ebenfalls den Ring, verzerrte das Gesicht in ein freundliches Lächeln und deutete mir an, ihm diesen zu geben. [...]
>
> Daß die Menschen hier so kräftig und schön gebaut sind, ist um so wunderbarer, wenn man weiß, wie ausgelassen und sittenlos sie leben. Mädchen von sieben bis acht Jahren haben ihre kleinen Liebhaber von 12 bis 13 Jahren, worüber sich die Eltern sehr freuen. Je größer die Zahl der Liebhaber, desto mehr Ehre für das Mädchen. So lange ein Mädchen nicht verheiratet ist, lebt sie so ungebunden als nur immer ein Wüstling zu leben vermag – selbst als Weiber sollen sie nicht die getreuesten Gattinnen sein.
>
> Ich hatte mehrmals Gelegenheit, ihren Tänzen beizuwohnen. Es sind dies die unanständigsten, die ich je gesehen. Und dennoch würde mich jeder Maler um solch eine Szene beneiden. [...] Sie bilden vor einer der Hütten einen Kreis, in dessen Mitte zwei herkulische halbnackte Indianer sitzen, die auf kleinen Trommeln nach dem Takte tapfer schlagen. Fünf ähnliche Kolosse sitzen vor ihnen und machen mit dem Oberkörper die schrecklichsten und heftigsten Bewegungen – ganz besonders mit den Armen, Händen und Fingern [...]. Im Anfange wüten die Männer ganz allein auf dem Schauplatze, bald aber stürzen zwei weibliche Gestalten aus den Reihen der Zuseher hervor und tanzen und toben wie Besessene;– je unanständiger, frecher und ausgelassener ihre Gebärden und Bewegungen sind, desto stürmischer fallen die Beifallsbezeigungen aus.– Die ganze Vorstellung währt höchstens zwei Minuten, die Pause der Ruhe nicht viel länger, worauf sie wieder aufs neue beginnen. Eine solche Unterhaltung dauert oft stundenlang fort. Jünglinge nehmen selten teil am Tanze.
>
> Eine große Frage ist, ob die Unsittlichkeit der Indianer durch das Benehmen der gebildeten Franzosen gesteuert wird?! Soviel ich beobachtete oder auch von erfahrenen Leuten vernahm, mag vorderhand wenig zu hoffen sein (Pfeiffer 1994, 75–80).

Mit Blick auf diese Passage lässt sich von einer gewissen Demythisierung Tahitis sprechen, die längst um die Mitte des 19. Jahrhunderts um sich gegriffen hat. Zunächst lesen wir am reiseliterarischen Ort der Ankunft fast dieselbe Szene, wie sie Bougainville und Forster in jeweils unterschiedlicher Beleuchtung höchst einflussreich dargestellt hatten. Doch schnell macht Ida Pfeiffer auf die Differenz zu den verflossenen „goldenen Zeiten" aufmerksam und konstatiert eine deutliche Europäisierung der Bewohner Tahitis, die sie wie Georg Forster als Indianer bezeichnet. Aufschlussreich ist, wie die ihrer Geschlechterrolle und den mit dieser in Europa verbundenen Konventionen Entkommene eine Perspektive einnimmt, welche ihre österreichischen Moralvorstellungen auf die Südseeinsel Tahiti projiziert. Die Weltreisende stellt dabei kritisch fest, wie wenig die Frauen Tahitis, deren Schönheit sie anders als ein Georg Forster rundweg betont, doch diesen europäischen Vorstellungen entsprechen. Sexuelle Beziehungen Minderjähriger, außereheliche erotische Liebschaften, körperbetonte unsittliche Bewegungen bei den ekstatischen Tänzerinnen: All dies ist nicht länger ein Bestandteil des Zaubers und der Faszinationskraft Tahitis, wie sie von den männlichen Reisenden des 18. Jahrhunderts bei ihren Besuchen ausführlich evoziert worden waren. Ida Pfeiffer hat die Perspektive gewechselt und den vermeintlich neutralen Blick als männlichen enttarnt.

Anders als im 18. Jahrhundert haben wir es Mitte des 19. Jahrhunderts mit einer Welt zu tun, die nicht länger nur sporadische Kulturberührungen, sondern einen kontinuierlichen Kulturkontakt mit Europa kennt und zugleich auch nach den Moralvorstellungen und Normen Europas bewertet wird. Die Männer erscheinen bestenfalls als herkulisch – ein Topos unter der Feder reisender Frauen, wie wir dies auch bei der Betrachtung athletischer männlicher Sklaven durch Frauen beobachten können: Beispiele hierfür lassen sich etwa bei Flora Tristan oder Fredrika Bremer finden (Ette 2020). Vielleicht könnte die Figur des schönen, kräftigen, muskulösen, aber unbekannten, namenlosen Herkules bei den Frauenreisen eben jene Stelle eingenommen haben, welche bei den männlichen Reisenden das Rebecca-Motiv ausfüllt. Man könnte daher vorsichtig von einem *Herkules*-Motiv bei schreibenden Frauen sprechen, wobei ein attraktiver und wenig bekleideter Mann das noch unbekannte Land repräsentiert. Es ist der halbnackte Herkules, der einerseits das Barbarische und andererseits doch die durch die Antike gleichsam veredelte männliche Kraft und Stärke symbolisiert. Diese Gestalt scheint auf die Frauen eine unverkennbare Anziehungskraft auszustrahlen, welche in ihren Reiseberichten zum Ausdruck kommt. Im Vergleich mit anderen Reiseschriftstellerinnen ihrer Zeit ist dieses Motiv bei Ida Pfeiffer allerdings wenig ausgeprägt.

In Pfeiffers Reisebericht von Tahiti sind es im weiblichen Blick nicht die Männer, welche Erotik und Sexualität ins Spiel bringen, sondern die Frauen selbst, die wie Besessene – gleichsam wie Hetären – sich einem dionysischen Schauspiel hingeben und die Männer in ihren Bann ziehen. Dass gerade die Franzosen da keine moralische Linderung versprechen, liegt für die sittenstrenge Österreicherin auf der Hand. Auch in dieser Passage wird der Tanz letztlich dämonisiert – und auch hier zeigt sich, dass sich die Körper nach anderen Gesetzen und Normen verhalten, dass sich im (geschlechtlichen) Körper also auf eine sehr eigentümliche Weise Natur und Kultur überschneiden. In den Augen der weitgereisten Österreicherin sind diese außer Rand und Band geratenen Körper in ihren Bewegungen schlicht verwerflich, da sie nicht vom Verstand kontrolliert werden können. Zum Körper-Haben besaß Pfeiffer einen starken Bezug, unterwarf sie ihren Körper doch immer wieder den größten Anstrengungen; weitaus geringer aber war ihre Beziehung zum eigenen wie fremden Leib-Sein ausgeprägt.

In den Körperformen wie in den Hautfarben, aber auch in den Gesichtszügen und den Bewegungen der Leiber kommen Natur und Kultur, aber eben auch die Natur in der Kultur zum choreographischen Ausdruck. Die Reisende wünscht die jeweiligen Tänze der Eingeborenen zu sehen, nur um sie dann umso stärker verdammen und verteufeln zu können. Die Tänze faszinieren – und werden doch aus der (europäischen) Zivilisation ausgeschlossen. Daher ist Tahiti in den Augen Ida Pfeiffers, der Frau aus der bürgerlichen europäischen Gesellschaft des 19. Jahrhunderts, nicht mehr die Insel des Glücks, das neue Kythera – *La Nouvelle Cythère*, sondern vielmehr die Insel der Unsittlichkeit, der Unanständigkeit geworden. Die Wiener Reiseschriftstellerin wird zu einer stets neugierigen, aber letztlich von den Konventionen ihrer Zeit doch beherrschten Frau, die ihre persönliche, individuelle Befreiung von geschlechterspezifischen Normen nicht von der Befreiung der Normvorstellungen ihrer Zeit her weiter treibt, sondern erfolgreich für ein bürgerliches Lesepublikum schreibt, das letztlich seine auch geschlechterspezifischen Wertvorstellungen wiedererkennen will – und zwar weltweit.

Von einer Sehnsucht nach dem ‚Anderen' ist jenseits des bloß Pittoresken, Exotischen und Erotischen nichts mehr zu spüren. Der Reisebericht verharrt in den Konventionen und Grenzen seiner Zeit, die er freilich noch einmal weltweit reflektiert. Dass Ida in diesem ehemaligen, aber eigentlich verlorenen Paradies der Händler sogleich nach ihrem goldenen Ring am Finger, also nach ihrem noch getragenen Ehering, greift, als wäre dieser ein beliebiges verkäufliches Schmuckstück, ist eines der vielen interkulturellen Missverständnisse, die diesen Text durchziehen. Ida Pfeiffer war zweifellos eine mutige, willensstarke Frau, die gegen die Konventionen ihrer Gesellschaft zu einer Weltreisenden geworden ist. Ihre Texte, die im deutschsprachigen Raum für die Frauenreise gattungsbildend geworden sind, faszinieren nicht allein durch das, was sie zeigen, sondern auch durch die Hintergrundfolie, auf der sie es zeigen. Sie choreographieren jene unstillbare Lust nach Reisen, die für viele Frauen des 19. Jahrhunderts unerfüllbar blieb.

Literatur

Donner, Eka. 1997. *Und nirgends eine Karawane. Die Weltreisen der Ida Pfeiffer (1797–1858)*. Düsseldorf: Droste Verlag.

Ette, Ottmar. 2020. *ReiseSchreiben. Potsdamer Vorlesungen zur Reiseliteratur*. Berlin: de Gruyter.

Habinger, Gabriele. 1997. Vorwort. In *Eine Frau fährt um die Welt. Die Reise 1846 nach Südamerika, China, Ostindien, Persien und Kleinasien*, Hrsg. Gabriele Habinger, v–x. Wien: Promedia.

Habinger, Gabriele. 2014. *Eine Wiener Biedermeierdame erobert die Welt. Die Lebensgeschichte der Ida Pfeiffer (1797–1858)*. 4. Aufl. Wien: Promedia.

Pfeiffer, Ida. 1994. *Reise in die Neue Welt: Amerika im Jahre 1853*. Hrsg. Gabriele Habinger. Wien: Promedia.

Schaumann, Caroline. 2020. *Peak pursuits. The emergence of mountaineering in the nineteenth century*. New York: Yale University Press.

Stevens, Henry. 1863. *The Humboldt library. A catalogue of the library of Alexander von Humboldt*. London (Reprint Leipzig 1967).

Ujma, Christina. 2003. Ida Pfeiffer. In *literature of travel and exploration. An encyclopedia. Volume two G to P*, Hrsg. Jennifer Speake, 57–64. New York: Fitzroy Dearborn.

Werner, Petra. 2000. *Casanova ohne Frauen? Alexander von Humboldts Korrespondenzpartnerinnen*. Berlin: Alexander-von-Humboldt-Forschungsstelle.

Bildung zum Kosmopolitismus. Reisen als anthropologische Methode bei Rousseau, Kant und Wilhelm von Humboldt

Ruprecht Mattig

Als sich die Anthropologie im Laufe des 18. Jahrhunderts zu einem immer systematischer werdenden Forschungsfeld entwickelte, speiste sie sich vor allem aus zwei Quellen (vgl. Carey 2003; Gingrich 2005, 61–75; Mattig 2019, 52–78): zum einen der philosophischen und politischen Aufklärung, zum anderen der Literatur über das säkulare Reisen, die seit der Renaissance aufgekommen war. Diese Reiseliteratur umfasste dabei sowohl konkrete Reiseberichte als auch Reflexionen über die Bedeutung des Reisens, die meist um die Frage kreisten, ob die für das Reisen typischen Erfahrungen von Alterität als positiv oder negativ einzuschätzen seien. Im Rahmen anthropologischer Erkundungen entwickelte sich das Reisen zur zentralen Methode für die Gewinnung von Erkenntnissen über fremde Lebensformen. In Verbindung mit den Gedanken der Aufklärung bekam die Thematik der Alterität und der kulturellen Vielfalt dann eine politische Wendung, denn es wurde zunehmend gefragt, in welchem Zusammenhang „Nationalcharakter" und politische Verfassung stehen und inwiefern es trotz der offensichtlichen Unterschiede der Völker auch Verbindendes zwischen ihnen gibt. Das Verhältnis zwischen den einzelnen Nationen und der Menschheit im Ganzen rückte in den Blick anthropologischer Untersuchungen.

In diesem Beitrag wird mit Bezug auf Jean-Jacques Rousseau (1712–1778), Immanuel Kant (1724–1804) und Wilhelm von Humboldt (1767–1835) gezeigt, dass diese Entwicklung in der zweiten Hälfte des 18. Jahrhunderts und mit der Wende zum 19. Jahrhundert in komplexen Reflexionen zum Zusammenhang von Kosmopolitismus und Bildung kulminierte. Reisen dient bei ihnen der Gewinnung

---

R. Mattig (✉)
Institut für Allgemeine Erziehungswissenschaft und Berufspädagogik, Technische Universität Dortmund, Dortmund, Deutschland
E-Mail: ruprecht.mattig@tu-dortmund.de

von Erkenntnissen über den Menschen als „Weltbürger"[1] (Kant). Während andere anthropologische Erkenntnisse, z. B. über den Geschlechtsunterschied, auch ohne die Methode des Reisens erlangt werden können, führt das Reisen bei ihnen unmittelbar zu Reflexionen über die kosmopolitische Verfasstheit des Menschen. Die mittels des Reisens gewonnenen anthropologischen Erkenntnisse sollen weiterhin überhaupt erst zur Hervorbringung von „Weltbürgern" beitragen. Insofern sind ihre anthropologischen Reflexionen mit dem Gedanken der Bildung verbunden. Insbesondere bei Kant und Humboldt läuft dies auf die Höherentwicklung der gesamten Menschheit hinaus.

Diese grundlegende Denkfigur der Bildung zum Kosmopolitismus erscheint bei den drei Autoren in jeweils unterschiedlichen Varianten, wobei bei Kant und Humboldt gegenüber Rousseau bedeutende Weiterentwicklungen des Denkens festzustellen sind. Um dies zu zeigen, nimmt dieser Beitrag auf einen vielbeachteten Aufsatz von Pauline Kleingeld (1999) über den Kosmopolitismus in Deutschland zwischen 1780 und 1800 Bezug. Kleingeld arbeitet verschiedene Formen des kosmopolitischen Denkens heraus und unterscheidet zwischen moralischem, politischem, kulturellem, ökonomischem und romantischem Kosmopolitismus. Im Folgenden wird gezeigt, dass Rousseaus, Kants und Humboldts Ausführungen im Zusammenhang mit dem Reisen vor allem auf kosmopolitische Entwürfe in moralischer, kultureller und politischer Hinsicht hinauslaufen. Dabei legt Rousseau eher grundlegende, in mancher Hinsicht aber auch problematische Überlegungen vor, die dann bei Kant und Humboldt mit je eigenen Schwerpunkten in bis heute wegweisende Richtungen weitergeführt werden.[2]

1 Die Reise des Emile: Rousseau

Rousseau selbst hatte ein unstetes Leben: Er war viel unterwegs und das nicht immer ganz freiwillig. Wenn er vom Reisen schreibt, kann er sich also auf eigene Erfahrungen berufen. Innerhalb seiner Schriften nimmt das Thema Reisen eine ganz besondere Stellung in seinem Erziehungsroman *Emile oder über die*

---

[1] In den Schriften des 18. und beginnenden 19. Jahrhunderts wird einerseits geschlechtsneutral von „Menschen" gesprochen, andererseits finden sich geschlechtsspezifische Wörter (wie hier „Weltbürger"), die immer nur die männliche Form bezeichnen (vgl. dazu Kleingeld 1999, 517FN 48; Carey 2003, 109). Diese Spannung sollte bei den folgenden Ausführungen beachtet werden.

[2] Dass Rousseau einen großen Einfluss auf Intellektuelle in Deutschland hatte, ist oft gezeigt worden (z. B. Bollenbeck 1994, 112 ff.). Kant bezieht sich in seiner *Anthropologie in pragmatischer Hinsicht* gerade dort auffällig oft auf Rousseau, wo er über den Kosmopolitismus nachdenkt. Auch Humboldt war begeistert von Rousseaus Schriften. Auf einer Reise durch Spanien hatte er Rousseaus indizierten *Emile* im Gepäck, was ihn bei einer Grenzkontrolle nur deshalb nicht in Schwierigkeiten brachte, weil die Kontrolleure das Buch nicht erkannten (vgl. Mattig 2019, 61).

Erziehung von 1762 ein. Dieses als Gedankenexperiment gedachte Buch hatte mit seiner neuen Art, über Erziehung nachzudenken, eine nachhaltige Wirkung auf das europäische Denken. Der *Emile* ist zwar eine Fiktion, soll als solche aber sowohl die „theoretische Möglichkeit" als auch die „praktische Notwendigkeit" einer besseren Erziehung aufzeigen (Schäfer 2017, 58).

Eine der leitenden, im Zusammenhang mit Kosmopolitismus aber zunächst irritierenden Ideen des Buches ist, dass der Zögling Emile die längste Zeit seines Erziehungsweges von der menschlichen Gesellschaft ferngehalten wird. Emile soll auf einem Landhaus seine ursprüngliche Natur beibehalten und sich gesund – und ohne gesellschaftliche Deformationen – entfalten können. Dabei lernt er Schritt für Schritt die Welt kennen. Erst ganz am Ende dieses Erziehungsweges, als Emile schon zum Jüngling herangereift ist, darf er sich im Umgang mit Menschen üben. Zunächst lernt er seine zukünftige Braut Sophie kennen. Doch noch vor der Hochzeit müssen sich die beiden schon wieder trennen, weil Emile auf eine fast zweijährige Reise geschickt wird, der dann ein eigenes Kapitel in dem Buch gewidmet ist.

Die anthropologische Absicht, die hinter Emiles Reise steht, wird gleich am Anfang des Kapitels deutlich. Emile soll Menschenkenntnis erwerben: „Für mich ist es unwiderlegbar", schreibt Rousseau, „daß jeder, der nur ein Volk kennt, nicht die Menschen kennt, sondern nur die Leute, mit denen er gelebt hat. […] Genügt es, daß ein gebildeter Mensch nur seine Landsleute kennt, oder muß ihm daran liegen, die Menschen im allgemeinen zu kennen?" (Rousseau 2006, 900). Diese Frage lässt für ihn „weder Streit noch Zweifel übrig" (ebd.), und so muss Emile die Reise antreten. Dabei legt Rousseau Wert darauf, dass Emile selbst reist und nicht einfach nur Reiseberichte anderer liest, denn Emile solle selbst „schauen" (ebd., 899).

Schon in diesen ersten Sätzen drückt sich Rousseaus grundlegende kosmopolitische Orientierung aus: Emile soll einen Begriff vom Menschen entwickeln, der partikulare nationale Bindungen transzendiert. Dazu ist es notwendig, die „nationalen Charaktere" fremder Völker zu studieren, was nur auf den ersten Blick paradox erscheint. Denn nur über die Bekanntschaft mit fremden Lebensformen sind die Besonderheiten und auch die Relativität der eigenen Lebensform zu erkennen, was die Voraussetzung für eine weltbürgerliche Haltung bildet.

Mit Kleingeld (1999, 507 ff.) lässt sich sagen, dass sich hier ein moralischer Kosmopolitismus andeutet, insofern damit die Ansicht bezeichnet wird, dass alle Menschen, unabhängig von ihrer Nation, Religion etc. eine moralische Gemeinschaft bilden. Die eigentliche *moralische* Verbindung Emiles mit der Menschheit zeigt sich hier noch nicht so klar, wird aber später noch deutlich.

Aber nicht jedes Reisen führt zu anthropologischen Erkenntnissen. Rousseau lehnt die vorherrschenden Reisepraktiken seiner Zeit – Reisen aus Vergnügungs-, Prahl-, Belehrungs- und Gewinnsucht – ab. Auch den Ethnozentrismus der zeitgenössischen Franzosen kritisiert er: „Es gibt kein Land, wo man mehr weitgereiste Leute findet als in Frankreich. Und doch weiß das Volk, das von allen Völkern Europas die meisten sieht, am wenigsten über sie" (Rousseau 2006, 901). Um *richtig* zu reisen, ist deshalb eine entsprechende Haltung notwendig. Wer reist, muss eine Offenheit für das Fremde haben und gleichzeitig „innerlich so gefestigt" sein, dass man, „ohne davon verführt zu werden, Irrlehren anhören und das Beispiel des Lasters ansehen [kann], ohne sich von ihm mitreißen zu lassen" (ebd., 906).

Rousseau hat sich verschiedentlich so kritisch über Kosmopolitismus geäußert, dass er sogar als „Anti-Kosmopolit" angesehen wurde (vgl. Rosenblatt 2008). Gleich auf den ersten Seiten des *Emile* gibt er folgende Warnung: „Hütet euch vor diesen Kosmopoliten, die mit großen Worten in ihren Büchern von Pflichten reden, zu denen sie sich im Alltag nicht herablassen. Solch ein Philosoph liebt die Tataren, damit es ihm erlassen bleibe, seine Nachbarn zu lieben" (Rousseau 2006, 112). Gerade das Reisekapitel des *Emile* macht aber deutlich, dass er nicht prinzipiell gegen Kosmopolitismus ist, sondern nur gegen ‚falsche' kosmopolitische Haltungen und Praktiken (vgl. Cavallar 2012; Rosenblatt 2008).

Er kritisiert vor allem eine Form von Kosmopolitismus, die mit Kleingeld (1999, 518 ff.) als ökonomische Variante bezeichnet werden kann: Der zunehmende Austausch zwischen den Völkern durch Handel führe dazu, dass die „ursprünglichen Charaktere der Völker" sich immer mehr „verwischen" (Rousseau 2006, 902). „So kennt man nur die großen Völker, und die großen Völker sind einander alle gleich" (ebd., 905). Auch Städte wie London oder Paris seien von Vermischung und Angleichung geprägt. Für Rousseau sind diese Entwicklungen mit moralischem Verfall verbunden, denn nur die „ursprünglichen", „natürlichen" Völker sind für ihn moralisch vorbildlich: „[J]e mehr sie sich der Natur nähern, um so mehr herrscht die Güte in ihrem Charakter vor" (ebd., 934).

Rousseaus moralischer Kosmopolitismus, der grundlegend das allen Menschen Gemeinsame betont, läuft also nicht auf die Einebnung von kulturellen Unterschieden hinaus. Vielmehr entwickelt Rousseau hier einen kulturellen Kosmopolitismus, also die Ansicht, dass sich die Menschheit in einer Vielfalt kultureller Formen ausdrückt, wobei diese Vielfalt als wertvoll und erhaltenswert beurteilt wird (vgl. Kleingeld 1999, 515 ff.).

Fragen wir nun, wie Rousseau sich die Bildung durch das Reisen im Einzelnen vorstellt, so fallen zwei Aspekte ins Auge. Zum einen geht es um das Thema der kulturellen Verschiedenheiten. Emile soll z. B. „zwei oder drei Hauptsprachen" lernen (Rousseau 2006, 937). Die großen Städte und Völker erweisen sich aufgrund der genannten Probleme als ungeeignet für das Reisen in Rousseaus Sinne: „Um den Geist und die Sitten einer Nation zu studieren, muß man in die abgelegenen Provinzen gehen, wo es weniger Handel und Verkehr gibt", denn dort zeige sich ein Volk „unvermischt so, wie es ist" (ebd., 931). Ein wichtiges Ergebnis von Emiles Reise ist denn auch ein nachhaltiger interkultureller Lernprozess, denn Emile hat in jedem Land Bekanntschaften gemacht, mit denen er nach seiner Reise Briefkontakt pflegt. Derartige Kontakte seien wichtig, um die eigenen kulturellen Vorurteile, die unweigerlich von einem Besitz ergreifen, immer wieder zu relativieren (ebd., 937).

Zum anderen enthält das Reisekapitel des *Emile* auch einen Teil, der das Reisen ausführlich in politischer Hinsicht thematisiert. Für Emile gelte es nämlich, auch über seine Beziehungen zu seinen Mitmenschen zu reflektieren. Deshalb soll er sich sowohl mit Regierungsfragen im Allgemeinen als auch mit unterschiedlichen besonderen Formen der Regierung auseinandersetzen und auf diese Weise seine politische Urteilskraft ausbilden. Die Beobachtungen während des Reisens sollen vor dem Hintergrund von „Prinzipien des politischen Rechts" (ebd., 912) reflektiert werden, was bei Rousseau dann vor allem auf Fragen zum Gesellschaftsvertrag hinausläuft.

Auch in diesem politischen Teil gelangt Rousseau schließlich zu kosmopolitischen Überlegungen. Denn er bemerkt, dass gerade die Vielzahl unterschiedlicher bürgerlicher Gesellschaften ein Problem darstellt: Diese „unvollkommene Teil-Gesellschaft" erzeuge die „schlimmsten Geißeln der Menschheit": „Tyrannei" und „Krieg" (ebd., 928). Deshalb sei es wichtig, Mittel zu prüfen, mit denen diese Geißeln überwunden werden könnten. Als solche Mittel diskutiert er „die Bündnisse und Staatenbünde, die jedem Staat im Innern seine Herrschaft lassen, ihn nach außen hin jedoch gegen jeglichen ungerechten Angreifer bewaffnen" (ebd.). Dabei nimmt er kurz Bezug auf die Vorstellungen des Abbé de Saint-Pierre (1658–1743) zur Erreichung eines „ewigen Friedens" durch den Aufbau eines europäischen Staatenbundes, geht aber nicht weiter darauf ein (ebd.). Cavallar (2012, 488 f.) merkt in diesem Zusammenhang an, dass auch aus anderen Schriften Rousseaus nicht klar hervorgeht, wie er letztlich zu diesem Thema steht. Es scheint, dass Rousseau eine föderative Allianz von Republiken favorisierte, auch wenn er widersprüchliche Aussagen dazu trifft. Bei Rousseau deutet sich also ein politischer Kosmopolitismus an, der allerdings nicht weiter ausgeführt wird. Kleingeld (1999, 509 ff.) versteht unter politischem Kosmopolitismus das Ansinnen, eine weltweite politische Ordnung zur Friedenssicherung zu entwickeln.

Am Ende der Reise entspinnt sich zwischen dem Erzieher und seinem Zögling ein Gespräch über „das Ergebnis" der Reiseerfahrungen, das gerade aus der kosmopolitischen Perspektive bemerkenswert ist. Es lässt sich so zusammenfassen, dass Emile eine gehörige Skepsis gegenüber Institutionen entwickelt hat. Überall auf der Reise hat er festgestellt, dass unter dem Namen der Gesetze „nur das Privatinteresse und die Leidenschaft der Menschen herrschen" (Rousseau 2006, 940). Er zieht die Schlussfolgerung, dass Freiheit nicht in politischen Einrichtungen zu finden sei, sondern im eigenen Innern, in der inneren Unabhängigkeit von Reichtum, sozialem Status, der Meinung anderer und der Bindung an andere. „Unter keiner Regierungsform gibt es Freiheit, sie lebt im Herzen des freien Menschen" (ebd., 941).

Diese innere Unabhängigkeit stellt nun gerade die Bedingung für die eigentliche Entwicklung von moralischem Kosmopolitismus bei Emile dar, denn Emile fühlt sich jetzt mit allen Menschen moralisch verbunden: „Was bedeutet mir meine Stellung in der Welt? was tut's, wo ich bin? Überall, wo Menschen sind, bin ich bei meinen Brüdern" (ebd., 939).

Diese bindungslose Haltung Emiles bedarf allerdings der Korrektur durch seinen Erzieher, der ihn auf seine Verantwortung gegenüber den eigenen Landsleuten verweist. Emile solle unter ihnen leben, ihr „Wohltäter" und Vorbild sein. Die „Anhänglichkeit" an den eigenen Geburtsort ist deshalb eine wesentliche Pflicht für Emile (ebd., 942).

Rousseaus Erziehungsentwurf im *Emile* ruht auf der zeitgenössischen Vorstellung der sozialen Welt im Sinne ineinander gelagerter Kreise auf (vgl. Cavallar 2012, 492): Emile muss sehr lange im engsten Kreis erzogen werden, um vor allem moralisch gefestigt und nicht von der Gesellschaft verdorben zu werden. Diese hohe Wertschätzung Rousseaus der engen Kreise hat durchaus einen antikosmopolitischen Charakter. Doch nur durch die lange Vorbereitung Emiles im engsten Kreis kann seine Reise schließlich fruchtbar werden, nur so ist es möglich, dass er sich auf der Reise nicht in Vergnügung, Gewinnsucht oder Prahlerei verliert und lernt, sich als Mensch und nicht als Bürger eines Staates oder einer Nation zu begreifen. Nach seiner Reise muss er aber wieder in seinen engeren Kreis zurückkehren und dort tätig werden. Dass dies „wohltätig" ist, hat auch damit zu tun, dass er mit der kosmopolitischen Einsicht in sein Menschsein und der Liebe für die Menschheit als ein anderer von seiner Reise zurückkehrt (vgl. Rosenblatt 2008, 64 ff.).

Zusammengefasst schickt Rousseau seinen Emile auf Reisen, damit dieser eine kosmopolitische Bildungserfahrung macht. Diese Erfahrung umfasst einen interkulturellen Lernprozess, in dem Emile Wertschätzung für die Vielfalt der „Nationalcharaktere" entwickelt, über die eigenen kulturellen Vorurteile reflektiert und Wege findet, diese zu kontrollieren. Emile bildet eine Haltung des kulturellen Kosmopolitismus aus. Gerade in der Erfahrung von kultureller Alterität entdeckt Emile aber auch seine grundlegende Verbundenheit mit allen Menschen und entwickelt so die Haltung des moralischen Kosmopolitismus. Das an dieser Stelle zutage tretende Konzept von Moral, das sich an einer vermeintlichen Ursprünglichkeit der Völker orientiert, ist heute allerdings nicht mehr tragbar. Weiterhin setzt sich Emile mit politischen Fragen auseinander, lernt gute von schlechten Regierungsformen zu unterscheiden und beginnt zu untersuchen, wie Frieden zwischen den Staaten hervorgebracht werden könnte. Dieser sich andeutende politische Kosmopolitismus tritt aber angesichts der generellen Skepsis, die Emile gegenüber politischen Institutionen entwickelt, in den Hintergrund. Auch diese unpolitische Haltung erscheint problematisch.

2 Die weite Welt in Königsberg: Kant

Es mag verwundern, in einem Aufsatz über das Reisen einen ganzen Abschnitt über Kant zu finden. Während Rousseau und auch Humboldt viel reisten, hat Kant sein ganzes Leben in Königsberg verbracht, was schon früh Anlass zu Witzeleien gab. So schrieb Humboldt 1809 von Königsberg aus an Goethe, Kant habe diese „Ungegend" wohl nur deshalb loben können, weil er nie eine andere gesehen habe (vgl. Bratranek 1876, 232). Weshalb also Kant? Zentrale Textgrundlage der folgenden Ausführungen ist Kants 1798 erschienene *Anthropologie in pragmatischer Hinsicht*. Darin wird die Anthropologie als eine kosmopolitische Lehre entworfen, die ihre Erkenntnisse insbesondere durch Reisen gewinnt. Das sollte Grund genug sein, um Kants Denken zu untersuchen.

Schon in der Vorrede stellt Kant seinen kosmopolitischen Anspruch heraus: Anthropologisches Wissen richte sich auf die „Erkenntnis des Menschen als *Weltbürgers*" (XII, 400)[3]. Nur zwei Absätze weiter geht er auf das Reisen ein, wobei sich seine spezifische Perspektive zeigt. Denn er merkt an, dass man Menschen aus fernen Ländern auch in seinem Heimatort kennenlernen könne – nämlich dann, wenn man das Glück habe, an einem so „schicklichen Platz" wie Königsberg zu leben, wo die Reisenden kommen und gehen: Hier könne sowohl „Menschenkenntnis" als auch „Weltkenntnis" erworben werden, „auch ohne zu reisen" (ebd., Asterisk). Auch das Lesen von Reisebeschreibungen, so Kant, könne zum anthropologischen Wissen beitragen. Gegenüber Rousseau ist dies eine bemerkenswerte Erweiterung des Blickes auf das Reisen, denn für Kant kann das Reisen nicht nur für die Reisenden selbst, sondern auch für die Bereisten sowie die Daheimgebliebenen in anthropologischer Hinsicht gewinnbringend sein.[4]

Für welche Art der „Menschenkenntnis" aber ist das Reisen so wichtig? Kant notiert, dass man auf Reisen „Menschen und ihren Volkscharakter" (ebd., 660, Asterisk 2) kennenlernen könne. Das kennen wir schon von Rousseau. Ähnlich wie Rousseau – aber nicht so radikal – meint Kant auch, dass das Reisen nur dann fruchtbar sei, wenn es nicht unvorbereitet geschehe. Man müsse sich schon im „Umgang mit seinen Stadt- und Landesgenossen" Menschenkenntnis angeeignet haben, sonst wisse man nicht, wonach auf Reisen zu suchen sei (ebd., 400).

Dem Thema „Volkscharakter" widmet sich Kant allerdings erst gegen Ende des zweiten und letzten Teils seiner Anthropologie. Dieser zweite Teil behandelt die „Anthropologische Charakteristik" und ist so aufgebaut, dass er vom Charakter der Person über den des Geschlechts, des Volks und der Rasse schließlich bis zum Charakter der Gattung eine zunehmend kollektive und globale Perspektive einnimmt (wobei der umstrittene Rassebegriff nur sehr knapp behandelt wird).[5] Kant steuert in diesem Teil also schrittweise auf sein eigentliches Ziel, den Begriff vom Menschen als „Weltbürger", zu.

Im Kapitel über den Charakter des Volkes gibt Kant Beschreibungen der französischen, englischen, spanischen, italienischen und deutschen Nation. Zudem bringt er gelegentlich auch theoretisch-begriffliche Gedanken zum Volkscharakter ein. Vor dem Hintergrund, dass Kant-Interpretationen immer wieder auf seine Schwierigkeiten mit kulturellen Differenzen hinweisen (vgl. z. B. Papastephanou 2002), sind seine Ausführungen in diesem Kapitel aufschlussreich.

---

[3] Kant wird mit Band- und Seitenangabe nach der von Weischedel herausgegebenen Werkausgabe zitiert.

[4] Ohne dies hier vertiefen zu können, sei darauf hingewiesen, dass das Reisen nach Kant bereits rechtlicher Voraussetzungen bedarf, denn ohne passierbare Grenzen und ohne Gastrecht kommt jeder internationale Verkehr zum Erliegen (vgl. Kleingeld 1999, 513 ff.). Schließlich meint Kant auch, dass das Reisen im Zuge internationaler ökonomischer Verflechtungen zum Entstehen einer Weltgesellschaft beitrage (vgl. kritisch dazuStädtler 2019).

[5] Zur Entwicklung von Kants Rassebegriff vgl. Kleingeld (2007).

Kant unterscheidet zwischen dem „angebornen, natürlichen" und dem „verkünstelten" Charakter der Nationen, wobei er sich als Anthropologe auf den ersteren richtet (ebd., 670). Ähnlich wie Rousseau sieht auch Kant es als problematisch an, wenn die nationalen Charaktere sich vermischen. Seine Aussagen lassen sich als Plädoyer für die Vielfalt von Charakteren verstehen: Jedes Volk soll die Freiheit haben, seinen spezifischen Charakter zu erhalten und zu kultivieren (vgl. ebd., 670 f.). Hier zeigt sich Kants kultureller Kosmopolitismus.

Bei Kants konkreten Beschreibungen der Volkscharaktere fällt allerdings auf, dass er immer wieder auf Konfliktpunkte im Verhältnis der Völker zu sprechen kommt: Das französische und das englische Volk seien nicht nur aufgrund ihrer geographischen Lage, sondern auch aufgrund ihrer so verschiedenen Charaktere in „beständiger Fehde" (ebd., 659) miteinander. Spanier zeigen durch ihre Grandezza einen „edlen Nationalstolz", der ihnen den französischen „Mutwillen" „ganz zuwider" mache (ebd., 665). Die Engländer werfen wiederum den Italienern verschiedene Charakterschwächen vor, da ihnen „keine andere Verfassung gefallen will als die ihrige" (ebd., 667). Die Deutschen legen einen so großen Wert auf Hierarchien und Titel, dass es „anderen Völkern lächerlich vorkommen muß" (ebd., 669). Derartige Bemerkungen ergänzen eine kurze Aussage in Kants viel bekannterer kosmopolitischer Schrift *Zum ewigen Frieden,* in der es heißt, dass die Verschiedenheit der Sprachen und Religionen zum „wechselseitigen Hasse" der Völker führe und immer wieder als „Vorwand zum Kriege" diene (XI, 225 f.). Trotz seiner Wertschätzung der „angeborenen" Volkscharaktere sieht Kant also die Verschiedenheit der Kulturen eigentlich als Ursprung von Konflikten an. Auch wenn Kants konkrete Völkerbeschreibungen aus verschiedenen Gründen problematisch sind, ist doch seine Sorge hinsichtlich dieses Konfliktpotenzials ernst zu nehmen.

Im letzten Kapitel der Anthropologie kommt Kant zu seinem eigentlichen Zielpunkt und legt seine Vorstellung von politischem Kosmopolitismus dar: Der Mensch ist demnach ein mit „*Vernunftfähigkeit* begabtes Tier", das das Potenzial hat, aus sich selbst dereinst ein „*vernünftiges* Tier" zu machen, das in einer Gemeinschaft leben wird, die sich „als ein systematisches (nach Vernunftprinzipien geordnetes), Ganze *regiert*" (XII, 673). Da der Mensch aber nicht nur vernunftbegabt, sondern, dem entgegengesetzt, auch von einer beständigen Neigung zur Zwietracht beherrscht sei, sei der Weg zum Kosmopolitismus immer wieder auch von Rückschlägen geprägt. Die weltbürgerliche Gesellschaft ist deshalb eine „an sich unerreichbare Idee" (ebd., 687), die gleichwohl die eigentliche Bestimmung der Gattung Mensch darstellt. Denn das Menschengeschlecht ist

[…] eine nach- und nebeneinander existierende Menge von Personen […], die das friedliche Beisammensein nicht *entbehren* und dabei dennoch einander beständig widerwärtig zu sein nicht *vermeiden* können; folglich durch wechselseitigen Zwang unter von ihnen selbst ausgehenden Gesetzen zu einer beständig mit Entzweiung bedrohten, aber allgemein fortschreitenden Koalition in eine *weltbürgerliche Gesellschaft* (cosmopolitismus) sich von der Natur bestimmt fühlen (ebd.).

Die weltbürgerliche Gesellschaft betrachtet Kant dann von zwei Seiten her, der politischen und der pädagogischen. Aus politischer Sicht bedürfe es einer bürgerlichen, liberalen Verfassung, da die Funktionsfähigkeit einer Weltgesellschaft nur mittels politischer Institutionen gewährleistet werden könne (ebd., 683 ff.). In anderen Schriften (wie *Zum ewigen Frieden*) arbeitet er seine Gedanken zu einer weltbürgerlichen Gesellschaft als eines föderal organisierten Völkerbundes so ausführlich aus, dass sie bis heute Maßstäbe setzen (vgl. z. B. Wigger 2019).

Die pädagogische Seite des Kosmopolitismus hat ihren Kern darin, dass die Bürgerinnen und Bürger der Weltgesellschaft einer entsprechenden Bildung bedürfen. In der *Anthropologie* spricht Kant von der „Erziehung des Menschengeschlechts im *Ganzen* ihrer Gattung" (XII, 683). In seiner Pädagogik-Vorlesung fordert er, dass die Zöglinge „Menschenliebe gegen andere" sowie „weltbürgerliche Gesinnungen" entwickeln sollen (ebd., 761). Weiterhin fordert Kant, dass Erziehung auch „Moralisierung" beinhalten soll. Darunter versteht er, dass der Mensch die Gesinnung bekommen soll, „nur lauter gute Zwecke" zu wählen: „Gute Zwecke sind diejenigen, die notwendigerweise von jedermann gebilligt werden; und die auch zu gleicher Zeit jedermanns Zwecke sein könnten" (ebd., 707). Das Wort „jedermann" setzt zwar geschlechtliche Grenzen, aber keine nationalen. Damit gibt es der Moralisierung eine kosmopolitische Richtung. Diese pädagogischen Ausführungen Kants lassen sich mit Kleingeld als Plädoyer für eine Bildung zum moralischen Kosmopolitismus lesen.

Wie soll die kosmopolitische Bildung konkret aussehen? An diesem Punkt können wir wieder zum Thema Reisen zurückkehren: Laut Kant können Reisende, indem sie von ihren Reisen berichten, auch zur Bildung des nicht reisenden Publikums beitragen. Dieser Gedanke ist vor allem in Kants Überlegungen zur physischen Geographie von Bedeutung. Wie Hirose (2017, xxi) zeigt, ist Kants Geographie darauf gerichtet, „alle Dinge und Sachen der Erde von Meeren und Bergen bis hin zu Menschen, Kultur und Religion in bestimmten Gebieten durch die Augen von Reisenden" sehen zu lehren. Dementsprechend ist insbesondere der Unterricht in Geographie, der unter anderem auf Reiseberichten beruht, ein zentraler Baustein der Bildung zum Kosmopolitismus.

Zusammenfassend zeigt sich, dass bei Kant, ähnlich wie bei Rousseau, die Themen Reisen, Anthropologie und Bildung zum Kosmopolitismus eng verknüpft sind. Offenbar spielt die Erfahrung kultureller Verschiedenheit eine wichtige Rolle in Kants bekanntem Entwurf für einen politischen Kosmopolitismus. Sein Konzept läuft darauf hinaus, dass die kosmopolitische Weltverfassung nötig ist, um einerseits die Vielfalt der Volkscharaktere zu erhalten und andererseits die Gefahr, die von dieser Vielfalt ausgeht, einzuhegen. Für ihn entsteht dabei die pädagogische Frage, wie die „Weltbürger" so gebildet werden können, dass sie sich nicht nur an die Gesetze der zukünftigen Weltgesellschaft halten, sondern diese Gesellschaft auch moralisch tragen. Hier entwickelt Kant eine spezifische Variante des moralischen Kosmopolitismus. Im Rahmen seiner pädagogischen Überlegungen spielt das Reisen dann wiederum eine bedeutende Rolle. Auch wenn Kant also nie aus Königsberg herausgekommen ist, hat das Reisen doch eine nicht zu unterschätzende Bedeutung für seine anthropologisch-kosmopolitischen Überlegungen.

3 Weltansichten der Menschheit: Humboldt

Wilhelm von Humboldt ist viel gereist, und zwar freiwillig und oft aus anthropologischem Interesse heraus (z. B. Hinz 2020; Mattig 2019). Anders als Rousseau und Kant hat er auch eigene Ethnographien verfasst. Seine wohl bedeutendste Arbeit ist in diesem Zusammenhang eine ausführliche Studie über das baskische Volk, in der er in politisch-gesellschaftlicher und linguistischer Hinsicht Erkenntnisse gewinnt, die sein ganzes späteres Denken prägen (vgl. Mattig 2019, 207 ff.). Auch über die Methoden anthropologischer Forschung, zu denen er auch das Reisen zählt, hat er sich verschiedentlich geäußert. Am prägnantesten kommen diese Gedanken wohl in dem 1803 veröffentlichten Reisebericht *Der Montserrat bei Barcelona* zum Ausdruck, weshalb dieser Text hier als Startpunkt dient.

Den Zweck seines Reisens beschreibt Humboldt so: „Mir von fremdartiger Eigenthümlichkeit einen anschaulichen Begriff zu verschaffen, war, was ich vorzüglich bei meinem Reisen beabsichtigte" (III, 30).[6] Er richtet sein Augenmerk, genau wie Rousseau und Kant, auf die „Nationalcharaktere". Seine Theorie des (National-) Charakters geht dabei von der Annahme aus, dass in allen Menschen grundlegende „Kräfte" angelegt sind, wobei er vor allem die körperlich-sinnlichen, die imaginativen, die moralischen und die intellektuellen Kräfte unterscheidet. In der Auseinandersetzung mit seiner Umwelt entwickelt jedes Individuum diese Kräfte zum einen entsprechend der in der Umwelt gegebenen Möglichkeiten, zum anderen entsprechend des in ihm selbst angelegten „Charakters". Da jedes Individuum in einer spezifischen Gesellschaft mit ihrer Sprache und ihren Sitten – eben dem „Nationalcharakter" – sozialisiert wird, nimmt es diese Sprache und diese Sitten an, aber eben vermittelt durch den eigenen Charakter (vgl. Mattig 2019, 91 ff.).

Humboldts zentrales anthropologisch-bildungstheoretisches Interesse richtet sich auf die Frage, wie die „Kraft" der Menschen erhöht werden könnte. Um sich herum erblickt er vor allem „Schlaffheit" und „Trägheit", und zwar sowohl individuell als auch kollektiv. Das Ziel seines Bildungsdenkens liegt darin, den Menschen die Möglichkeit zu geben, ihre Kräfte so hoch und harmonisch wie möglich zu entfalten – und zwar in den Proportionen, die in ihren individuellen Charakteren angelegt sind. Nur wenn Menschen die Möglichkeit haben, sich ihrem Charakter gemäß zu entfalten, sind sie „thätig und glücklich" (I, 380). Schon vor seiner Spanienreise propagiert Humboldt das Recht jedes Individuums, aber auch jeder Nation, den eigenen Charakter zu bilden. Im Sinne des kulturellen Kosmopolitismus schwebt ihm dabei das „Ideal der Menschheit" (I, 379), wonach alle Nationen gemeinsam zusammenwirken und dabei doch ihre kulturelle Individualität bewahren und entfalten sollen, immer vor Augen. Seine Anthropologie – und sein Reisen – verfolgt dabei primär das Ziel, zu erforschen, wie die

---

[6] Humboldt wird mit Band- und Seitenangaben nach den von der Königlich Preussischen Akademie der Wissenschaften herausgegebenen Gesammelten Schriften zitiert.

(National-) Charaktere sich freier entfalten könnten. Nur so könne das „Ideal der Menschheit" (ebd.) verwirklicht werden.

Humboldt sah eine kollektive Fehlentwicklung seiner Zeit darin, dass die Verstandeskräfte zu sehr auf Kosten der anderen Kräfte entwickelt würden, woraus eine problematische Einseitigkeit resultiere. Seine Feldforschung richtete sich deshalb auf die Frage, wie die Völker *alle* ihre Kräfte so hoch und so harmonisch wie möglich entfalten können.

Dieser kulturelle Kosmopolitismus ist bei Humboldt mit einem moralischen Kosmopolitismus verbunden: Er hält es für das „höchste Gebot der Vernunft", dass jeder Mensch versuchen solle, „nicht bloss ein Bürger seines Staats und seiner Zeit, sondern zugleich auch ein Bürger der Welt zu seyn" (II, 12). An anderer Stelle heißt es:

> Wenn es eine Idee giebt, die durch die ganze Geschichte hindurch in immer mehr erweiterter Geltung sichtbar ist, wenn irgend eine die vielfach bestrittene, aber noch vielfacher misverstandne Vervollkommnung des ganzen Geschlechtes beweist, so ist es die der Menschlichkeit, das Bestreben, die Gränzen, welche Vorurtheile und einseitige Ansichten aller Art feindselig zwischen die Menschen stellen, aufzuheben, und die gesammte Menschheit, ohne Rücksicht auf Religion, Nation und Farbe, als Einen grossen, nahe verbrüderten Stamm zu behandeln. Es ist dies das letzte, äusserste Ziel der Geselligkeit, und die Richtung des Menschen auf unbestimmte Erweiterung seines Daseyns, beides durch seine Natur selbst in ihn gelegt (VI.I, 114).

Um die Kräftebildung des Individuums anzuregen, ist für Humboldt eine rege Wechselwirkung zwischen „Ich" und „Welt" nötig. Eine Möglichkeit der Wechselwirkung ist dabei das Reisen. Die anthropologische Feldforschung ist seiner Auffassung nach nötig, um sich nicht nur einen trockenen Verstandesbegriff von fremden Nationen zu machen – wie er durch Lektüre von Reiseberichten entsteht –, sondern um mit allen Sinnen den oben angesprochenen „anschaulichen Begriff" zu entwickeln. Ziel der anthropologischen Reise ist es, Berichte zu verfassen, in denen die Reisenden diesen Begriff einer fremden Nation möglichst „vollständig und lebendig" (III, 31) an das Publikum vermitteln. Diese ‚ganzheitlich' orientierten Berichte sollen dann wiederum die verschiedenen Kräfte der Leserinnen und Leser anregen und in diesem Sinne bildend wirken. Humboldts Anthropologie war in diesem Sinne als ein umfassendes Bildungsprojekt konzipiert (vgl. Mattig 2019, 172 f.).

Eigentlich ist es also nicht unbedingt nötig, fremde Völker mit „eignen Augen" zu sehen. Es ist nur nötig, dass die Reisenden ‚richtige' Berichte von ihren Reisen geben. Gerade darin liegt für Humboldt allerdings ein Problem, denn bislang hätten „nur wenige Reisende" ihre Berichte so verfasst, dass sie „grossen Nutzen gewähren" (III, 31) könnten. Den Reisenden mangele es aufgrund der oben angesprochenen Einseitigkeit der Verstandeskräfte an der nötigen „Empfänglichkeit" (ebd.) zur Auffassung fremder Lebensformen, um für die Bildung anderer fruchtbar reisen und berichten zu können. Insofern ist die Bildung der Reisenden unabdingbar.

Kommen wir vor diesem Hintergrund zu Humboldts politischer Theorie: Angeregt durch seine Studien zur griechischen Antike meinte er, dass vor allem

Praktiken der bürgerlichen Selbstbestimmung zur Erhöhung der Kräfte beitragen. Denn wenn die Bürgerinnen und Bürger an politischen Entscheidungen mitwirken und diese selbst verantworten, steigert dies zum einen ihre gesellschaftliche Initiative, zum anderen sind sie auch genötigt, sich mit Sachverhalten aktiv auseinanderzusetzen. Seine anthropologischen Feldforschungen bestärken ihn in dieser Auffassung, das monarchische Spanien erscheint ihm schlaff, das autonome und „demokratische" Baskenland dagegen äußerst rege und lebendig (vgl. Mattig 2019, 191 ff., 207 ff.). In politischer Hinsicht meint Humboldt deshalb, dass jede Nation einer freiheitlichen Verfassung bedarf. Gleichzeitig muss aber jede konkrete Verfassung seiner Auffassung nach auf die „Lage" und den „Charakter" der Nation abgestimmt sein. Ähnlich wie Kant spricht sich Humboldt deshalb für föderale, liberale Verfassungen aus, auch wenn er dies bei den Basken im Kleinen (bezüglich der unterschiedlichen baskischen Provinzen) studiert und nicht, wie Kant, auf die Weltgesellschaft im Großen bezieht. Wohl auch aus einer realpolitischen Orientierung heraus meinte Humboldt, in politischer Hinsicht müsse mit den naheliegenden Herausforderungen umgegangen werden; auf direktem Weg eine kosmopolitische Weltverfassung anzustreben, sei „thöricht und vermessen" (II, 12).

In kultureller Hinsicht gewinnt Humboldt bei den Basken eine nachhaltige linguistische Einsicht. Hatte er anfangs noch einen breiten Begriff vom Nationalcharakter gehabt, der sich auf Physiognomie, Gesten, Kleidung, Sprache, Verhalten etc. bezieht, so stellt er bei den Basken fest, dass sich die „Identität eines Stamms […] mit Gewissheit nie über die Identität seiner Sprache hinaus beweisen" lässt (XIII, 181). Der Nationalcharakter spiegelt sich gleichsam in der Sprache, sodass über die Sprache das Selbst- und Weltverhältnis des Volkes, das sie spricht, erfasst werden kann. Humboldt erkennt, dass jede Sprache in semantischer, grammatischer und lautlicher Hinsicht einen spezifischen Charakter hat und damit einen je eigenen Zugang zur Welt, eine eigene Weise des Denkens und Fühlens, darstellt. Er bringt dies in seinen späteren Arbeiten auf den bis heute diskutierten Begriff von den „Weltansichten" der Sprachen, der auch bildungstheoretischen Überlegungen immer noch wichtige Impulse gibt. Im Zusammenhang mit kosmopolitischen Fragen sind dabei vor allem die im Anschluss an Humboldt entwickelten Überlegungen zur Mehrsprachigkeit und zum Erlernen von Fremdsprachen zu nennen (vgl. z. B. Koller 2003). Demnach kann das Fremdsprachenlernen zur Ausdifferenzierung und Transformation der Welt- und Selbstverhältnisse des Subjekts und, damit verbunden, auch zur „Befreundung" (Trabant 2018) zwischen den Völkern und Kulturen beitragen.

Mit seiner Sprachauffassung liefert Humboldt dem kulturellen Kosmopolitismus ein neues Argument. Weder bei Rousseau noch bei Kant wird deutlich, weshalb kulturelle Vielfalt eigentlich so erstrebenswert sein sollte. Die Vorstellung von der moralischen Unverdorbenheit „ursprünglicher" Völker überzeugt heute jedenfalls nicht mehr. Humboldt zeigt: Kulturelle bzw. sprachliche Vielfalt ist kognitiver und emotionaler Reichtum, ist Ausdifferenzierung der menschlichen Selbst- und Weltverhältnisse. Der Verlust kultureller Vielfalt muss aus anthropologischer Sicht als Verarmung bewertet werden: „Selbst wenn eine Sprache, noch durch keine

Literatur verfeinert, nur der reine Ausdruck der Denkart eines rohen Volkes ist, bleibt ihr Verlust keinesweges gleichgültig" (XIII, 11). Und da sich der Blick auf kulturelle Vielfalt bei Humboldt zunehmend von der Ursprünglichkeit der Völker löst (vgl. Mattig 2019, 319 ff.), erscheint auch der moralische Kosmopolitismus bei ihm in einem anderen Licht als bei Rousseau.

Es zeigt sich, dass Humboldts Ansatz wiederum auffällige Gemeinsamkeiten mit den Ansätzen Rousseaus und Kants aufweist. Auch bei Humboldt zielt Reisen auf einen Bildungsprozess, der zum einen interkulturelles Lernen umfasst und zum anderen auf die Untersuchung politischer Verhältnisse gerichtet ist. Wenn Humboldt auch wenig zum politischen Kosmopolitismus beigetragen hat, konnte er mit seiner durch das eigene Reisen angeregten Sprachanthropologie doch vor allem neue Überzeugungskraft für den kulturellen Kosmopolitismus gewinnen.

4 Ausblick

Im Laufe des 19. Jahrhunderts geriet die Anthropologie zunehmend in das Fahrwasser des allgemein um sich greifenden Nationalismus, Rassismus und Kolonialismus (vgl. Gingrich 2005, 76 ff.). Bis heute hat die Anthropologie Schwierigkeiten, an die hohen kosmopolitischen Maßstäbe anzuknüpfen, die an der Wende vom 18. zum 19. Jahrhundert entwickelt wurden. Das gilt auch für die pädagogische Anthropologie, in deren Zentrum ja, wie bei Rousseau, Kant und Humboldt, die Frage nach der Bildung des Menschen steht (vgl. Schubert 2005, 26 ff.). Angesichts von globalen Problemen und Verflechtungen wie Krieg, Armut, Flucht und Migration, Klimawandel, Massentourismus, weltumspannendem Kapital- und Warenverkehr, Digitalisierung und nicht zuletzt Pandemien sind kosmopolitisch-bildungstheoretische Fragestellungen allerdings hochaktuell. Deshalb ist es erfreulich, dass die pädagogische Anthropologie sich in letzter Zeit vermehrt auf Reisen begibt und kosmopolitische Themen untersucht (vgl. z. B. Wulf 2016).

Literatur

Bollenbeck, Georg. 1994. *Bildung und Kultur: Glanz und Elend eines deutschen Deutungsmusters*. Frankfurt a. M.: Insel.
Bratranek, Francis. 1876. *Goethe's Briefwechsel mit den Gebrüdern von Humboldt*. Leipzig: Brockhaus.
Carey, Daniel. 2003. Anthropology's inheritance: Renaissance travel, romanticism and the discourse of identity. *History and Anthropology* 14 (2): 107–126.
Cavallar, Georg. 2012. Educating Émile: Jean-Jacques Rousseau on Cosmopolitanism. *The European Legacy* 17 (4): 485–499.
Gingrich, Andre. 2005. The German-speaking countries. Ruptures, schools, and nontraditions: Reassessing the history of sociocultural anthropology in Germany. In *One discipline, four ways: British, German, French, and American Anthropology*, Hrsg. Frederik Barth, Andre

Gingrich, Robert Parkin, und Sydel Silverman, 59–153. Chicago: University of Chicago Press.

Hinz, Renate. 2020. *Wilhelm von Humboldt auf seiner Reise in das nördliche Deutschland. Tagebuchnotizen*. Bochum: Projektverlag.

Hirose, Yuzo. 2017. *Kants Kosmopolitische Geographie-Erziehung: Ihre Bedeutung für die Theorie der Bildung*. Kyoto: Minerva-Verlag (Original auf Japanisch).

von Humboldt, Wilhelm. 1904–1936. *Gesammelte Schriften*. 16 Bände. Hrsg. Königlich Preussischen Akademie der Wissenschaften. Berlin: Behr's Verlag.

Kant, Immanuel. 1996–2000. *Werke in zwölf Bänden*. Hrsg. Wilhelm Weischedel. Frankfurt a. M.: Suhrkamp.

Kleingeld, Pauline. 1999. Six varieties of cosmopolitanism in late eighteenth-century Germany. *Journal of the History of Ideas* 60 (3): 505–524.

Kleingeld, Pauline. 2007. Kant's second thoughts on race. *The Philosophical Quarterly* 57: 573–592.

Koller, Hans-Christoph. 2003. „Alles Verstehen ist daher immer zugleich ein Nicht-Verstehen". Wilhelm von Humboldts Beitrag zur Hermeneutik und seine Bedeutung für eine Theorie interkultureller Bildung. *Zeitschrift für Erziehungswissenschaft* 6: 515–531.

Mattig, Ruprecht. 2019. *Wilhelm von Humboldt als Ethnograph. Bildungsforschung im Zeitalter der Aufklärung*. Weinheim: Beltz Juventa.

Papastephanou, Marianna. 2002. Kant's cosmopolitism and human history. *History of the Human Sciences* 15 (1): 17–37.

Rosenblatt, Helena. 2008. Rousseau, the anticosmopolitan? *Daedalus* 137 (3): 59–67.

Rousseau, Jean-Jacques. 2006. *Emile oder über die Erziehung*. Stuttgart: Reclam.

Schäfer, Alfred. 2017. *Jean-Jacques Rousseau. Ein pädagogisches Portrait*. 2. Aufl. Weinheim: Beltz Juventa.

Schubert, Volker. 2005. *Pädagogik als vergleichende Kulturwissenschaft. Erziehung und Bildung in Japan*. Wiesbaden: Springer VS.

Städtler, Michael. 2019. „Ein Ganzes aller Menschen": Weltbürgertum und ethischer Internationalismus bei Kant. *Kon-Textos Kantianos. International Journal of Philosophy* 10: 59–83.

Trabant, Jürgen. 2018. Befreundung. Für eine gebildete europäische Mehrsprachigkeit. In *Bildung in fremden Sprachen? Pädagogische Perspektiven auf globalisierte Mehrsprachigkeit*, Hrsg. Ruprecht Mattig, Miriam Mathias, und Klaus Zehbe, 171–193. Bielefeld: transcript.

Wigger, Lothar. 2019. Kosmopolitismus – Anmerkungen zu einem Ideal historisch-politischer Bildung. *Vierteljahrsschrift für wissenschaftliche Pädagogik* 95: 247–271.

Wulf, Christoph. 2016. *Exploring alterity in a globalized world*. London: Routledge.

Beziehungsaufnahmen – Fotografieren auf Reisen zwischen Selbstverortung, Dokumentation, Kritik, Kommunikation und Traum

Ulrike Mietzner

„*Reisen ist Bildarbeit.*" Müller 2016, 180

„*Gestern versuchte ich, unabhängig von vielen existierenden Definitionsversuchen, die Fotografie für mich persönlich zu definieren, und es fällt mir keine bessere Definition ein als der Traum.*" Peter Herzog 1992

Bedenken wir, wie viele Fotografien von jedem Städtetrip, von Erholungsurlauben und vermeintlichen oder wirklichen Abenteuerreisen oder Studienreisen gemacht werden, dann muss das ernstzunehmende Funktionen und Bedeutungen haben; Funktionen, die einerseits mit dem Akt des Fotografierens selbst einhergehen, dann aber auch mit der Verbreitung und – heute oft fast zeitgleich mit dem Fotografieren – mit der Rezeption solcher Fotografien. D. h. die Bedeutungen entstehen nicht allein im Akt des Fotografierens selbst, sondern im Verlauf des Umgangs mit diesen Bildern.

Als Sammler historischer Fotografien beschreibt Peter Herzog, was ihn bei der Auswahl der Aufnahmen für eine Ausgabe der Zeitschrift *Du* bewegte, in der es um historische Reisefotografie ging. Die Fotografien vermittelten ihm „Sehnsucht als Wirklichkeit der Fotografie" (Herzog 1992, 21; dazu auch Urry und Larsen 2011). Solche Sehnsuchtsbilder umgeben uns im Alltag, früher vor allem im Reisekatalog, heute auf den Seiten der sozialen Medien und noch immer im Fernsehen, mit dem auch jüngere Reisende noch aufwachsen. Eine ganz andere Funktion des Fotografierens beschreibt einer der frühesten Ver-

---

U. Mietzner (✉)
Institut für Allgemeine Erziehungswissenschaft und Berufspädagogik, Technische Universität Dortmund, Dortmund, Deutschland
E-Mail: ulrike.mietzner@tu-dortmund.de

© Der/die Autor(en), exklusiv lizenziert durch Springer-Verlag GmbH, DE, ein Teil von Springer Nature 2022
P. Knobloch et al., *On the Beaten Track*, Kindheit – Bildung – Erziehung. Philosophische Perspektiven, https://doi.org/10.1007/978-3-662-63374-8_5

fechter, Alexander von Humboldt. Er pries die Entdeckung der Fotografie aufgrund ihrer „unnachahmliche[n] Treue" und sprach schon von der „Spur", die das Licht hinterlasse – also ging es ihm um eine Sicherung dessen, was zu sehen war (vgl. hierzu Beck 1989, 41 f.; Rebok 2019, 106; Chlumsky 1989). Zwischen diesen Polen – zwischen Beglaubigung und Sehnsucht nach dem herausgehobenen Moment – bewegt sich auch Reisefotografie (Metken 1983). Sie zeugt von der Absicht, einen Beleg des Erlebten mitzubringen und etwas zu erinnern, vielleicht auch zu dokumentieren, zu kommentieren oder auch zu kommunizieren.

Schon bei den frühen Reisefotografien und Alben des 19. Jahrhunderts kam noch eine weitere Funktion hinzu. Sie berichteten nämlich auch jenen Personen, die nie an Ort und Stelle waren, von Städten, Landschaften und Sehenswürdigkeiten. Man musste die Reise gar nicht selbst machen und doch lösten die Aufnahmen bei vielen ebendiese Sehnsucht nach den Reisezielen aus. Vor allem prägten und prägen solche Bilder die Erwartungshaltung und die *mental maps* der zukünftigen Reisenden. Darin unterscheiden sich die ersten Fotoreisebücher zunächst nicht von den heute im Netz präsenten Bildreihen naher oder ferner Länder. Vorstellungen und Erwartungen erhalten eine bildliche Form und diese schafft wiederum Vorbilder, die später als Fotomotive aufgesucht werden. Zudem lassen die Bilder ferne Orte erreichbarer scheinen, werden sie dann erreicht, sollen sie trotzdem von etwas Besonderem und Authentischem zeugen – kaum je von alltäglichen Situationen, es sei denn, sie wirkten wiederum fremd und pittoresk. Und auch wenn die fotografierende Person versucht, den vorgeprägten Blicken zu entkommen, geht diese kritische Form als Vorbild in neue Bildproduktionen ein und schafft wiederum neue Konventionen (vgl. hierzu Schäfer 2015, 169, 177 f.). Gerade in dieser fotografischen Auseinandersetzung – noch im nachahmenden Akt – künden die fotografierten Situationen, die Art, sie aufzufinden und mit ihnen umzugehen, die entstehenden Bilder, von etwas, das der Fotografin oder dem Fotografen wichtig war und ist. Inwiefern dieser visuellen Umgangs- und Ausdrucksfunktion auch so etwas wie Bildung zukommt, hängt weniger von der Art der Reise selbst ab als vom Begriff des Bildens, den ich hier eher als einbildend – im Sinne einer Bezugnahme – und umbildend – reflexiv auf sich und hin auf etwas – auffasse.

Trotzdem lohnt die Erörterung, wann Reisen eigentlich Bildungsreisen sind und was diese Fotos auszeichnen könnte, die Bildungsmomente zeigen – vor allem da nun jeder Reiseveranstalter den Reisebuchenden einen Reiseführer der Sehenswürdigkeiten vor Ort mitschickt und noch die luxuriöseste Schiffskreuzfahrt selbstverständlich Exkursionen an Land anbietet, um solche Sehenswürdigkeiten nicht nur in Hochglanz in Augenschein zu nehmen. Auch jeder Ausflug in die Natur soll einen verändernden Effekt haben. Und die meisten Schülerinnen und Schüler werden meist mehrfach während ihrer Schulzeit auf Exkursion geschickt, mit dem Ziel etwas fürs Leben mit nach Hause zu nehmen, besonders eindrücklich die Reisen an Orte des Gedenkens an den Holocaust. Egal also, ob es sich um eine Reise in das benachbarte Bundesland, um eine Pilgerreise oder eine Expedition zum Basecamp des Mount Everest handelt, die fotografierenden Reisenden brechen auf mit dem Ziel, etwas aufzufinden, zu erleben – und um dies festzuhalten und mitzuteilen und vielleicht sogar etwas zu finden und zu dokumentieren, von dem sie schon Vor-Bilder besaßen. Und so argumentieren John Urry und Jonas Larsen (2011): „Focusing on the gaze brings out how the organising sense in tourism is visual." Über die visuelle Inszenierung – durch den Ort, die Medien und die Reisenden selbst – werden wiederum Erlebnisse vorgeschrieben, die Teil des Reiseerlebens seien und mit denen die Touristinnen und Touristen wieder heimkehren sollen. Ob dies aber notwendigerweise auch zur Erfahrung im Sinne Bollnows wird oder werden kann, ist auch eine Frage danach, welchen Stellenwert wir bildlichen Ausdrucksmedien beimessen. Bollnow nimmt an, Erfahrungen gebe „es überhaupt nicht von einer gesicherten Position aus, auch nicht der einer ausgearbeiteten wissenschaftlichen Fragestellung, sondern um Erfahrungen zu machen", müsse „man sich engagieren, …, sich dem aussetzen, was an Unerwartetem auf einen zukomm[e]" (Bollnow 1968, 2013, 30). Aber vielleicht bleibt ein solches mögliches ‚Widerfahrnis' (Käte Meyer-Drawe) den Reisenden verborgen.

Zunächst könnte man geneigt sein, den Wellnessurlaub von diesen Bildungsreisen auszunehmen, aber gerade hier geht es ja um das Erleben von etwas ganz Besonderem, um die Erfahrung von Muße, vielleicht um die Reinigung des Körpers und des Geistes. Und hiervon gibt es zwar weniger Fotografien von den Teilnehmerinnen und Teilnehmern selbst, aber immerhin werben all diese Ressorts mit solchen Sehnsucht weckenden Bildern und vermitteln Vorstellungen solcher Orte, denen wir nicht entkommen (vgl. dazu Sorgo 2011). Und eine Umbildungswirkung möchte man der Pauschalreise mit versprochener Rauscherfahrung auch nicht sofort absprechen, denn der Rausch als Übergangserfahrung könnte zentral im Bildungsprozess sein. D. h. der Massentourismus lässt sich nicht aus der Betrachtung herausnehmen, weil auch hier Bilder aufgenommen werden, die die subjektive Ausnahmeerfahrung ins Bild bannen. So werden weniger die Touristenmassen auf dem Markusplatz in Venedig fotografiert als die persönliche Begegnung mit diesem Ort – und das kann auch eine Reaktion auf die Massen sein. Und die Cocktails auf den Selfies verdeutlichen das Auseinanderklaffen von strukturiertem Alltag und offenen Zeiträumen des Touristen ohne Sightseeing. Und das Selfie vor der Mona Lisa, die im extremeren Falle nicht einmal selbst angeschaut wird, sondern nur durch den Handybildschirm, ist eben auch eine zielgerichtete, soziale, sinngebende Handlung (vgl. Brändle 2019). Also sollte auch die Vergnügungsreise[1] als Bildungsreise betrachtet werden, da auch mit ihr so viele Sehnsüchte verbunden sind und sie zudem heute so viele Unternehmungen beinhaltet, die unter den Begriff der Bildung fallen könnten. Unterscheiden lässt sich zunächst auch die touristische Reise von der zweckgebundenen, aus beruflichen Gründen beispielsweise, auch die Klassenfahrt oder – eine Verbindung von beidem – *work and travel* (dazu Krämer und Haase 2012). Auf diese und andere Vermischungen – z. B. berufliche Reisen mit Sightseeing usw. – weist Hachtmann (2010) hin.

---

[1]Vgl. zum Begriff des Tourismus Hachtmann (2010), systematisch auch bei Urry und Larsen (2011) und UNWTO – UN World Tourism Association: https://www.unwto.org/.

Wenn also von allen diesen Reisen Bilder gemacht werden[2], dann gilt es um so mehr, diesen Teil der Reisebeschäftigung genauer unter die Lupe zu nehmen, das Fotografieren. Denn das Bildermachen begleitet das Reisen.

Als Hypothese für die Untersuchung gilt, dass Fotografien zwar eine dokumentarische Qualität haben, sie jedoch immer sozial konstruierte Aufnahmen sind: „The world is not pre-formed, waiting to be ‚seen' by the ‚extro-spection' of the ‚naked eye'. There is nothing ‚out-there' intrinsically formed, interesting, good or beautiful, as our dominant cultural outlook would suggest. Vision is skilled cultural practice" (Jenks 1995, 10, zitiert nach Urry und Larsen 2011). Die unterschiedlichen Blicke in ihren jeweiligen Kontexten, so wie sie dann in den Rahmen des Bildschirms gesetzt werden, können uns etwas über beabsichtigte und nicht intendierte Bildperspektiven und Bildungsbewegungen der Fotografierenden geben im Verhältnis zum fotografierten Ort.

Hierfür ist die Entwicklung der technischen Voraussetzungen für das Fotografieren bis hin zu deren Verbreitungsmöglichkeiten durch große Bildplattformen in den Blick zu nehmen. Die Funktionen von Fotografie sind in diesem Kontext noch einmal anders zu denken, dieser Gedanke drängt sich auf, wenn Fotos zeitgleich mit dem fotografischen Akt an einen Account geschickt werden und dort angesehen und gelikt werden können. Technische Modernisierung einzubeziehen gehört zu den Grundbedingungen, wenn man Fotografien im Kontext von Visual Culture untersucht (hierzu z. B. Pilarczyk und Mietzner 2005, 71; Urry und Larsen 2011, Kap. 7). Seitdem man nicht mehr unbedingt eine ganze Fotoausrüstung und Filme mit auf Reisen nehmen muss, man zudem das Bild im Kamerabildschirm schon so gerahmt sieht, wie es später gezeigt werden könnte, hat sich der fotografische Akt selbst gewandelt. Durch die Leichtigkeit der Handhabung wird das Fotografieren Teil der reisenden Bewegung. Möglicherweise verändert diese fotografische Geste, bei der man nicht mal mehr Blende und Belichtungszeit einstellen muss, auch die Fotografie selbst.[3] Und diese technische Entwicklung gilt ebenso für ihre Distribution, die inzwischen kaum mehr im Album stattfindet, sondern vor allem in digitalen Archiven, auf Mobiltelefonen und vor allem in den Sozialen Netzwerken. Im Moment ist das vor allen anderen Instagram, aber auch Pinterest und noch facebook oder andere spezielle Fotocommunities. Zudem kommt ein neuer Trend hinzu: die kurzen Videos – also ein nicht zu vernachlässigender Wandel vom Still zum Bewegtbild.[4]

---

[2] Ich verzichte hier ganz auf Abbildungen, aber weise auf die entsprechenden Hashtags bei Instagram hin von #wanderlust bis #pilgrim, von #monalisa bis #basecamp und so weiter.

[3] Dass nicht wenige Reisende mit einer professionellen Ausrüstung fotografieren, heißt nicht, dass entstehenden Fotografien wirklich anders sind, sie können genauso und besser Sehnsuchtsbilder inszenieren oder auch kritische Themen in den Fokus setzen. Allerdings die fotografische Handlung selbst ist zielgerichteter.

[4] Das Fotobuch ist eine inzwischen verbreitete Printform und hat wahrscheinlich das Album, in das die Fotografien eingeklebt oder geklemmt wurden, abgelöst, aber auch hier gilt: Im Fotobuch werden die Themen wahrscheinlich expliziter, nicht aber per se anders.

Die jeweiligen Arten zu fotografieren prägten den Blick derjenigen, die gereist waren, und derjenigen, die reisen wollten. Hierin zumindest scheinen sich die heutigen Aufnahmen der *must have pics* nicht von den vielleicht vom Fotografen vor Ort um 1900 zu unterscheiden (vgl. u. a. Garrod 2008).

Was aber bringt dieses Phänomen des Fotografierens auf der Reise hervor, welche Funktionen und Bedeutung hat es vor allem für die fotografierende Person selbst und für weitere Rezepient*innen?

Scheuermann und Vidal sprechen von „Medienrhetorik", d. h. einem rhetorischen „Handeln in und mit Medien" (Scheuermann und Vidal 2017, 1) Dies besitzt u. a. seine Relevanz darin, dass neue Medien auch eigene Formen des Sich-Äußerns hervorbringen. Wenn Fotografieren – das hier von der Fotografie selbst unterschieden wird – verstanden wird als soziale Praktik mit immer unterschiedlichen Funktionen – und in unterschiedlichen Rhetoriken –, dann stellen sich weitere Fragen: nach dem Akt des Fotografierens und der Bedeutung des Bildes einer Reisesituation für den Einzelnen oder die Einzelne und nach dem Akt des Publizierens und Teilens für die Community. In welchen Medien werden Aufnahmen geteilt, mit welchen Hashtags versehen? Denn auch dadurch entsteht ja eine Ausdrucksbewegung von der Situation hin zum Fotografierenden und hin zu einer sozialen Gruppe, die dann eventuell reagiert.

1 Fotografische Perspektiven

Susanne Müller bezeichnet die visuelle Perspektive bei touristischen Reisen als „touristisches Sehen", als Blick auf das schon vorher Bekannte (Müller 2016, 170). Die „Lust am Sehen [sei] auch ein neuer Reisezweck" (Müller 2016, 172), so entsteht im Akt des Fotografierens (sei es als Porträt vor dem begehrten Gegenstand oder hin zu ihm oder als Selfie) schon eine mehrfache Interaktion. Wie sich die Person wohinein in Beziehung setzt, fügt sie in einen sozialen Zusammenhang ein. Müller beschreibt dies als selektiv und oberflächlich: „Das Ausschnitthafte und Bildhafte, das Entrückte und Vermittelte sind dem touristischen Sehen immanent (Müller 2016, 173 f.). Jedoch gehören auch tourismuskritische Bilder zum Tourismus und insofern lässt sich die visuelle Verortung in eine visuelle Gemeinschaft der kritischen Fotografie ja nicht von der Ausschnitthaftigkeit ausnehmen. Zudem es beim Fotografieren auf Reisen ja auch weniger um den Ort selbst geht als um seine Bedeutung für eine Person, einen Kontext, eine Gruppe.

2 Selfies und Reisefotos in den Sozialen Medien

„Touristen aus allen Weltgegenden stellen sich mit dem Rücken zu ihr hin, um sich mit ihr per Selfie zu verewigen" (Brändle 2019). Gemeint ist hier die Mona Lisa, es könnte sich aber auch um den Mont Blanc oder ein bestimmtes Lokal auf den Malediven handeln. Sofort ließe sich kulturkritisch fragen, ob der Ort nun nur noch Kulisse sei. Allerdings kann dies auch andersherum betrachtet werden: das Selfie wäre dann eine körperlich engagierte, identifikatorische Ausdrucksform, die die fotografierende Person geradezu in einen Sinnzusammenhang erst setzt, den es authentischer sowieso nicht gibt. In der vorfotografischen Zeit brachte man einen Gegenstand vom Ort mit, heute sind es Bilder. Und die Besucherinnen und Besucher, die an einem Holocaustgedenkort eine Selfiepose einnehmen, tun dies ja, indem sie ihr Bild in den Rahmen eines Gedenkortes setzen und ihn quasi berühren – nicht selten auch tatsächlich berührt werden. Die Form, in der dies geschieht, kann im Sinne einer Frage fotografiert werden oder auch eines politischen Statements. Mit solchen Selfies binden sich die Besucherinnen und Besucher nicht nur an ein Thema, sondern auch an weitere soziale Gruppen.[5] Wenn sie Mahnmale oder Relikte berühren, dies im Selfie oder im klassischen Porträt aufnehmen, dann ist diese Geste der Berührung durchaus leiblich und verbindlich.

Deshalb ist für alle Reisetypen die Frage nach der bildenden Bewegung mit entscheidend, also, wie ein Motiv aufgenommen wird, wie sich die jungen Leute in den Instagram accounts darstellen (hierzu exemplarisch Schäfer 2015, 224–252). Wenn beispielsweise eine mitreisende Person fast statisch vor einem Motiv steht und in die Kamera schaut, fällt auf, wie wichtig es ihr ist, hier innezuhalten und sich und das Motiv aufzunehmen oder aufnehmen zu lassen. Etwas anderes wird mittels eines Selfies betont. Hier blickt die fotografierende Person mittels der Kamera über den eigenen Arm, über sich hinweg und sich ins Bild hineinnehmend und schaut mit der Kamera in die Welt bzw. auf ihr Motiv. So wird eine enge, fast leiblich wahrnehmbare Beziehung zum fotografierten Motiv geschaffen, und es entsteht eine eigene Spur in der Aufnahme. Anders wiederum wirkt ein Foto, wenn stärker Blickbewegungen und Gehrichtungen aufgenommen werden, indem die Kameraperspektive in die Rücken der Personen und über sie hinausschaut und so eine Projektionsfigur schafft. Winter macht darauf aufmerksam, dass die Blickrichtung entscheidend sein könnte, hin zum begehrten Objekt oder in die Kamera. Mit Hilfe dieser Reisebilder wird eine „Medialität der Nähe" (Abend u. a. 2012) erzeugt. Dies ist mehrfach zu verstehen: Nähe insofern, als die Fotografierenden sich zu anderen Personen und Motiven verhalten, aber auch, indem sie sich via Social Media an einem kommunikativen Austausch beteiligen, der ja zwischen nachahmender Mimesis und eigenem Beitrag liegt. D. h. wenn ein Reisefoto gepostet wird, begibt man sich in den kommunikativen Kontext der *must have pics* und verwandelt das Motiv und sich auch mit jedem Post.

---

[5] Vgl. die Hashtags zu #Holocaustgedenkstätte usw.; vgl. dazu ausführlich Nuy und Scheicher (2020).

3 Professionelle Reisefotografie

An dieser Form der visuellen Kommentierung des Reisens und Forschens lassen sich ganz unterschiedliche fotografische Akte beobachten.[6] Die Werbefotografie liefert Aufnahmen von geradezu paradiesischer Qualität, der Lärm der Autobahn in der Alpenregion ist nicht zu hören, die abschmelzenden Gletscher sind nicht zu sehen und die Abholzung im Himalaya ebenso wenig. Nach solchen Bildern von „Orten des Glücks" gibt es offensichtlich mindestens eine solche Sehnsucht wie nach den Orten selbst (vgl. Luger 2018, 243 f.). Jedoch widmet sich die professionelle, künstlerische Fotografie auch der Zerstörung solcher Orte und auch diese Orte bleiben uns in Erinnerung, ohne dass wir dort gewesen wären. Oder sie präformieren unseren Blick und wir finden genau dies nun auf, wenn wir reisen. Dazu zählen die vielen Fotografien, die die Zerstörung der Alpen durch die Touristenmassen zeigen oder das Schrumpfen der Gletscher in den Blick nehmen – nicht im Sinne eines Dokuments, sondern eher als visuelle Auseinandersetzung.[7]

4 Ethnografisches Fotografieren und Fotografien wissenschaftlicher Expeditionen

Humboldt war von Beginn an klar, dass das Medium der Fotografie für Reisende der Zukunft von einzigartiger Bedeutung sein würde (Rebok 2019, 105; Beck 1989, 46 f.). Der Naturforscher hatte auch schon vor der Erfindung der Fotografie das Medium der Zeichnung und des Bildes genutzt – sowohl zur Systematisierung als auch zu Darstellung von Erkenntnissen sowie deren Vermittlung und Verbreitung – also im Sinne einer wissenschaftlichen Begründung für seine Reisen, aber auch für deren Bewerbung. Auch auf die Frage, wie er selbst als Reisender im Kontext seiner Recherchen darzustellen sei, hat er Einfluss genommen, nämlich nicht romantisierend, sondern um sich in seiner Tätigkeit als Team mit seinem Kollegen und Mitreisenden Aimé Bonpland zu zeigen (vgl. hierzu Kraft und Päßler 2021). Ethnografische Forscherinnen und Forscher verwendeten die Kamera von Beginn an als Medium der Recherche. Sie gehörten zu den frühesten Kritikerinnen und Kritikern dessen, was in den Blick genommen wurde, also welche Vor-Bilder – auch im Sinne von Vor-Urteilen – eigentlich hinter den Bildern lagen. Je nach Interesse ging es eher darum, Bilder eines edlen Wilden oder primitiven Wilden zu konstruieren oder anthropologische Typologien zu

---

[6] Historisch haben das Henisch und Henisch (1994) untersucht in ihrem Kapitel über *Photography and Travel* sowie Pagenstecher (2003) für die Zeit nach 1950.
[7] Ein zurückhaltendes Beispiel wäre Walter Niedermayr (1998): Reservate des Augenblicks. Ar/ Ge Kunstgalerie Bozen.

erstellen (vgl. Edwards 1992; Schäfer 2015, 107). Immer werden in diesen Aufnahmen Sehordnungen aus der Herkunftskultur der fotografierenden Forscher und Forscherinnen – wo es Anleitungen für das Fotografieren auf solchen Reisen gab – erzeugt. Thomas Theye beschreibt, dass gerade Studiofotografen aus den Reiseländern solche Bilderwartungen erzeugten und erfüllten (Theye 1989, 113). Für die anthropologische Forschung spricht er vom „geraubten Schatten" der Fotografierten, die keine Möglichkeit hatten, sich diesen Bildordnungen zu entziehen oder sich selbst zu präsentieren. Die fotografierenden Forscher hingegen konnten in ihren Bildern ihre wissenschaftlichen Ambitionen „beweisen". Bei den fotografierenden Missionaren dagegen sei eine Ambivalenz aufzufinden gewesen zwischen der Dokumentation ihrer Akkulturationsbestrebungen einerseits und der Kenntnis und dem Interesse für die besuchte Gesellschaft andererseits (Theye 1989, 112). Angela Müller und Felix Rauh (2013) sprechen in ihrem Forschungsbericht über „Außereuropäische Kulturen in Reisefotografien und Dokumentarfilmen des deutschsprachigen Raums, 1920–1990" von „drei Räume[n]", in die ihre eingehenden Recherchen Einblick gewähren: „Einerseits lässt sie vorwärts auf das dargestellte Sujet blicken, andererseits rückwärts auf die Person hinter der Kamera. Als drittes entsteht ein Imaginationsraum in Auseinandersetzung des Betrachtenden mit dem Bild."

5 Jugendgruppen auf Fahrt in der Zeit vor 1938/1939

Weitere historische Fotokonvolute können Einblick geben in die Reiseerfahrungen von jugendlichen Fotografinnen und Fotografen. Wie sich an den vielen tausenden im Netz kursierenden Bildern und entsprechenden Archivbeständen zeigen lässt, haben die jugendbewegten Gruppen vom Wandervogel bis hin zu jüdischen Gruppen zu Beginn bis zur Mitte des 20. Jahrhunderts ihre Fahrten mit der Kamera aufgenommen, die Bilder abgezogen und in Alben eingeklebt, beschriftet und aufbewahrt. In den Alben finden sich sehr unterschiedliche Motive: Einmal das, was als klassische Heimatfotografie bezeichnet werden könnte und eine Fülle von Fotografien jugendlicher Gruppenaktivitäten. Während die klassischen Motive (Kirche, Berg, Burg, Blick in die Weite) häufig so aufgenommen wurden, dass die Horizonte gerade liegen und das Motiv eher konventionell gerahmt wird, sind die Fotos vom Jugendleben häufig schräg angeschnitten, auch mal unscharf, Hauptsache die Szene und die Personen passten ins Bild. Es gibt die Varianten, bei denen die Gruppe im Sinne eines Gruppenfotos sich selbst inszenierend fotografiert wurde und andere, wo einfach die Kamera in die Szenerie gehalten wurde. Andere wurden über Selbstauslöser aufgenommen.[8] Es war durchaus üblich, die Fotografien, die andere gemacht hatten, in die eigenen Alben mit einzukleben.

---

[8] Auswertung und Bildmaterial in Pilarczyk (2009); Mietzner (2014).

Ulrike Pilarczyk betont für die Fotografie der jüdischen Jugendbewegten zweierlei: Zum einen sei es ihnen um die Konstruktion von Gemeinschaft gegangen, und zum anderen aber auch um die Funktion der Kommunikation über die Aufnahmen miteinander (Pilarczyk 2009, 59). Sabiene Autsch formuliert das für die nicht jüdischen Gruppen etwas anders, sie sieht einerseits die Einschreibung in die großen Vorbilder der Zeit, aber andererseits beschreibt sie für die Knipserfotos auch die besondere Erlebniskomponente, die gerade durch die manchmal mißlungenen Bilder rein kompositorisch sichtbar wurde (Autsch 2016, u. a. 338). Und sie kann schon vorausblickend zeigen, dass in der Jugendbewegung das spätere Selfiephänomen wichtig wird, also sich selbst mit in das Geschehen zu verorten: Die Kamera schreibe „Gemeinschaftsbildung und Gruppenidentität fort..., die die Identifikation und Bestätigung im Wir, d. h. in einer kollektiven, kontrollierten und visuellen Form" suche (Autsch 2016, u. a. 338; vgl. Stambolis und Köster 2016).

6 Reise-Bilder Jugendlicher beim Deutschen Jugendfotopreis

Reisefotografie ist auch ein Thema der Einsendungen beim Deutschen Jugendfotopreis[9], den das Deutsche Kinder- und Jugendfilmzentrum im Namen des Bundesministeriums für Familie, Senioren, Frauen und Jugend früher jährlich, inzwischen alle zwei Jahre veranstaltet.[10] Wenn Reisen eine Suchbewegung ist, dient Fotografie auch dem Festhalten von Ergebnissen. Im Fotografieren wird geordnet und eine Perspektive entworfen. Selbstreflexion und neue Sichtweisen, als Ziel der Selbstentdeckung, Bewegung zwischen Innen und außen – analog zum Reisen – so lässt sich Reisefotografie als „endlose Bewegung zwischen dem Fremden und dem Eigenen" verstehen (Boomers 2004, 16–18).

In einem ersten Befund zeigt sich beim Deutschen Jugendfotopreis, dass sich viele Fotografien mit dem Reisen als Vorgang beschäftigen: als Autofahren oder Gefahren werden, Blicke auf Straßen, Schienen usw. Fast ebenso viele Fotos erkunden die heimatliche Umgebung. Viele Fotos kann man dem Thema Kultur zuordnen: berühmte Monumente, aber auch Demonstrationen usw. Reisen, die ein ganz gezieltes Interesse verfolgen und dies dokumentieren. Dann gibt

---

[9] Für diesen Abschnitt wurden Reisefotografien bei flickr und andern fotocommunities angeschaut, ausgewertet wurden vor allem die Fotos des Deutschen Jugendfotopreises, die meisten aus den Jahren 1990 bis 2010, ca. 4400 Fotos. Ca. 600, also knapp 14 % der Fotos lassen sich der Reisefotografie zuordnen, wobei dies schwierig ist, weil manche fotografische Erkundung wie Reisen aussieht, aber möglicherweise nur eine Entdeckungsreise in die nahe Umgebung ist; diese Fotos wurden mitgezählt, immer wenn eine Bewegung (Straße Bahn, Tempo, distanzierter Blick) auf einen zu entdeckenden Raum sichtbar war.
[10] https://www.jugendfotopreis.de/home.html.

es die Fernreisen. Zum Teil versuchen die Jugendlichen die Dokumentation der dortigen Lebensverhältnisse. Ein weiteres Genre sind die am Computer generierten Traumreisen, hier sind nicht etwa Reisen mit dem Traumschiff gemeint, sondern imaginäre Reisen, und zwar auffällig viele. Auch fotografisch dokumentierte Reisen in die Vergangenheit sind zum Teil imaginäre Reisen, zum Teil Erkundungen von familiärer Geschichte. Beim Fotopreis finden sich auffallend viele Reisefotografien, die neben der Gegenwart auch Vergangenheit und Zukunft in den Blick nehmen. Dagegen stellen Natur und Landschaften keine herausragenden Motive mehr da, ebenso wenig wie Wandern oder Wanderwege. Solche Aufnahmen sind in die sozialen Medien abgewandert. Im Fotopreis bringen die Jugendliche andere Perspektiven ein. An die Stelle der konventioneller Reisemotive treten „Übergangsbilder", die schwindende Natur oder überwucherte Städte im Niedergang zeigen. Die Fotoreihen oder Fotobücher von Reisen zeigen auffällig häufig das Reisen als Durchreise, Blicke aus der Bahn, aus dem Auto, aus dem Flugzeug usw. Bahnhöfen oder Straßen. Eher die Bewegung selbst wird dargestellt als ein Ort, an dem man ankommt.[11]

7 Fazit: Fotografische Praxen auf Reisen

Wenn Reisen Bildarbeit wird, wie Susanne Müller zu Beginn feststellte, und wenn John Urry und Jonas Larsen das Reisen selbst vom sich wandelnden ‚tourist gaze 3.0' geprägt sehen, dann lässt sich zeigen, dass sich in der Tätigkeit des Fotografierens eine mehrfache persönliche und soziale Handlung vollzieht. Diese reicht vom einfachen mimetischen Akt, indem in Frage kommende Orte ausgewählt werden, sei es dadurch, dass ein vorgefertigtes Motiv gewählt und der Blick darauf nachgeahmt wird, aber es kann auch heißen, dass andere Haltungen durch die Fotografie und die dafür geeignete Sehordnung ebenso sorgfältig in Szene gesetzt wird. Über die Bildproduktion und Distribution findet eine komplexe Verortung der eigenen Person in der Fotografie in visuelle Zusammenhänge von Fotostreams, Fotobüchern, Fotocommunities und Fotoaccounts statt.

Die Weiterverbreitung der eigenen Fotografien erzeugt eine andere Resonanz als die, sie nur Freundinnen und Freunden zu zeigen. Einige dieser Tätigkeiten gehörten schon zur frühen Nutzung der Fotografie beispielsweise bei den jugendbewegten Fotografinnen und Fotografen der 20er Jahre. Deren Fotos waren für das eigene Album, sie waren für die Eltern, sie wurden den Kameradinnen und Kameraden des Bundes gezeigt und häufig in den Verbandszeitungen abgebildet. In diesen Alben der Jugendlichen fanden sich ganz unterschiedliche Themenfelder, es wurde bezeugt, dass man sich die Sehenswürdigkeiten der Umgebung angeschaut hatte, sie zeigten den Zusammenhalt der Gruppe und ihre Bewegung

---

[11] Florian Maaks Imaging Bilder sind betitelt mit „Startsignal" und „Durchreise" https://www.jugendfotopreis.de/foto.html?id=3230.

von Ort zu Ort. Aber es finden sich auch viele fast intime, von großer Nähe zu Freundinnen und Freunden zeugende Aufnahmen. Diese fotografisch begleiteten Jugendfahrten aus den 20er und 30er Jahren dienten dazu, das gemeinsame Band, das die Gruppe verband, durch die fotografischen Akte zu bestätigen und dadurch zu stärken. Die Fotografien gaben den fotografierten Personen gleichzeitig Raum für Selbstpräsentation. Heutige Reiseaufnahmen in den Sozialen Medien zeigen weitaus häufiger einzelne Personen, die die Beziehung zu etwas nicht einfach bestätigen können, sondern überhaupt erst herstellen.

Reisen in die Natur, an Orte, die einen Fremdheitserfahrungen machen lassen oder die einem ein Eintauchen in bestimmte kulturelle Erfahrungen versprechen, basieren nach Dean MacCannell auf dem Wunsch authentisches Erleben herzustellen, die er als „staged authenticity" bezeichnet (MacCannell 1973; ich beziehe mich hier auf Schäfer 2015, 23).

Für Urry und Larsen gehört die performative Komponente zum *tourist gaze:* „Focusing on the gaze brings out how the organising sense in tourism is visual. And this mirrors the general privileging of the eye within the history of western societies."[12] Verfolgen lässt sich dies an Konstruktion des erhabenen Blicks auf die Berge und in die Ferne, der zugleich als Geschichte des bürgerlichen Lebensstils verstanden werden kann.[13] Gleichzeitig lässt sich diese Inszenierung auch als reflexive Praxis beschreiben, in der authentische Bezugnahmen ja durchaus erzeugt werden: „,hybrid' performances of gazing and photographing and the various materialities and technologies constituting each way of seeing" (so ebenfalls Urry und Larsen 2011). Und die feinen Unterschiede der Verortung würden auf unterschiedliche Bezugnahmen – als Bilderbewegungen zu bezeichnen – hinweisen.

Das heißt, auch heutige Funktionen von Reisefotografien bewegen sich zwischen dem Beweis des Erlebens von gruppenspezifischen Vorlieben, für das sich die fotografierenden Reisenden in das Motiv montieren, wodurch sie zum Teil einer größeren Geschichte werden und eigenen Positionen oder weiteren Bezugnahmen. Es scheint zwar, als ob die Fotografierten durch diese Inszenierung nicht mehr allzu viel Raum hätten, sich selbst über die Vorbilder hinaus in Szene zu setzen. Spielräume werden in der Fülle der Einschreibungen nicht weiter. Trotzdem sind die Weisen der Einschreibung für kulturelle Stile aufschlussreich und häufig begleitet von – kleinen – visuellen Abweichungen. Dies drückt iellicht Verlangen nach authentischen Erlebnissen aus.

Robert Schäfer verwendet für die inszenierte Fotografie vor einem relevanten Sujet den Begriff der Authentizität, weil in der Gestelltheit gerade auf das Wesentliche verwiesen werde, „die personale und genau diese Struktur des ‚ich-jetzt-hier' ermöglicht es der Fotografie, eine Geschichte zu erzählen" (Schäfer 2015, 244).

---

[12] Urry, J., und J. Larsen. 2011. The Tourist Gaze 3.0 (130). *SAGE Publications.* http://dx.doi.org/10.4135/9781446251904.n1 ohne Seitenangabe.

[13] Fischer (2009, 2010) und https://www.alpenverein.de/geschichte/blog/die-berge-und-wir/. In diesem Beitrag wird auch gezeigt, wie sehr die sozialen Medien an der Konstruktion mitwirken.

Die Authentizität bezieht sich dann auf die beabsichtigte Mitteilungsqualität und weniger auf die abgebildeten Objekte/Landschaften. Das, was gezeigt werden soll, ist eben etwas anderes. Darüber verändert sich aber die gezeigte Landschaft. Sie wird zum Bild vom Bild (vgl. dazu wiederum Schäfer 2015, 246). Trotzdem, so auch Schäfer und andere, versuchen die reisenden Fotografierenden oder die fotografierenden Reisenden den eigenen Blick als denjenigen, der gelungen erscheint, zu zeigen. Dafür wird dann die klassische Rückenfigur inszeniert, mit deren Hilfe sich auch Rezipientinnen und Rezipienten der Fotografie in die Perspektive der abgebildeten Person hineinversetzen können. Es wird eine Bewegung simuliert – ähnlich, wenn die Figur vor unserem Auge herwandert, in die man sich betrachtend verliert, „eine Auflösung der Parameter im erfahrbaren und sprichwörtlich erlebbaren Raum" (Abend u. a. 2012, 20, sich auf Baudrillard beziehend). Die Wirklichkeit wird mediatisiert als in verschiedenen Blickperspektiven kaleidoskopisch sich auffächernde Welt. „Die objektiv festhaltbare Wirklichkeit existiert nicht, bereits im Zuge der Wahrnehmung wird entsprechend der sozialen und physischen Gegebenheiten Wirklichkeit geschaffen" (Krings 2006, 42; vgl. Edwards 1992, 6).

Der Blick wird mit großer Genauigkeit und Neugierde und manchmal sogar mit Härte auf den Ort außerhalb der eigenen Welt geworfen, und so lässt sich Reisefotografie verstehen als Auseinandersetzungsprozess der Jugendlichen zwischen ihrer eigenen und der ihnen noch nicht eigenen Welt. Das, was Pädagogen so häufig vermissen, das Engagement der Jugendlichen für die Welt – hier findet es sich. Im fotografischen Prozess sind Jugendliche beteiligt, engagiert und empathisch. Der Blick von Jugendlichen richtet sich aber immer, wenn er nach außen geht, auch nach innen. Sie transformieren die äußere Welt in ihre innere Welt, und ihr Blick nach außen ist vom inneren Zustand geblendet, geschärft und überlagert.

„The concept of the gaze highlights that looking is a learned ability and that the pure and innocent eye is a myth."

Am Konzept des *tourist gaze* hat es verschiedentlich Kritik gegeben, betrachtet man ihn jedoch als dynamisches Konzept, zeigen sich in ihm jeweils herrschende *mind sets* (vgl. Buddhabhumbhitak 2010, 141 f.), die dann jene subjektivierenden Praxen annehmen, die als Medialität zwischen Nähe und Distanz ausgelotet werden.

Die Sehnsucht nach dem Selfie vor dem paradiesischen Hintergrund, und ähnelte er auch noch sehr der Werbung, drückt eben auch eine Sehnsucht aus, nach etwas, was fehlt, und ist insofern in der Suche nach diesem Fehlenden auch ein Selbstausdruck, eine Positionierung und jedes Foto ein Beitrag zur Debatte.

Literatur

Abend, Pablo, Tobias Haupts, und Claudia Müller, Hrsg. 2012. *Medialität der Nähe*. Bielefeld: transcript.
Autsch, Sabiene. 2016. Visual History und Jugendbewegung. Re-Lektüren, methodische Überlegungen und Perspektiven fotografischer Inszenierung. In *Jugend im Fokus von Film und*

Fotografie. Zur visiuellen Geschichte von Jugendkulturen im 20. Jahrhundert, Hrsg. Barbara Stambolis und Markus Köster, 315–338. Göttingen: Vandenhoeck & Ruprecht.

Beck, Hanno. 1989. Alexander von Humboldt (1769–1859). Förderer der frühen Photographie. In *Silber und Salz. Zur Frühzeit der Photographie im deutschen Sprachraum 1839–1860*, Hrsg. Bodo von Dewitz und Reinhard Matz, 40–59. Köln: Edition Braus.

Bollnow, Otto Friedrich. 2013. Der Erfahrungsbegriff in der Pädagogik. In *Erfahrung – Erfahrungen*, Hrsg. Johannes Bilstein und Helga Peskoller, 17–49. Wiesbaden: Springer VS. (Erstveröffentlichung 1968)

Boomers, Sabine. 2004. *Reisen als Lebensform. Isabelle Eberhard, Reinhold Messner und Bruce Chatwin*. Frankfurt: Campus.

Brändle, Stefan. 2019. Das stille Lächeln über den Selfie-Hype: Italien hätte gerne Mona Lisa zurück, für Paris ist das ausgeschlossen. https://www.luzernerzeitung.ch/kultur/das-stille-laecheln-ueber-den-selfie-hype-italien-haette-gern-mona-lisa-zurueck-fuer-paris-ist-das-ausgeschlossen-ld.1113973. Zugegriffen: 9. Mai 2021.

Buddhabhumbhitak, Ketwadee. 2010. Tourist Immersion or Tourist Gaze: *the Backpacker Experience. In Tourism and Visual Culture. Volume 1 theories and concepts*, Hrsg. Peter Burns, Cathy Palmer, und Jo-Anne Lester, 139–149. Cambridge: cabi.org.

Chlumsky, Milan. 1989. Historischer Irrtum oder Humboldt schweigt. Zu den zwei Briefen Alexander von Humboldts über die Fotografie. *Fotogeschichte. Beiträge zur Geschichte und Ästhetik der Fotografie* 33 (9): 13–18.

Deutscher Jugendfotopreis. https://www.jugendfotopreis.de/home.html. Zugegriffen: 30. April 2021

Edwards, Elizabeth, Hrsg. 1992. *Anthropology & Photography. 1860–1920*. New Haven: Yale University Press.

Fischer, Ludwig. 2009, 2010. Überhöhung der Bergwelt – Zur Geschichte einer Idealisierung und zu ihren Folgen. *Jahrbuch des Vereins zum Schutz der Bergwelt* 74, 75: 47–60.

Garrod, Brian. 2008. Understanding the relationship between tourism destination imagery and tourist photography. *Journal of Travel Research*. https://doi.org/10.1177/0047287508322785.

Geißler, Meike. 2021. So schön, so austauschbar: die Absurdität von Reisefotos auf Instagram. https://www.rnd.de/reise/reisefotos-auf-instagram-wenn-urlaub-zur-selbstdarstellung-wird-XOQ4L5UHXNAO7H4XAOZZYUNRKU.html. Zugegriffen: 22. April 2021.

Hachtmann, Rüdiger. 2010. Tourismus und Tourismusgeschichte. *Zentrum für zeithistorische Forschung Potsdam*. https://doi.org/10.14765/zzf.dok.2.312.v1.

Hahn, Kornelia, und Alexander Schmidl, Hrsg. 2016. *Websites & Sightseeing. Tourismus in Medienkulturen*. Wiesbaden: Springer VS.

Henisch, Heinz K., und Bridget A. Henisch. 1994. *The photographic experience 1839–1914. Images and attitudes*. Pennsylvania: The Pennsylvania State University Press.

Hennig, Christoph. 1999. *Reiselust. Touristen, Tourismus und Urlaubskultur*. Frankfur a. M.: Suhrkamp.

Herzog, Peter. 1992. Rom, Ägypten, Paris in alten Fotografien 1850–1900. *Du Heft* 7 (8): 17–21.

Instagram. https://www.instagram.com/p/BqQDnCKDYj8/?utm_source=ig_embed&utm_campaign=loading. Zugegriffen: 30. April 2021.

Instagram Berlin Traveller. https://www.instagram.com/berlin.traveller/. Zugegriffen: 5. Mai 2021.

Jenks, Chris. 1995. 'The centrality of the eye in western culture: An introduction'. In *Visual culture*, Hrsg. Chris Jenks, 1–25. London: Routledge.

Kestler, Katharina. 2019. Die Berge und wir. https://www.alpenverein.de/geschichte/blog/die-berge-und-wir/. Zugegriffen: 10. Mai 2021.

Kraft, Tobias, und Ulrich Päßler. 2021. Humboldt in der Urwaldhütte. Wie wir uns die Reise durch die amerikanischen Tropen vorstellen (sollen). http://www.avhumboldt.de/?p=18404. Zugegriffen: 25. April 2021.

Krämer, Franziska, und Marcus Haase. 2012. *Reisen und Bildung. Bildungs- und Entfremdungsprozesse im jungen Erwachsenenalter am Beispiel von Work&Travel*. Wiesbaden: Springer VS.

Krings, Annette. 2006. *Die Macht der Bilder. Zur Bedeutung der historischen Fotografien des Holocaust in der politischen Bildungsarbeit*. Berlin: Lit.

Luger, Kurt. 2018. Die Bilder in unseren Köpfen und die Welt weit draußen. Lebensraum Himalaya – Sehnsuchtsdestination Paradies. In *Kurt Luger: MedienKulturTourismus. Transkulturelle Befunde über Weltbild und Lebenswelt*, Hrsg. Thomas Herdin und Franz Rest, 233–253. Baden-Baden: Nomos.

MacCannell, Dean. 1973. Staged authenticity: Arrangements of social space in tourist settings. *American Journal of Sociology* 79 (3): 589–603.

Metken, Günter. 1983. Die transportable Ferne. Photographie als stellvertretendes Sehen oder: Bringen die Bilder die fremde Wirklichkeit näher. In *Ansichten der Ferne. Reisephotographie 1850 bis heute*, Hrsg. Klaus Pohl, 193–196. Gießen: Anabas.

Mietzner, Ulrike. 2014. Alfred Wertheim: Fotografische Positionen eines jüdischen Jugendbewegten aus Osnabrück. In *Erziehungsgeschichte/n. Kindheiten – Selbstzeugnisse – Reflexionen*, Hrsg. Klemens Ketelhut und Dayana Lau, 139–150. Köln: Böhlau.

Müller, Susanne. 2016. Über den Blick auf das Bekannte: Touristisches Sehen und Reisemedien. In *Websites & Sightseeing. Tourismus in Medienkulturen*, Hrsg. Kornelia Hahn und Alexander Schmidl, 167–182. Wiesbaden: Springer VS.

Müller, Angela, und Felix Rauh. 2013. Außereuropäische Kulturen in Reisefotografien und Dokumentarfilmen des deutschsprachigen Raums, 1920–1990. *Fotogeschichte* 33 (128). http://www.fotogeschichte.info/bisher-erschienen/hefte-126-149/128/forschung-mueller-rauh-reisefotografie-und-film/#c1263 Zugegriffen: 02.09.2021

Nuy, Sandra, und Mathias Scheicher. 2020. Fotografie auf Reisen. Digitale Medienpraktiken der Erinnerung an die Shoah. *Erinnern in und mit digitalen Medien* 6: 75–86.

Pagenstecher, Cord. 2003. *Der bundesdeutsche Tourismus. Ansätze zu einer Visual History: Urlaubsprospekte, Reiseführer, Fotoalben, 1950 – 1990*. Hamburg: Kovač.

Peitz, Dirk. 2019. Die Sache mit der Avocado. https://www.zeit.de/kultur/2019-04/instagram-social-media-fotos-erlebnisse-konsum/komplettansicht. Zugegriffen: 1. Mai 2021.

Pilarczyk, Ulrike, und Ulrike Mietzner. 2005. *Das reflektierte Bild. Die seriell-ikonografische Fotoanalyse in den Erziehungs- und Sozialwissenschaften*. Bad Heilbrunn: Klinkhardt.

Pilarczyk, Ulrike. 2009. *Gemeinschaft in Bildern. Jüdische Jugendbewegung und zionistische Erziehungspraxis in Deutschland und Palästina/Israel*. Göttingen: Wallstein.

Pohl, Klaus. 1983. Die Welt für Jedermann. Reisephotographie in deutschen Illustrierten der zwanziger und dreißiger Jahre. In *Ansichten der Ferne. Reisephotographie 1850 – heute*, Hrsg. Klaus Pohl, 96–127. Gießen: Anabas.

Rebok, Sandra. 2019. De la pintura de viaje a la fotografía: Alexander von Humboldt y la representación artística del Nuevo Mundo. *HiN* 19 (37): 97–112.

Schäfer, Robert. 2015. *Tourismus und Authentizität. Zur gesellschaftlichen Organisation von Außeralltäglichkeit*. Bielefeld: transcript.

Schäfer, Robert. 2016. Zur fotografischen Vermittlung unmittelbarer Präsenz. In *Websites & Sightseeing. Tourismus in Medienkulturen*, Hrsg. Kornelia Hahn und Alexander Schmidl, 63–83. Wiesbaden: Springer VS.

Scheuermann, Arne, und Francesca Vidal. 2017. *Handbuch Medienrhetorik*. Darmstadt: wbg.

Sorgo, Gabriele. 2011. Geführte Sinnlichkeit, designtes Selbst. In *Anthropologie und Pädagogik der der Sinne*, Hrsg. Johannes Bilstein und Eckart Liebau, 87–110. Opladen: Barbara Budrich.

Stambolis, Barbara, und Markus Köster, Hrsg. 2016. *Jugend im Fokus von Film und Fotografie. Zur visuellen Geschichte von Jugendkulturen im 20. Jahrhundert*. Göttingen: Vandenhoeck & Ruprecht.

Theye, Thomas, Hrsg. 1989. *Der geraubte Schatten. Die Photographie als ethnographisches Dokument*. München: Bucher.

Thurner, Ingrid. 1992. Grauenhaft. Ich muß ein Foto machen. Tourismus und Fotografie. *Fotogeschichte* 12 (44): 23–42.
Urry, John. 1990. *The tourist gaze*. Lancaster: SAGE.
Urry, John, und Jonas Larsen. 2011. *The Tourist Gaze 3.0*. SAGE. https://doi.org/10.4135/9781446251904.n1.
Widholm, Julie Rodrigues, Tricia Van Eck, und Museum of Contemporary Art, Hrsg. 2005. *Universal experience: Art, life, and the tourist's eye*. Chicago: Museum of Contemporary Art.

Theoretische und empirische Perspektiven

Zwischen Virtualität und Präsenz. Theoretische und empirische Annäherungen an das Verhältnis von Tourismus und Bildung

Alfred Schäfer

1 Vorbemerkung: Das Unbehagen gegenüber der Vermarktung touristischer Sehnsüchte

Kaum eine Industrie hat seit den 1950er Jahren solche Zuwachsraten erreicht wie der (grenzüberschreitende) Tourismus. So zählt die Tourismusorganisation der Vereinten Nationen (UNWTO) für das Jahr 2019 mehr als 1,46 Mrd. grenzüberschreitende Reisen weltweit gegenüber 25 Mio. im Jahr 1950. Die am Tourismus beteiligten Unternehmen erwirtschaften danach im Jahr 2018 Einnahmen im Umfang von 1.450 Mrd. US-Dollar.[1] Das Produkt der Urlaubsreise erschließt dabei nicht nur immer neue Märkte (wie etwa China), sondern zeichnet sich auch dadurch aus, dass seine Attraktivität zu immer wieder neuen Reisen animiert. Dabei ist die Entwicklung des (Massen-)Tourismus von Beginn an Gegenstand einer kritischen Beobachtung. Gemeint ist hier nicht die sozialgeographische Thematisierung der infrastrukturellen Konsequenzen oder der ökonomischen Abhängigkeit der besuchten Länder oder eine ökonomische Perspektive auf die Bedingungen, Effekte und Marktchancen bestimmter Erschließungs- und Anlagestrategien. Auch eine Betrachtung der Werbestrategien und der mit den

---

[1] Ich entnehme diese Zahlen einem Artikel des Online-Portals Statista, der von Lena Graefe unter dem Titel „Statistiken zum Tourismus weltweit" am 7.10.2020 veröffentlicht wurde (https://de.statista.com/themen/702/tourismus-weltweit/). Zugegriffen: 02. Januar 2021.

A. Schäfer (✉)
Institut für Pädagogik, Martin-Luther-Universität Halle-Wittenberg, Halle(Saale), Deutschland
E-Mail: schaefer@paedagogik.uni-halle.de

© Der/die Autor(en), exklusiv lizenziert durch Springer-Verlag GmbH, DE, ein Teil von Springer Nature 2022
P. Knobloch et al., *On the Beaten Track*, Kindheit – Bildung – Erziehung.
Philosophische Perspektiven, https://doi.org/10.1007/978-3-662-63374-8_6

Angeboten verbundenen Versprechungen soll hier nicht im Vordergrund stehen. Ebenso werden nicht die ökologischen Folgeprobleme oder eine (ethnologisch inspirierte) Betrachtung der Folgen für das Selbstverständnis besuchter Kulturen in den Mittelpunkt gerückt. Solche Perspektiven richten zweifellos den Blick auf wichtige Sachverhalte, aber sie bleiben insofern allgemein, als sie sich (sicherlich in unterschiedlicher Gewichtung) auf die Problematisierung einer kapitalistischen Globalisierung als solcher anwenden lassen.

Die Kritik, die hier gemeint ist, richtet sich von Beginn an (spätestens seit Enzensbergers *Theorie des Tourismus* von 1958) auf den Sinn und die Legitimität des beginnenden Massentourismus. Dieser täusche die Menschen, indem er ihnen falsche Versprechungen auf eine Befreiung vom warenproduzierenden und -konsumierenden Alltag mache und sie doch mit der kapitalistischen Organisation der Reise erneut in diesem Alltag verorte. Eine solche Kritik mutet auf den ersten Blick eigentümlich an. Sie liegt auf der Linie einer ‚Kritik der Warenästhetik' (vgl. Haug 1971), die von der Vorstellung lebt, dass es ein Jenseits der Warenform geben müsse – eine Welt des Gebrauchswerts. Eigentümlich aber erscheint vor allem, dass diese Kritik gerade mit Blick auf den Tourismus – anders als in den meisten Bereichen des gesellschaftlichen Lebens – eine besondere Bedeutung entwickelt. Der touristische Konsum ist nicht einfach nur durch Distinktionen gekennzeichnet, die über Unterscheidungen wie die der Kosten, von nah und fern, von Masse und Kleingruppe, von organisiert und nicht organisiert, von *beaten tracks* und Inszenierungen der Singularität gehandhabt werden. Auch solche Unterscheidungen lassen sich mit Blick auf andere Konsumartikel feststellen. Erfolgreich ist die Kritik des Tourismus im Rahmen einer spezifischen Form der Distinktion. Und diese bezieht sich auf die Zurückweisung der offensichtlich als problematisch wahrgenommenen Kategorie, die den eigenen Konsum mit der Identitätszuschreibung ‚Tourist/in' verbindet. Man will kein ‚normaler' Tourist und keine ‚normale' Touristin sein: Der touristische Konsum geht nur zu häufig mit einer Distanzierung des passiven Konsumentenstatus einher. Der unorganisiert Reisende, Individualtouristen, jene, die nicht den eingefahrenen Pfaden folgen, Langzeitreisende und Backpacker – sie alle verstehen sich nicht als Touristen. Das Problem besteht dann darin, dass man sich in einer mittlerweile weltweit zu findenden touristischen Infrastruktur für unterschiedliche Kategorien von Touristen bewegt und doch nicht als jemand wahrgenommen werden will, der der touristischen Vermarktung auf den Leim geht.

Nun ist eine solcher Befund nicht neu und man hat versucht, ihn durch die Beweggründe der touristischen Besucher zu erklären. Es sind dies Beweggründe, die mit dem eigenen Selbstverständnis und dessen Entwicklung, Überschreitung oder Erweiterung zu tun haben. Man will den Alltag mit seinen zeitlichen und räumlichen Konditionierungen, mit seinen Verpflichtungen und seiner Routine hinter sich lassen und sich im Außeralltäglichen bewegen, anderes erleben und erfahren. An diese Beweggründe knüpfen in der kritischen Perspektive dann die Marketingstrategien der Tourismusindustrie an und damit ergibt sich – wenn man so will: identitätspolitisch – die Frage, wie man das Verhältnis von Produktmarketing und Reisepraxis so austariert, dass die Reise noch etwas mit dem *eigenen* Selbstverständnis oder gar dessen Veränderung zu tun hat. Ich werde nun im Folgenden so vorgehen, dass ich in einem ersten Schritt nicht nur diese allgemeine Erklärung dadurch konkretisiere, dass ich immer wieder auftauchende Topoi der Tourismuskritik und deren identitätspolitische Strategie aufrufe. Ich werde auch darauf hinweisen, dass sich diesen kulturkritischen Einsätzen ex negativo eine bildungstheoretische Vorstellungswelt entnehmen lässt. In einem zweiten Schritt werde ich dann zu zeigen versuchen, was diese Vorstellungswelt mit traditionellen bildungstheoretischen Annahmen verbindet und inwiefern sie hier zu einer weiterführenden Klärung beitragen kann. Dieser Schritt verlangt gleichsam eine Umkehr der kulturkritischen Perspektive auf die ‚verfehlte' Bildung. Die These hier wird also sein, dass es gerade die kritisierten Punkte an den Reisepraktiken sind, aus denen sich eine Perspektive auf die *Möglichkeit* von Bildung ergeben kann. In einem dritten Schritt werde ich dann versuchen, eine solche theoretische Perspektive in ihrer empirischen Fruchtbarkeit zu erweisen. Dazu greife ich auf eigene Forschungen in Mali und Ladakh zurück.

2 Tourismus als Gegenstand einer nicht zuletzt auch bildungstheoretisch motivierten Kulturkritik

Obwohl von einer Vielzahl möglicher konkreter Reisemotive ausgegangen wird (vgl. etwa Cohen 1979), gilt meist der Bruch mit dem Alltag als ein allgemeines Charakteristikum. Dieses kann unterschiedlich akzentuiert werden. Die Einschätzungen verweisen hier auf Fluchtmotive, die einen entfremdeten Alltag hinter sich lassen wollen (vgl. Enzensberger 1962); sie nehmen an, dass es gegenüber der bloßen Inklusion in unterschiedliche soziale Leistungsrollen darum gehe, die „im Alltag nicht zugelassenen Möglichkeiten der *Strukturvarianz und Identitätskonstruktion*" (Pott 2007, 72) zu erproben; oder sie nehmen Motive einer säkularisierten Pilgerreise an, die auf eine Berührung mit dem Fremden zielen. Wollte man die kulturkritische Perspektive gegenüber dem zunehmenden (Massen-)Tourismus sehr grob einteilen, so bietet sich vielleicht die folgende Dreiteilung an. Ein erster Schwerpunkt besteht im illusionären Charakter der die unterschiedlichen Motive speisenden Hoffnungen und Wünsche. Davon lässt sich analytisch der Verweis auf die unmögliche Realisierung dieser Perspektiven im Rahmen der touristischen Reise unterscheiden. Und man kann – weitergehend – auf die destruktiven oder zumindest problematischen Folgen des Tourismus für jene hinweisen, die als ‚Kulisse' oder Szenario für die doch nur scheinbare Realisierung touristischer Wünsche eine Rolle spielen.

Die Kritik der touristischen Sehnsüchte, die sich auf ein wie auch immer bestimmtes Anderes richten, setzt dort an, wo deren Standardisierung vermutet wird. Der ‚touristische Blick' (vgl. Urry 1990) setzt auf eine Exotisierung des Anderen – selbst dann, wenn es in der Nähe liegt (vgl. Fendl und Löffler 1992, 41 f.). Diese Exotisierung betrifft Orte und Menschen; sie kann ontologisch daherkommen oder auf die noch zu findende Präsenz längst vergangener Charakteristika abheben. Sie kann das Unverfälschte, noch Ursprüngliche hervorheben und sich dabei aus einem reichen Bilderschatz dessen bedienen, was mit solchen Vokabeln assoziiert wird. Die Exotisierung erzeugt eine Differenz zwischen den realen Lebenszusammenhängen einer bestimmten Region und ihrer ‚eigentlichen' Kultur, die es zu entdecken gilt, indem man besondere Orte aufsucht, Speisen probiert usw. Solche Exotisierungen können dabei als Marketingstrategien an eine reiche und zunehmend real befestigte Bilderwelt anknüpfen; sie können auf Stereotype zurückgreifen, die in ihrer Betonung der Fremdheit nicht selten rassistische Untertöne haben können (vgl. Bertram 1995, 36); sie verweisen mit der seit den 1970er Jahren boomenden Reiseführer-Literatur auf Standardisierungen von Reiserouten, Monumenten und *things to do*.[2] Hinzu kommt gegenwärtig eine nicht mehr zu überschauende Anzahl von Reiseblogs, von Empfehlungen und Bewertungen, die noch jede einfache Herberge oder jedes kleine Restaurant im letzten Winkel der Welt zu umfassen scheinen.

Unter diesen Bedingungen scheint der touristische Blick sich zunächst in einer imaginären und zugleich standardisierten Welt zu bewegen. Der ‚Raum' oder die Horizonte, in deren Rahmen er sich formiert und seine Sehnsüchte ausformuliert, ist ein zugleich virtueller und kommerzialisierter Raum. Dies meint in der kulturkritischen Perspektive zugleich, dass der touristische Blick und die touristische Motivation als eine fremdgesteuerte Illusion erscheinen. Dies deutet auf die Wahrscheinlichkeit einer doppelten Enttäuschung. Sie betrifft einerseits die Erfahrung der Differenz von imaginierter und vorgefundener Wirklichkeit (vgl. Fischer 1984, 88). Und andererseits wird deutlich, dass die eigenen Wünsche und Erwartungen selbst schon fremdgesteuerte waren: Das eigene Verhältnis zu jenem Anderen, das den Alltag überschreiten sollte, war nicht der Raum jener Freiheit, die die Andersheit des Anderen versprochen hatte.

Die zweite Stoßrichtung der Kulturkritik des Tourismus, der Verweis auf die Unmöglichkeit der Realisierung touristischer Erwartungen unter den Bedingungen des Massentourismus oder einer (auch Individualtouristen einschließenden) touristischen Infrastruktur, ist damit schon angesprochen. Lag bei den subjektiven Illusionen der Maßstab der Kritik im Verfehlen jener Freiheit der eigenen Entscheidung und Selbstbestimmung, so findet er sich in diesem Bereich im Inszenierungscharakter der Reise selbst: in den Aktivitäten und Begegnungen vor Ort, die selbst nicht das sind, was sie zu sein scheinen. Ein solcher Inszenierungscharakter mag zwar einerseits einem Sicherheitsbedürfnis der Reisenden

---

[2] Was den individualtouristischen Bereich betrifft war hier der Verlag Lonely Planet wegweisend, dessen erster Reiseführer über Südostasien 1973 erschien. Ihm folgte eine Vielzahl solcher Reiseführer, die über die Auflistung touristisch interessant erscheinender Sehenswürdigkeiten und zu besuchender Orte detaillierte Informationen über die lokale Infrastruktur (Unterkünfte, Restaurants, öffentliche Verkehrsverbindungen usw.) bereitstellten. Mittlerweile gibt es viele dieser Reiseführer als PDF-Datei. Diese wird in der konkreten Reisepraxis ergänzt um Vergleichsportale und Bewertungsprofile anderer Reisender, die vor Ort bei der Auswahl von Hotels und Unterkünften zu Rate gezogen werden.

entgegenkommen, die im Außeralltäglichen doch ‚nicht ganz' die Sicherheit, den Komfort und gewisse Standards vermissen möchten. Andererseits aber soll dieser Aspekt der ‚Sicherheit' doch nicht die Begegnung mit dem Anderen gefährden, wegen der man die Reise unternommen hat. Die Kritik am Inszenierungscharakter von Reisen geht jedoch insofern weiter, als sie auch dort, wo man diesen Inszenierungscharakter verlassen möchte, wo man dem oder den Anderen ausgesetzt sein möchte, nur noch eine Inszenierung wittert. Die vorgefundene touristische Infrastruktur hat sich den Erwartungen der Reisenden angepasst und bietet ihnen jene virtuelle Wirklichkeit, die sie für die kulturelle Wirklichkeit halten sollen. Kulturelle Darbietungen mit folkloristischem Charakter kennzeichnen das touristische Angebot der Inszenierung der Andersheit von europäischen Regionen bis hin zu exotischen Destinationen. Dabei gehen bei dieser Folklorisierung durchaus Unterschiede verloren: Während europäische Volkstanzdarbietungen für die Vorführenden selbst einen vor allem folkloristischen Wert haben, ist die Kommerzialisierung von Tänzen, Musik oder Zeremonien in eher ‚traditionellen' Kulturen wohl anders einzuschätzen. Hier konstituiert sich erst eine Differenz von häufig rituellen Kontexten und kommerzieller Folklore (vgl. Bertram 1995, 67). Darauf wird noch einmal eingegangen werden: Hier interessiert der Aspekt der touristischen Inszenierung in dem Sinne, dass auch das Andere oder die Anderen so arrangiert werden bzw. sich selbst so arrangieren, dass sie den Besuchern bei der Aufrechterhaltung ihrer virtuellen Realität behilflich sind und genau darüber ihre Einnahmen generieren.

Dean MacCannell hat in einem vieldiskutierten Artikel diesen Inszenierungscharakter untersucht (vgl. MacCannell 1973). Für ihn streben (Individual-) Touristen, die vor allem ‚traditionelle' Kulturen aufsuchen, nach einer authentischen Erfahrung einer noch nicht ‚entfremdeten', mit sich in Übereinstimmung lebenden und daher authentischen Kultur. MacCannell zeigt nun, dass etwa afrikanische Völker bei den touristischen Darbietungen von Tänzen zwischen diesen und ihrer ‚wirklichen' Bedeutung unterscheiden. Unter Rückgriff auf eine Unterscheidung Erving Goffmans spricht MacCannell von einer touristischen Vorderbühne und einer Hinterbühne, zu der den touristischen Besuchern der Zutritt verwehrt bleibt. Diese können diese Differenz zwischen ‚Authentizität' und Inszenierung wahrnehmen, was sie allerdings in ihrem Glauben an die Authentizität der Anderen eher bestärkt. Die Inszenierung erscheint in diesen Fällen eher als ein (bei anderen Reisen – irgendwann) zu überschreitendes Problem.

Bevor ich nun zum dritten Schwerpunkt der Kulturkritik des Tourismus, den diagnostizierten problematischen Folgen, übergehe, möchte ich an dieser Stelle einen ersten Verweis auf den von mir hier als bildungstheoretisch eingeschätzten Horizont der bisherigen Darstellung einfügen. Affirmiert wird in dieser Kritik der Anspruch auf eine freie und eigene Auseinandersetzung mit der ‚Welt', mit einem Jenseits alltäglicher Verstrickungen; kritisiert wird, dass dieses freie Verhältnis zur Welt nur ein vorgeprägtes, ein immer schon vermarktetes ist und dass die Illusion der möglichen eigenen Erfahrung nicht einmal durchschaut wird. Umgekehrt gilt zugleich, dass die ‚Welt' selbst, als mögliches Gegenüber eigener, nicht präformierter Erfahrungen, selbst nur eine warenförmige Inszenierung darstellt: dass sie also immer schon bestimmt ist und die Möglichkeit einer freien Bestimmung des touristischen Verhältnisses zu ihr ausschließt. Fasst man nach einem Diktum Wilhelm von Humboldts die Möglichkeit eines freien Verhältnisses zu einer mannigfaltigen und nicht durch Staat, Wirtschaft, Religion und andere Instanzen vordefinierten und verpflichtenden Welt als Kriterium der Bildung (vgl. Humboldt 1969, 64), dann liegt es nahe, dieses Verständnis als Horizont der bisher dargestellten Kulturkritik des Tourismus zu verstehen. Allerdings schießt diese Kritik gleichzeitig über das Ziel hinaus, weil sie die ‚Idee' der Bildung und damit deren Spannungsverhältnis zur Wirklichkeit übergeht und die Idee zum direkten Kriterium der Beurteilung touristischer Wirklichkeiten macht. Dabei ist durchaus nicht klar, was – wenn man nicht von einer reinen ‚metaphysischen' Freiheit ausgehen will, Freiheit unter immer auch sozialen Bedingungen heißen kann und worin eine freie An- oder Zueignung einer Welt bestehen kann, die immer auch schon Teil unterschiedlicher Bestimmungen und Verständnisse ist. Wenn man diese doppelte Problematik in der Bestimmung der Möglichkeit von Bildung nicht berücksichtigt, gelangt man sehr schnell zu normativen Bestimmungen dessen, was etwa bei Phänomenen der touristischen Reise zu berücksichtigen ist – und damit zu dem hier analytisch unterschiedenen dritten Schwerpunkt der Kritik des Reisens.

Die Kritik fokussiert das Scheitern und die problematischen Konsequenzen der touristischen Ambitionen. So nimmt sie etwa den Topos der Horizonterweiterung durch das Reisen in fremde Länder und Kulturen und bezieht ihn auf die Frage, ob durch solche Reisen Vorurteile abgebaut werden, ob in den konkreten Begegnungen vor Ort also Bilderwelten durch eine realistische Einschätzung und einen Respekt vor der Andersheit ersetzt werden. Nun zeigen Untersuchungen, dass dies weitgehend nicht der Fall ist (vgl. etwa Vorlaufer 1996; Bertram 1995, 124), dass also an den mitgebrachten Bildern – seien diese exotisierend und damit aufwertend oder problematisierend und abwertend – festgehalten wird. Um die Lücke zwischen der Bilderwelt der touristischen Imagination und der erlebten oder erfahrenen Wirklichkeit vor Ort zu schließen, hat etwa der Studienkreis für Tourismus e. V. in Starnberg seit 1974 sogenannte Sympathie-Magazine herausgegeben, in denen die Lebenswirklichkeit in den jeweils besuchten Ländern anhand von Fallbeispielen illustriert wird. Solche pädagogischen Ambitionen zielen auf Information und Respekt; sie reihen sich damit allerdings nur ein in andere Informationen, wie sie etwa in Reiseführern oder auch Erfahrungsberichten zu finden sind. Anders formuliert: Sie werden zu einem Teil des touristischen Blicks, zu einem Teil der virtuellen Wirklichkeitskonstruktion der touristischen Destination, die zugleich den (normativen) Anspruch erhebt, diesen Blick mit der Wirklichkeit zu konfrontieren und so zu durchbrechen. Vor dem Hintergrund der skizzierten bildungstheoretischen Folie eines freien Verhältnisses zu einer nicht vorab definierten Wirklichkeit bedeutet eine solche Pädagogisierung den Anspruch auf eine ‚Schließung', auf eine Definition von Kriterien für einen ‚richtigen' Tourismus. Dem ‚Mythos der Begegnung' (vgl. Galani-Moutafi 2000, 214) und der utopischen Vorstellung einer Begegnung von touristischen Besuchern und den ‚Anderen' jenseits von Profit und Ausbeutung (vgl. MacCannell 1992, 28) wird die Forderung eines auf Wissen beruhenden Respekts und einer Verständigung entgegengesetzt, die um die asymmetrische Konstellation von Besuchenden und Besuchten weiß. Daraus werden wiederum normative Perspektiven vor allem auf den Ferntourismus abgeleitet, die eine Korrektur seiner kapitalistischen Organisation fordern und zugleich auch als normative Kriterien für die Reisenden firmieren sollen. Die Bewahrung des kulturellen Erbes gegenüber seiner zerstörenden Vermarktung, ein nachhaltiger Tourismus, der eine (möglichst ökologische) Infrastrukturentwicklung zugunsten und unter der Beteiligung der Besuchten anregt, Tourismus als Teil einer Entwicklungshilfe – diese Perspektiven geben Kriterien für einen sozial verantwortlichen Tourismus vor und sie sollen zugleich Gesichtspunkte für die touristische Entscheidung zwischen Anbietern, Reiseformaten und Destinationen liefern.

Es geht nun an dieser Stelle nicht darum, solche Perspektiven in ihren Ambivalenzen, ihren Durchsetzungschancen oder in ihrer Verquickung mit in sich durchaus umstrittenen Konzepten einzuschätzen oder zu beurteilen.[3] Im vorliegenden Zusammenhang ist vor allem die Frage interessant, inwieweit sich solche Vorstellungen nicht selbst wiederum nur als Teil eines nicht durch sie dominierten touristischen Imaginären integrieren lassen. Diese Frage stellt sich vor allem dann, wenn man nicht einfach von einer Naivität touristischer Besucher ausgeht, die hilflos ihren eigenen Illusionen ausgeliefert sind und die einer Aufklärung bedürfen, die dann ihre Motivationen und ihre Reisepraxen verändern soll. Gegenüber

---

[3] Zwei sehr verkürzte Hinweise zu solchen Problematiken mögen hier genügen. Spätestens seit Brigitte Erlers Buch über die *Tödliche Hilfe* (1985) stehen mit Blick auf die Entwicklungshilfe nicht nur deren Paternalismus, sondern auch deren mögliche Kontraproduktivität durch die Verstrickung in nicht überschaute soziale Zusammenhänge und die strategische Anverwandlung der fremden Hilfe in der Diskussion. Reagiert wurde darauf in einer jenen, die mit den Paradoxien pädagogischer Ambitionen vertraut sind, bekannten Weise: durch stärkere Mitbeteiligung der Adressaten in die Projektplanung und -gestaltung. Dabei zeigten sich Spiegelungsprobleme insofern, als die Adressaten sich in ihrer Mitbestimmung an jenen Zielen orientierten, die auf der Seite der Geldgeber Erfolg versprachen. Das wiederum führt nicht selten dazu, dass sich auf der Seite der Adressaten eine Spaltung zwischen jenen ergibt, die Bezugspunkte des Geberdiskurses aufnehmen, und jenen, für die sie gedacht sind. So stellt etwa Corinne Neudorfer in ihrer Feldforschung zum gemeindeorientierten Tourismus bei den Akha in Laos fest: „Anhand des Projektplans wird ersichtlich, wie eng gemeindeorientierter Tourismus mit ‚globalen Idealvorstellungen' wie Demokratie, Gleichberechtigung der Geschlechter und Ethnien, Partizipation, Selbstbestimmung und gerechter Einkommensverteilung verknüpft ist. Diese Ideen stehen in Kontrast zu den konfliktreichen Prozessen, die das Tourismusfeld Muong Sing kennzeichnen" (Neudorfer 2007, 172). Ein zweites Beispiel: Sieht man einmal davon ab, dass die Sicherung des Kulturerbes selbst an eine marktrelevante Vergabe des UN-Titels eines ‚Weltkulturerbes' gebunden ist (vgl. Schnepel u. a. 2013), so kann man feststellen, dass der Streit um das je eigene kulturelle Erbe einerseits als ein Effekt des (Massen)Tourismus anzusehen ist, der für die besuchten Regionen die Identitätsfrage ebenso dringlich wie unlösbar macht. Und auch hier kann man feststellen, dass sich in der nun umstrittenen Sicht auf das, was noch als ‚Tradition' aufgerufen wird, nicht nur lokale Konfliktlinien zeigen, sondern dass auch diese in ihrer Formierung nicht unabhängig sind von internationalen Einflüssen, die mit Finanzmacht das zu Bewahrende' mitdefinieren. Ich habe das am Beispiel Ladakhs zu zeigen versucht (vgl. Schäfer 2019).

solchen Aufklärungshoffnungen ist eher davon auszugehen, dass die Reisenden darum wissen, dass sie ihren touristischen Blick auf ihre Reise mitnehmen, dass sie mit der Differenz von Virtualität und konkreten Wirklichkeiten umgehen können (vgl. Rojek 1997, 71; Günther 1997, 453). So hat Appadurai in seinen Überlegungen zum Tourismus auf eine Konsequenz der massenmedial produzierten Informationen und Bilderwelten hingewiesen: Diese besteht für ihn darin, dass das Verhältnis der Menschen zu ihrem sozialen Leben zunehmend mit Hilfe imaginärer Vorstellungen codiert wird und dass dadurch letztlich die Vorstellung eines stabilen Grundes verloren geht, auf dessen Basis Informationen, Erzählungen, Mythen und Möglichkeitshorizonte aufeinander bezogen werden können (vgl. Appadurai 1996; Augé 1999). Für Appadurai, aber auch für Rojek sind diese Virtualisierungen des Wirklichen nicht homogen: Sie bedienen sich aus den unterschiedlichsten Zeichenrepertoires und kombinieren diese auf eine solche Weise, dass die Grenze von Wahrheit und Fiktion, von Wirklichkeit und Möglichkeit oder von Original und Kopie durchlässig wird (vgl. Rojek 1997, 71). In seinem *Entwurf zu einer Theorie des Tourismus* widerspricht Christoph Hennig der Vorstellung, dass es im Rahmen des Reisens um Erkenntnis gehe; eher sei der Tourismus als ein Raum zu verstehen, „in dem fantasiert und geträumt wird … Bildende Kunst, Literatur, Film und touristische Wahrnehmung schöpfen aus demselben kollektiven Bildervorrat der imaginären Geographie, in dem Fantasien, Wünsche, Projektionen mit den Bildern realer Orte verschmelzen" (Hennig 1998, 59[4]). Dass im Rahmen von Reisen ‚Erkenntnisse' gewonnen werden können, sei dabei nicht auszuschließen: „aber das ist im allgemeinen eher ein Nebenprodukt" (ebd., 67). Für Wöhler, Pott und Denzer hat die heterogene Virtualisierung der Welt gerade den Effekt, dass sie in den Praktiken des Reisens eine Performativität der Reisenden, deren Sinn- und Verhältnisbestimmungen sowie zeitliche und räumliche Situierungen geradezu verlangt: Die Reisenden sind aufgrund ihrer Erlebnisse, ihrer sinnlichen Eindrücke und Wahrnehmungen geradezu herausgefordert. Gerade aufgrund der durch die Virtualisierung erzeugten Unbestimmtheit werden touristische Räume – in denen weder der eigene Alltag noch der Alltag der besuchten Region die Praktiken determinieren – zu „Möglichkeitswelten des Sich-Bestimmens" (Wöhler u. a. 2010, 12). Und dieses Sich-Bestimmen vor dem Hintergrund der Reisepraktiken wäre missverstanden, wenn man es (nur) als eine reflexive Selbstkonstitution verstehen würde. In touristischen Räumen tritt vielmehr das touristische „Ich in seinen vielfältigen und unterschiedlich emotional-affektiven und körperlichen Variationen aufführend bzw. performativ in Erscheinung" (ebd., 14). Schlottmann weist in diesem Zusammenhang darauf hin, dass es gerade die ‚Bilder' sind, die zwischen einer sprachlichen Bestimmung und Widerfahrnis vermitteln, die „als Schnittstelle von poststrukturalistisch gerahmter Semiotik und phänomenologisch gerahmter Erfahrungswissenschaft" (Schlottmann 2010, 70) angesehen werden können und so auch für eine wissenschaftliche Betrachtung der Praktiken des Reisens relevant sind.

---

[4] Auf den partiellen Fettdruck im Original wird hier verzichtet.

Man kann die vorstehenden Überlegungen als eine Rehabilitierung der sicherlich auch konsumorientierten virtuellen touristischen Vorstellungswelten verstehen, die ihr Gewicht letztlich aus einer Wendung auf die Reisepraktiken zieht. Von einer Rehabilitierung des Virtuellen kann man dabei zum Ersten mit Blick auf die kulturkritischen Einsätze gegenüber einer illusionären Freiheit sowie einer inszenierten touristischen Wirklichkeit sprechen. Diese verweist mit bildungstheoretischem Hintergrund auf ein Scheitern, das – wie oben anzudeuten versucht – der Problematizität des Bildungskonzepts nicht gerecht wird. Die Aufnahme der obigen Überlegungen zur Bedeutung des Virtuellen auch für die Selbst-Bestimmungs-Möglichkeiten im Rahmen der Praxis des Reisens könnten hier ein erneutes – dann allerdings verändertes – Aufnehmen des Bildungsproblems nahelegen. Dies soll im folgenden Abschnitt geschehen. Zum Zweiten verweist die skizzierte Rehabilitierung des Virtuellen in der Betrachtung von Reisepraktiken darauf, dass deren Performativität möglicherweise immer schon in einem Verhältnis zu den problematischen Auswirkungen des Tourismus steht, dass man also darum wissen kann, dass aber dieses Wissen selbst nicht vermag, das wiederum virtualisierende Verhältnis auch zu ihm noch zu determinieren. Dies bildet die Grenze der Moralisierung. Dies soll nun – diesen Abschnitt beschließend – an Entwicklungstendenzen im Ferntourismus aufgezeigt werden.

Der Umgang mit der Differenz (nicht: der Opposition) von Bild und Wirklichkeit, Wahrheit und Fiktion oder Sein und Inszenierung ist vor allem in den individualisierten Formen der Fernreise, die nahezu ausschließlich von einer akademisch gebildeten Mittelschicht unternommen werden, verbreitet.[5] Günther sieht hier eine Abkehr von jenem Ideal der authentischen Begegnung mit einer authentischen Fremde, deren Unmöglichkeit ja gerade die Kulturkritik beflügelt hatte. Vielleicht auch vor dem Hintergrund der destruktiven Wirkungen einer Suche nach dem Fremden habe sich ein postmoderner Tourismus entwickelt, der einerseits die Unausweichlichkeit der Inszenierung touristischer Welten akzeptiere und zugleich andererseits durch die „Selbsterzeugung eigener Sinnwelten" (Günther 1996, 107) charakterisiert sei. Diese Sinnwelten bestimmt Günther als Erlebniswelten, die für sich und vor anderen als stimmig, fesselnd, dramatisch und originell – und insofern individualisierend – inszeniert werden. Eine solche subjektive Stilisierung gestaltet sich narrativ „als bewusst arrangiertes Experiment mit der eigenen Person" (ebd., 117), das zwar in einer touristisch arrangierten

---

[5] Man kann, um folgende Skizze nachzuvollziehen, auf Untersuchungen verweisen, die sich auf Langzeitreisende, sogenannte Backpacker, beziehen (vgl. etwa Elsrud 2001; Soerensen 2003). Im deutschen Sprachraum hat Jana Binder eine auf Feldforschung beruhende Untersuchung zu Praktiken und Diskursen von Backpackern in Südostasien vorgelegt. Dabei verweist sie neben den diskursiven Praktiken und wiederkehrenden Rahmungen auch darauf, dass hier durchaus auch in der Wahrnehmung der Backpacker ein Mehrwert an in der Heimat vermarktbaren Kompetenzen entsteht: Diese betreffen die kommunikativen Fähigkeiten, Sprachen, den Umgang mit anderen aus unterschiedlichen kulturellen Kontexten (womit meist die internationale Community der Backpacker gemeint ist), die Fähigkeit, flexibel und spontan Entscheidungen zu treffen, die Strukturierung von offenen Problemfeldern u. a. (vgl. Binder 2004, 123).

und strukturierten Umgebung stattfindet, die aber hinreichende Möglichkeiten bietet, relativ frei Reisepraktiken und Rollen zu erproben. Diese ‚spielerischen' Praktiken (vgl. Günther 1997, 459) sind gerade deshalb möglich, weil man sich in inszenierten Welten bewegt, die das Spiel mit der Differenz von Verbindlichkeit und Unverbindlichkeit zeitlich, räumlich und sozial gestatten. ‚Authentizität' bildet in diesen Inszenierungen der eigenen Praxis eine mögliche Zuschreibungskategorie, über die das Erleben des eigenen Erlebens narrativ figuriert werden kann.[6] Das Gleiche gilt auch für Referenzpunkte wie ‚Begegnung', ‚Fremdheit' oder ‚Verständigung': Auch sie stellen keine substanzialisierten und normativen Bezugspunkte mehr dar, sondern ihre Bedeutung wird mit Blick auf die Reisepraxis figuriert. Diese ‚post-touristische' Figur der Reisenden ist in der Lage, sich zu der Differenz von Inszenierung und Wirklichkeit zu verhalten, die sie in ihren Reisepraktiken sinnlich, kommunikativ und erfahrend im Kontext von Widerständigkeiten und Bewährungsszenarien bearbeitet; und sie geht zugleich mit der Differenz der Form um, in der sie das tut: mit der Differenz zwischen eigenen Bildern und konkreten Erfahrungen, zwischen Projektionen und Wünschen auf der einen Seite und dem Rückgriff auf informationsgestützte Narrative auf der anderen Seite. Diese Figur gewinnt damit eine gewisse Freiheit im (grundlosen) Umgang mit den immer auch massenmedial erzeugten Bildern, den angelesenen Informationen oder Erfahrungsberichten, die noch ihren eigenen Zugang strukturieren; und sie gewinnt ebenso eine (ästhetische) Möglichkeit der Konfiguration des Erlebten, die mit der Unterscheidung zwischen der angerufenen Präsenz von Reiseerfahrungen und ihrer symbolischen Repräsentation arbeitet – eine Unterscheidung, die auch das ‚Sein' des und der Anderen betrifft.

3 Eine bildungstheoretische Zwischenbemerkung

Es wurde schon erwähnt, dass die Provokation der gerade geschilderten Perspektive auf das Reisen für jene zu Beginn des vorigen Abschnitts dargestellte bildungstheoretisch motivierte Tourismuskritik darin liegt, dass die dort angeführten Maßstäbe der Kritik ihre Wirksamkeit einbüßen. Wenn die Sehnsüchte und Ambitionen, die mit dem Reisen verbunden werden, nicht mehr kritisch gegen ihre Vermarktung geprüft und als eigene behauptet werden

---

[6] In einer historisch angelegten Untersuchung zum Siegeszug des Kapitalismus hat Colin Campbell (1987) darauf hingewiesen, dass sich dieser nicht nur einer (calvinistisch motivierten) disziplinierten und rationalisierten Produktion verdankt. Damit der Absatz einer der Steigerungslogik verpflichteten Warenproduktion gesichert werden konnte, mussten sich die ‚Bedürfnisse' der Konsumenten vom Lebensnotwendigen lösen. Campbell verfolgt die historische Entstehung dessen, was er modernen Hedonismus nennt. Dieser ist nicht mehr durch ein Genießen der Dinge, die man zur Lebensführung benötigt, charakterisiert, sondern durch ein ‚Genießen des Genießens' dessen, was man nicht mehr ‚unbedingt' braucht.

können; wenn die immer auch marktförmige Inszenierung der bereisten Ziele nicht im Namen einer wahren Erkenntnis und respektvollen Begegnung durchbrochen werden kann; wenn die Auswirkungen des Reisens auf die besuchten Destinationen nicht berücksichtigt werden, dann ist nach dieser Kritik kaum eine adäquate Reisepraxis vorstellbar. Das ‚erlebnisorientierte Reisen' erscheint von hier her geradezu als Aufgabe jedes Bildungsanspruchs: Wenn die virtualisierte Wirklichkeit, jenes Gemisch von Informationen, Bildern, Projektionen und Wünschen, in seinem Charakter nicht nur durchschaut, sondern wenn man die Praktiken des Reisens selbst noch als Verwirklichung des Virtuellen ansehen kann, dann scheint man nur noch von einer bloßen Verfallenheit an den Konsumismus ausgehen zu können (vgl. etwa Lutz 1993).

Man könnte demgegenüber etwa mit Wang darauf hinweisen, dass jene Verwirklichung des Virtuellen im Rahmen der Reisepraxis nicht einfach beliebig ist. Für Wang geht es bei diesen Praktiken nicht um eine ‚objektive' Authentizität, aber auch nicht nur um deren voraussetzungslose und daher beliebige Konstruktion. Für ihn haben die virtuellen Wirklichkeitsentwürfe auch in der Reisepraxis, bei ihrer ‚Realisierung' eine Bedeutsamkeit: In ihr steht eine ‚existentielle Authentizität' im Mittelpunkt. Für diese ist es unerheblich, ob die besuchten Ziele (in einem objektiven Sinne) authentisch sind. Auch ein Finden der wahren eigenen Identität und Authentizität, die vor der Reise gegeben war, aber Zuhause nicht gefunden werden konnte, bildet keinen Maßstab. Für Wang geht es um ein *self-making,* das von der romantischen Suche nach einem authentischen Selbst inspiriert wird, das aber nur in den eigenen Praktiken gefunden werden kann. Dieses Finden ist dabei keine Erkenntnis, sondern eher ein Fühlen des eigenen Selbst, bei dem es um eine Balance zwischen Rationalität und Gefühl, Selbstbeschränkung und Spontaneität sowie Realitäts- und Lustprinzip geht (vgl. Wang 2004, 222).

Man kann die Sichtweise Wangs und ihren Verweis auf eine romantische Bildungskonzeption (vgl. auch Pott 2007, 59) nun zum Ausgangspunkt nehmen, die oben erwähnte Bildungsfigur Humboldts noch einmal anders zu akzentuieren. Dabei geht es nicht um (mit dem Verweis auf Humboldt und Schiller, an den Wangs Überlegungen erinnern) eine Rehabilitierung eines irgendwie wahren Gehalts dessen, was ‚Bildung' ausmacht. Eher könnte man sagen, dass hier die ‚Virtualisierung des Wirklichen' und die ‚Verwirklichung des Virtuellen' (vgl. Wöhler 2011) zum Anlass genommen werden, ‚klassische' Problemformeln noch einmal zu befragen.[7] So wurde mit Blick auf Humboldts Formel einer freien Wechselwirkung mit einer nicht vorab codierten, einem symbolischen Regime unterworfenen Mannigfaltigkeit der Welt schon deutlich, dass die Möglich-

---

[7] Es ist hier also keine systematische Darstellung und Auseinandersetzung mit diesen Bildungstheorien beabsichtigt (vgl. dazu Schäfer 2009, 264–296). Es geht weder darum, sie zu einem nicht zu überschreitenden Maßstab zu machen noch sie als antiquiert zurückzuweisen. Eher lautet die Frage, ob man als zentral tradierte Figuren dieser Theorien vor dem Hintergrund der zuletzt geschilderten touristischen Sehnsüchte und Praktiken nicht auch anders lesen kann.

keit einer solchen Freiheit und die Vorstellung einer nicht vorab vermessenen Welt problematisch ist. Für Humboldt sind es die individuellen Kräfte, die eine solche Freiheit dadurch ermöglichen, dass sie noch vor jeder Vergesellschaftung als Triebkräfte für die ‚Selbstwerdung am Anderen' angenommen werden. Diese Kräfte sind dabei nicht schon bestimmt: Sie bilden – wie man unter Verweis auf Herder sagen könnte – so etwas wie einen dunklen Grund jedes sozialisierten Verhältnisses zum eigenen Selbst wie zur Welt, der als solcher auch in einer gelingenden Sozialintegration nicht verschwindet.[8] Wenn Humboldt ein solches Gelingen als harmonische Ausbildung der individuellen Kräfte zu einem Ganzen versteht (vgl. Humboldt 1969, 64), dann mag man zwar eine solche Harmonievorstellung in Frage stellen. Man kann aber an dieser Stelle noch einen Schritt weitergehen: Man kann also nicht nur die Einheit der Kräfte in ihrer individuellen Gestalt problematisieren. Man kann auch darauf verweisen, dass es keinen Punkt gibt, von dem her die vielfältigen Kräfte in einer selbstbezüglichen Wende zur Einheit gebracht werden könnten. Der Ausgang von einer Anthropologie der Kräfte macht es unwahrscheinlich, dass das Ergebnis von Bildungsprozessen in einer sich selbst transparenten und vernünftigen Subjektivität gesehen werden könnte.

Dieser Punkt ist in der Humboldt-Rezeption unterbelichtet geblieben. Man kann – um ihn nicht als abwegige Verirrung von der Zielfigur einer vernünftigen Subjektivität erscheinen zu lassen, die dann den organisatorischen und pädagogischen Diskurs prägen wird – darauf verweisen, dass sich hier durchaus Bezüge zur Abgründigkeit der Subjektvorstellung ergeben, wie sie sich schon bei Kant findet, aber dann im Deutschen Idealismus und der Frühromantik diskutiert wurde. Schon für Kant war die Verortung des (vernünftigen/intelligiblen) Subjekts weder durch eine erkannte Welt möglich noch selbst ein möglicher Gegenstand der Erkenntnis. Fichte und Hegel wenden dieses erkenntnistheoretische Problem praktisch: Auch für sie ist jeder Versuch, einer unmittelbaren Selbstbeziehung und einer reflexiven Selbsterkenntnis zum Scheitern verurteilt. Nur im Anderen kann dieses Selbst zu sich selber kommen, aber dieses Andere bildet immer zugleich eine subjektive (oder soziale) Setzung – und damit nichts, in dem das Subjekt einen Grund finden könnte. Der Abgründigkeit der Subjektivität entspricht so die Endlosigkeit seiner Weltbestimmungen, in denen es sich zu finden hofft. Diese sehr knappen Hinweise mögen an dieser Stelle genügen[9], um die Implikationen der Humboldt'schen Position noch etwas näher zu bestimmen. Sein Festhalten

---

[8] Christoph Menke hat diesen Kraftbegriff von der Theorie Herders her entfaltet und darauf hingewiesen, dass auch in der autonomisierenden Vergesellschaftung dieses abgründige Potenzial der Kräfte erhalten bleibt (vgl. Menke 2008, 2018; dazu Schäfer 2020).

[9] An anderer Stelle habe ich diese Argumentation nachgezeichnet. Dabei habe ich deren systematische (und forschungspraktische) Bedeutsamkeit dadurch zu betonen versucht, dass ich mit der Systemtheorie Baeckers (2013) und der Philosophie Gamms (1997) zwei ähnliche und doch unterschiedliche Affirmationen dieser Diagnostik der Moderne nachgezeichnet habe (vgl. Schäfer 2021, Kap. 1).

an der Konzeption der Kräfte macht deren Einheit nicht nur fraglich, weil es kein subjektives Zentrum gibt, von dem her diese Einheit bestimmt werden könnte. Dieses Festhalten macht es auch unwahrscheinlich, dass jene Welt, über die sich die heterogenen Kräfte zu Fähigkeiten oder Vermögen vermitteln, eine einheitliche ist.[10] Es mag ja sein, dass diese Welt in ihrer Vielfalt auch eine ist, die qua Fähigkeiten und Vermögen eine theoretische und praktische Rationalität hat. Aber das Fortbestehen jener Kräfte impliziert immer schon, dass das Verhältnis zur Welt nicht in diesen rationalen oder rationalisierbaren Sinnbestimmungen aufgeht. Die Kräfte stehen dafür, dass die Subjektivität in ihren sozialen Bestimmungen nicht aufgeht; anders gesagt: sie stehen für eine Freiheit, die an der letztlichen Unbestimmtheit und Unbestimmbarkeit dieser Subjektivität hängt. Und sie stehen gleichzeitig dafür, dass das Verhältnis zur Welt nie nur ein rationales ist. Die Unergründlichkeit des subjektiven Selbst und dessen Verhältnis zu einer Welt, die (zumindest in der Moderne) als ein Geflecht unterschiedlicher ‚subjektiver' Bestimmungen erscheint, impliziert dann notwendig ein Spiel mit der Differenz von Bestimmtheit und Unbestimmtheit bei den Versuchen, das Selbst und die Welt in ein Verhältnis zu setzen. Solche Verhältnisbestimmungen verweisen auf ein Spiel mit Informationen, wissenschaftlichen Bestimmungen, Projektionen, Wünschen, Bildern oder auch sinnlichen Empfindungen.

Es war Schiller (1974), der, vor dem problematischen Hintergrund einer dualistischen Anthropologie, ein solches Spiel zum zentralen Charakteristikum des Menschseins erhoben hat. Das Spiel hebt für ihn eine sich ausschließende Unterscheidung auf: die von begrifflichem Erkennen, dem Anspruch auf eine rationale Erkenntnis und Verfügbarkeit der Welt, und einer Empfindsamkeit, der die Welt als anrührende Widerfahrnis begegnet, als etwas, das nicht begriffen, sondern nur sinnlich und allenfalls projektiv erfahren werden kann. Das Spiel versteht Schiller als jene Praxis, in der bestimmende Zugänge und das Erleben der Unbestimmbarkeit der widerfahrenden Welt eine gleichgewichtige Einheit bilden. Diese Einheit ist eine, in der die Zwänge und Ordnungen der vertrauten und bestimmten Welt ihre Determinationskraft verlieren, und in der eine nur mit Mitteln der Phantasie oder Imagination zu verarbeitende (existentielle) Empfindsamkeit zugelassen ist. Aber diese Einheit ist als solche für Schiller keine, die sich selbst wiederum begrifflich identifizieren ließe. Sie ist auch keine, in der das (für ihn gespaltene) Selbst seine eigene Einheit erfahren könnte. Im Spiel fallen identifizierbares Sein und die Virtualität der Affizierung zusammen derart, dass man in ihm selbst, in seinem Vollzug nicht den eigenen Ort bestimmen kann – es sei denn, man tritt aus ihm heraus. Das Spiel selbst erscheint in seinem Vollzug als das, was Binder für Praktiken des Reisens annimmt: als Präsenzraum (vgl. Binder

---

[10] Menze hat an dieser Stelle auf Humboldts Rezeption der metaphysischen Monadentheorie hingewiesen, die Gottfried Wilhelm Leibniz entwickelt hatte. Nach dieser gelten (in diesem Fall: individuelle) Monaden als in sich geschlossene Systeme, die ohne Vermittlung von außen ihre je eigene Welt spiegeln; und diese individuelle Welt ist Teil eines harmonischen Gesamtsystems von Perspektiven (vgl. Leibniz 1979; Menze 1965).

2004, 91). ‚Präsenz' steht hier nicht für eine unvermittelte Erfahrung und Wahrheit, sondern für eine Einbindung in den spielerischen Vollzug, die Huizinga mit der Kennzeichnung eines ‚heiligen Ernstes' zu fassen versucht hat (vgl. Huizinga 2004, 27). Ihn repräsentieren zu wollen, ihn in unterschiedliche Vokabulare und Narrationen zu übersetzen, verlangt dann (mit Referenz auf Schiller) Bestimmtheit und Unbestimmtheit, rationale Konstruktion und Empfindsamkeit, Spontaneität und Widerfahrnis, Gewissheit und Ungewissheit in ein Verhältnis zu bringen – ein Verhältnis, das letztlich seinen Reiz aus einer immer inadäquaten Identifikation, aus einer ästhetischen Inszenierung bezieht: aus der Spannung von präsentischer Erfahrung und ihrer Repräsentation. Mit und gegenüber dem Spiel ist diese Erfahrung touristischer Präsenzräume an die häufig betonte Zwischenposition gebunden, die aus dem Zurücklassen definierter Alltagsverbindlichkeiten einerseits und der Nichtzugehörigkeit zu den besuchten Destinationen resultiert. Es ist dieser Zwischenraum, der die Reisepraxis zugleich virtualisiert und als Praxis der freien Bestimmung des eigenen Selbst im Verhältnis zur ‚Welt' erscheinen lässt (eine Einheit, in deren Repräsentation mit der Differenz von Sein und Schein, von Illusion und Wirklichkeit, von Authentizität und Inszenierung ‚gespielt' werden kann) – ohne dass es sich ‚nur' um ein (beliebiges) Spiel handeln würde. Die ‚freie Selbstbestimmung' meint hier gerade keine Rückkehr zu einer metaphysischen Subjektkonzeption sondern die Inszenierung einer ‚existenziellen Authentizität', die als solche an der (ästhetischen) Bestimmbarkeit eines offenen, nicht determinierten Raumes hängt.[11]

Von hier her betrachtet führt eine Betrachtung touristischer Diskurse und Praktiken dazu, die Möglichkeitsräume der Bildung nicht im ‚reinen' Jenseits der sozialen Integration verorten zu müssen. Das produktiv gedachte Verhältnis der Virtualisierung des (als verbindlich) wirklich Erscheinenden und die Praktiken der Verwirklichung des Virtuellen, die als solche nicht einfach dessen virtuellen Charakter aufheben, erlauben die Vorstellung der Möglichkeit von Bildungsräumen als Zwischenräumen, in denen das Verhältnis von ‚Realität' und ‚Möglichkeit' zur Disposition gestellt wird. Damit ist nun gerade nicht gemeint, dass man nun die Realität von Bildungsprozessen ‚identifizieren' könnte, dass man im vorliegenden Fall etwa sagen könnte, welche Reisen denn nun den Tatbestand der Bildung erfüllen und wo diese gescheitert ist. Mehr als Repräsentationen, als Diskurse, die selbst einer nichteinholbaren und postulierten Präsenz eine Bedeutung im Spannungsfeld von Wirklichkeit und Möglichkeit, von Bestimmung und Projektion geben, sind nicht erwartbar. Die Fruchtbarkeit für eine Untersuchung möglicher (und nur möglich bleibender) Bildungsprozesse besteht dabei genau darin, in deren Diskursen und Repräsentationen die strukturierende Bedeutsamkeit des *offenen* Spiels von Virtualisierungen und Bestimmungen aufzusuchen, in dem sich zugleich Zeichen für eine mögliche Bedeutsamkeit der ‚Präsenz' der Reisepraxis sehen lassen.

---

[11] Kerouacs *On the Road* (zuerst 1957) oder Chatwins *Songlines* (zuerst 1987) könnten hier als literarische Beispiele einer an die Präsenz gebundenen Vergewisserung dienen.

Ich werde nun abschließend an zwei Forschungsprojekten zum Tourismus in Mali und Ladakh eine solche Untersuchungsperspektive zu illustrieren versuchen. Die Untersuchungen selbst richteten sich auf die wechselseitigen Spiegelungen von touristischen Besuchern und Einheimischen.[12] Ich werde hier aber nur die touristischen Diskurse skizzieren.

4 Touristische Erfahrungsdiskurse: Zwischen Virtualität und Präsenz

4.1 Touristische Erfahrungsdiskurse im Land der Dogon

Das Volk der Dogon in Mali könnte man als ein geradezu paradigmatisches Beispiel für die touristische Imagination einer authentischen Kultur ansehen. In den wenigen Reiseführern über Westafrika werden die Dogon im Lichte der ethnologischen Feldforschung Marcel Griaules dargestellt. Griaule hatte 1948 auf der Basis von Gesprächen mit einem traditionellen Würdenträger eine komplexe Kosmogonie veröffentlicht, die er zwar als fremd, aber gleichzeitig aufgrund ihrer systematischen Geschlossenheit als durchaus westlichen religiösen oder metaphysischen Weltbildern gleichwertig verstand (vgl. Griaule 1948).[13] Die systematische Geschlossenheit stellte sich für Griaule nicht nur als eine der Verweisungen im Rahmen der mythischen Kosmogonie dar, sondern auch als eine, die das gesamte Leben der Dogon noch zum Zeitpunkt seiner Forschungen durchzieht. Dies betrifft für ihn nicht nur die Ebene der Riten, sondern die gesamte Strukturierung des Alltags: von den sozialen Beziehungen über eine dem Mythos geschuldete Dorfanlage bin hin zur Gestaltung der Hirsespeicher oder von Alltagsgegenständen. Die wissenschaftliche Forschung Griaules (und der von ihm gegründeten Forschungsrichtung) entwirft damit das Bild einer in sich geschlossenen fremden (animistischen) Kultur, die in Übereinstimmung mit ihren mythischen Grundlagen lebt und die sich vor einer drohenden Islamisierung in ein

---

[12] Es handelt sich um zwei von der Deutschen Forschungsgemeinschaft geförderte Projekte, die unter Mitarbeit von Jens Oliver Krüger und Sabrina Schenk (Mali) und Kati Illmann (Ladakh) zwischen 2007 und 2013 stattgefunden haben. Für detaillierten Ergebnisse dieser Forschung vgl. Schäfer 2011 und 2014. Diese Ergebnisse werden hier nur in einer groben Skizze vorgestellt. Auch werde ich auf das Aufrufen weiterführender Literatur zur Geschichte, zur politischen Situation, zum Einfluss von Entwicklungsprojekten und internationalen Nicht-Regierungsorganisationen, zur touristischen Infrastruktur und deren gesellschaftlichen Einflüssen u.ä. verzichten und verweise hierzu auf die beiden Buchpublikationen. In der ersten der beiden Veröffentlichungen zum Tourismus im Gebiet der Dogon findet sich auch eine ausführliche Darstellung des methodischen Zugangs (vgl. dazu auch Krüger u. a. 2014).

[13] Nach einer englischen Ausgabe wurde der Text auch 1970 in deutscher Übersetzung unter dem Titel *Schwarze Genesis. Ein afrikanischer Schöpfungsbericht* im Herder Verlag publiziert.

schwer einzunehmendes Gebiet entlang eines etwa 150 km langen Felsabsturzes, der *Falaise de Bandiagara*, zurückgezogen hat.

Die Schweizer Psychoanalytiker um Paul Parin, die die Anwendbarkeit der psychoanalytischen Methode an nicht-westlichen Kulturen prüfen wollten, wählten die Dogon als Untersuchungsgegenstand. 1963 erschien ihr auf psychoanalytischen Gesprächen beruhendes Buch, dessen Titel *Die Weißen denken zuviel* ebenfalls eine durchaus kritische Perspektive auf ein sich scheinbar genügendes westliches Selbstverständnis signalisierte – ein Buch, das in der damaligen Protestbewegung durchaus wahrgenommen wurde und einen gewisse Kultstatus erlangte (vgl. Parin u. a. 1993).

Die etwa 40–50.000 Reisenden, die zwischen 1990 und 2010 jährlich das Dogonland aufsuchen, sind meist Individualreisende in kleinen Gruppen, die sich vor Ort einen touristischen Führer suchen, der sie auf meist 3–7tägigen Trekkingtouren in die Dörfer der Einheimischen begleitet. Die Dörfer selbst sind nicht an ein öffentliches Verkehrsnetz angebunden und verfügen weder über eine Stromversorgung noch über fließendes Wasser oder eine Kanalisation. Die Unterkunftsmöglichkeiten in den Dörfern selbst sind basal, auch wenn es einige Unterkunftsmöglichkeiten gibt, die über Generatoren zur Stromerzeugung oder Wasser verfügen, das aus den Brunnen geholt und in Tonnen auf den Dächern gefüllt wird. Die Unterkünfte bieten auch Verpflegungsmöglichkeiten. Sie unterscheiden sich ansonsten kaum von den anderen Bauten und liegen in den Dörfern. In den häufiger besuchten Dörfern haben sich mittlerweile auch Verkaufsstände etabliert, die lokale Webarbeiten oder etwa Statuen aller Größen verkaufen, die für die Dogon typisch sind. Gerade in den Dörfern kommen die Trekking-Gruppen in Kontakt mit Einheimischen, sie können die Stammhäuser der Clans von außen sehen, in denen deren Ältester für die Altäre und magischen Kraftzentren sorgt, sie können die Felsmalereien an den Beschneidungsstätten für die Jungen passieren ebenso wie die ‚Fetische', die in manchen Dörfern unübersehbar präsent sind; in einzelnen Dörfern können sie gegen Bezahlung Maskentänze organisieren. Dabei aber bleibt immer deutlich, dass ihnen ein Zugang zu den rituellen oder animistischen Praktiken, zu den ‚wirklichen' Maskentänzen oder zu sakralen Bereichen in den Dörfern verwehrt bleibt. Und auch die (nicht professionell geschulten) einheimischen Führer werden Fragen zu diesen Bereichen nur relativ allgemein beantworten, da sie als junge Männer gar nicht über das entsprechende Wissen verfügen. Zudem werden sie den arkanen Charakter eines solchen Wissens und der entsprechenden Praktiken deutlich machen. Unter Verweis auf MacCannell könnte man sagen, dass hier die Unterscheidung von Vorder- und Hinterbühne kommuniziert wird, dass auf dieser Unterscheidung bestanden wird, was aber gleichzeitig bedeutet, dass die Besuchenden in ihrer Annahme bestätigt werden, dass das mitgebrachte Bild einer authentischen Kultur immer noch eine reale Referenz hat.

Wenn man die touristischen Erfahrungsdiskurse untersuchen will, dann wird man davon ausgehen müssen, dass diese Differenz von mitgebrachten Bildern und ‚Wirklichkeit' sich nicht erst in der Konfrontation mit einer sich entziehenden ‚Wirklichkeit' zeigt, sondern schon konstitutiv für die Figuration der touristischen

Destination selbst ist. Die Filme, Bilder, Informationen oder Erlebnisberichte, an denen sich das touristische Begehren durch eine projektive Bearbeitung formt, sind in ihrem möglicherweise illusionären Status immer schon präsent: Man weiß nicht, ob es dort wirklich so ist, ob sich nicht (etwa auch durch andere touristische Besucher) Veränderungen ergeben haben, ob die eigenen Erwartungen vielleicht überzogen sind. Die touristischen Projektionen sind also nicht frei von einer Skepsis gegenüber ihrem imaginären Charakter wie damit auch gegenüber einer Wirklichkeitsreferenz, die in bestimmten Aspekten dem eigenen Begehren entgegenkommen kann oder auch nicht. Eine solche Skepsis ist damit immer zugleich eine gegenüber der eigenen Positionierung. Die performative Verarbeitung der eigenen Erfahrungen, der Präsenz vor Ort, kann daher auch kaum als eine vorgestellt werden, die nur ein ‚allgemeines' Bild mit einer objektivierten Wirklichkeit konfrontiert. Vielmehr wird man davon ausgehen müssen, dass in den Erfahrungsdiskursen deren Verhältnis in unterschiedlichen Hinsichten und in unterschiedlichen Gewichtungen immer wieder neu und damit heterogen hervorgebracht wird. Und diese Unterschiedlichkeit betrifft auch die in der diskursiven Artikulation mithervorgebrachte Positionierung der Sprechenden – eine Positionierung, die diesem Diskurs nicht einfach vorausgeht.[14]

In den Erfahrungsdiskursen der internationalen Reisenden im Land der Dogon wird dies besonders deutlich in der (in den unterschiedlichsten Versionen zu findenden) Bearbeitung der kulturellen Differenz. Diese zum Thema zu machen, setzt bereits eine Relativierung der eigenen Positionierung voraus, die im Verhältnis zu einem Anderen steht, das aus der eigenen Perspektive wohl nicht angemessen erfasst werden kann. Dabei kann diese kulturelle Differenz selbst wiederum unterschiedlich ausbuchstabiert werden, indem Grade der Zugänglichkeit oder Unzugänglichkeit unterschieden werden. Fasst man die Kultur der Dogon als eine ‚andere', als eine in ihrer Unzugänglichkeit dennoch zugängliche, lassen sich doch in gewissem Rahmen bestimmte Aussagen über das Verhältnis treffen, in denen der Diskurs sich zu ihnen positioniert. Die Möglichkeit eines Vergleichs trotz der erfahrenen Unterschiedlichkeit kann beispielsweise durch anthropologische Diskurse hervorgebracht werden, die die Verschiedenheit zumindest für bestimmte Bereiche relativieren. Oder es können universalistische Maßstäbe aufgerufen werden, von denen her man die Möglichkeit nicht nur vergleichender, sondern auch bewertender Urteile eröffnet. Betont man demgegenüber eine radikale Fremdheit, so lässt sich über die ‚eigentliche' Kultur der Dogon letztlich nichts sagen. Sie bleibt ein Geheimnis, das sie zu bewahren versuchen. Und die Bearbeitungen einer solchen Fremdheit schillern zwischen der Enttäuschung über die Unzugänglichkeit und verschiedenen Formen der Sakralisierung des ganz Anderen, das es zu respektieren und zu bewahren gelte.

---

[14] Man könnte an dieser Stelle im Anschluss an das oben angeführte Zitat von Schlottmann sagen, dass in den Erfahrungsdiskursen einerseits die phänomenologisch beschreibbare Dialektik von ‚existentieller' Erfahrung und ihrer Artikulation aufgehoben ist und andererseits die mediale Vermitteltheit diskursiver Verständigung berücksichtigt wird.

Bedeutsam ist nun allerdings, dass sich diese scheinbar nur logischen Positionierungsmöglichkeiten in den unterschiedlichsten Konfigurationen und Akzentuierungen in den (daher intern) heterogenen Diskursen der Befragten finden. Das rückt nicht nur die Hervorbringung des ‚Erfahrungsgegenstandes' in ein vielfältiges Licht von Möglichkeiten, sondern auch die Orte der Positionierungen, von denen her sich ‚die' Subjektivität der Erfahrenden zeigt.

Ein weiterer Strukturierungspunkt, um den die diskursiven Erfahrungsartikulation der Reisenden im Land der Dogon kreisen, lautet ‚Hilfe'. Die Thematisierung der Hilfe ist – trotz des kollektiven Afrika-Bildes – schwierig, weil sie zum einen verlangt, Standards der Bedürftigkeit festzusetzen, wofür so etwas wie ein Maßstab formuliert werden muss. Das ist der Punkt, an dem dann häufig allgemeine Entwicklungsmodelle ins Spiel gebracht werden, die gleichzeitig mit einer Asymmetrie-Unterstellung operieren. Diese Asymmetrie ist zum anderen wiederum in irgendeiner Form daran geknüpft, dass die nicht hinreichend Entwickelten, die Mangel Leidenden als Hilfsbedürftige bestimmt werden, die sich wohl nicht aus eigener Kraft helfen können. Und es ist diese Hilfsbedürftigkeit, die in den unterschiedlichen Interviews bearbeitet wird: Man sucht nach historischen oder auch religiösen Erklärungsmustern. So scheint etwa ein magisches Weltbild einen technisch-instrumentellen Fortschritt zu behindern. Solche Erklärungsmuster der Hilfsbedürftigkeit und ihr impliziter Überlegenheitsgestus machen besonders deutlich, wie das diskursstrukturierende Motiv der Hilfe in Konflikt mit jenem der kulturellen Differenz und hier besonders mit dem der zu akzeptierenden Fremdheit gerät. So kann die ‚ursprüngliche' Lebensform der Dogon, ihre mythisch geordnete Welt einerseits als Folie zur Kritik der westlichen Zivilisation eingesetzt werden; andererseits erscheinen die schwierigen Lebensbedingungen vor Ort doch so gravierend, dass man mit westlichem Knowhow und Geld helfen muss. Dieses Spannungsverhältnis und die mit ihm gegebenen Positionierungsprobleme können in den unterschiedlichen Facetten diskursiv verarbeitet werden, ohne dass ein Ruhepunkt angesichts dieser als drängend aufgerufenen Konstellationen eingenommen werden könnte.

Ein drittes in den Erfahrungsdiskursen der Reisenden im Land der Dogon gefundenes strukturierendes Motiv bezieht sich direkt auf die Möglichkeiten und Unmöglichkeiten der konkreten Begegnung mit den Dogon im Rahmen der Reisepraxis. In diesen diskursiven Artikulationen steht die Verortung der Reisenden selbst als Tourist/innen im Fokus: Verhandelt werden Fragen nach den Einflüssen, nach der Legitimität des eigenen Reisens im Horizont möglicher Veränderungen vor Ort. Es geht also nicht nur um die Fragen der kulturellen Differenz, sondern darüber hinaus darum, wie im Rahmen der eigenen Reisepraxis der trotz dieser kulturellen Differenz notwendige (und gewünschte) Kontakt einzuschätzen ist. Aufgerufen werden Fragen des richtigen Handelns, bestimmte Handlungsweisen (wie etwa Fotografieren) vor dem Hintergrund vermuteter Auswirkungen auf die Dogon. Solche Fragen werden verhandelt im Spannungsfeld von notwendigem Respekt, touristischem Bedürfnis und einer drohenden Subjekt/Objekt-Logik. Sie betreffen Fragen der eigenen Kleidung, des touristischen Umgangs miteinander vor den Augen der Dogon: Die spekulative Frage des eigenen Bildes in den

Augen der Anderen wird bedeutsam. Es ist dies auch ein Raum der touristischen Distinktion und der Abgrenzung von ‚unsensiblen' Besuchern. Aber auch mit Blick auf die je eigene Reisepraxis zeigen sich Versuche, das Spannungsverhältnis von eigener Neugier und Respekt in ein irgendwie ausgewogen erscheinendes Verhältnis zu bringen. Fragen der möglichen Nähe angesichts der Arm/Reich-Differenz werden aufgeworfen. Zugleich wird eine materielle Orientierung der Dogon wahrgenommen, die an Geschäften oder auch Hilfe orientiert sind. Gerade die Thematisierung des wechselseitigen Umgangs miteinander, die in der konkreten Begegnung notwendige Spiegelung der zugleich fremden Erwartungshaltungen in ihrer jeweiligen Unterschiedlichkeit lassen jede Form eines unproblematischen Tourismus gleichsam unmöglich erscheinen. Und doch bildet die Präsenz dieses Umgangs zugleich jenen Möglichkeitsraum, in dem Fragen einer ‚existenziellen Authentizität' diskursiv bearbeitet werden.

4.2 Touristische Erfahrungsdiskurse in Ladakh

Ladakh, das nördlich des Himalaya-Hauptkamms im oberen Industal gelegen ist, gehört heute zu Indien und ist – obwohl sich das aktuell verschiebt – Teil des Bundesstaates Jammu & Kaschmir. Dabei rechnen sich 80 % der Bevölkerung im ‚oberen Ladakh', dem etwa 3500 m hoch gelegenen Untersuchungsgebiet, den unterschiedlichen Schulen des tibetischen Buddhismus zu, während etwa 20 % der sunnitischen oder shiitischen Richtung des Islam angehören. Aufgrund von Grenzstreitigkeiten mit China nach dessen Besetzung Tibets und mit Pakistan wurde zu Beginn der 1960er Jahre die erste Straße von Srinagar in Kaschmir nach Leh im oberen Ladakh gebaut, die aufgrund der hohen Pässe allerdings nicht ganzjährig befahrbar war. Zudem wurde ein Militärflughafen angelegt, der heute auch zivil genutzt wird. Es waren diese kriegerischen Auseinandersetzungen, die dazu führten, dass das obere Ladakh erst 1974 für den Tourismus geöffnet wurde. Dieser entwickelte sich aufgrund der anfangs fehlenden Infrastruktur erst sehr zögerlich und pendelte sich nach dem Jahr 2000 auf etwa 30–40.000 internationale Reisende ein. Hinzu kommen mittlerweile etwa 130–140.000 indische Package-Besucher, die sich auf bestimmte Punkte konzentrieren. Ladakh verfügt heute über eine entwickelte touristische Infrastruktur, die auf Trekking-Tourismus und einen Kulturtourismus eingerichtet ist, für den die buddhistischen Klöster im Mittelpunkt stehen.

Es ist Vorstellung eines – vor dem Hintergrund der Attraktivität des tibetischen Buddhismus in westlichen Ländern und der Annahme einer die tibetische Kultur bedrohenden chinesischen Annektion – Landes, in dem die Schulen des tibetischen Buddhismus nicht nur das klösterliche, sondern auch das alltägliche Leben durchdringen, der Ladakh zu einer attraktiven Destination macht. Das touristische Marketing spricht nicht selten von ‚Klein-Tibet'. Der 1987 mit dem Bundesfilmpreis ausgezeichnete Film von Clemens Kuby über *Das alte Ladakh* oder das zuerst 1991 erschienene und viele Sprachen übersetzte Buch von Norberg-Hodge *Ancient Futures. Learning from Ladakh* zeichnen das Bild einer friedlichen, auf wechselseitiger Hilfe beruhenden Gemeinschaft, die im Buddhismus eine spirituelle Grundlage für das karge Leben in einer Hochgebirgswüste findet. Es sind die Spiritualität, die rituelle Bindung der Menschen an die Klöster und eine gleichsam konfliktfreie Gemeinschaft, die zentrale Momente des touristischen Bildes von Ladakh ausmachen. Ihnen korrespondieren das Versprechen einer Offenheit gegenüber Fremden und eine Zugänglichkeit der Klöster sowie auch ritueller Praktiken (der Herstellung von Mandalas, die Teilnahme an den Gebeten der Mönche oder auch den Maskentänzen). Viele der Reisenden bringen auch schon Zugänge zu den in westlichen Ländern vielfältig zugänglichen buddhistischen Handreichungen, zu Meditationspraktiken oder auch allgemeine Kenntnisse über den Buddhismus mit. Klosterbesuche, die meist auch Bestandteil von Trekkingrouten darstellen, konfrontieren die Besuchenden in ihren Wandmalereien oder auch dort, wo Zugang zu Räumen gewährt wird, in dem sakrale Gegenstände aufbewahrt werden, allerdings mit einer endlosen Verweisungsstruktur von Geschichten, Manifestationen und Inkarnationen.

Für jene, die Ladakh besuchen, sind aber zugleich die mit der Entwicklung der touristischen Infrastruktur eingetretenen Veränderungen kaum zu übersehen: Hunderte von Trekkinganbietern und Taxifahrern, die Überlandexkursionen anbieten, ein Überangebot an Geschäften, die traditionelle Gegenstände oder Kunstwerk anbieten, eine unüberschaubare Zahl von Unterkünften und zahlreiche Restaurants, die Menschen aus armen Regionen Indiens oder Nepals für das saisonale Geschäft in Leh oder mittlerweile auch für die Bewirtschaftung der Felder auf den Dörfern anstellen. Man wird konfrontiert mit der Bedeutung eines guten und weiterführenden Schulwesens und der positiven Bewertung einer dadurch ermöglichten Erwerbsarbeit des Nachwuchses auch außerhalb Ladakhs.

Gegenüber den hier skizzierten touristischen Erfahrungsdiskursen jener, die das Land der Dogon besuchen, treffen die Reisenden hier eher auf eine Destination, die die Antwort auf die Frage danach aufwirft, was (im Sinne der mitgebrachten Vorstellungen) authentisch und nicht mehr authentisch ist – zumal dies eine Frage ist, die die Ladakhi sich auch selbst stellen und kommunizieren. Deren Klagen über den Rückgang der Gemeinschaftsorientierung, den Verlust der Spiritualität und die Zunahme einer westlichen Ökonomisierung der Beziehungen und einer individuellen Erwerbsorientierung machen die Unterscheidung zwischen einer ‚authentischen' und nur noch inszenierten Kultur zu einer offenen Frage. In den touristischen Erfahrungsdiskursen scheint sich das nicht zuletzt daran zu zeigen, dass die Figur einer unzugänglichen Fremdheit nicht mehr zu einem zentralen Moment des kulturellen Vergleichs wird. Thematisiert werden eher die Unterschiede zwischen dem Eigenen und den Anderen, die jeweils ganz unterschiedliche Vergleichspunkte aufrufen mögen. Solche Vergleiche zwischen dem Eigenen und Anderen figurieren das Verhältnis zwar jeweils neu: Aber sie verweisen als diskursive Praktiken zugleich auf den Ort, von dem her dieser Vergleich vollzogen wird. Sie verweisen auf eine gewisse Souveränität des Vergleichenden, der einerseits sich als Teil des Eigenen im Vergleich mit dem Anderen positioniert und der andererseits diesen Vergleich gleichsam von außen vollzieht. Bedeutsam ist an dieser Stelle, dass diese Differenz der Zugehörigkeit zum Eigenen im Vergleich mit dem Anderen und der diese Differenz inszenierenden Position im Diskurs selbst hervorgebracht werden muss. Es ist diese doppelte Positionierungsmöglichkeit *im* angestellten Vergleich von Eigenem und Anderem und *zu* diesem Vergleich, die den Erfahrungsdiskursen der Ladakh-Reisenden einen Spielraum unterschiedlicher Positionierungen eröffnet.

Dieser Spielraum entsteht dabei nicht zuletzt dadurch, dass jene Fremdheit der Anderen, die bei den Dogon-Reisenden die Möglichkeit eines Vergleichs immer mit den Grenzen einer legitimen Sagbarkeit konfrontierte, hier nicht im Zentrum steht. Erfahrungsartikulationen, die sich über die zugängliche Unzugänglichkeit des Fremden strukturieren, implizieren meist auch aporetische Positionierungsmöglichkeiten: Man kann eigentlich nicht sagen, was man sagt. Werden hingegen das Andere oder die Anderen als über den Vergleich mit dem Eigenen bestimmbar angesehen, so ergibt sich ein anderes Problem der Erfahrungsartikulation. Wird die Andersheit der Anderen nur aus der Perspektive des Eigenen her bestimmt, so ergibt sich die Frage, inwieweit dies nicht nur eine eigene Perspektive ist, die die Andersheit gar nicht erreicht und daher im eigentlichen Verständnis gar kein Vergleich, sondern nur eine Projektion ist. Fraglich ist also die Bedeutsamkeit des Eigenen im Verhältnis zum Anderen. Diese Bedeutsamkeit und damit überhaupt erst die Legitimität des Vergleichs kann erst angenommen werden, wenn das Eigene selbst zum Gegenstand wird, was wiederum nur möglich ist, wenn das Eigene nicht einfach nur das Eigene des Vergleichs ist. Die produktive Aporie, die sich bei den um die Fremdheit kreisenden Erfahrungsdiskursen auf die Grenzen des Sagbaren und des richtigen Umgangs fokussierte, zeigt sich nun hier als eine der Artikulation des Eigenen, die sich über die Bestimmung der Anderen zu bearbeiten versucht. Dass so die Positionierung des Eigenen zum Problem wird, dass aber gleichzeitig die Hinsichten des Bezugs auf die Anderen vielfältig sind, eröffnet hier die performativen Spielräume für die Strukturierung von Erfahrungsdiskursen.

Eine in diesen Diskursen zu findende Art und Weise, in der das Verhältnis zum Anderen bestimmt werden kann, ohne dass der eigene Ort als einer der bloßen Projektion oder des Vergleichs erscheint, besteht in den untersuchten Diskursen darin, die Andersheit des Anderen zu betonen. Dies geschieht meist über die Betonung der in Ladakh und hier besonders im Kontakt mit buddhistischen Würdenträgern oder Ritualen immer noch präsenten Spiritualität. Auch wenn es Veränderungen in Ladakh gegeben haben mag, so haben diese doch den spirituellen Kern, der im tibetischen Buddhismus liegt, nicht zerstören können. Eine solche diskursive Strategie der Betonung der Andersheit des Anderen zeigt sich dabei als ein Spiel mit der Fremdheit. Dieses Spiel besteht darin, dass man einerseits die Präsenz einer ganz anderen Welt aufruft; andererseits aber geht es gar nicht darum, diese Fremdheit in ihrer Unzugänglichkeit zu begreifen: Man hat zwar schon Informationen unterschiedlichster Art über die buddhistische Spiritualität, aber was sich hier vor Ort selbst erleben lässt, ist die emotionale Berührung und Ergriffenheit von dieser Spiritualität. Auf diese Weise gewinnt die Andersheit des Anderen zwar einen bedeutsamen Stellenwert für das Eigene, aber letztlich bleibt es das dramatisierte Erleben der eigenen Affizierung, die dieser Andersheit des Anderen ihren Stellenwert gibt. Es ist die Mystifizierung eines Anderen, dessen Möglichkeit im eigenen Erleben wirklich wird.

Gleichsam gegenläufig finden sich Erfahrungsdiskurse, in denen die Andersheit Ladakhs nur als eine Besonderheit aufgerufen wird: als eine Destination, über die man eigentlich schon vieles und vielleicht sogar genug weiß, die zu erleben aber dennoch interessant sein könnte. In einer solchen Perspektive wird eine vergleichende Position eingenommen, die je nach den unterschiedlichsten Hinsichten, unter denen Vergleiche vorgenommen werden, ebenfalls vielfältige Positionierungsmöglichkeiten enthält. Man kann Ladakh als ideale Wanderregion aufrufen, seine touristische Infrastruktur bewerten, sich zur wahrgenommenen Authentizität oder Nicht-Authentizität verhalten, sich über verschiedene Dinge (wie etwa die Kommerzialisierung) aufregen, Ladakh mit anderen bereisten Regionen vergleichen, man kann andere Reisende, die meinen, an der Spiritualität Ladakhs teilhaben zu können, als naiv klassifizieren usw. Solche Erfahrungsdiskurse relativieren die Andersheit des Anderen durch Vergleichspraktiken nicht nur mit dem Eigenen, sondern auch mit einem anderen Anderen und bringen so Positionierungen hervor, die mit Vergleichen spielen, die diese nicht zuletzt ästhetisch arrangieren oder auch zur Erlebniskulisse der eigenen Reisepraktiken machen können.

Gleichsam zwischen den bisher angesprochenen beiden diskursiven Strategien der Thematisierung von Erfahrungsmöglichkeiten liegen solche, die sich an der Differenz von mitgebrachten Vorstellungen und Bildern und der vor Ort erfahrenen Wirklichkeit abarbeiten. Einen Bezugspunkt bildet hier gerade die Zugänglichkeit der Ladakhi: konkrete Kontakte, mögliche Einladungen und die Fragen des adäquaten Umgangs in solchen oder ähnlichen Situationen. Es sind dies Fragen danach, inwieweit die erfahrene Zugänglichkeit der Anderen mit den mitgebrachten Bildern in Übereinstimmung gebracht werden kann, ob man ihre Andersartigkeit nicht überbewertet oder im Gegenteil unterschätzt. Hinzu kommen Fragen über eine Gewichtung der Bedeutsamkeit der Bilderwelten und wirklichen Begegnungen für einen selbst. Die erfahrene Zugänglichkeit wirft dann etwa die Frage nach der Dekonstruktion der eigenen Vorstellungen auf – danach wie man dennoch am Faszinosum der Ladakhi festhalten kann, wenn doch eine Verständigung einfach und häufig trotz sprachlicher Hindernisse möglich erscheint. Das scheinbar Unproblematische der Begegnung kann die mitgebrachten Bilder einer anderen Welt ebenso in Frage stellen wie bestätigen: Letzteres ist möglich, wenn man die Frage aufwirft, ob sich nicht gerade in der gewährten Zugänglichkeit die Andersartigkeit der Anderen verbirgt, ob sich in dieser nicht gerade die spirituelle Tiefe der Kultur zeigt. Und vielleicht kann man gerade aus dieser unmittelbaren Offenheit und Zugänglichkeit eine kritische Perspektive gegenüber der westlichen Distanziertheit gewinnen.

Inwieweit das Andere für das Eigene konstitutiv ist oder nicht, wie man das Verhältnis von Bestimmbarkeit und Faszination, von Nähe und Distanz, von

Bedeutsamkeit und objektivierender Vergleichgültigung figuriert – alle diese Möglichkeiten, die mit der Referenz auf eine zugängliche Andersheit verbunden sind, können dosiert werden. Man kann eine der beiden Seiten gegenüber der jeweils anderen unterschiedlich gewichten; man kann sie in den Registern von direkter oder indirekter Zugänglichkeit, von Beobachtbarkeit oder Erlebbarkeit, von rational oder emotionaler Erfahrbarkeit modulieren. Man kann sich die jeweils gewählten Zugänge durch den Verweis auf Erfahrungen anderer Touristen oder auch auf Gespräche mit Einheimischen bestätigen lassen. Es ist die Dosierung der Andersheit der Ladakhi, die – sei es im Alltag oder in der Betonung der Spiritualität – immer notwendig ist, um jene Erfahrungsdiskurse hervorzubringen, in denen sich das touristische Eigene als Eigenes in der Spiegelung am Anderen erlebt.

Das differentielle Spiel mit der eigenen Identität in den Selbst-Spiegelungen an einer variablen Andersheit scheint dort an eine Grenze zu kommen, wo die Bedeutung der eigenen Präsenz für die Identität der besuchten Ladakhi zum Thema werden. Diese Frage wird meist in der Form einer bestimmten Figur aufgerufen: In dieser hatten die Ladakhi bis zum Beginn des Tourismus eine andere, eine gleichsam unmittelbare Identität mit sich selbst, die nun in eine reflexive Selbstverunsicherung gestürzt wurde. An dieser Stelle lassen sich in den untersuchten touristischen Erfahrungsdiskursen nun zwei (in ihrer performativen Durchführung unterschiedlich akzentuierte) Strategien finden, die es erlauben, an der Selbst-Spiegelung festzuhalten. Die erste besteht in einer Entproblematisierung des eigenen Aufenthalts: Dieser eröffnet den bis dahin von der Subsistenzwirtschaft lebenden Ladakhi andere Möglichkeiten. Auch wenn es negative Seiten des Tourismus (Landflucht, ökologische Probleme usw.) gibt, auf die ein verantwortlicher Tourismus Rücksicht nehmen muss, so bedeutet die Präsenz der Touristen doch nicht notwendig, dass die Ladakhi ihre traditionelle Identität aufgeben müssten. Sie erhalten vielleicht gerade durch den Tourismus die Möglichkeit, den Wert ihrer eigenen Identität zu erkennen. Eine zweite Entproblematisierungsstrategie betont die Ambivalenz der touristischen Einflüsse auf das Leben der Ladakhi: Vor- und Nachteile werden gegeneinander abgewogen, Entwicklungsperspektiven (Infrastrukturentwicklung, Stromversorgung usw.) werden gegenüber möglichen Einflüssen auf das Gemeinschaftsleben abgewogen, die Möglichkeiten einer nachhaltigen gegenüber einer nur westlichen Modernisierung hervorgehoben. Die Einflüsse des Tourismus werden in ihren Chancen und Gefährdungen so in ein Verhältnis gesetzt, dass eine eindeutige Entscheidung darüber – und damit auch über die Legitimität der touristischen Präsenz vor Ort – kaum mehr möglich erscheint. Allerdings erlauben solche Ambivalenzen und Unentscheidbarkeiten zugleich mit dem Blick auf die eigene Reisepraxis eine Abgrenzung von unsensiblen Reisenden: und damit erneut eine Figuration der eigenen Selbst-Spiegelung am Anderen.

4.3 Ein abschließender Hinweis

Wahrscheinlich kann man die hier verkürzt wiedergegebenen touristischen Erfahrungsdiskurse im Land der Dogon und in Ladakh jener im 2. Abschnitt angedeuteten groben Unterscheidung von einem an der Authentizität des Fremden orientierten Tourismus und einem erlebniszentrierten Tourismus zuordnen. Aber ein solches Klassifikationsproblem ist hier eher sekundär. Gezeigt werden sollte an beiden Fällen die Bearbeitung der Differenz, die sich aus der Virtualisierung von Wirklichkeiten und der Realisierung dieser Virtualisierungen ergibt. Deutlich werden sollte dabei, dass es nicht um eine (auch in anderen Fällen) naive Gegenüberstellung von Phantasie und Wirklichkeit geht und dass normative oder gar moralische Urteile hier wenig sinnvoll erscheinen. Das Ziel hier bestand demgegenüber darin zu zeigen, dass die Bearbeitung der Differenz von Virtualität und Präsenz, aus der die Möglichkeitsräume einer touristischen Erfahrung entstehen, einen hochkomplexen, keineswegs eindeutigen performativen Prozess darstellt. In der Heterogenität dieser diskursiven Artikulationen, der Mehrdimensionalität der Erfahrungsartikulationen lassen sich zwar strukturierende Bezugspunkte ausmachen. Aber diese lassen sich allenfalls als generative Signifikanten annehmen, die als solche die Möglichkeitsräume der diskursiven Hervorbringungen eher öffnen als determinieren.

Literatur

Appadurai, Arjun. 1996. Global ethnoscapes. Notes and queries for a transnational anthropology. In *Recapturing anthropology. Working in the present,* Hrsg. Richard G. Fox, 191–210. Santa Fe: School of American Research Press.
Augé, Marc. 1999. *The art of dreams, exercises in ethno-fiction.* London: Pluto.
Baecker, Dirk. 2013. *Beobachter unter sich. Eine Kulturtheorie.* Berlin: Suhrkamp.
Bertram, Jutta. 1995. *'Arm, aber glücklich …'. Wahrnehmungsmuster im Ferntourismus und ihr Beitrag zum (Miss-)Verstehen der Fremde(n).* Münster: Lit.
Binder, Jana. 2004. *Globality. Eine Ethnographie über Backpacker.* Berlin: Lit.
Campbell, Colin. 1987. *The romantic ethic and the spirit of modern consumerism.* London: Blackwell.
Chatwin, Bruce. 1992. *Traumpfade.* Frankfurt a. M.: Fischer.
Cohen, Eric. 1979. A phenomenology of tourist experiences. *Sociology* 13: 179–201.
Das alte Ladakh. 1986. *Regie: Clemens Kuby.* [Film]. München: Kuby Film TV.
Elsrud, Torun. 2001. Risk creation in travelling. Backpacker adventure narration. *Annuals of Tourism Research* 28: 597–617.
Enzensberger, Hans Magnus. 1962. Eine Theorie des Tourismus (1958). In: *Einzelheiten I. Bewusstseins-Industrie,* Hrsg. Hans Magnus Enzensberger, 179–205. Frankfurt a. M.: Suhrkamp.
Erler, Brigitte. 1985. *Tödliche Hilfe. Bericht von meiner letzten Dienstreise in Sachen Entwicklungshilfe.* Freiburg: Dreisam.
Fendl, Elisabeth, und Klara Löffler. 1992. Utopiazza. Städtische Erlebnisräume in Reiseführern. *Zeitschrift für Volkskunde* 88: 30–48.
Fischer, Hans. 1984. *Warum Samoa? Touristen und Tourismus in der Südsee.* Berlin: Reimer.

Galani-Moutafi, Vasiliki. 2000. The self and the other. Traveler, ethnographer, tourist. *Annuals of Tourism Research* 27: 203–224.

Gamm, Gerhard. 1997. *Der Deutsche Idealismus. Eine Einführung in die Philosophie von Fichte, Hegel und Schelling*. Stuttgart: Reclam.

Griaule, Marcel. 1948. *Dieu d'Eau. Entretiens avec Ogotommêli*. Paris: Les Éditions du Chêne.

Günther, Armin. 1996. Reisen als ästhetisches Projekt. Über den Formenwandel touristischen Erlebens. In *Freizeit in der Erlebnisgesellschaft. Amüsement zwischen Selbstverwirklichung und Kommerz*, Hrsg. Hans A. Hartmann und Rolf Haubl, 95–124. Opladen: Westdeutscher Verlag.

Günther, Armin. 1997. Reisen als Rollenspiel. *Tourismus-Journal. Zeitschrift für tourismuswissenschaftliche Forschung* 1: 449–466.

Haug, Wolfgang Fritz. 1971. *Kritik der Warenästhetik*. Frankfurt a. M.: Suhrkamp.

Hennig, Christoph. 1998. Entwurf einer Theorie des Tourismus. In *Auf dem Weg zu einer Theorie des Tourismus*, Hrsg. Hans-Peter Burmeister, 54–70. Loccum: Loccumer Protokolle 5.

Huizinga, Johan. 2004. *Homo ludens. Vom Ursprung der Kultur im Spiel*. Reinbek: Rowohlt.

Humboldt, Wilhelm von. 1969. Ideen zu einem Versuch, die Grenzen der Wirksamkeit des Staates zu bestimme. In *Schriften zur Antrophologie und Geschichte*, Wilhelm von Humboldt, Werke in fünf Bänden, Bd. I, hrsg. Andreas Flitner und Klaus Giel, 56–233. Darmstadt: Wissenschaftliche Buchgesellschaft.

Kerouac, Jack. 2011. *On the Road – Die Urfassung*. Hamburg: Rowohlt.

Krüger, Jens Oliver, Alfred Schäfer, und Sabrina Schenk. 2014. Zur Analyse von Erfahrungsdiskursen. In *Interferenzen. Perspektiven kulturwissenschaftlicher Bildungsforschung*, Hrsg. Christian Thompson, Kerstin Jergus, und Kerstin Breidenstein, 153–174. Weilerswist: Velbrück.

Leibniz, Gottfried Wilhelm. 1979. *Monadologie*. Stuttgart: Reclam.

Lutz, Ronald. 1993. Tourismus und Bewegungskultur. Perspektiven des Reisens. In *Tourismus – Kultur: Kultur – Tourismus*, Hrsg. Dieter Kramer und Ronald Lutz, 201–244. Hamburg: Lit.

MacCannell, Dean. 1973. Staged authenticity. Arrangements of social space in tourist settings. *American Sociological Revue* 79: 589–603.

MacCannell, Dean. 1992. *Empty meeting grounds. The tourist papers*. New York: Routledge.

Menke, Christoph. 2008. *Kraft. Ein Grundbegriff ästhetischer Anthropologie*. Frankfurt a. M.: Suhrkamp.

Menke, Christoph. 2018. *Autonomie und Befreiung. Studien zu Hegel*. Berlin: Suhrkamp.

Menze, Clemens. 1965. *Wilhelm von Humboldts Lehre und Bild vom Menschen*. Ratingen: Henn.

Neudorfer, Corinne. 2007. *Meet the Akha – help the Akha? Minderheiten, Tourismus und Entwicklung in Laos*. Bielefeld: transcript.

Norberg-Hodge, Elena. 1991. *Ancient Futures. Learning from Ladakh*. Delhi: Random House.

Parin, Paul, Goldy Parin-Matthèy, und Fritz Morgenthaler. 1993. *Die Weißen denken zuviel. Psychoanalytische Untersuchungen bei den Dogon in Westafrika*. Hamburg: VSA.

Pott, Andreas. 2007. *Orte des Tourismus. Eine raum- und gesellschaftstheoretische Untersuchung*. Bielefeld: transcript.

Rojek, Chris. 1997. Indexing, dragging and the social construction of tourist sights. In *Touring cultures. Transformations of travel and theory*, Hrsg. Chris Rojek und John Urry, 52–74. London: Routledge.

Schäfer, Alfred. 2009. *Die Erfindung des Pädagogischen*. Paderborn: Schöningh.

Schäfer, Alfred. 2011. *Irritierende Fremdheit: Bildungsforschung als Diskursanalyse*. Paderborn: Schöningh.

Schäfer, Alfred. 2014. *Selbst-Spiegelungen am Anderen. Zur Ambivalenz touristischer Begegnungen in Ladakh*. Paderborn: Schöningh.

Schäfer, Alfred. 2019. *Das geteilte kulturelle Erbe. Identitätspolitische Diskurse und pädagogische Einsätze in Ladakh*. Weilerswist: Velbrück.

Schäfer, Alfred. 2020. *Bildung und Negativität. Annäherungen an die Philosophie Christoph Menkes*. Weilerswist: Velbrück.

Schäfer, Alfred. 2021. *Vermittlung als Entzweiung. Eine bildungstheoretische Lektüre der Philosophie Gerhard Gamms*. Weilerswist: Velbrück.

Schiller, Friedrich. 1974. *Über die ästhetische Bildung des Menschen*. Stuttgart: Reclam.

Schlottmann, Antje. 2010. Erlebnisräume/Raumerlebnisse: Zur Konstruktion des ‚Draußen' in den Bildern der Werbung. In *Tourismusräume. Zur soziokulturellen Konstruktion eines globalen Phänomens*, Hrsg. Karlheinz Wöhler, Andreas Pott, und Vera Denzer, 67–88. Bielefeld: transcript.

Schnepel, Burkhard, Felix Girke, und Eva-Maria Knoll, Hrsg. 2013. *Kultur all inclusive. Identität, Tradition und Kulturerbe im Zeitalter des Massentourismus*. Bielefeld: transcript.

Soerensens, Anders. 2003. Backpacker ethnography. *Annuals of Tourism Research* 30: 847–867.

Urry, John. 1990. *The tourist gaze*. London: Routledge.

Vorlaufer, Karl. 1996. *Tourismus in Entwicklungsländern. Möglichkeiten und Grenzen einer nachhaltigen Entwicklung durch Fremdenverkehr*. Darmstadt: Wissenschaftliche Buchgesellschaft.

Wang, Ning. 2004. Rethinking authenticity in tourist experience. In *The experience of tourism*, Hrsg. Stephen Williams, 210–234. London: Taylos & Francis.

Wöhler, Karlheinz, Andreas Pott, und Vera Denzer. 2010. Formen und Konstruktion von Tourismusräumen. In *Tourismusräume. Zur soziokulturellen Konstruktion eines globalen Phänomens*, Hrsg. Karlheinz Wöhler, Andreas Pott, und Vera Denzer, 11–19. Bielefeld: transcript.

Wöhler, Karlheinz. 2011. Virtuelle Reiseräume: Virtualisierung des Realen – Realisierung des Virtuellen. In *Topologien des Reisens*, Hrsg. Alexander Karentzos, Alma-Elisa Kittner, und Julia Reuter, 150–163. Onlinepublikation der Universitätsbibliothek Trier.

Die Bildungsreise oder: Erfahrungen mit dem ästhetischen Selbst

Leopold Klepacki und Jörg Zirfas

1 Einleitung

Das Prinzip der Bildungsreise als einen spezifisch ästhetischen Modus aufzufassen mag auf den ersten Blick doch sehr traditionell und bildungsbürgerlich erscheinen: Die Bildungsreise als (kultur-)historisch besondere Form des Reisens für und von Menschen, die sich an der Kunst und Kultur anderer Länder erfreuen und erbauen möchten und der Typ des Bildungsreisenden[1] als soziales Distinktionsmuster, bei dem es darum geht, sich abzuheben – aber von wem eigentlich? Vom Wellness-Urlauber? Vom Ballermann-Strandlieger? Vom Aida-Kreuzfahrer? Oder gar generell von all denen, die sich das Prinzip der Bildungsreise als gesellschaftliches Distinktionsprinzip nicht zu Eigen machen können, da ihnen die legitime Macht fehlt, Bildung definieren zu können? Verkörpert der Bildungsreisende damit nicht ein habituelles Muster, das den bürgerlichen Manifestationsprozess der ‚feinen Unterschiede' (Bourdieu) und damit die Affirmation bürgerlicher Hochkultur stützt? Nun, zumindest macht es den Anschein – den wir in diesem Artikel zerstreuen wollen.

---

[1] Für die Bezeichnung des Bildungsreisenden haben wir die männliche Form gewählt, womit keine Beschränkung auf das männliche Geschlecht intendiert ist.

L. Klepacki (✉)
Institut für Pädagogik, Friedrich-Alexander-Universität Erlangen-Nürnberg, Erlangen, Deutschland
E-Mail: leopold.klepacki@fau.de

J. Zirfas
Department Erziehungs- und Sozialwissenschaften, Universität zu Köln, Köln, Deutschland
E-Mail: joerg.zirfas@uni-koeln.de

Denn in einer Bildungsreise im ästhetischen Sinn haben es Menschen weder notwendigerweise mit Kunst oder Kultur in ihrer institutionellen Ausformung als Hochkultur, noch mit Kreativität und Distinktion oder mit Wohlgefallen und Schönheit, sondern mit negativen Erfahrungen und Widerständigkeiten, Leerstellen und ‚Bruchlinien' (Waldenfels 2002) zu tun. Daher gilt: Wer ästhetisch reisen will, muss sich auf einiges gefasst machen. Seine Reisen sind immer mit Reisewarnungen versehen, denn er kann auf Gegenrealitäten treffen. Paradigmatisch gilt das im Abendland wohl spätestens seit Odysseus, der erst nach zehnjähriger Irrfahrt nach Hause zurückkehrte, und in dieser Zeit eine ganze Reihe negativer (ästhetischer) Erfahrungen (seiner selbst) machen durfte. Wie bekannt, haben Max Horkheimer und Theodor W. Adorno anhand dieses antiken Helden eine Genese des Subjekts sichtbar gemacht, die letztlich zur Zerstörung des Selbst führt. Das Subjekt opfert dem Ziel der Selbsterhaltung um jeden Preis dasjenige, was sie seine ‚Natur' nennen. Durch diese Opferung seines Selbst auf dem Altar der Ratio erlangt das Individuum *Identität,* indem es sich zu dem macht, was es im Zuge des Zweckes der Selbsterhaltung rationalerweise zu sein hat. Dieses Selbstopfer hat die Form der Entsagung, der Selbstverleugnung und Selbstentfremdung im Dienst eines rationalen strategischen Handelns, das die Menschen zur „realen Konformität" (Adorno und Horkheimer 1988, 19) zwingt.

Demgegenüber soll im Folgenden das Prinzip einer ästhetisch verstandenen Bildungsreise als Möglichkeit einer produktiven Identitätsbearbeitung entfaltet werden. Insofern blenden wir alle anderen Bildungsmöglichkeiten, die sich *grosso modo* in theoretische (etwa: Wissen über Geschichte und Kultur) und praktisch-ethische Bildungsmöglichkeiten (etwa: Auseinandersetzung mit Gebräuchen und Normen) auffächern lassen, aus. Um die ästhetischen Bildungsmöglichkeiten des Selbst auf Reisen zu bedenken, unternehmen wir drei Überlegungen, nämlich zur ästhetischen Erfahrung, zur Bildungsreise und zur Kunst einer ästhetischen Bildungsreise.

2 Die Ästhetische Erfahrung

In einem ersten Zugang lassen ardenve dem Begriff Erfahrung drei Begriffe unterscheiden (vgl. Deines u. a. 2013, 10 ff.):

1. Mit dem Begriff der Erfahrung kann ein *phänomenaler* Akt verbunden sein, wie er in der Wahrnehmung, aber auch der Illusion oder in der Phantasie vorkommen kann. Hierbei wird also primär auf einen Wahrnehmungsakt, auf Episoden eines phänomenalen Bewusstseins bzw. Auf eine mit dem Wahrnehmungsakt verbundene Erkenntnis abgehoben, die als solche einer tieferen kognitiven oder epistemischen Dimension entbehrt.
2. Sodann lässt sich von einem *epistemischen* Akt der Erfahrung sprechen, wenn dieser, etwa in Erfahrungswahrnehmungen oder auch Urteilen festhält und feststellt, dass etwas und wie etwas der Fall ist. In dieser Erfahrungsvariante wird

Wissen häufig auf eine nichtinferenzielle, d. h. unbewusste Weise erworben. Es wird in dieser Erfahrung etwas gewusst, wenn einem auch nicht immer bewusst ist, wie man zu diesem Wissen gekommen ist.
3. In einem *existentiellen* Sinn lässt ardenve Erfahrung eine subjektiv bedeutsame Art des Betroffenseins oder des Widerfahrnisses verstehen. Hierbei ist die Erfahrung immer ardenv und man macht seine Erfahrungen weniger in Bezug auf einen spezifischen Gegenstand, sondern primär mit sich selbst. Mit Hegel lassen sich diese Erfahrungen, die einen besonderen produktiven Charakter haben, ‚bestimmte Negationen' nennen; Erfahrungen, die ‚man macht', sind nicht nur Berichtigungen oder Enttäuschungen, sondern Eröffnungen von neuen Verallgemeinerungen (vgl. Göhlich und Zirfas 2014).

Zunächst und zumeist arden wir ästhetische Erfahrungen mit den Künsten in Verbindung bringen, mit Literatur, Bildender Kunst, Musik, Tanz und Film – und vielen weiteren Künsten, vielleicht auch mit den Neuen Medien (vgl. Mattenklott und Vöhler 2006). Ästhetische Erfahrungen lassen sich aber auch im Alltag machen, in der Betrachtung von Gegenständen, beim Spiel und in der Liebe, in der Bildung – eigentlich überall. Denn, dass wir etwas als schön, geschmackvoll, anregend oder auch hässlich, widerlich und abstoßend erleben, erscheint nicht nur in der Auseinandersetzung mit Kunst, Design und Natur, sondern prinzipiell an allen Orten und mit allen ‚Gegenständen' (von Geschirr über Landschaften arden zu Kunstwerken) und allen ‚Praktiken' (von Alltagsgewohnheiten über Gesten arden zu Ritualen) möglich. In diesem Sinne kann man auch Erfahrungen mit seinem Leben als ästhetische begreifen, in denen dieses Leben als gelungen, harmonisch und interessant oder auch als nicht gelungen, problematisch und langweilig erscheint.

Ästhetisch sind Erfahrungen dann, wenn Menschen sich mit ihrer Sinnlichkeit, ihrer Wahrnehmung und ihrer Phantasie in ihrer phänomenalen, epistemischen oder existentiellen Qualität auseinandersetzen. Grundvoraussetzung dafür ist, dass das, was dem Menschen als sinnliches Faktum, als Phantasiegebilde gegeben ist, *in* seiner Erscheinungshaftigkeit wahrgenommen wird. Der Modus der sinnlichen Wahrnehmung selbst rückt dadurch mehr ins Bewusstsein. Das Prinzip der ästhetisch-reflexiven Wahrnehmung führt demnach dazu, dass Erscheinungen, wie z. B. Natur, Architektur, Kleidung, aber auch soziales Verhalten und Handlungsweisen verstärkt auf einer phänomenalen Ebene behandelt werden. Etwas tritt mir in Erscheinung – exakt dieser Umstand vermag eine ästhetische Situation zu generieren (vgl. Seel 2003).

> In einer Situation, in der ästhetische Wahrnehmung wachgerufen wird, treten wir ardenve allein funktionalen Orientierung heraus. Wir sind nicht länger darauf fixiert (oder nicht länger *allein* darauf fixiert), was wir in dieser Situation erkennend und handelnd *erreichen* können. Wir begegnen dem, was unseren Sinnen und unserer Imagination hier und jetzt entgegenkommt, um dieser Begegnung willen (ebd., 44).

Wenn nun diese sinnliche Auseinandersetzung mit den Dingen, die uns in der Welt in Erscheinung treten, zu einem Zweck in sich selbst wird, d. h., wenn wir dem, was da unseren Sinnen begegnet, um der Wahrnehmung willen begegnen, dann befinden wir uns in einer ästhetischen Situation. Ästhetische Wahrnehmungen sind nach Martin Seel somit eine grundsätzliche Form menschlichen Weltzugangs, die ihre Gelegenheiten überall finden kann: „Die Domäne des Ästhetischen ist kein abgegrenzter Bereich neben den anderen Lebensbereichen, sondern eine unter anderen Lebensmöglichkeiten" (ebd., 44). Nach Seel sind ästhetische Situationen also immer dann existent, wenn man aus funktionalen Lebenszusammenhängen heraustritt und sich durch das Prinzip der zweckfreien Wahrnehmung einer Erscheinung selbst gewahr wird. Ästhetische Wahrnehmungssituationen könnten in dieser Perspektive also als Kontexte der subjektiven Selbstvergegenwärtigung beschrieben arden. Wer sich ästhetisch zur Welt verhält, verhält sich in epistemologischer und praktischer Differenz, und damit in ästhetischer Aufgehobenheit, zu ihr. Er nimmt das Leben und die Wirklichkeit aus ‚Als-Perspektiven' wahr und kann sich somit einen Spielraum von Sinnlichkeiten, Wahrnehmungen und neuen Wirklichkeiten verschaffen (vgl. Zirfas 2018).

Ästhetische Erfahrungen lassen sich daher als *Metawahrnehmungen,* d. h. als Wahrnehmung der eigenen Wahrnehmungen bzw. Der eigenen Wahrnehmungsmuster verstehen. In diesen Metawahrnehmungen steht der Vollzug der Wahrnehmung mit seinem Spielraum an sinnlich-selbstbezüglichen Leistungen im Mittelpunkt (Seel 1996, 23, 30). Der ästhetischen Erfahrung geht es nicht, wie dem ästhetischen Werturteil, um das Begründen oder die Begründbarkeit künstlerischer/ästhetischer Gestaltungen, sondern um die Selbstbezüglichkeit der Wahrnehmung. Im Vorherrschen der Vollzugsorientierung in der Metawahrnehmung wird erstens die Wahrnehmungstätigkeit selbst zum Zweck der Wahrnehmung; zweitens rückt im Verweilen der Wahrnehmung auch ihr Objekt arden in den Fokus und drittens sind mit der sinnlichen Wahrnehmung auch leibliche Wahrnehmungsprozesse, propriozeptive Spürensqualitäten verknüpft.

Man kann das, was Immanuel Kant eine ‚subjektive oder reflektierte Empfindung' oder das, was eben mit Seel Metaerfahrung genannt wurde, auch mit Ulrich Pothast als ein körperliches, „nicht-konfrontiertes Spüren" (Pothast 1987, 21 ff.) kennzeichnen. Mit dieser Perspektive rückt der Körper stärker in die Überlegungen der ästhetischen Erfahrung mit ein. Ästhetische Erfahrungen sind in dem Sinne körperlich, als sie nicht in einem bestimmten Körperteil lokalisiert, aber von Menschen in ihrem ganzen Körper gespürt werden. Situationen ästhetischer Erfahrung erfassen dieses nicht-lokalisierbare und ganzheitliche Empfinden häufig in Metaphern: So heißt es, dass Menschen in Bildern ertrinken, in Tönen baden, in Atmosphären eintauchen und von Stimmen ergriffen werden können; oder es heißt, dass sie von einer Darbietung gefesselt und von Melodien und Rhythmen ge- bzw. Betroffen werden, oder auch, dass sie sich in Phantasien verstricken und von Leidenschaften gepackt werden. Es ist der Körper, der Menschen als sinnlich differenziertes und sinnlich differenzierendes Instrument Möglichkeiten ästhetischer Erfahrung bietet. Es sind sinnliche, körperliche Empfindungen, die in der ästhetischen Erfahrung reflexiv ausgehandelt werden.

Dieser Begriff der ästhetischen Erfahrung greift die Doppelstruktur der Erfahrung auf, die sich aus einer aktiven und einer passiven Seite ‚zusammensetzt': Die *aktive* Seite der Erfahrung besteht im Ausprobieren, im Versuchen, im Sich-Aussetzen, im Erfahrungen ‚machen', die *passive* Seite im Erleiden und Hinnehmen, in der Widerfahrnis von Dingen und Sachverhalten. Anders formuliert: Es reicht nicht aus, sich von Phänomenen nur ansprechen bzw. sich ‚nur' auf sie einzulassen (ihre Widerfahrnisse zur Kenntnis zu nehmen), sondern für eine ästhetische Erfahrung geht es auch um die reflexive Auseinandersetzung mit diesen sinnlichen Widerfahrnissen: Es geht – in der Doppelbedeutung des Wortes – um das ‚Machen' einer Erfahrung.

In den ästhetischen Erfahrungen ist der Mensch in einem intensiveren Austausch mit sich und den Dingen. Damit ist ein bestimmter Ereignischarakter verknüpft, da sich in ihnen neue Bedeutsamkeiten bilden. Hierbei geht es nicht um Gewohnheitserfahrungen, sondern um Erfahrungen einer Andersartigkeit bzw. Um ein *Anderswerden* der Erfahrung: Man sieht plötzlich mit anderen Augen, hört mit anderen Ohren (vgl. Küpper und Menke 2003). Seel fasst die Leistungen der ästhetischen Erfahrungen wie folgt zusammen: „Sie lassen bis dahin Unmögliches möglich und bis dahin Mögliches unmöglich werden. Zugleich aber machen sie spürbar, dass in den bekannten Möglichkeiten Unmöglichkeiten und in den bekannten Unmöglichkeiten Möglichkeiten lauern – und dass dieser Latenzzustand die Gegenwart ist" (2004, 75).

Die ästhetische Erfahrung ist somit eine liminale Erfahrung, eine Grenz-, Übergangs- oder auch Unterbrechungserfahrung. Man löst sich von gängigen Wahrnehmungsformen und Geschmacksurteilen, von bedeutsamen Fantasien und etablierten Ausdrucksweisen. Daher können ästhetische Erfahrungen Transformationen und Bildungsprozesse des ästhetischen Subjekts bedingen (vgl. Zirfas 2004). So finden wir in der ästhetischen Erfahrung Grenzziehungen zwischen Bewusstheit und Unbewusstheit, Manifestem und Latentem, Alltags- und Kunsterfahrungen, selbstzweckhaften und selbstbezogenen Erfahrungen, die zwischen Selbst-, Welt- und Sozialbezug, Eigen- und Fremdzeiten, Eigen- und Fremdräumlichkeit, Materialität und Bedeutung, Affirmation und Negation, Unaussprechlichkeit und Sprachfindung, kunstbezogenen und -transzendierenden Bezügen, Ein- und Vieldeutigkeit, Können und Unbeherrschbarkeit, Realität und Schein (vgl. Brandstetter 2012; Bubner 1989).

Folgt man an dieser Stelle eines Anderswerdens der Erfahrung Friedrich Schiller, dann ist mit einer ästhetischen Erfahrung ein hoher Anspruch verknüpft, der durchaus einen existentiellen Einschlag hat, ist doch mit ihr ein absolut neuer Anfang verbunden. Denn für Schiller ist sie eine Erfahrung, die vor alle Erkenntnis zurückführt, um diese wiederum neu und anders möglich zu machen. In diesem Sinne ist die ästhetische Erfahrung ein *Reset-Programm,* das beim Menschen ästhetisch alles wieder auf Anfang stellt und somit eine grundlegende Erneuerung der Empfindung und des Denkens ermöglicht. Damit also der Mensch die Welt und sich selbst neu erfahren kann, muss er, wie Schiller formuliert:

> augenblicklich von *aller Bestimmbarkeit frei* sein und einen Zustand der bloßen Bestimmbarkeit durchlaufen. Mithin muß er auf gewisse Weise zu jenem negativen Zustand der bloßen Bestimmungslosigkeit zurückkehren, in welchem er sich befand, ehe noch irgend etwas auf seinen Sinn einen Eindruck machte (Schiller 1984, 20. Brief).

Dieses Versprechen des Neubeginnenkönnens konvergiert mit der Idee, dass die ästhetische Bestimmungsfähigkeit mit einer „*erfüllten Unendlichkeit*" (21. Brief) einhergeht. So gleicht der Mensch im ästhetischen Zustand einerseits einer „Null" (ebd.), die sich durch einen Selbst- und Weltverlust auszeichnet, und andererseits der „höchsten Realität" (22. Brief), da sich ihm die Möglichkeit einer vollumfänglichen freien Selbst- und Weltbestimmung eröffnet. Im ästhetischen Zustand wird der Mensch bestimmt und er bestimmt sich zugleich selbst und erreicht dadurch einen Zugang zu einer transzendenten, schöpferisch entdeckten Realität. In der ästhetischen Erfahrung erfährt sich der Mensch als derjenige, der sozusagen gottgleich, die Welt neu und anders anordnet. Das kann die Welt außer ihm, aber auch seine eigene betreffen.

Nun lässt sich vermuten, dass die großen existentiell-ästhetischen Erfahrungen à la Schiller, in denen die Welt an sich ganz neu erscheint, relativ selten sein dürften, während die kleinen metatheoretischen Reflexionen, die dazu führen, Dinge anders wahrzunehmen und anders einzuschätzen, durchaus häufiger vorkommen (vgl. Zirfas 2014). Phänomenale und epistemische ästhetische Erfahrungen schwächen zwar das existentielle Pathos, haben dafür aber den Vorteil realistischer zu sein. Somit stehen nicht mehr die großartigen Aspirationen einer Ästhetischen Bildung im Mittelpunkt, die die Grenzen der Wahrheit, des Guten, des Fortschritts, des Absoluten und des Schönen auszuloten und zu entwickeln im Stande schien, sondern eher die minimalen Schritte, die mit dem Interessanten, Belanglosen, Lächerlichen oder auch mit dem Ekelhaften, Peinlichen und Hässlichen einhergehen (vgl. Zirfas und Klepacki 2021).

Nun wäre empirisch zu überprüfen, inwieweit in Bildungsreisen solche existentiellen ästhetischen Konversionssituationen tatsächlich vorkommen. Weniger idealistisch formuliert, lässt sich zunächst davon ausgehen, dass man sich fremde Welten aktiv körperlich erhandelt und sinnlich-kognitiv erfährt und dass man die damit verbundenen Erscheinungen idealer Weise reflexiv verarbeitet. Insofern können Reisen als besondere Handlungs- und Wahrnehmungssituationen aufgefasst werden, da sich dem Reisenden Handlungs- und Wahrnehmungskontexte stellen, die in seiner Alltagsumwelt nicht bzw. nicht so existent sind. Ein in bildungstheoretischer Hinsicht entscheidender Aspekt ist hierbei der Umstand, dass der Reisende Fremdes wahrnimmt und darauf eine Antwort formuliert.

3 Die Bildungsreise

Zunächst einmal lässt sich der Begriff Bildungsreise als eine spezifische inhaltliche und formale Präzisierung des Begriffes Reise darstellen. Es gibt beinahe zahllose Anlässe bzw. Formen von Reisen: Urlaubsreise, Geschäftsreise, Pilgerreise, Forschungsreise, Entdeckungsreise, Künstlerreise, Bäderreise, Städtereise usw. All diese Formen unterscheiden sich teilweise sehr stark hinsichtlich ihrer Ausgestaltungsformen, ihre Zeitdauern und v. a. hinsichtlich der Intentionen der Reisenden bzw. der Zuschreibungen an die spezifischen Qualitäten einer

Reise. Entspannung, Erholung, Befriedigung von Neugier, persönliche Weiterentwicklung, ökonomischer Nutzen, all das können Gründe für den Antritt einer Reise sein. Sind bzw. waren beispielsweise Pilger- und Forschungsreisen eher beschwerlich, ja manchmal sogar gefährlich, so sollen touristische Pauschalangebote den Reisenden eher von allen Sorgen, Problemen und Anstrengungen entheben. Die Bildungsreise lässt sich dabei als eine Sonderform des Reisens auffassen, deren Zweck in der Bildung liegt. D. h., die Motive für eine Bildungsreise sind zunächst in bestimmten subjektiven Bedürfnissen bzw. Absichten des Reisenden zu suchen. Der Bildungsreisende wäre von daher jemand, der eine Reise explizit mit dem Ziel antritt, sich zu bilden.

Sodann stellt sich die Frage, ob jede Reise eine wie auch immer geartete Bildungswirksamkeit besitzt,

> denn allein das bloße Hinaustreten aus der gewohnten Umgebung eröffnet neue Sichtweisen. Selbst ganz banale Dinge, wie das Umrechnen in eine andere Währung, das passive Hören fremder Sprachen oder das Kennenlernen fremder Sitten und Bräuche erweitert [...] den eigenen Horizont. [...] Selbst innerhalb Europas sind sehr unterschiedliche Verhalten zu beobachten (Elis 2004, 7).

Bräuche und Sitten, Rituale und Umgangsformen, Esskultur, Wohnkultur, Kleidung, Traditionen, Verhalten im Straßenverkehr, Preisgefüge, Gepflogenheiten des Trinkgeldgebens usw. usf. – wem würde hierzu nicht ein befremdendes und differenzerzeugendes Erlebnis während einer Reise in den Sinn kommen? Also könnte man sagen: Reisen bildet! Sind dann alle Reisen auch Bildungsreisen? U.E. nicht unbedingt, da es dabei nicht nur auf die Perspektive des Reisenden, sondern auch auf den Begriff der Bildung ankommt.

Bildungsprozesse werden in den aktuellen bildungsphilosophischen Debatten allgemein als reflexiv-kritische Vorgänge der Selbst- und Weltbildung beschrieben. Sie sind also sowohl als tätige, performativ-leibliche Einwirkung eines sich bildenden Subjekts der Welt gegenüber wie auch als Verarbeitung von Ein- oder Abdrücken einer auf dieses Subjekt wiederum einwirkenden Welt zu verstehen. Das Ergebnis aufseiten des Subjekts besteht dann in der Transformation von Haltungen, Handlungs- und Wahrnehmungsmustern, das Ergebnis aufseiten der Welt in Produkten und Prozessen unterschiedlichster Art – Artefakte, Ideen, Strukturen etc. (Kokemohr 2007; Koller 2012).

Erachtet man nun Bildung in diesem Sinne als Prozess und Resultat der Herstellung eines aktiven und progressiven Selbst- und Weltverhältnisses im Sinne einer reflektierten Praxis der durch Krisen motivierten Subjektivierung von Welt und fokussiert man das Prinzip des Reisens auf die Bereitung der Möglichkeit einer aktiven Erfahrung von Differenzen und Alteritäten, von Andersartigkeit und Fremdheit in der Welt (vgl. Bödeker u. a. 2004), dann besteht tatsächlich die Möglichkeit, Reisen als ein strukturell eigenständiges Bildungsprinzip zu beschreiben. Wenn Bildung ein Prinzip ist, das nicht nur das Erlernen von Wissens- und Könnensformen, von Werthaltungen und Einstellungen bedeutet, sondern vielmehr komplexe und ganzheitliche Vorgänge und Ergebnisse einer bewussten Wechselwirkung zwischen Ich und Welt als einer fortwährenden

Transformation von grundlegenden Mustern des subjektiven Selbst- und Weltverhältnisses meint, dann wäre Reisen in der Tat eine paradigmatische Form der Selbst-Bildung. Nicht umsonst hat Wilhelm von Humboldt das (ethnographische) Reisen als eine ausgezeichnete Form der Bildung erachtet (vgl. Mattig 2019).

Das Reisen, verstanden als aktives Prinzip der Erschließung anderer und damit differenter Realitäten, wäre im Kern darauf hin ausgerichtet, dass Menschen ihre eigenen Deutungsmuster von Welt, Kultur, Natur usw. mit neuen Eindrücken konfrontieren bzw. kontrastieren, die zu neuen Perspektiven führen. Reisen könnte also verstanden werden als Vorgang, dem ein Potential des Aufbrechens und der Destabilisierung etablierter Selbst-Welt-Verständnisse und -Verhältnisse sowie gewonnener Selbst-Welt-Vertrautheiten zu eigen ist. Das Prinzip des Reisens würde in dieser bildungstheoretischen Hinsicht strukturell für die Reisenden also die Potentialität der Nötigung zu einer Transgression (vgl. Jörissen 2014) erworbener Muster und bestehender Rahmen des Denkens, Wahrnehmens und Handelns beinhalten.

Vor diesem Hintergrund würde das Prinzip der Bildungsreise, verstanden als spezifische Programmatik des Reisens, nicht nur auf sich beiläufig oder zufällig einstellende Prozesse der Erfahrung von Differenzen abheben, sondern das reisende Subjekt, das sich als Bildungsreisender versteht, würde selbst aktiv Möglichkeiten und Situationen der Differenzerzeugung aufsuchen. Bildungsreisen können somit als ein Prinzip aktiver, intendierter und reflektierter sozialer, kultureller usw. Differenzerzeugung beschrieben werden (vgl. Klepacki 2016). Entscheidend ist hierbei, dass das Prinzip des Reisens dazu führt, dass sich der Reisende in eine Distanz zu den geographischen, kulturellen, sozialen usw. Referenzrahmen seines alltäglichen Lebens begibt. Tendenziell ist die Herstellung dieser Abständigkeit von der Alltagswelt ein geradezu zwangsläufiger Mechanismus zur Dekonstruktion der Funktionalität impliziter Handlungs-, Denk- und Wahrnehmungsmuster, da der Rahmen, auf den die Funktionalität ausgerichtet ist, tendenziell verschoben wird. In vielerlei praktischer Hinsicht sind damit Komplikationen, Missverständnisse, Verwirrungen, Kollisionen, ja sogar Ängste verbunden. In bildungstheoretischer Hinsicht jedoch würde sich hier etwas zeigen, das eine grundlegende transgressive Transformation individueller Perspektiven auf das Selbst, die Kultur und die Welt notwendig macht. Eine Bildungsreise wäre in dieser Perspektive eben nicht gleichzusetzen mit dem Absolvieren eines Kulturprogramms, sondern würde eher eine subjektive und reflexive Haltung im Sinne einer Offenheit zu derjenigen Welt bedeuten, die man bereist. „Eine Gefahr beim Reisen besteht darin, dass wir Dinge zur Unzeit sehen, das heißt, bevor wir die notwendige Empfänglichkeit ausbilden konnten" (de Botton 2003, 137).

Die Bildungsreise in diesem Sinne zu verstehen, bedeutet mithin, sie als Prozess bzw. Ereignis zu begreifen, durch den bzw. durch das die Rahmen und Modalitäten des subjektiven Wahrnehmens, Verstehens und Gestaltens von Welt veränderbar erscheinen, weil sie als bedeutsame Kontexte der Reflektion von Wahrnehmen, Verstehen und Gestalten gelten können. Der Reisende lässt sich insofern als ein ‚Spieler' im Sinne Schillers verstehen – nur ohne dessen harmonistische Schönheitsästhetik. Dass er ein Spieler ist, meint zunächst, er ist kein ‚Barbar', d. h. jemand, der durch „Grundsätze seine Gefühle zerstört" (Schiller 1984, 4. Brief), mithin ein Tourist, der seine Reisen rational, detailliert und bis in die letzten Vorhersehbarkeiten als ‚Rundum-Sorglos-Paket' plant; er ist aber auch kein ‚Wilder', d. h. jemand, der „seine Gefühle über seine Grundsätze herrschen" (ebd.) lässt, etwa ein Backpacker, der sich seinen Lüsten und Launen überlässt und ganz von seiner Spontanität beherrscht ist. Anders formuliert, müssen die Reisenden reisen wollen *und* können. Der Barbar lässt sich definieren als derjenige, der zwar reisen kann, aber nicht will, der Wilde als derjenige, der reisen will, aber nicht kann. Der ideale Reisende wäre ein Spieler als jemand, der Können und Wollen kombiniert, indem er ästhetische Erfahrungen zulässt.

4 Eine Kunst des Reisens?

Nun lässt sich angesichts des modernen, warenförmigen (Massen-)Tourismus – nicht nur in Corona-Zeiten, in denen er in vielfacher Hinsicht einem medizinischen Vorsorgeunternehmen gleicht – durchaus die Frage stellen, ob eine Bildungsreise (noch) als eine ‚Kunst' beschrieben werden kann (vgl. Brilli 1997; de Botton 2003). Damit ist nicht gemeint, dass Reisende, wie im Zeitalter der ‚Grand Tour' im 18. und 19. Jahrhundert üblich, eine Reiseroute verfolgen, die sie den bedeutenden Gemälden, Skulpturen, Musikstücken und Landschaften, sprich der Hochkultur des Abendlandes nahe bringen sollten; und mit der ‚Kunst' ist auch keine Lebenskunst gemeint, die in dieser Zeit der gut situierten, häufig adligen jungen Männern von 16 bis 22 Jahren die Initiation in sprachliche, kulturelle, soziale und nicht zuletzt sexuelle Gepflogenheiten ermöglichte. Und schließlich wird damit auch nicht impliziert, dass das ästhetische Selbst des Reisenden als eine Art Gesamtkunstwerk in die Heimat zurückkehrt (Bilstein 2013). Anders formuliert, bietet die Bildungsreise heute kein Glück mehr, kein kulturelles Glück, kein Lebensglück und kein ästhetisches Glück. Und das hat wenig damit zu tun, dass moderne Reisende häufig nicht glücksfähig sind oder ihre bedeutsamen ästhetischen Erfahrungen in der Phantasie, statt in der Realität machen (de Botton 2003, 35, 37).

Insofern lässt sie sich auch nicht mehr als Kunst, i.S. einer ästhetischen Regelpoietik des Reisens entwerfen, die man an ein normatives Modell (exemplarisch etwa an Johann Wolfgang Goethes italienische Reise von 1786–1788) mit entsprechenden Empfehlungen – sich vor allem mit Kunst und Geschichte zu beschäftigen, sich ein wenig zu verlieben, auf seine Seele zu achten oder aus seinem Selbst ein Kunstwerk zu machen – binden könnte (vgl. Bilstein 2013).

Wenn hier von einer Kunst der Reise gesprochen wird, dann geht es um einen Prozess der ästhetischen Erfahrung, der auf Bildung als Vervollkommnung der Erfahrung zielt. Das heißt, es geht immer noch um die Erfahrungen von Schönheit, Erhabenem, Pittoresken, Erbaulichem, Exotischem und Schrecklichem (vgl. Brilli 1997, 54–61) oder um Erfahrungen des Belanglosen, Lächerlichen, Ekelhaften,

Peinlichen und Hässlichen, – aber mit dem Ziel einer Ästhetischen Bildung des Selbst. Bestand die traditionelle Bildung der Grand Tour darin, sich die „räumliche Individualität der besuchten Orte […] in einer sowohl körperlichen wie geistigen Anstrengung anzueignen" (Schivelbusch 1995, 173), so besteht das Ziel heute darin, im Reisen seinen eigenen Empfindungen, Wertungen und Phantasien näher zu kommen.

Die moderne Bildungsreise hat einen anderen, wenn man so will, minderen Anspruch. Sie verspricht ‚nur' den Austausch mit unserem Selbst, die Gelegenheit, sich über seine eigenen Wahrnehmungen, Gefühle und Vorstellungen zu verständigen, seinem ästhetischen Empfinden und Bewerten auf die Spur zu kommen, kurz: Bekanntschaft mit seinem ästhetischen Selbst zu machen. Dafür sind Orte, Situationen, Personen und Gegenstände ebenso entscheidend wie klimatische oder auch zeitliche Gegebenheiten.

Spricht man in diesem Zusammenhängen von einer Kunst, so könnte man diese als eine *Kunst der Abstände* beschreiben. Eine Bildungsreise gelingt, wenn Abstände für die Reisenden fruchtbar gemacht werden können. Hierbei folgen wir den Überlegungen von François Jullien, der den Begriff des Abstandes verwendet, um auf die Entfernungen zwischen den Kulturen hinzuweisen: Der Abstand ist

> „eine Denkfigur nicht der Identifikation, sondern der Exploration, die andere Möglichkeiten zutage fördert. […] Mit dem Abstand verbindet sich kein Zurechtrücken, sondern ein *Verrücken*. […] [Mit ihm beginnt] eine *Ermittlung*: Sie will herausfinden – sondieren –, bis wohin andere Wege führen können. Sie ist auf Abenteuer aus (Jullien 2017, 37).

Die Kunst des die Welt ästhetisch erfahrenden Bildungsreisenden würde folglich versuchen, das Fremde wahrzunehmen, es reflexiv auf sich zu beziehen und es dementsprechend in seiner graduellen Abständigkeit aufrecht zu erhalten. Hierbei geht es nicht um die Anverwandlung des oder die Identifizierung mit den Anderen, eine Selbstentfremdung oder einen Selbstverlust, noch um eine Horizonterweiterung (Gadamer), die beide Momente – den Reisenden wie die fremde Kultur – überbrückt oder um eine radikale Fremdheit, die keine Formen der Explikation möglich macht. Wer den Abstand denkt, neigt nicht zu einfachen Unterscheidungen oder kurzschlüssigen Identifizierungen, sondern versucht, das ‚Zwischen' der Kulturen oder auch das ‚Zwischen' von Selbst und Welt miteinander in Spannung zu versetzen (ebd., 41).

In bildungstheoretischer Hinsicht bedeutet Reisen also nicht nur das Kennenlernen anderer Länder, Menschen, Kulturen usw. im Sinne einer Ausdifferenzierung bzw. Erweiterung von Kenntnissen und Wissensformen über die Welt, sondern das Reisen ermöglicht insbesondere auch Ermittlungen der Spannungsverhältnisse zwischen Selbst und Welt. Die Kunst des Reisens besteht in der Entwicklung einer spannungsgeladenen Abständigkeit: „Indem sie vom Erwarteten, vom Konventionellen abweicht (‚entgleist'), indem sie sich vom allzu Bekannten loslöst, lässt die Abweichung ‚etwas zutage treten, das dem Denken zunächst entgangen ist. Insofern ist sie fruchtbar" (ebd., 43). In dieser Perspektive ist eine Bildungsreise immer auch ein Versuch des Auffindens von subjektiven Ressourcen angesichts von kulturellen Abständigkeiten unterschiedlicher Art. Und dieses Auffinden hat mit der Überschreitung von Grenzen zu tun. Reisen bedeutet immer das Überschreiten der Grenzen der eigenen Lebenswelt. Der Reisende verlässt die eigene Lebenswelt, überschreitet den vertrauten Kulturzusammenhang, konfrontiert sich mit einer anderen Wirklichkeitsordnung. Reisen konstituiert die Differenz zwischen ‚Heimwelt' und der ‚Fremdwelt' (E. Husserl) (Bödeker 2004, 295).

Der Reisende begibt sich dadurch absichtlich in ein Spannungs- und Abständigkeitsverhältnis zur Welt, das wiederum Auswirkungen auf die Erfahrung seiner eigenen Existenz hat. Reisen eröffnet demnach einen Zwischenraum, der den Reisenden in einen schwellenförmigen Übergangszustand versetzt: Der Reisende ist nicht mehr (ganz) Teil seiner Heimwelt aber auch (noch) nicht integrierter Teil der bereisten fremden Welt; er befindet sich in einer zwischen diesen Welten aufgespannten Welt, die es erlaubt, Möglichkeiten in den Blick zu nehmen, weil diese ein Feld wechselseitiger Betrachtungsperspektiven eröffnet. Dieses Dazwischen-Sein ist es schließlich auch, das zu einer Erfahrung phänomenaler, epistemischer oder auch existentieller Präsenz führt. Der Reisende nimmt sich selbst sowie die ihn umgebende Welt in ihrer konkreten Spannungshaftigkeit wahr und setzt sich dazu in Bezug. Der Reisende befindet sich damit in einem dezidiert ästhetischen Modus der Selbst- und Welterfahrung.

Doch was ist der Referenzrahmen für ‚Abständigkeit'? Wo hört die lebensweltliche Heimwelt eigentlich auf und wo beginnt die fremde Welt? Nimmt die Fremdwelt dort ihren Anfang, wo eine andere Sprache gesprochen wird? Beginnt sie dort, wo andere Traditionen, Sitten und Gebräuche wirksam sind? Oder dort, wo Landschaft und Architektur anders sind? Oder dort, wo ein anderes Land beginnt? Was meint ‚anders'? Wo verläuft diese Grenze zwischen dem, was als das Eigene und Bekannte und dem, was als das Fremde und Unbekannte wahrgenommen und erfahren wird? Hans Erich Bödeker (ebd., 297) verweist in diesem Kontext darauf, dass Fremdheit keine Eigenschaft bzw. keine objektive Größe ist, sondern ein relationales Prinzip darstellt, das sich in der Erfahrung der Nicht-Zugehörigkeit, der Nicht-Vertrautheit, der Unkenntnis von Gegebenheiten usw. ausdrückt. Diese Erfahrung scheint sich in der Regel dann bei einem Menschen einzustellen, wenn das Vertraute, Gekannte oder Bekannte verlassen wird, also wenn die subjektive Grenze der Heimwelt überschritten wird. Das, was als fremd erfahren wird, erscheint demnach subjektiv, aber auch historisch, kulturell und sozial wandelbar (vgl. Waldenfels 1997). Das Überschreiten staatlicher Grenzen ist hierbei oftmals ein wichtiger Markierungspunkt, da sich z. B. rein formal Differenzen in juristischer, sprachlicher, verkehrstechnischer usw. Hinsicht eröffnen. Entscheidend hierbei ist, dass derartige Abständigkeitssituationen immer auch dazu führen, dass das Eigene wieder ins Bewusstsein gelangt. Grenzüberschreitungen bewirken damit auch eine Auseinandersetzung mit der eigenen Identität, die sich immer nur in Anbetracht des Anderen beschreiben lässt.

Von hier aus wird deutlich, warum eine Bildungsreise als Form der ästhetischen Selbstthematisierung nicht funktioniert, wenn der Reisende etwa nur die Bilder ‚schießt', die ihn erst in diese Regionen gebracht haben. Damit vollzieht er lediglich eine Werbegeste nach und verdoppelt (wahrscheinlich in geringerer Bildqualität) das Versprechen auf Glück, das die Reiseindustrie ihm vorgegaukelt hat. Und sie funktioniert auch nicht, wenn der Reisende – etwa mit

Selfies – sich und anderen bestätigt, wirklich vor Ort gewesen zu sein, da diese Form der ästhetischen Vergewisserung in Form von (bildlichen) Souvenirs keine befremdende und damit destabilisierende Auseinandersetzung mit der eigenen Wahrnehmung und Phantasie und mit den Ressourcen der besuchten Kultur bedeutet, sondern eher einen selbst-affirmativen Zug aufweist. Die Abständigkeit präferiert dagegen die Verunsicherung, das Offenhalten und das Aushalten unterschiedlicher Perspektiven – und damit die Entwicklung von Ressourcen. Anders formuliert ist die Bildungsreise eine Ressource zur Förderung von Ressourcen und damit zur Förderung des Subjekts im Sinne einer Entwicklung seiner Erfahrungsmöglichkeiten. „Der ‚Reichtum' der Ressourcen lässt sich nicht auf Erworbenes reduzieren, sondern er bewahrt stets ein Moment des Virtuellen und Grenzenlosen, [denn]: Ressourcen gehören niemandem, sie sind vielmehr disponibel" (Jullien 2017, 66 f.). Die Kunst der Bildungsreise ist eine Kunst der Entdeckung der Ressourcen im Zwischen der Kulturen, die vor allem auf die *„Loslösung"* (ebd., 63) des Subjekts aus ästhetischen Erfahrungsmustern zielt.

Damit gewinnt auch die Identität des Subjekts eine andere Bedeutung. Es geht nicht mehr um das Finden einer identitären Essenz, einer natürlichen Authentizität, einer Abgeschlossenheit des Selbst oder auch der bereisten Kultur, sondern um die durch die Reise eröffneten Möglichkeit der Gegenüberstellung „sich gegenseitig zu reflektieren […] und so einen neuen, schrägen Blick auf unser Ungedachtes zu ermöglichen" (ebd., 76). Die Abständigkeit hat insofern einen kämpferischen Charakter, weil sie den Reisenden dazu bringt, „zu untersuchen, *wie weit* die Divergenzen gehen und die Distanz zwischen ihnen zu ermessen, *entfaltet* er das Kulturelle und Denkbare an ihrer Grenze" (Jullien 2009, 188) und weckt ihn aus seiner „schläfrigen Normativität" (ebd., 189).

Ästhetische Bildung erscheint in diesem Sinne als Eröffnen von kulturellen Abständen der Wahrnehmungen, um neue sinnliche Ressourcen zu entdecken. Ästhetische Identität erscheint in diesem Sinne eher als ein kultureller Dialog, ein sinnliches Kraftfeld, ein virtueller Explorationsraum, mithin als ein Medium, das in Aus-Einandersetzung bleibt. Wir können hier von einem abständigen Ich des Reisenden sprechen, das nie ganz bei sich oder auch nicht beim Anderen oder Fremden ist. Und die Kunst der Bildungsreise liegt schließlich dementsprechend darin, diesen Schwebezustand zu ermöglichen.

Ein Bildungsreisender könnte – wenn man die hier entfaltete Idee der ästhetisch begründeten bzw. ästhetisch verstandenen Bildungsreise heranzieht – vielfältige sinnliche, emotionale und imaginäre Spannungsverhältnisse in diesen Abständigkeiten fruchtbar machen. Er könnte versuchen, das sich ihm eröffnende Abständigkeitsspiel von Bezügen und Entzügen in seiner befremdenden Vielheit zu erfassen und er könnte den Anspruch an sich stellen, dies reflexiv auf sich zu beziehen um eine differenzierte Wahrnehmung seiner Wahrnehmung generieren zu können. In diesem Sinne könnte eine Bildungsreise, die programmatisch auf die ästhetisch-reflexive Erfahrung des Reisenden abzielt, auch das als behandelbar und als aufzubrechende kulturelle Problemstruktur reflektierbar zu machen, was im vertrauten Alltag als funktionaler, oft unterschwelliger Mechanismus zur Ordnung und Vereinfachung einer unübersichtlichen Welt eingebettet ist, nämlich das Prinzip kultureller Stereotypisierungen, Etikettierungen und Pauschalisierungen. Eine Bildungsreise würde in dieser Perspektive sowohl vielschichtige Verknüpfungen zwischen Ich und Welt ermöglichen als auch umfassende ästhetisch-kulturelle Reflexionsprozesse in Gang setzen können. Nicht zuletzt macht sie in den Abständigkeiten auch „Gemeinsames" aus, ein „Gemeinsames, das nicht ärmlich ist, sondern aktiv und intensiv"; und es entstehen „Bedingungen der Möglichkeit einer effektiven Begegnung", die ein in Ansätzen sich entwickelndes wechselseitiges Verstehen ermöglichen (Jullien 2017, 77, 89 f.).

Insofern lässt sich sagen, dass das Bildungs-Reisen eine intensive, langwierige und kreative Arbeit bedeutet, die nicht auf einen Schlag, sondern (mühsam?) erlernt und geübt werden muss. Das Bildungs-Reisen wäre somit im Kern immer als Aufgabe für das Subjekt zu verstehen, die es zu bewältigen und gestalten gilt, deren Bewältigung und Gestaltung aber immer auch scheitern kann, wenn die spannungsgeladenen Abständigkeiten einfach nach einer Seite aufgelöst werden. Auch Abständigkeiten explorieren will gelernt sein; doch wenn man's wirklich könnte, wäre es auch keine Kunst.

Literatur

Adorno, Theodor W., und Max Horkheimer. 1988. *Dialektik der Aufklärung. Philosophische Fragmente*. Frankfurt a. M.: Fischer Taschenbuch.
Bilstein, Johannes. 2013. Reise-Erfahrungen. In *Erfahrung – Erfahrungen*, Hrsg. Johannes Bilstein und Helga Peskoller, 265–283. Wiesbaden: Springer VS.
Bödeker, Hans Erich. 2004. Einführung. In *Die Welt erfahren. Reisen als kulturelle Begegnung von 1780 bis heute*, Hrsg. Hans Erich Bödeker, Arnd Bauerkämpfer, und Bernhard Struck, 295–300. Frankfurt a. M.: Campus Verlag.
Bödeker, Hans Erich, Arnd Bauerkämpfer, und Bernhard Struck. 2004. Reisen als kulturelle Praxis. In *Die Welt erfahren. Reisen als kulturelle Begegnung von 1780 bis heute*, Hrsg. Hans Erich Bödeker, Arnd Bauerkämpfer, und Bernhard Struck, 9–32. Frankfurt a. M.: Campus Verlag.
de Botton, Alain. 2003. *Kunst des Reisens*. Frankfurt a. M.: Fischer Taschenbuch.
Brandstetter, Ursula. 2012. Ästhetische Erfahrung. In *Handbuch Kulturelle Bildung*, Hrsg. Bockhorst, Hildegard, Vanessa Reinwand, und Wolfgang Zacharias, 174–180. München: kopaed.
Brilli, Attilio. 1997. *Als Reisen eine Kunst war. Vom Beginn des modernen Tourismus: Die „Grand Tour"*. Berlin: Wagenbach.
Bubner, Rüdiger. 1989. *Ästhetische Erfahrungen*. Frankfurt a. M.: Suhrkamp.
Deines, Stefan, Jasper Liptow, und Martin Seel. 2013. Kunst und Erfahrung. Eine theoretische Landkarte. In *Kunst und Erfahrung. Beiträge zu einer philosophischen Kontroverse*, Hrsg. Stefan Deines, Jasper Liptow, und Martin Seel, 7–37. Frankfurt a. M.: Suhrkamp.
Elis, Karlpeter. 2004. Reisen ist Bildung wie umgekehrt Bildung Reisen ist. In *Bildungsreise – Reisebildung*, Hrsg. Karlpeter Elis, 3–19. Wien: Lit.
Göhlich, Michael, und Jörg Zirfas. 2014. Lernen und Selbsterfahrung. In *Aus Erfahrung lernen. Anschlüsse an Günther Buck*, Hrsg. Sabine Schenk und Torben Pauls, 101–116. Paderborn: Schönigh.
Jörissen, Benjamin. 2014. Transgressive Artikulationen: Ästhetik und Medialität aus Perspektive der strukturalen Medienbildung. In *Medienkultur und Bildung. Ästhetische Erziehung im Zeitalter digitaler Netzwerke*, Hrsg. Malte Hagener und Vinzenz Hediger, 49–64. Frankfurt a. M.: Campus Verlag.

Jullien, François. 2009. *Das Universelle, das Einförmige, das Gemeinsame und der Dialog zwischen den Kulturen*. Berlin: Merve Verlag.
Jullien, François. 2017. *Es gibt keine kulturelle Identität*. Berlin: Suhrkamp.
Klepacki, Leopold. 2016. Die Bildungsreise als ästhetischer Modus der reflexiven Erfahrung europäischer Differenzhaftigkeit – ein phänomenologisch-hermeneutischer Versuch. In *Die Ästhetik Europas. Ideen und Illusionen*, Hrsg. Peter Bubmann und Eckart Liebau, 33–52. Bielefeld: transcript.
Klepacki, Leopold, und Jörg Zirfas. 2021. Schlussbetrachtungen. Zur Methodologie und zum Begriff der Ästhetischen Bildung. In *Geschichte der Ästhetischen Bildung. Band 4: Moderne*, Hrsg. Johannes Bilstein, Eckart Liebau, Leopold Klpeacki, und Jörg Zirfas, 343–375. Paderborn: Schöningh.
Kokemohr, Rainer. 2007. Bildung als Selbst- und Weltentwurf im Anspruch des Fremden. Eine theoretisch-empirische Annäherung an eine Bildungsprozesstheorie. In *Bildungsprozesse und Fremdheitserfahrung. Beiträge zu einer Theorie transformatorischer Bildungsprozesse*, Hrsg. Hans-Christoph Koller, Winfried Marotzki, und Olaf Sanders, 13–68. Bielefeld: transcript.
Koller, Hans-Christoph. 2012. *Bildung anders denken. Einführung in die Theorie transformatorischer Bildungsprozesse*. Stuttgart: Kohlhammer.
Küpper, Joachim, und Christoph Menke, Hrsg. 2003. *Dimensionen ästhetischer Erfahrung*. Frankfurt a. M.: Suhrkamp.
Mattenklott, Gundel, und Martin Vöhler, Hrsg. 2006. *Sprachen ästhetischer Erfahrung. Paragrana. Internationale Zeitschrift für Historische Anthropologie* 15 (2).
Mattig, Ruprecht. 2019. *Wilhelm von Humboldt als Ethnograph*. Weinheim: Beltz Juventa.
Pothast, Ulrich. 1987. Etwas über „Bewußtsein". In *Theorie der Subjektivität*, Hrsg. Konrad Cramer, Rolf Peter Horstmann, Hans Friedrich Fulda, und Ulrich Pothast, 15–43. Frankfurt a. M.: Suhrkamp.
Schiller, Friedrich. 1984. *Über das Schöne und die Kunst. Schriften zur Ästhetik*. Hrsg. Gerhard Fricke und Herbert G. Göpfert. München: dtv.
Schivelbusch, Wolfgang. 1995. *Geschichte der Eisenbahnreise. Zur Industrialisierung von Raum und Zeit im 19. Jahrhundert*. Frankfurt a. M.: Fischer Taschenbuch.
Seel, Martin. 1996. *Ethisch-ästhetische Studien*. Frankfurt a. M.: Suhrkamp.
Seel, Martin. 2003. *Ästhetik des Erscheinens*. Frankfurt a. M.: Suhrkamp.
Seel, Martin. 2004. Über die Reichweite ästhetischer Erfahrung – Fünf Thesen. In *Ästhetische Erfahrung im Zeichen der Entgrenzung der Künste*, Hrsg. Gundel Mattenklott, 73–82. Hamburg: Felix Meiner.
Waldenfels, Bernhard. 1997. *Topographie des Fremden. Studien zur Phänomenologie des Fremden 1*. Frankfurt a. M.: Suhrkamp.
Waldenfels, Bernhard. 2002. *Bruchlinien der Erfahrung*. Frankfurt a. M.: Suhrkamp.
Zirfas, Jörg. 2004. Kontemplation – Spiel – Phantasie. Ästhetische Erfahrungen in bildungstheoretischer Perspektive. In *Ästhetische Erfahrung in der Kindheit. Theoretische Grundlagen und empirische Forschung*, Hrsg. Gundel Mattenklott und Constanze Rora, 77–97. Weinheim: Beltz Juventa.
Zirfas, Jörg. 2014. Ästhetisches *Borderlining*. Die Grenze, die Bildung und die *minima aesthetica*. In *Grenzverhältnisse: Perspektiven auf Bildung in Schule und Theater. Festschrift für Kristin Westphal*, Hrsg. Wiebke Lohfeld und Susanne Schittler, 32–47. Weinheim, Basel: Beltz Juventa.
Zirfas, Jörg. 2018. Ästhetische Erfahrung. In *Kritische Lebenskunst. Analysen – Orientierungen – Strategien*, Hrsg. Günter Gödde und Jörg Zirfas, 134–142. Stuttgart: J.B. Metzler.

Reisen und Bildung nach deren zwischenzeitlichem ‚Ende'

Burkhard Liebsch

> *Was fehlt, ist Einübung ins Verlieren, wie man es noch niemals gekannt hat.*
> E. Kästner (1979, 299)

In seinem Essay über die Eitelkeit schreibt Montaigne (1969, 332), „die Natur" habe uns „frei und beweglich in die Welt gesetzt"; wir aber „sperren uns selbst in bestimmte Beschränkungen ein". Das kann ironischerweise auch durch Reisen geschehen, wie einer nahelegte, der es wissen musste, weil er u. a. mit James Cook viel weiter als die Meisten seiner Zeit herumgekommen war: Georg Forster (2003, 385) bemerkte in seinen *Parisischen Umrissen:* „Mit *haben, gewinnen, besitzen, genießen*" wird „eine Kette um den Menschen [geschlossen], die ihn an Staub und Erde fesselt" – und zwar auch und womöglich gerade dann, wenn der Betreffende dem zu entgehen versucht, indem er sich auf den Weg macht, um ‚bereichert' durch Erfahrung und Bildung zurückzukehren, in deren Genuss er fortan zu kommen hofft. Tatsächlich glaubte Forster offenbar, in moralischer, als „Selbstvervollkommnung" aufgefasster Bildung liege geradezu der Sinn aller Erfahrung, deren Semantik seinerzeit dem inzwischen weitgehend verblassten Zusammenhang mit wirklicher Bewegung *(erfahren)* noch verpflichtet war. Und diesen Maßstab, der allerdings nicht den *alleinigen Zweck* seiner Reisen ausgemacht hatte (wie es bei sog. Bildungsreisen noch heute der Fall zu sein scheint), legte er ohne Weiteres an das Europa seiner Zeit an (ebd., 327). Noch zweihundert Jahre später, als kaum noch jemand *daran* denken konnte, weil Rassismus und Repression, Krieg und Völkermord einer ehemaligen „Kulturnation" diesen Kontinent beherrschten, stellte ein ebenfalls außerordentlich reiseerfahrener

---

B. Liebsch (✉)
Philosophisches Institut, Universität Bochum, Bochum, Deutschland
E-Mail: Burkhard.Liebsch@rub.de

Autor fest, es habe „noch niemand ergründet, wie der Mensch sich verändert, wenn er den Ort verändert, und welche geheimen Verwandlungen da sich mit ihm vollziehen. Ist man derselbe an einem anderen Ort?" Und wäre das unvermeidlich oder als fatale Beschränkung zu deuten? „Ich sinne oftmals darüber nach, und es erscheint mir fast zweifelhaft." Erhart Kästner, der spätere Direktor der Herzog-August-Bibliothek zu Wolfenbüttel, schreibt dies 1943 als unter Hitler eingezogener Soldat auf der griechischen Insel Kreta, ohne zu wissen, ob er aus dem Weltkrieg überhaupt „heil herauskommen" wird (1975, 66, 256) – ob als Derselbe oder als ein Anderer. Letzteres begann man von jeglicher Erfahrung, die ihren Namen wirklich verdient, zu erwarten, nachdem sich die idealistische Dialektik dieses Begriffs angenommen hatte: Wirkliche Erfahrung macht uns demnach zu Anderen, die u. a. durch Ortswechsel nicht nur *verändert,* sondern geradezu *verandert* werden. Das ist in ähnlichen Worten unter Berufung auf Hegel noch bei Gadamer nachzulesen. „Wenn man eine Erfahrung gemacht hat, so heißt das, man besitzt sie"; und zwar in einem Bewusstsein, das idealiter „kein Anderes, Fremdes mehr außer sich hat".[1] Was auch immer ‚vor Ort', durch erzwungenen oder freiwilligen Ortswechsel an verändernden und verandernden Erfahrungen ‚gemacht' wird, es wird demzufolge einem bewussten, seiner selbst gewissen, jegliche Veränderung und Veranderung in der eigenen Erfahrung aufhebenden und insofern ‚gebildeten' Subjekt zugute kommen, selbst wenn es zwischenzeitlich hinnehmen muss, nur durch Leiden lernen zu können, wie es die alte Formel des Aischylos besagt, auf die auch Gadamer sich beruft: *páthei máthos*.

Ist aber dazu überhaupt Reisen erforderlich? Verspricht dazu ein Reisen beizutragen, das – im Gegensatz zu Montaignes, nur um der Lust willen unternommenen, jederzeit zu bleiben bereitem und ums Wiederkommen vollkommen unbesorgten Ausflügen[2] – so weit wie möglich geplant und – im Gegensatz zu den Expeditionen der berühmten Entdecker – gegen Gefahren abgesichert wird, die unterwegs drohen könnten? Sind zumal professionell angeleitete Bildungsreisen, wie sie heute kommerziell angeboten werden, nicht ganz und gar darauf angelegt, die pathische Dimension jeder per GPS exakt messbaren Ortsveränderung auf ein unerwünschtes Minimum zu reduzieren – auch um den Preis, die enormen, vielfach nur noch fliegend zu bewerkstelligenden Ortsveränderungen, die sie erfordern, mit purer Langeweile erkaufen zu müssen, gegen die man auf langen Flügen alle möglichen Zerstreuungen glaubt aufbieten zu müssen, weil die Mehrzahl der Reisenden sie anders anscheinend kaum erträgt?

Warum tut man sich das an? Weil man den *Platz des himmlischen Friedens* und *Machu Picchu* genauso „gesehen haben muss" wie Lascaux und, natürlich, Paris – wohingegen etwa John M. Synges *Aran Islands,* Carlo Levis *Eboli* oder und die Flüchtlingslager des Nahen Ostens unter dem Gesichtspunkt der Bildung als genauso entbehrlich erscheinen wie südafrikanische *Townships,* brasilianische

---

[1] Davon, was Gadamer (1975, 336 f.) selbst gegen diese Deutung einzuwenden hat, sehe ich hier ab.
[2] Montaigne 1969, 333 f., 338.

Favelas und auch in Europa anzutreffende *Slums* der Ärmsten, die man lieber übersieht, sei es auch nur, um sie oder sich selbst nicht zu beschämen? Müssen der Armut und sonstiger Gewalt Ausgesetzte etwa *deshalb* erst tot sein, um für bildende Besichtigung ihrer Lebens- und Sterbensumstände in Betracht kommen zu können? Werden unter solchen Voraussetzungen *Ansprüche* auf Bildung sogar normiert – und zwar so, dass man für sich jedes Recht und jede technische Möglichkeit reklamiert, Lebensräume ignorierter Anderer weltweit zu durchqueren, koste es (nicht zuletzt ökologisch), was es wolle? Heute lässt sich Reisen, gleich welcher Art, nur noch als im Lichte dieser und der folgenden Fragen *sensibilisiertes* vorstellen. Andernfalls konterkariert es sich als technische, ökologische und ökonomische Ignoranz selbst; und am Ende der Reise steht keine *Bildung,* sondern wie gehabt die bloße *Einbildung,* man sei als von fremdem, „großartigem" kulturellen Reichtum mehr oder weniger tief „Beeindruckter" zweifellos gebildet.

Dabei will sich solcherlei Wirkung in der Fremde keineswegs immer einstellen. Der ungarische Autor Sándor Márai, ebenfalls ein weit Herumgekommener, tat in der französischen Hauptstadt, was scheinbar alle dort Fremden machen: sich „Paris ansehen", gerät dann aber in den Strudel einer alles erfassenden Andersheit (2001, 320). „Wie ein freigelassener junger Hund" sieht er sich „alles" an (ebd., 329, 342 ff.), nur um schließlich in eine Art „Fremdheitspanik" zu geraten und nur noch seine „Seele" auf unverfügbare Zeichen warten zu lassen, die ihr den weiteren Weg weisen könnten, wobei „die Welt" offenbar nur noch „stören" konnte (ebd., 208, 331, 378). Gewiss: das Angebot einer Bildungsreise sucht solcher, schließlich in Abwendung von der Welt umschlagender Panik durch kluge Auswahl des wirklich „Sehenswerten" zuvorzukommen, das eine wohldurchdachte Choreografie typischerweise auf die Kette einer *Durch-* oder *Rundreise* auffädelt, die zu keiner Zeit vom Weg abkommen und auf jeden Fall zum Ausgangspunkt zurückführen soll. Auch derart gesichertes und vorsichtshalber versichertes Reisen ist allerdings vor Panik nicht geschützt, droht sie uns doch gerade als solche um jede Erfahrung zu bringen, die ihren tradierten Titel wirklich verdient. Lässt die perfekt organisierte Reise nicht von vornherein erwarten, dass wir keine Erfahrung gemacht haben werden? Was auch immer wir als vermeintlich zu besitzende Bildung davontragen werden, wir werden am Ende als Subjekte, die darauf aus sind, *aus, durch* und *für* neue Erfahrung gebildet zu werden, womöglich mit leeren Händen dastehen – und könnten so gesehen im Grunde zuhause bleiben. Wenn zudem *alle alles selbst,* leibhaftig sehen wollten, wäre dies das Ende der Welt, die noch zu besichtigen wäre. Längst ist das Reisen Teil einer ökologisch verheerenden Industrie und Ökonomie, die ihrem Namen *(oîkos, nómos)* spottet. Angesichts dessen muss es erstaunen, dass sich selbst Philosophen, die sich mit antiker Semantik auskennen, einer Rhetorik befleißigen, die ohne jegliche ökonomisch-ökologische Rücksicht das schlechthin „Eindrucksvolle" feiert, das anzusehen „sich lohnen" soll, weil es „fasziniert" – so als ob der Kurs des „Faszinierenden", des „Erstaunlichen" und selbst des „Wunderbaren" nicht seit langem infolge massenhaften Konsums ins Bodenlose fallen würde, um nur noch Überdruss, wenn nicht gar Ekel hervorzurufen, wie schon

Paul Valéry feststellte.³ Führt das komfortable, durchorganisierte und angeleitete Reisen nicht bloß noch in eine „zubereitete Fremde"? Müssen Traum- und Sehnsuchtsländer deshalb in immer weitere, schließlich unerreichbare Ferne rücken? Und hat der durch technische ‚Fortbewegungsmittel' beschleunigte Verkehr nicht längst „dem Reisen das Ende gesetzt"?⁴ Ungeachtet solcher bereits im 19. Jahrhundert artikulierter Bedenken empfehlen Reiseführer, möglichst viel in der Weise gut informierter *Besichtigung* „mitzunehmen" – in einem randvollen, gedrängten Programm, das immer zu viel des Guten verspricht und dabei von vornherein keine Zeit lässt, weiß man doch, dass man nicht genug davon haben wird. Auf die Aura des Ortes, sollte sie nicht ohnehin unter großem Andrang erbärmlich gelitten haben (Kästner 1974, 25, 78, 149), mag man sich unter solchen Umständen nicht verlassen. Stattdessen schießt man zum Zweck späterer Vergegenwärtigung des Versäumten tausende von Bildern von tausendfach bereits Abgebildetem, das früher oder später überwiegend als Müll entsorgt werden muss, weil sich die schiere Menge des Materials kaum mehr anders bewältigen lässt. Niemand anderes will das Sehenswerte nach der Rückkehr mehr sehen, für das sich weit Gereiste vor Ort selbst nicht genug Zeit genommen haben – mit der unvermeidlichen Folge, die Glaubwürdigkeit ihrer vermeintlichen Zeugenschaft für das „unbedingt Sehenswerte", das „man gesehen haben muss", zu ruinieren.

Sollte man davon also besser die Finger lassen und sich in neuen Formen der Askese üben, wenn man überall von „zu vielen Dingen" übersättigt zu werden droht (Kaschnitz 1991, 230, 234), die man zu allem Überfluss auch noch privat archivieren möchte, ohne sich zu fragen, für welche Zukunft das geschehen soll? Wen kümmert es, wenn jemand versäumt hat, zu sehen, was man angeblich gesehen haben muss? Wären Unbildung und Borniertheit die Folge? In wessen Augen? Liegt unerkannte Borniertheit womöglich gerade aufseiten derjenigen, die nicht einmal bemerken, dass sie in der Weise forcierter Autopsie gegebenenfalls gar keine Erfahrung machen, die so genannt zu werden verdient – mögen sie noch so ehrfürchtig vor Ort beschwören: hier lebte, lehrte und ruht nun…, wo nur noch Wind über stumme Steine streicht? Glauben sie bloß zu ‚reisen', obgleich *die Reise* kulturgeschichtlich ebenso überholt ist wie die bereits oft – wie Gott, der Mensch und die Geschichte – für ‚tot' erklärte *Bildung*? Sind Reisen und Bildung wie auch diese erhabenen Titel zu bloßen Worthülsen verkommen, unter denen man sich nichts Genaues mehr vorzustellen vermag? Oder sind Reisen und die Bildung, die von Gebildeten als deren geistiger Zweck aufgefasst wurde, noch in transformierter Form zu retten?

An melancholischen Diagnosen mangelt es nicht, die besagen, was man heute noch ‚Reisen' nennt, sei in Wahrheit bloß eine beschleunigte Verfallsform der langsamsten Weise, sich Fremdes buchstäblich zugänglich zu machen, nämlich des Gehens. So erinnert Kästner (1975, 69) an Seumes *Spaziergang nach*

---

³ Vgl. Held 1990; Löwith 1971.
⁴ Sternberger 1974, 46, 55 f.

Syracus (1802/1803) und an dessen Bemerkung, „sowie man im Wagen sitze, habe man sich sogleich einige Grade von der Humanität entfernt", wie sie nur im aufrechten Gang zum Ausdruck kommen könne. Und im Jahre 1960 wurde dem *Letzten Fußgänger* ein literarisches Denkmal gesetzt, der angeblich noch wusste, dass „der motorisierte Mensch [...] nie ,ins Freie'" komme (Muthesius 1960, 114). Seither haben sich viele Apologeten entschleunigten Gehens, Flanierens, Wanderns und Pilgerns hervorgetan. So erinnert ein französischer Foucault-Schüler ohne besondere Rücksicht auf weltweit höchst unterschiedliche Lebens- und Überlebensbedingungen an die alten Kirchenväter und deren Einsicht, „wir alle" seien „auf Erden nur auf der Durchreise". Das Leben sei ohnehin ein Exil, dem nur eine *peregrinatio perpetua* als ständige „Bewegung des Aufbruchs", des „Sichlosreißens" und des „Verzichts" gerecht werden könne (Gros 2010, 119). Dabei übersieht der Philosoph, der ‚existenziell' mit einer nomadischen Freiheit *von* der Welt liebäugelt, allerdings, wie sich seither die Bedingungen freier Bewegungsmöglichkeit *durch* die Welt gewandelt haben. Stefan Zweig hat das in seinem 1942 zuerst erschienenen Bericht *Die Welt von gestern* auf brillante Weise deutlich gemacht.

Zweig (2013, 179) will noch erfahren haben, wie einst die Straße jedermann gehörte, nicht nur im Paris seiner Zeit. Es genügte früher, so zitiert er einen exilierten Russen, „einen Körper und eine Seele" zu haben, um sich frei bewegen zu können. Heute braucht jeder „noch einen Pass dazu, sonst wird er nicht als Mensch behandelt". So endeten im Zeichen der wenig später von Hannah Arendt herausgestellten Aporie der Menschen- und Bürgerrechte alle Träume von kosmopolitischer Freizügigkeit, in denen sich Zweig ausgemalt hatte, „wie herrlich es sein müßte, [...] staatenlos zu sein, keinem Lande verpflichtet und darum allen unterschiedslos zugehörig" (ebd., 538 f.). Ersichtlich stellt Zweig nicht auf technische Bedingungen der Mobilität ab, wenn er den drohenden Verlust einer Freiheit heraufbeschwört, die am Ende auch das Gehen in jeder Hinsicht beschränkt, wenn sich jeder als potenzieller Flüchtling begreifen muss, der allenfalls bis auf Weiteres irgendwo geduldet wird, sich aber jederzeit dazu gezwungen sehen kann, zu ‚gehen', d. h. hier: bedingungslos die Flucht ergreifen zu müssen (ebd., 481, 561). Ob wir ‚an Ort und Stelle' vorläufig oder endgültig sesshaft oder nomadisch leben, ist in dieser Perspektive von sekundärer Bedeutung. Unter den von Zweig beschriebenen, politisch eingeschränkten Bedingungen ‚freier' Bewegung, die wir Freizügigkeit nennen, sind wir alle virtuell Exilierte, Gäste, die nur provisorisch eine Bleibe haben, Heitmatlose, Flüchtlinge, wie es dann auch Arendt gesehen hat, an deren wegweisenden Aufsatz zu dieser Frage nicht umsonst gegenwärtig wieder oft erinnert wird. Unter jenen Bedingungen bleibt vom Gehen, von dem sich temporalisierte Zeitgenossen im Sinne einer entschleunigten Lebenskunst so viel zu versprechen scheinen, vor allem eines: die Nötigung zu bedingungsloser Flucht. Diese Bedingungen in Apologien bildenden Reisens, das heute vielfach Zonen der Flucht überfliegen oder durchqueren muss, gar nicht in Rechnung zu stellen, erscheint gegenwärtig als eklatante politische Naivität.

Offenbar drohen die Spielräume des Reisens im ‚klassischen' Sinne wie der *Italienischen Reise* Goethes, auf die man sich oft als Vorbild beruft, zwischen massenhaftem, beschleunigtem und normalisiertem Verkehr einerseits und Flucht andererseits immer kleiner zu werden. *Einfach freizügig durchqueren* lässt sich die inzwischen restlos aufgeteilte und politisch formierte Welt so gut wie nirgends mehr. Jeder längere Aufenthalt bedarf der (in der Regel terminierten) Genehmigung und kann sich kaum noch auf ein nicht bereits politisch-rechtlich reglementiertes *Ethos* der Hospitalität stützen, die Kant als das *Recht* reformuliert hatte, sich Fremden auf deren Boden „zum Verkehr" anzubieten, ohne dabei um sein Leben fürchten zu müssen.[5] Dabei dachte Kant offenbar vorrangig an die Europäer, die anderswo, als Entdecker, Handeltreibende und Kolonisatoren, in den Genuss dieses Rechtes kommen sollten, ohne etwa damit zu rechnen, dass bspw. „der Orient [...] zu uns herüberkommen" wird. Weil dies nicht zu erwarten sei, schrieb Goethe im *West-Östlichen Divan*, müssten „wir uns orientalisieren". Denn „wer möchte sich nicht mit [dessen] Schätzen an der Quelle bekannt machen" (Goethe 1974, 185)? Das ist das vordergründige Interesse einer Bildung, die ihr Ideal in einer Erfahrung hat, die man *selbst* (nicht aus zweiter Hand) macht und aus der man *selbst* kulturelles Kapital schlägt, um verändert oder verandert, auf jeden Fall aber ‚bereichert' aus ihr hervorzugehen. Dabei vergisst dieses Interesse vielfach, was rückblickend nicht zu übersehen ist: wie sehr es Wegen folgt, die vorangegangene Eroberungen bereits gebahnt hatten, und wie sehr es sich seinerseits als Form fragwürdiger Aneignungen manifestiert (deren kolonialistisches Erbe unsere ethnologischen und kulturhistorischen Museen bis heute schwer belastet). So geschieht es schließlich mit dem gesamten Süden, der „vormals allein durch das Kunstland Italien repräsentiert" war, aber nach und nach „mit dem Orient in jeder Form, dessen Entdeckung und Ausbeutung" verschmolz, sodass von Marokko und Ägypten ausgehend schließlich die „afrikanische Romantik und die politische Besitzergreifung" Hand in Hand gehen konnten (Sternberger 1974, 46 ff.). Unter dieser Voraussetzung wurden gegen Ende des 19. Jahrhunderts zig ‚Touren' nach Ägypten möglich, die „bereits nicht mehr in eine Oase der Freiheit", sondern nur noch in ein Land führen konnten, „das den europäischen Mächten ausgeliefert war". Dabei schlägt das klassische Reisen alsbald in massenhafte Formen von Besichtigung um, realpolitischen Voraussetzungen vergessen und ‚Romantiker' bereits eine Fremde vermissen lassen, die sie kompensatorisch in der „Bohème", im „Zigeunertum" und jeder anderen Form nicht sesshaften, fahrenden, ungesicherten Lebens zu suchen verleitet, um einem „in Besitz und Versicherung gegen alle Zufälle eingesperrten Bürgertum" entgehen zu können (ebd., 55 ff.), das nur zu bereit gewesen war, sich mit Haut und Haaren einem imperialistischen und kolonialistischen Staatsverständnis zu verschreiben, an dem wir noch heute zu tragen haben, wie sich an den in Belgien bis heute

---

[5] Vgl. Liebsch, Staudigl, Stoellger 2016.

wenig beachteten Verbrechen des Königs Leopold II.[6] und am ebenfalls bis heute weitgehend ignorierten Genozid zeigt, den Deutsche an den Herero und Nama verübt haben.

Wenn Sternbergers Beobachtungen zutreffen, dann hat sich das Fenster eines freien Reisens, das sich im deutschsprachigen Raum im spezifischen Horizont einer *Metaphysik der Bildung* gerade erst zu öffnen begonnen hatte, sehr bald wieder zu schließen begonnen. Vom Abschied vom Reisen als solchem ist bereits die Rede, als der Schweizer Historiker Jacob Burckhardt mit seiner *Anleitung zum Genuss der Kunstwerke Italiens* (*Der Cicerone,* 2001, 3) überhaupt erst das jahrhundertelang vergessene *Paestum* und viele andere Stätten der griechisch-italienischen Antike „flüchtig Reisenden" zwecks „rasche[r] und bequeme[r] Auskunft über das Vorhandene, dem länger Verweilenden die nothwendigen Stylparallelen [...]" zu bildender Besichtigung sowie zu „angenehme[r] Erinnerung" empfohlen hatte. Damals schon stand die gesuchte Bildung im Verdacht, vor allem dazu dienen zu sollen, sich über andere erheben zu können. Wer in William Turners *Sklavenschiff* nur „grellgelben Schlamm" erkennt, wo es sich anscheinend um eine Art Wasser handeln soll, muss ein „Esel" sein; so muss es jedenfalls demjenigen erscheinen, der dank „unerbittlicher" Bildung „Augen hat, zu sehen", die ihm zuvor, mangels kunstsachverständiger Erklärung, allerdings auch nicht aufgegangen sind. So goss Mark Twain (2007, 226) anlässlich seiner 1878 als *tramp* unternommenen Deutschlandreise seinen Spott über den elitären Dünkel derjenigen, die sich niemals damit zufrieden geben, ihre vermeintliche Bildung für sich zu behalten. Schon Montaigne (1969, 326) wusste: „Selbst Geist und Weisheit scheinen uns nutzlos, wenn wir ihre Gaben nur allein genießen können und wenn sie nicht von anderen gesehen und gebilligt werden." Im Fall der fraglichen Bildung aber scheint deren Zurschaustellung sie geradewegs zu verderben; zumal in Zeiten, die ihrem zentralen Anspruch Hohn sprechen, sich zu einer „gebildeten *Welt*" zu verhalten, von ihr Rechenschaft abzulegen und sie umwillen weiterer Bildung voranzutreiben. Von einer solchen Welt handelte Herder (1982, 281) im *Journal* seiner Reise nach Riga (1769) – wobei es sich zweifellos um ein spezifisch deutsches Deutungsmuster handelt, dessen ‚bildungsbürgerliche' realgesellschaftliche Grundlagen, die die längste Zeit über ohnehin nur schmal und schwach waren, einschlägigen Untersuchungen zufolge längst *passé* sind. Die politische Kultur, der es im Sinne einer gebildeten *Welt* verpflichtet war, wurde denn auch von Adorno und anderen unnachsichtig für „tot" erklärt.

So stehen wir nicht erst heute vor der paradoxen Situation, dass sich sowohl vom Reisen als auch von der als dessen Sinn aufgefassten Bildung nur noch *nach ihrem ‚Ende'* handeln lässt, das man so oft schon verkündet hat. Aber damit ist

---

[6] Die Sebald (2001) in einer bemerkenswerten literarischen Bildungsreise in Erinnerung gerufen hat, welche vorstellbar werden lässt, wie etwa ruandische und kongolesische Nachfahren der Opfer dieses Königs die imperiale Topografie Brüssels besichtigen, die nicht nur die „immanente Leere der Macht" vor Augen führt, sondern auch schon an ihr künftiges Dasein als Ruine denken lässt (Sternberger 1974, 28, 43, 246).

keineswegs jegliche Bildung und jegliches Reisen ‚am Ende', sondern allenfalls ein bestimmtes Verständnis davon. Deshalb fragen wir unverdrossen weiter nach einem internen, womöglich unaufgebbaren Zusammenhang von Reisen und Bildung, statt beides einer sinnentleerten Mobilität oder ungebildeten, an Ort und Stelle verharrenden Identität preiszugeben, die in ihrer Borniertheit gar nicht einsieht, warum sie sich nicht selbst genug sein sollte. Statt weiter ein angeblich längst ‚totes', ‚elitäres' Bildungsverständnis vorzuführen, lohnt es sich möglicherweise eher, die Gegenprobe zu machen und zu fragen, ob man im Ernst auf jenen Zusammenhang verzichten kann – wie auch immer er neu zu denken wäre.

Bildung, auf die man abzielt wie auf einen ideellen, Anderen gegenüber zu demonstrierenden Besitz, lässt sich wohl nicht davor bewahren, sich auf bloße Einbildung zu reduzieren. ‚Wirklich' Gebildete werden indessen auf jegliche derartige symbolische Kapitalbildung verzichten wollen, zumal wenn jedes im Sinne der Bildung erworbene Wissen unvermeidlich mit vertiefter Ahnung davon einhergeht, was wir *nicht* wissen und vielleicht niemals wissen werden. So ist wirkliches Wissen *demütiges* Wissen oder nur eine intellektuelle Form der Überheblichkeit. Insofern ist Georg Bollenbeck (1996, 312) Recht zu geben, wenn er feststellt, das Konzept der Bildung könne „nicht gerettet werden", wenn es letztlich nur auf eine Art Einbildung Einzelner oder auch ganzer Nationen hinausläuft, die sich dank ihres vermeintlich überlegenen Wissens für etwas Besseres halten. Ob dagegen „die Idee der ‚Selbstbildung aller'" obsolet sei, dürfe bezweifelt werden, meint dieser Autor jedoch (ebd.). Immerhin implizierte letztere doch, dass sich das fragliche Selbst eingesteht, auf Bildung *angewiesen* zu sein, die es nicht sich selbst verschaffen kann. Selbstbildung kann nicht bedeuten, dass sich das Selbst allein durch sich selbst bildet und auf diese Weise nur sich selbst bestimmt und womöglich steigert. Im Gegenteil scheint am Anfang aller Bildung die Einsicht zu stehen, sich nicht in dieser Weise selbst genügen zu können, sondern auf Andere und Fremdes angewiesen zu sein, dessen Alterität nur widerfahren kann. In diesem Sinne bleibt es bei der zitierten alten Formel: wir erfahren pathisch, was zu unserer Bildung beitragen mag. Das reflexive Verb ‚sich bilden' zeigt hierbei aber gerade keinen bloßen Selbstbezug an, den man auf und durch Reisen – womöglich vergeblich – zu unterlaufen sucht.

Im Gegensatz zur klassischen, kontemplativen Konzeption von Wissen gibt sich das in der Neuzeit einsetzende Reisen um des Reisens willen, in dem man auch von sich selbst loszukommen sucht, zunächst einer ausgelassenen Euphorie und purer Lust am Neuen hin (Hazard 1939, 29 ff.), die selbst bei Montaigne schon anklingt, der grundsätzlich noch ein abgeschiedenes Leben vorgezogen hatte. Wenn es zuvor eine geradezu klassische Haltung gewesen sein mag, sich vor unnötigen Veränderungen zu hüten und sich selbst zu genügen (wie es die Stoiker bis hin zu Marc Aurel, in der Neuzeit dann besonders Pascal gelehrt hatten; ebd., 30), so haben wir es fortan geradezu mit einer Inversion dieser Haltung zu tun. Nunmehr soll allgemein gelten, dass „kein potenter Geist […] in sich" ruht. Jeder ist auf unaufhörlicher „Jagd nach Erkenntnis", sodass es ausgeschlossen scheint, sich je mit einem *status quo* zu begnügen. „Wenn der Geist sich zufrieden gibt, ist das immer ein Zeichen, daß er sich verengt; oder es ist ein Zeichen von

Müdigkeit" (und beides ist, so wird hier ganz nebenbei suggeriert, scheinbar bedingungslos abzulehnen). Geistiges Leben strebt „über seine Grenzen hinaus und begnügt sich nie mit dem Erreichbaren" (Montaigne 1969, 360). Beweisen das nicht ungezählte Entdeckungs-, Erkundungs- und Forschungsreisen bis heute – im Gegensatz zu „jener Klasse bequemer und anmaßender Schriftsteller, die im Schatten ihres Arbeitszimmers über die Welt und ihre Bewohner philosophieren", wie es ihnen Bougainville vorwarf, der 1766 zu seiner Reise um die Welt aufgebrochen war (Kohl 1986, 205)? Weniger an neuen Entdeckungen, unvermutetem Wissen und unerhörten, unaufhörlich Grenzen überschreitenden Erkenntnissen, sondern an Bildung interessiert, bezweifelte wenig später wiederum Goethe die vielfach empiristische ‚Anti-Philosophie' derjenigen, die immerfort Neues in der Welt zu entdecken hofften, ohne dabei die Relation zwischen dem eigenen Selbst, das neue Erfahrung ‚machen' und ‚sammeln' sollte, einerseits und der Alterität des zu Erfahrenden andererseits eigens zu bedenken. Gerade Goethe bekannte sich zwar zu bildendem Reisen; doch angesichts einer überbordenden Öffentlichkeit und eines längst nicht mehr zu übersehenden Bildungsstoffs glaubte er an die unbedingte Notwendigkeit, sich wenigstens zwischendurch in „„gänzliche Abgeschiedenheit" zurückzuziehen. „Wer sich heutzutage [...] nicht mit Gewalt isoliert, ist verloren", heißt es in den Gesprächen mit Eckermann. Ausgerechnet der Verfasser des *West-Östlichen-Divans* bezeichnet es 1824 als „Verrücktheit, auch nach dem Orient zu weisen", statt „bei den Griechen [zu] verharren und dort Beruhigung [zu] finden". Zudem beglückwünscht er sich dazu, nicht mehr jung zu sein in dieser „durchaus gemachten Zeit": „Ich würde nicht zu bleiben wissen. Ja selbst wenn ich nach Amerika flüchten wollte, ich käme zu spät, denn auch dort wäre es schon zu helle" (Eckermann 1994, 108, 558, 91).

Solche Gewalt der Selbstisolation als Selbstschutz vor einer alles erfassenden Aufklärung im Horizont eines anscheinend erschöpfend „bekannten" Erdballs, der, wie schon Forster meinte (2003, 67), fortan keinerlei Entdeckung mehr möglich machen würde, stand freilich nicht jedem zu Gebote. Vor allem jenen nicht, die sich schutzlos entdecken lassen mussten und infolgedessen der Unterwerfung und Ausbeutung durch Fremde ausgeliefert sein würden, wie Diderot in seinem berühmten *Supplément au voyage de Bougainville* beklagt hatte, das bereits an Lévi-Strauss' *Tristes Tropiques* (1955) denken lässt, worin der Verfasser seinen Lesern bewusstzumachen versuchte, dass jeder erste Blick von Entdeckern und Eroberern fremden Lebens bereits der letzte sein könnte, in dem es als noch ‚unberührtes' ein für allemal verschwindet. Seither ist entsprechend sensibilisierte Besinnung darauf, was durch Reisen jeglicher Art geschieht – sei es in der Form der Entdeckung, der Eroberung oder auch auf deren Prämissen beruhender Bildung –, von der Frage beunruhigt, was es verdeckt, unterdrückt oder zum Verschwinden bringt. Bei Jules Verne war der „Schrumpfungszustand der Erde" bereits derart weit fortgeschritten, dass man planen konnte, sie aufgrund genauester Einkalkulierung auch von Schiffbrüchen, Unwettern, Entgleisungen und sonstigen Widrigkeiten in 80 Tagen zu umrunden. Der Plan gelingt in Vernes einschlägigem, 1873 veröffentlichtem Roman bekanntlich – aber um einen hohen Preis: „Unvorhergesehenes gibt es nicht" mehr; man darf „keinen Augenblick verlieren" und „fremdartigen Ortschaften [...] keinen einzigen Blick" schenken, der vom kürzesten Weg ablenken könnte, sodass auch vom „Sehenswerten" und „vorbeihuschenden Wundern" gar nichts mehr wahrgenommen wird. Kein Wunder, dass es dem Reisenden zwischenzeitlich so vorkommt, als hätte er auf seiner Reise um die Erde „England niemals verlassen". Auf diese Weise „reist" der Held dieses Projekts „gar nicht – er war [nur] ein Schwerkörper, der entsprechend den Gesetzen der Bewegungslehre eine Erdumkreisung vollzog" – ohne jegliches *„transire benefaciendo,* das die Handlungen vernunftbegabter Wesen bestimmen sollte".[7] Just in dem Moment, wo Reisen um die Welt nicht nur für Pioniere, sondern komfortabel im Prinzip bereits für jedermann möglich geworden sind, scheint wiederum das Reisen am Ende zu sein, sofern es sich nur noch auf eine durchkalkulierte, möglichst störungsfreie Trajektorie durch einen geometrischen Raum reduziert. Reisen dagegen, das bilden soll, scheint sich in jeder Hinsicht einer derartigen Reduktion auf schnellstmögliche, idealiter aufenthaltslose und ungehinderte Durchquerung eines objektiven Raumes zu widersetzen. Es sensibilisiert gerade dafür, was durch eine derartige Reduktion verloren zu gehen droht, sei es im Geschehen des Reisens als einer Weise des Erfahrens selbst, sei es vor Ort, wo man zu finden hofft, was zu Bildung führen soll. Vor Ort will man sich „in lebendiger Anwesenheit üben" und sich „in die Welt hineinleben", statt sich über sie „hinwegzuleben". Andernfalls „verliert man alles", schrieb Herder (1982, 294, 374) in seinem Reisebericht. Aber *ist* nicht bereits alles verloren (vgl. Broch 1977, 11 f.)?

Scheinbar nicht, wenn es denn stimmt, was der seinerzeit gewiss wichtigste Apologet ästhetischer Bildung, Johann J. Winckelmann, von antiker Kunst behauptete, dass nämlich der „Geschmack [...] sich mehr und mehr durch die Welt ausbreitet" und „zuerst unter dem Griechischen Himmel" sich ausgebildet hat, „ohne etwas zu verlieren". Doch um die dort lokalisierten „Quellen der Kunst" ausfindig zu machen, müsse man „nach Athen reisen" (Winckelmann 2013, 9 f.) – in ein Land, das seine eigene Geschichte derart weitgehend vergessen zu haben schien, dass noch zweihundert Jahre später Kästner (1975, 91) klagte:

> Armes Griechenland! Du bist wohl nichts als die ehrwürdige Schlacke, die uns noch blieb von dem großen heiligen Feuer, das hier einstmals der Menschheit gebrannt hat. [...] Nun gehst du im Armenkleide und ziehst dein eigenes Totenhemd hinter dir her; [...] denn die Größe deiner Vergangenheit läßt dich nicht sterben

und nur ein Leben führen, das bloß eine andauernde Improvisation zu sein und sich danach zu sehnen scheint, „sich bald wieder aufzulösen", unbesorgt um alles, was Bestand haben könnte. Auf den Spuren der Antike sind es dagegen die Gebildeten, die im Griechenland ihrer Gegenwart jene vermeintlich „paradiesische Ordnung nicht mehr finden", aus der Winckelmann seine Ideale ästhetischer Nachahmung glaubte beziehen zu können. Sie sind es, die dem gegenwärtigen

---

[7] Verne 1994, 25, 27, 47, 87, 168, 157, 58.

Griechenland „die Stille einer Vergessenheit nicht gönn[en]" (ebd., 180), der es sich, träge, armselig und verschmutzt (wie es Kästner vorkam), selbst schon ergeben zu haben schien. So drohte alles bereits verloren zu sein, auch das „Alleranfänglichste des Abendländischen", „wo alles begann" (ebd., 29, 65): der Ursprung Europas, wie ihn noch die Phänomenologen des 20. Jahrhunderts suchten. Im „stillsten Heiligtum" der untergegangenen griechischen Welt, der Grotte des Zeus, findet Kästner „fast nichts davon zu berichten"; er erblasst angesichts brutalster, mit Beton ausgeführter Restaurierungen in Knossos, die nur zeigen, wie „es niemals gewesen sein" kann (ebd., 63, 123). Ausgraben heißt demnach nur: aufs Neue preisgeben und zerstören, weit davon entfernt, uns der ungebrochenen Gegenwart einer vergangenen Welt zu versichern. Suggestiv fragt Kästner schließlich: „Kann man Verlorenes retten, indem man Geschichte leugnet und Vernichtungen ungeschehen zu machen versucht?" Die Antwort läuft darauf hinaus, dass es Verlorenes als solches erst einmal anzuerkennen gilt: Es gibt „doch nichts in der geistigen Welt, das nicht schon verloren wäre, indem es nur da ist" (ebd., 126, 158). Kästner widerspricht dem „enthusiastischen" Geist der Archäologie seit Winckelmann. Die Empfindung, die sich einstellt angesichts von Ruinenfeldern wie Delos sei in Wahrheit eine ganz andere: „Trauer, Entsetzen und Schrecken" angesichts einer von den Ausgräbern absichtslos hervorgebrachten Plastik, einer „Landkunst des Todes", eines „Reliefs des Entzugs", eines „Epitaphs des Dahingangs". „Die Ähnlichkeit archäologischer Flächen" generell „mit den Gebilden von Tinguely, Tapies, Wols und den Anderen, die in Schutt […] und im Ruinösen arbeiten: ist sie zu verkennen? Giacomettis Figuren, dünnfädig, durstig […]: sind sie es nicht, die dort umgehn?" Weit entfernt, wie ein „Kleinbürger" oder ein „Wohlständler" nur von fremdem Besitz und von Lebensformen Anderer leben zu wollen, ohne selbst etwas beizutragen, „was dem Tod standhielte" (Kästner 1990, 109, 115), *reist* derjenige, der sich wie Kästner ergreifen lässt vom anscheinend unrettbar Verlorenen, wie es jede Ausgrabungsstätte vor Augen führt, *um die Welt dennoch „bewohnbar zu finden"*, was weniger denn je gelingen will, wie er meint. „Also reist man, um das Geheimnis der Bewohnbarkeit dieser Erde" wie ein Forensiker ausgerechnet „in Resten" wiederzufinden. Diese „andere Archäologie […] sucht das Verlorene" – und der archäologisch Interessierte dabei sich selbst (Kästner 1979, 139). Aber nicht aus morbidem Interesse an einer Bildung, die sich vom Vergangenen, Gewesenen und Dahingegangenen gar nicht affiziert weiß, sondern weil man sich selbst infragegestellt erfährt durch die Relikte und Hinterlassenschaften derjenigen, die vor uns lebten – vor uns, die wir bald selbst ‚Vergangenheit' sein werden.

Was, so fragt man sich in Anbetracht dessen (bis heute), ist überhaupt ein Relikt, ein Zeugnis oder eine Quelle vergangenen Lebens? Und wie geht es uns an? Wie muss man sich vor Ort aufhalten, um dem auf die Spur kommen zu können, wie eine verstreute Hinterlassenschaft auf eine vergangene Welt verweist, der sie entstammt? Und wie kann man der historischen Distanz zu einer solchen Welt Rechnung tragen, sie ‚vergegenwärtigen', ohne sie infolgedessen zu leugnen? Die Geschichte ‚gebildeten' Reisens ist nicht zu verstehen ohne diese radikalisierten Fragen angesichts drohender Liquidierung jeglichen Erfahrens in beschleunigter Bewegung und in einem besitzergreifenden Sehen[8], das allenfalls einer ‚weltlosen' Technik angemessen sein kann. Wo man es mit radikalem, unaufhebbarem Verlust nicht nur von sogenannten Kulturgütern, Bauten, Lebensformen und Reichen, sondern ganzer Welten zu tun hat, sieht man sich dazu gezwungen, anzugeben, was kulturelles Leben in vergangenen Welten im Kontrast zur eigenen Gegenwart ausmacht, die sich ihrer selbst nicht mehr sicher ist und deshalb permanent der Versuchung nachzugeben neigt, den ‚Ursprung' dessen, was Dinge, menschliches Leben und die Zugehörigkeit zu einer Welt ausmacht, in der Tiefe der eigenen Vergangenheit zu suchen (Brague 1993). Ohne den Griechen seinerzeit überhaupt zu verraten, was er bei ihnen suchte, meinte Kästner (1975, 147) schließlich gefunden zu haben, was wahrhaft „alt ist, weil das Land und die Erde aus immer dem Selben das Selbe von neuem gebiert: ein gastfreundliches Haus, einen Namenstausch, ein ernstes Versprechen, den Gastbesuch zu erwidern". Stößt er aber so nicht auf den Kern eines sozialen Lebens, das keineswegs unmittelbar der Erde und dem Land, sondern allein der Hospitalität Fremder entspringen kann? Ist nicht letztere, die gewiss zeitgemäß neu zu interpretieren wäre, unter allen Umständen die elementarste Voraussetzung allen Reisens anderswohin, wo man seiner mangelhaften Bildung aufzuhelfen gedenkt? Das aber bedenkt der Bildungsreisende mit seinem „griechischen Blick" nicht, der nur *en passant* angesichts armseliger kretischer Bergdörfer überlegt, ob es „vielleicht nur Flüchtlinge sind von irgendwoher, die sich da eilends und zur Not untergebracht haben" (ebd., 182, 186).[9] Vielmehr stößt er allerorten auf das, was er vermisst und was unwiederbringlich verloren zu sein scheint. Die in archäologischen Stätten verstreuten, noch nicht entwendeten Dinge künden so nur von einer untergegangenen Welt, deren letzte Reste gegenwärtig einem scheinbar nichts auslassenden „Verbrauch" preisgegeben sind (Kästner 1990, 98 f.). So denkt dieser Autor daran, eine „Karthotek des Verlorenen" anzufertigen, die, wie er glaubt, jedoch nur vorläufig der doppelten Vernichtungsgewalt von Zeit und Weltkrieg standzuhalten vermöchte. Ist die Geschichte der Kunst nicht seit jeher „die Geschichte der Zerstörung der Kunst" (Kästner 1956, 84, 95)? Und betrifft diese Zerstörungsgeschichte nicht rückhaltlos auch die Begriffe, die wir uns von ihr, von den Dingen und von der Welt selbst sollten machen können?

Wer so, erklärtermaßen trauernd, fragt, kann nicht mehr reisen, um andernorts bloß Kulturgüter oder auch ganze „Denklandschaften" (Held 1990) wie die zwischen Milet und Agrigent, Abdera und Sparta, zwischen Ravenna, Hippo Regius und Ephesus zu besichtigen, um die Früchte entsprechender geistiger Bereicherung zuhause zu importieren. Wer so, als anderswo bis auf Weiteres gastlich Aufgenommener, fragt, setzt sich vielmehr selbst einer radikalen

---

[8] Vgl. Gros 2010, 102; Kästner 1990, 146.

[9] Man kann nicht umhin, angesichts dieser Formulierung an die Gegenwart von Lesbos und anderer Inseln der Ägäis zu denken, wo die große Zahl der v. a. aus Syrien stammenden Flüchtlinge die vom eigenen Staat und von der EU im Stich gelassene lokale Bevölkerung völlig zu überfordern droht.

Infragestellung auch aller Begriffe aus, die er sich vom Reisen, vom Aufenthalt in einer fremden Welt, von deren abgründiger Vergangenheit und von der eigenen kulturellen Distanz zu all dem macht, ohne dabei je absehen zu können, ob er, enttäuscht[10] (weil als anscheinend Derselbe) und nur verändert oder, zwischenzeitlich aus der Fassung geraten[11], geradezu als ein(e) Andere(r) zurückkehren wird, falls er bzw. sie überhaupt zurückkehren wird – worauf es Reisenden wie Montaigne und jenen alten Frauen anscheinend gar nicht ankam, von denen Marie L. Kaschnitz (1968, 336) erzählt. Am Ende ihrer Lebensreise verschwinden sie spurlos in der Nacht oder im Nichts. Freiwillig aber und nicht gewaltsam wie so viele, auf deren Spuren Bildungsreisende wandeln; sei es im *Garten der Flüchtigen* nahe des Vesuv oder in Biskupin, dem „polnischen Pompeii", sei es in Buchenwald oder Auschwitz, sei es in Hiroshima, Nagasaki oder im syrischen Palmyra, auf dessen digitale Wiederherstellung man international hinarbeitet, nachdem es von islamistischen Terroristen verwüstet und der dortige Chef-Archäologe Khaled al-Asaad demonstrativ umgebracht worden war. Möglicherweise lehrt dieser gezielte Angriff *auf alle,* die sich für die archäologische Vergegenwärtigung der befremdlichen Vergangenheit längst Verschiedener eingesetzt haben, um sie für jede(n) vor Ort oder aus der Ferne erfahrbar werden zu lassen, *indirekt,* inwiefern wir es nicht hinnehmen können, dass die Zeit bildenden Reisens (real oder virtuell, physisch oder imaginär) endgültig vorbei sein soll – mag es um berechtigte Kritik an dessen technisierten, kommerzialisierten, normalisierten, ökologisch rücksichtslosen und interkulturell unsensiblen Verfallsformen stehen, wie es wolle. Möglicherweise erneuern gerade die vielfältige Gewalt, die nicht nur dem Zauber des Orients vorläufig den Rest gegeben zu haben scheint, und derzeitige pandemiebedingte Unterbrechungen einer gedankenlosen Mobilität die Suche nach neuen Formen eines ‚bildenden' Reisens, die kein exklusives Privileg, kein bloßer Luxus und keine Manifestation purer Überheblichkeit, sondern Eingeständnis eines demütigen Wissens sein müssten, das realisiert hat, wie sehr es auf *pathisches Erfahren* angewiesen ist und sich deshalb nicht an Ort und Stelle selbst genügen kann. Allerdings steht derzeit dahin, ob und wie sich solches Reisen wiederaufnehmen ließe. In der Zwischenzeit eines pandemisch erzwungenen Moratoriums kann es tröstlich sein, zu bedenken, dass „die ganze Menschheit" möglicherweise „das Fliegen stärker erlebt hat, als sie noch bloß davon träumte", und dass in der Vergangenheit viele weit mehr in imaginäre Fernen aufgebrochen sind, als jene es tun, denen sie durch virtuelle und digitale Medien nur allzu leicht erreichbar erscheinen. War nicht Hölderlin „in Griechenland träumend zu Hause", ohne je dort gewesen zu sein (Kästner 1975, 103, 145)? Hat es sich nur um eine imaginäre Reise in *sein* eigenes inneres Ausland gehandelt, das wir vor Ort niemals antreffen werden? Ist er so den Beschränkungen seines eigenen Selbst entkommen oder gerade verhaftet geblieben? Wäre dieser Gefahr einstweilen eher mittels „Reisen

---

[10] Vgl. Cortázars (1980, 228) Verweis auf Brechts Keunergeschichte.
[11] Vgl. Cortázar (1980, 234).

um den Tag in 80 Welten" zu entgehen, wie es Julio Cortázar vorgeschlagen hat? Uns stellen sich nach wie vor die gleichen Fragen. ‚Analoges' Bildungsreisen wird allenfalls als demütig nicht-wissendes nicht fatalen Illusionen aufsitzen, in der Fremde eindeutige Antworten zu erhalten.

Literatur

Bollenbeck, Gerd. 1996. *Bildung und Kultur.* Frankfurt a. M.: Suhrkamp.
Brague, Rémi. 1993. *Europa. Eine exzentrische Identität*. Frankfurt a. M.: Campus.
Broch, Hermann. 1977. Kultur 1908/09. In *Philosophische Schriften I. Kritik*, Hrsg. Hermann Broch, 11–31. Frankfurt a. M.: Suhrkamp.
Burckhardt, Jacob. 2001. *Der Cicerone*. München: Beck.
Cortázar, Julio. 1980. *Reise um den Tag in 80 Welten*. Frankfurt a. M.: Suhrkamp.
Eckermann, Johann P. 1994. *Gespräche mit Goethe*. Stuttgart: Reclam.
Forster, Georg. 2003. *Ausgewählte Schriften*. Warendorf: J. G. Hoof.
Gadamer, Hans-Georg. 1975. *Wahrheit und Methode*. Tübingen: Mohr.
Goethe, Johann W. 1974. *West-Östlicher Divan*. Frankfurt a. M.: Insel.
Gros, Frédéric. 2010. *Unterwegs*. München: Riemann.
Hazard, Paul. 1939. *Die Krise des europäischen Geistes*. Hamburg: Hoffmann & Campe.
Held, Klaus. 1990. *Treffpunkt Platon*. Stuttgart: Reclam.
Herder, Johann G. 1982. Journal meiner Reise im Jahr 1769. In *Herders Werke in fünf Bänden*, Bd. I, 271–386. Berlin: Aufbau.
Kaschnitz, Marie L. 1968. *Tage, Tage, Jahre*. Frankfurt a. M.: Insel.
Kaschnitz, Marie L. 1991. *Orte*. Frankfurt a. M.: Insel.
Kästner, Erhart. 1956. *Das Zeltbuch von Tumilad*. Frankfurt a. M.: Fischer.
Kästner, Erhart. 1974. *Ölberge, Weinberge*. Frankfurt a. M.: Insel.
Kästner, Erhart. 1975. *Kreta. Aufzeichnungen aus dem Jahre 1943*. Frankfurt a. M.: Insel.
Kästner, Erhart. 1979. *Aufstand der Dinge. Byzantinische Aufzeichnungen*. Frankfurt a. M.: Suhrkamp.
Kästner, Erhart. 1990. *Der Hund in der Sonne*. Frankfurt a. M.: Insel.
Kohl, Karl-H. 1986. *Entzauberter Blick*. Frankfurt a. M.: Suhrkamp.
Liebsch, Burkhard, Michael Staudigl, und Philipp Stoellger, Hrsg. 2016. *Perspektiven europäischer Gastlichkeit*. Weilerswist: Velbrück.
Löwith, Karl. 1971. *Paul Valéry*. Göttingen: Vandenhoeck & Ruprecht.
Márai, Sándor. 2001. *Bekenntnisse eines Bürgers*. München: Piper.
de Montaigne, Michel. 1969. *Die Essais*. Stuttgart: Reclam.
Muthesius, Ehrenfried. 1960. *Der letzte Fußgänger oder Die Verwandlung unserer Welt*. München: Beck.
Sebald, Winfried G. 2001. *Austerlitz*. München: Hanser.
Sternberger, Dolf. 1974. *Panorama oder Ansichten vom 19. Jahrhundert*. Frankfurt a. M.: Suhrkamp.
Twain, Mark. 2007. *Bummel durch Deutschland*. München: Piper.
Verne, Jules. 1994. *Reise um die Welt in 80 Tagen*. Würzburg: Arena.
Winckelmann, Johann J. 2013. *Gedanken über die Nachahmung der Griechischen Werke in der Mahlerey und Bildhauer-Kunst*. Stuttgart: Reclam.
Zweig, Stefan. 2013. *Die Welt von gestern*. Köln: Anaconda.

Kreuzfahrt-Reisen bildet? Kreuzfahrtreisende zwischen Optimierung, Disziplinierung und (Subjekt-)Bildung

Lilli Riettiens

1 Einleitung

Bereits seit Jahrzehnten erfreuen sich Kreuzfahrten an zunehmender Beliebtheit. Dabei wurde der Grundstein für die Entwicklung „‚Von der Passage zur Seereise'" und von der Seereise als ‚Exklusivleistung' für „(reiche[…]) Kaufleute[…] und Personen mit besonderer Mission" zum touristischen Ereignis schon im 19. Jahrhundert gelegt (Groß 2017, 176 f.), als Segelschiffe von Dampfschiffen abgelöst wurden. Doch während man bereits „[b]ei den in den 1920er und 1930er Jahren angebotenen Kreuzfahrten von Hamburg-Süd und den ‚Säufer-Kreuzfahrten'[1] in den USA […] erstmals von einem ‚Massentourismus auf See'" sprach (ebd., 179), zeugen die aktuellen Zahlen von einem nie dagewesenen Ausmaß: Unternahmen 1970 pro Jahr weltweit noch etwa eine halbe Million Passagier_innen Hochseekreuzfahrten (vgl. ebd., 203), so waren es 2019 bereits 29,7 Mio. (vgl. CLIA 2020). Dementsprechend bewegen sich die global erzielten Umsätze im dreistelligen Milliardenbereich (vgl. ebd.) und machen den ‚Markt' hinter dem

---

[1] Bei den sogenannten ‚Säufer-Kreuzfahrten' handelte es sich in den 1920er und 1930er Jahren in den USA um „[e]in legales Schlupfloch für einen ungehemmten und ungestraften Alkoholkonsum" (Schüßler 2005, 35), da sich die Schiffe außerhalb der 12-Meilen-Zone und damit nicht mehr auf US-amerikanischem Gebiet befanden, auf dem aufgrund des im Jahr 1920 in den USA eingeführten *National Prohibition Act* das Konsumieren von Alkohol verboten war (vgl. dazu auch Groß 2017, 178 f.).

L. Riettiens (✉)
Department Erziehungs- und Sozialwissenschaften, Universität zu Köln, Köln, Deutschland
E-Mail: L.Riettiens@uni-koeln.de

Phänomen Kreuzfahrt sichtbar. Dort tummeln sich zahlreiche Akteur_innen, die von Eigner_innen über Reedereien und Reiseveranstalter_innen bis hin zu großen Zusammenschlüssen wie beispielsweise der Cruise Line International Association (CLIA) oder der Florida-Caribbean Cruise Association (FCCA) reichen.

Die Beliebtheit von Kreuzfahrtreisen spiegelt sich dabei nicht nur in den hohen Passagier_innenzahlen, sondern ebenso in der zunehmenden Literatur, die sich über Reiseführer, Weblogs zu Ratgebern erstreckt. Letztere bilden im Besonderen ab, dass in Zeiten des Massentourismus selbst das Reisen neoliberalen Logiken und Vorstellungen von Optimierung, Effizienz und Nützlichkeit unterliegt (vgl. Depaepe 2010, 34). Hier reiht sich exemplarisch der *Kreuzfahrt-Knigge für die Frau von Welt. Dos and Don'ts auf Hoher See* (2018) von Peggy Günther ein, der „hilfreiche Informationen" für ‚die Frau von Welt' bereitzuhalten verspricht (ebd., Vorwort), die sich auf Kreuzfahrt begeben möchte. Im *Kreuzfahrt-Knigge* verdichten sich Ideen von Reise- und Selbst-Optimierung zu Handlungsanweisungen, die der Leserin und (zukünftigen) Kreuzfahrtreisenden zu einem ‚optimalen' Urlaubserlebnis verhelfen sollen. Dabei – so die hier verfolgte These – offenbaren die ‚Tipps' der sich selbst als ‚Kreuzfahrt-Expertin' stilisierenden Rat-Geberin deren Vorstellung von hochgradig standardisierten Räumen im Kontext von Kreuzfahrten, an die es sich anzupassen gelte.

Während ich im Folgenden zunächst auf Ratgeber als Medien der (Selbst-) Optimierung und ihre Verflochtenheit mit der Hervorbringung und Disziplinierung von Subjekten eingehe, schließt sich in Form einer Fallstudie meine Analyse des *Kreuzfahrt-Knigges* an. Ausgehend vom Topos *Reisen bildet*, der in Anlehnung an Alfred Schäfer vor allem auf der Folie einer Irritation von Gewissheiten durch ein Erleben von Fremdheit zu verstehen ist (vgl. Schäfer 2013), arbeite ich heraus, dass es im Kontext des Reiseratgebers durchaus um die ‚Bildung' von Subjekten geht, allerdings weniger im Sinne transformatorischer Bildung als vielmehr im Sinne einer subjektivationstheoretisch verstandenen Disziplinierung, die ‚gesellschaftsadäquate' Subjekte hervorzubringen sucht. Im Folgenden geht es daher nicht um „die Rekonstruktion subjektiver Sinnwelten und Handlungsorientierungen oder Verschiebungen" (Bröckling 2007, 10 f.) oder einen potenziell „eigensinnige[n] Leser' […], der einen je eigenen Gebrauch von den angebotenen Ratschlägen zu machen weiß" (Messerli 2010, 32), sondern vielmehr um die (vergeschlechtlichte) Subjektivierung durch den Ratgeber. Der *Kreuzfahrt-Knigge* selbst ist dabei in einen größeren Kontext massentouristischer Strategien zu setzen, die Kreuzfahrt und das Reisen als leicht zu konsumierendes Gut vermarkten. Ausblickend lade ich zu einem Weiterdenken ein, denn das herauszuarbeitende Spannungsfeld von Massentourismus, Optimierung und Datafizierung eröffnet eine interessante Perspektive auf transformatorische Bildung in Zeiten der Digitalität (vgl. Stalder 2019).[2]

---

[2] An dieser Stelle danke ich Sandra Hofhues für ihre wertvollen Kommentare zu diesem Manuskript und das gemeinsame (Weiter-)Denken.

2 Einordnungen. Ratgeber als Medien der Reise- und Selbst-Optimierung

Die *Geschichte der Medien des Rates* (Messerli 2010) reicht bis ins 15. Jahrhundert zurück, wobei die Erfindung des Buchdrucks deren Entwicklung maßgeblich beeinflusste. Im Zuge der Mediatisierung ging diese Entwicklung zwar mit einer Veränderung ihrer Form einher (vgl. Moser 2019, 5),[3] eine „im Medium der Schrift ‚inszenierte Mündlichkeit'" zeichnet sich jedoch in nahezu allen Ratgebern ab (Messerli 2010, 32). Meist handelt es sich um ein fingiertes „‚Gespräch' mit einem Experten", was „über den tatsächlich monologischen Charakter" hinwegtäuscht (ebd., 31). Eben jene ‚Expert_innen' geben Rat, der auf einem „spezifischen Wissensfundus [fußt] – darüber, was aktuell sozial und kulturell als normal und erstrebenswert gilt und mit welchen Methoden dies verwirklicht werden kann" (Dippner 2016, 41). Folglich lassen sich Ratgeber als Spiegel der jeweiligen Denk- und Sagbarkeiten ihrer Zeit lesen, denn sie enthalten zeitgenössische Norm- und Idealvorstellungen – es geht um ‚ideale' Erziehung, ‚richtiges' Handeln, ‚richtiges' Reisen, Gesundheit, Schlank-Sein und/oder Glück. Solchen vermeintlichen Idealen ist gleichsam die Konstruktion von ‚(In-)Adäquatheiten' bzw. gesellschaftlicher ‚Angemessenheiten' inhärent. Während Ist-Zustände als das zu Überwindende und zu Optimierende und damit gewissermaßen als ‚inadäquat' konstruiert werden, postulieren Ratgeber, das ‚Wissen' zur Erreichung dieser ‚Ideale' bereitzuhalten. In ihnen finden sich Handlungsratschläge und -anweisungen, die „Machbarkeit, Optimierbarkeit [und] Effizienzsteigerung" suggerieren (Helmstetter 2010, 59), die sich – und das wird im Folgenden deutlich – in Zeiten des Massentourismus auch auf das Reisen und das reisende Subjekt beziehen. Dieses wird demnach „als menschliches Kapital begriffen, das eigenständig optimiert werden muss" (Rutschke 2020, 240), das sich gleichzeitig (durch Reiseratgeber) optimieren kann und dem dadurch im Umkehrschluss gewissermaßen die Verantwortung dafür zugesprochen wird. Es offenbart sich also eine enge Verbindung von Ratgebern zu (Selbst-)Disziplinierungen, denn sie stellen in Aussicht, dass sich die „Chancen auf eine gelingende Aktion verbessern" (Dippner 2016, 47), wenn sich die Lesenden *diszipliniert* an die vorgeschlagenen Handlungsanweisungen halten (vgl. Helmstetter 2010, 59). Gleichsam eröffnet sich ein Paradoxon: Während „Ratgeber dem Subjekt einerseits Autonomie" versprechen, so „binden sie es [andererseits wiederum] in neue Herrschaftsstrukturen" ein (Rutschke 2020, 240).

Insbesondere in diesem Kontext erweisen sich praxistheoretische Annäherungen an Subjektbildungsprozesse als anschlussfähig: Die in den

---

[3]Während es sich im 18. Jahrhundert bei Medien des Rates vor allem um „periodisch erscheinende Kalender, die Moralische Wochenschrift und die Frauenzeitschrift" handelte, so traten im 20. Jahrhundert infolge technologischer Entwicklung „das Telefon und der Rundfunk hinzu" (Messerli 2010, 31).

Ratgebern enthaltenen Handlungsanweisungen wirken etwa subjektivierend, indem sie durch die Konstruktion ‚(in)adäquater' Praktiken das Subjekt, von dem sie schreiben, überhaupt erst konstituieren. Der Annahme von Andreas Reckwitz folgend, dass auf der Ebene der – in diesem Fall verschriftlichten – Praktiken die „symbolischen Ordnungen" zu verorten sind (Reckwitz 2020, 48), wird ein Subjekt also verstehbar

> als eine *sozial-kulturelle Form* […], als kontingentes Produkt symbolischer Ordnungen, welche auf sehr spezifische Weise modellieren, was ein Subjekt ist, als was es sich versteht, wie es zu handeln, zu reden, sich zu bewegen hat und was es wollen kann. Der Einzelne – als körperlich-mentale Entität – wird zum Subjekt allein im Rahmen kollektiver symbolischer Ordnungen, die *subjektivieren*, das heißt, die in spezifischer Weise Subjektpositionen definieren und ganze Subjektkulturen bilden. (ebd., 47; Herv. i. O.)

Indem Ratgeber folglich den Vollzug bestimmter Praktiken anraten, entwerfen sie ‚gesellschafts(in)adäquate' Subjekte bzw. suggerieren die Möglichkeit der Optimierung der eigenen Subjektwerdung (im Vollzug). Dabei verdecken die Praktiken durch ihren Anschein von ‚Natürlichkeit' „ihre historische Entstehung, ihre prinzipielle Veränderbarkeit und die ihnen" innewohnenden Herrschaftsverhältnisse (Wulf u. a. 2001, 13), wobei ihnen ihre materiale Verankerung in Form von Ratgebern zusätzliche Legitimität verleiht (vgl. Freist 2015). Erneut zeigt sich hier das angesprochene Paradoxon von als autonom suggeriertem Subjekt und gleichzeitiger Einbindung in Herrschaftsstrukturen, tragen die in den Ratgebern omnipräsente Disziplinierung und Normierung doch maßgeblich dazu bei, im Grunde hochgradig zur Gesellschaftsordnung ‚passende' Subjekte hervorzubringen. Es offenbart sich eine regelrechte „implizite Disziplinierung der Körper, die sich unaufhörlich in diese einschreibt" (Riettiens 2021, 35).

3 „Die Frau von Welt weiß eigentlich von Natur aus, wie sie sich perfekt in eine neue Umgebung einfügt" – Die ‚Frau von Welt' als Subjekt

Bei dem bisher 6000 Mal gedruckten und fast 5000 Mal verkauften[4] *Kreuzfahrt-Knigge für die Frau von Welt. Dos and Don'ts auf Hoher See* (Günther 2018) handelt es sich um einen Ratgeber für Kreuzfahrtreisen, der sich an die ‚Frau von Welt' richtet. Das gattungstypische Merkmal von Ratgeberliteratur der „Machbarkeit, Optimierbarkeit [und] Effizienzsteigerung" zeigt sich an zahlreichen Stellen (Helmstetter 2010, 59), beispielsweise wenn es heißt, dass dank der im Ratgeber befindlichen ‚hilfreichen Informationen' nicht nur „die Urlaubszeit […] höchst effektiv genutzt werden" könne (Günther 2018, 16), sondern dass der *Kreuzfahrt-Knigge* ebenso „die besten Tipps und Tricks für die Frau von Welt und ihren

---

[4] Stand Juni 2020.

perfekten Urlaub auf dem Wasser" bereithalte (ebd., Klappentext). Gleichsam werden Formen der Subjektivierung erkennbar, die die ‚Frau von Welt' als Subjekt hervorbringen. Einerseits anhand verschriftlichter Handlungsanweisungen, was die ‚Frau von Welt' „tun *soll,* auch tun *kann*" (Bröckling 2007, 10; Herv. i. O.), andererseits entlang heteronormativer Äußerungen konstruiert die Rat-Geberin ‚(in-)adäquate' (weibliche) Körper sowie ‚(in-)adäquate' Praktiken.

Zuvorderst spricht der *Kreuzfahrt-Knigge* „Ladys" an (Günther 2018, u. a. 12)[5], deren Kauf des Ratgebers bereits von ihrem Willen nach ‚optimaler' (Reise-) Vorbereitung zeuge. Doch da „[d]ie Frau von Welt [...] eigentlich von Natur aus [wisse], wie sie sich perfekt in eine neue Umgebung einfügt"[6], enthalte das Buch weniger „Benimmregeln im Sinne des klassischen Knigge" als vielmehr „hilfreiche Informationen mit einem Augenzwinkern" (ebd., Vorwort). Konstruiert wird also zunächst ein weibliches Subjekt, das stets (gerne) ‚optimal' vorbereitet sei und gemäß einer Art „vorreflexiv[em] und verkörpert[em] Handlungswissen" bereits ‚von Natur aus' gesellschaftskonformes Handeln hervorbringe (Böth 2018, 256). Im gleichen Moment konstruiert sich die Schreibende selbst als ‚Expertin', die der ohnehin bereits ‚von Natur aus perfekt angepassten Frau von Welt' dennoch ein paar ‚hilfreiche Informationen' mit auf den Weg geben könne, um die Reisevorbereitungen ‚optimal' anzugehen. Demzufolge gelte es bereits vor Reiseantritt

> Genauer zu recherchieren: Wie zentral ist der Liegeplatz des Schiffs in den verschiedenen Häfen? Was möchte ich sehen? Schaffe ich das auf eigene Faust oder buche ich hierfür am besten professionell organisierte Touren? Welche Landausflüge hat die Reederei im Angebot und welche Alternativen gibt es bei Online-Portalen wie Getyourguide? (Günther 2018, 51)

Bereits zu diesem Zeitpunkt sollte „eine To-Do-Liste" angelegt werden (ebd., 52), die „Chancen auf viele kleine Glücksgefühle" ermögliche, denn dazu käme es, „[w]enn der Busplan im Internet dem vor Ort entspricht" (ebd., 51). Obwohl es sich beim *Kreuzfahrt-Knigge* nicht explizit um einen Ratgeber zum Finden von Glück handelt, so wird Glück an dieser Stelle doch als das erkennbar, das es anzustreben gelte. Es wird damit gemäß einer Logik von Optimierbarkeit, Planbarkeit und Effizienz zu einer „Angelegenheit [erklärt], die der Beratung und Verbesserung bedarf" und die „mit Hilfe von Experten (also: dem Ratgeber)" zu erlangen sei (Duttweiler 2008, 1).

Zur ‚optimalen' Reisevorbereitung zählt für Peggy Günther zudem das Packen, das „ein wenig Vorbereitungszeit" bedürfe (Günther 2018, 53):

> Bei uns Frauen ja eigentlich immer, aber eine Kreuzfahrt ist schon ein fortgeschrittenes Level. Wie gesagt, der nächste Laden ist unter Umständen ein paar Seemeilen entfernt. Die Wetterprognose für die Häfen sagt nichts über die Zeit zwischen den Landgängen auf See aus. Und dann auch noch diese Dresscodes! (ebd.)

---

[5] Die Adressierung als ‚Ladys' taucht mehrfach innerhalb des Ratgebers auf, so beispielsweise auch auf dem Cover der eBook-Version, auf dem deutlich gemacht wird: „For Ladys only" (Günther 2018, Cover eBook).

[6] Hierbei handelt es sich in leicht abgewandelter Form um das titelgebende Zitat des Kapitels.

Während hier nicht nur die Stereotype aktualisiert werden, dass Frauen lange zum (Koffer-)Packen bräuchten und gerne shoppen gingen,[7] lässt sich diese Passage ebenso vor dem Hintergrund der Aussage lesen, dass sich die ‚Frau von Welt' ohnehin ‚perfekt' in eine (neue) Umgebung einzupassen wisse bzw. danach strebe. So müsse nun, da es auf dem Kreuzfahrtschiff nicht unbedingt die Möglichkeit gebe, die ‚richtige' Kleidung für einen bestimmten Anlass oder eine bestimmte Wetterlage zu kaufen, der Koffer ‚richtig' gepackt werden. Aus diesem Grund findet sich im *Kreuzfahrt-Knigge* eine Liste dessen, was „[a]uf keinen Fall im Koffer fehlen" dürfe (ebd., 55). Die Wichtigkeit des (‚optimalen') Packens und Planens wird dabei immer wieder mit Dramatisierungen unterstrichen – „Und es gibt nichts Schlimmeres als eine Kreuzfahrt ohne Koffer." (ebd., 57) – sowie mit Verweisen darauf, dass ‚frau' auf diese Weise ihren Mitreisenden etwas voraus habe. Denn nicht nur, wenn der Koffer verloren ginge, sondern auch wenn dieser noch nicht die eigene Kabine erreicht habe, so ermöglichten „ein Bikini und Sonnencreme" im Handgepäck, dass ‚frau' bereits „am Pool liegen [könne], während die anderen noch auf ihren Koffer warten" (ebd., 58).

Insgesamt widmet sich der *Kreuzfahrt-Knigge* an zahlreichen Stellen der Kleidung bzw. Kleiderordnung an Bord, wodurch einerseits deutlich wird, für wie wichtig die ‚Rat-Geberin' die Kleiderordnung im Kontext von Kreuzfahrten hält, während diese Beschreibungen andererseits maßgeblich zur Subjektivierung der ‚Frau von Welt' beitragen. Diese wird als Subjekt konstruiert, dem es nicht nur wichtig *ist,* sondern auch wichtig sein *sollte,* die ‚richtige' Kleidung zu tragen, um sich ‚perfekt' in ihre (neue) Umgebung einzufügen, wozu auch die ‚richtige' Planung gehört. Zur Unterstreichung dienen Negativbeispiele, die die ‚Unangepassten' geradezu lächerlich machen:

> Das große Gepäck muss meistens am späten Vorabend vor der Kabinentür stehen, deswegen empfiehlt es sich, vor dem letzten Abendessen zu packen. Und dabei nicht das Outfit für den nächsten Morgen zu vergessen. Wobei bisher vorwiegend männliche Passagiere im Bademantel gesichtet wurden, die im Terminal mit hochrotem Kopf nach ihrem Koffer gesucht haben. (ebd., 84)

Kleidung erweist sich demnach im Prozess des Sich-Anpassens und der Konstruktion von (Nicht-)Zugehörigkeiten als zentral, markiert die ‚Expertin' hier doch eindeutig, dass dies *männlichen* Passagieren passieren könne und keineswegs einer ‚optimal' vorbereiteten ‚Frau von Welt'. Gleichsam wird deutlich, dass, wenn ‚frau' sich als ‚Frau von Welt' positionieren möchte, ihr dieser ‚Fauxpas' nicht passieren sollte. Auch das Tragen von Kleidung erweist sich demnach als Praktik, die es zu beherrschen gilt und die von zentraler Bedeutung im Kontext von Subjektivierung ist. In einer Art zirkulärem Verlauf wirkt Kleidung jedoch

---

[7] Dass Frauen angeblich gerne shoppen, wird innerhalb des Ratgebers mehrfach suggeriert. So werden beispielsweise an zwei Stellen ‚Shopping-Vergleiche' bemüht, die auf ein vermeintliches ‚weibliches Allgemeinwissen' rekurrieren: „Die Route für die allererste Kreuzfahrt auszusuchen, ist ungefähr so schwierig wie sich für ein Paar Pumps vom Lieblingsdesigner zu entscheiden." (Günther 2018, 87).

nicht nur subjektivierend, weil sie mit bestimmten (symbolischen) Bedeutungen innerhalb einer gesellschaftlichen Ordnung assoziiert ist, sondern ebenso weil sie den Tragenden die gesellschaftliche Ordnung stetig in Erinnerung ruft, indem sie deren „körperliche Bewegungsfreiheit und [...] Fortbewegungsmöglichkeit beschneidet" (Bourdieu 2005, 54). Kleidung wohnt damit eine (implizit) disziplinierende Wirkung inne, die Bourdieu zudem mit Bezug auf weibliche Körper mit einer moralischen Dimension verknüpft:

> Die weibliche Moral zwingt sich vor allem durch eine unablässige Disziplin auf, die sich auf alle Körperpartien bezieht und die durch den Zwang der Kleidung oder der Haartracht in Erinnerungen gerufen und ausgeübt wird. [...] [Bei] dem Rücken, den man gerade halten soll, [...] dem Bauch, den man einziehen soll, [...] den Beinen, die man nicht spreizen soll usf. – [...] [handelt es sich um] Haltungen, denen eine moralische Bedeutung beigemessen wird. (ebd., 52f.)

Hier fügt sich auch der Hinweis ein, dass ‚frau' zwar um 17 Uhr „noch eine Runde im Pool drehen" könne, allerdings, „[s]elbstverständlich ohne die Haare nasszumachen, denn sonst schafft man es unter Umständen nicht mehr pünktlich zum Abendessen" (Günther 2018, 69). Die ‚Frau von Welt' ist demnach nicht nur ‚gut vorbereitet' und stets ‚richtig' gekleidet, sondern ebenso stets ‚gut' frisiert.

Um sich ‚optimal' vorbereiten und ‚richtig' kleiden zu können, bedarf es jedoch ebenso eines Wissens um die ‚richtige' Kleidung, weshalb unter dem *Exkurs. Dresscodes* die drei Kategorien „sportlich-leger", „sportlich-elegant" und „formell" mit deren jeweiligen *Dos* and *Don'ts* aufgelistet werden (ebd., 54; Herv. i. O. entfernt). Dass beispielsweise an „Galaabenden [...] der Dresscode formell (oder black-tie, festlich)" gelte (ebd.; Herv. i. O. entfernt), stelle für ‚die Frau von Welt' keine Herausforderung dar, denn „wir Damen machen uns ja eigentlich auch gerne mal schick" (ebd., 55). Und ohnehin würde das Ausführen der „ganz große[n] Robe" doch „die kleine Prinzessin in uns Ladys glücklich" machen (ebd., 12). Im Prozess der Subjektwerdung greift der Ratgeber demnach nicht nur in die Bereiche ein, die ‚die Frau von Welt' *tun* sollte, sondern ebenso in das, was sie zu *wollen* bzw. welche Wünsche sie hat (vgl. Bröckling 2007, 10), deren Erfüllung ihr ‚Glück' bringen.

Auch im Kontext der Dresscodes wird im Ratgeber ein (‚männliches') Negativbeispiel angeführt, das gleichsam den Blick auf Kleidung als ‚Eintrittskarte' in (soziale) Räume eröffnet, seien doch „Herren ohne Krawatte auch schon bei etwas günstigeren Reedereien an der Tür zum Restaurant abgewiesen" worden (Günther 2018, 55). Um also der ‚Schmach' des öffentlich sichtbaren Abgewiesen-Werdens zu entgehen, das nicht nur den verwehrten Eintritt in einen physischen Raum bedeuten würde, sondern ebenso eine Irritation der Subjektposition der stets ‚gut' vorbereiteten und ‚adäquat' gekleideten ‚Frau von Welt', ist eine ‚richtige' Vorbereitung notwendig. Dabei wird deutlich, dass es immer auch nach den „Bedingungen der Möglichkeiten von Subjektwerdung" zu fragen gilt (Freist 2015, 20), denn es „bedarf eines Wissens um ‚(in-)adäquate' Kleidung sowie eines ‚adäquaten' Körpers, diese Kleidung zu tragen, und ökonomischer wie sozialer Ressourcen, sich eine entsprechende Kleidung zu beschaffen" (Riettiens 2021, 164).

Ein eben solcher ‚adäquater' Körper der ‚Frau von Welt' wird auch im Ratgeber konstruiert: er ist ‚schlank' (vgl. Rutschke 2020, 250). Bereits der Klappentext verspricht eine „Schlankformel trotz 24-h-Büffet" (Günther 2018, Klappentext), wobei es ohnehin „gar nicht so schwer [sei], auf Kreuzfahrten die Figur zu wahren" (ebd., 17). Hier wird suggeriert, die ‚Frau von Welt' sei bereits ‚schlank', wenn sie das Kreuzfahrtschiff besteigt, es ginge also ‚lediglich' darum, diese Schlankheit trotz offenbar zahlreicher ‚Versuchungen' ‚zu wahren'. Dies könne durch den Vollzug bzw. Nicht-Vollzug bestimmter Praktiken gelingen – erneut finden sich also explizite Handlungsanweisungen: Zum einen gelte es, aktiv zu sein und sich viel zu bewegen (vgl. Rutschke 2020, 244). Wiederholt wird die Möglichkeit aktiver Landausflüge erwähnt und betont, dass es auf dem Kreuzfahrtschiff von Vorteil sei, „dass das Fitnessstudio maximal fünf Minuten vom eigenen Bett entfernt ist" (Günther 2018, 17).[8] Um ‚schlank' zu bleiben, helfe vor allem „eins: viel Bewegung":

> Wenn Sie zum Beispiel darauf verzichten, den Aufzug zu benutzen, sammeln Sie genug Bewegungs-Punkte – da darf es auch mal ein kleines Stück Kuchen am Nachmittag sein. Vom ersten Tag an ins Fitnessstudio zu gehen, ist ebenfalls eine gute Devise (ebd., 79).

Zum anderen geht es vor dem Hintergrund des ‚Wahrens' der Figur auch um das Essen, wobei Günther entweder davon schreibt, sich Essen aufgrund von ‚Bewegungs-Punkten' verdient zu haben oder sich dahingehend zu disziplinieren, lediglich wenig Kalorisches zu sich zu nehmen. Obwohl die Reisenden auf Kreuzfahrtschiffen laut Klappentext 24 Stunden lang etwas zu essen bekämen, sei ‚frau' „dem vielen Essen [schließlich] nicht hilflos ausgeliefert. Ein großer Vorteil auf Schiffen sind Salatbüffets. Was gibt es Schöneres, als mittags einfach nur einen Salat mit frisch gegrilltem Fisch oder Fleisch zu essen?" (ebd., 78). Während innerhalb des Ratgebers in der Mehrheit der Kommentare die ‚Wahrung der Figur' als leicht umsetzbar und selbstverständlich für die ‚Frau von Welt' dargestellt wird, zeigt sich im Folgenden erstmalig, dass es sich um körperliche Disziplinierung handelt, die für Menschen durchaus anstrengend sein kann: „Zugegeben, es erfordert ganz schön viel Selbstbeherrschung, das kalorienarme Süppchen statt der Pasta zu bestellen." (ebd., 78 f.). In Anlehnung an Wolfgang Fachs Definition der Selbstverantwortung als Mikrotechnik der Gegenwart zeichnet sich hier ab, dass „‚ausgewogene Ernährung' […] selbst Arbeit [ist], wenn man berücksichtigt, was uns abverlangt wird, tagaus, tagein, immer auf dem neuesten Stand, ohne Verständnis für große Versuchungen oder kleine Schwächen" (Fach 2004, 231). In diesem Sinne ist es kein Bild der (Selbst-)Disziplin(ierung), das der *Kreuzfahrt-Knigge* explizit entwirft, sondern vielmehr das eines „clevere[n] *Selbstmanagement[s]*" (ebd., 230; Herv. i. O.), einer Selbstverantwortung.

---

[8] Diese Feststellung irritiert, steht sie doch im Widerspruch zur Tatsache, dass es in einem Fitnessstudio schließlich darum geht, sich zu bewegen. Gleichsam blitzt hier auf, dass es manche Menschen durchaus Überwindung kostet und einer (Selbst-)Disziplinierung bedarf, ins Fitnessstudio zu gehen.

Während diese ‚adäquaten' Körper, denen das Selbstmanagement gelingt bzw. gelungen ist, innerhalb des *Kreuzfahrt-Knigges* stetig sichtbar gemacht und als anzustrebendes Ziel deklariert werden, bleiben die ‚inadäquaten' Körper regelrecht unsichtbar. Im Ratgebers wird eine „Normierung des weiblichen Körpers" erkennbar, wobei er nicht nur „in Felder des Normalen und Anormalen" unterscheidet (Rutschke 2020, 249), sondern „letztlich die zunehmende gesellschaftliche Akzeptanz der Stigmatisierung vor allem von als übergewichtig Gekennzeichneten rechtfertigt" (ebd., 249 f.). In diesem Sinne werden die ‚anderen' Körper lediglich an einer Stelle im *Kreuzfahrt-Knigge* sichtbar gemacht, und zwar als die Rat-Geberin über sie spottet: „Es ist übrigens immer sehr lustig zu beobachten, wie kurz vor Ende der Kreuzfahrt geduckte Gestalten ins Fitnessstudio schleichen, um sich unauffällig auf die Waage zu stellen. Ganz vorsichtig versteht sich, vielleicht ist sie dann gnädiger." (Günther 2018, 17). Erneut wird also ein Negativbeispiel herangezogen, um die ‚Notwendigkeit' der ‚guten' Vorbereitung zu unterstreichen – in diesem Fall der Gang ins Fitnessstudio *bevor* ‚frau' zugenommen hat. Wer also in der Gegenwart der Selbstverantwortung nicht nachkommt, wer auf die Rat-Geber „nicht hören will, muss fühlen, büßen, zahlen" (Fach 2004, 233) – in diesem Fall in Form einer Herabwürdigung durch den Rat-Geber selbst.

4 Kontextualisierungen. Kreuzfahrtreisende zwischen Optimierung, Datafizierung und Bildung

Im Rahmen des *Kreuzfahrt-Knigges* wird die Leserin als zukünftige Reisende konstruiert und adressiert, die es ‚optimal' auf die Kreuzfahrt vorzubereiten gelte. Diese vorbereitenden Ratschläge lassen sich auf Grundlage der vorangegangenen Analyse als subjektivierend lesen, die ein an hochgradig vorstrukturierte Räume angepasstes Subjekt hervorzubringen suchen. Denn indem die sich selbst als ‚Kreuzfahrt-Expertin' stilisierende Rat-Geberin auf Dresscodes und die ‚richtige' Kleidung, das ‚richtige' Essen und Verhalten rekurriert, zeigt sich, dass sie von eben solchen standardisierten Räumen im Kontext von Kreuzfahrt ausgeht. In ihnen gibt es ein ‚Richtig' und ein ‚Falsch', „eine legitime Praxis des Reisens" (Pesek 2017, 19). Es zeichnet sich demnach auf zwei wechselseitig miteinander verwobenen Ebenen der Topos der Optimierung ab: 1) Auf Subjektebene wird das Dazu-Gehören als ‚optimal' konstruiert, das durch Anpassung an vorherrschende Ordnungen erreichbar scheint. Wenn ‚frau' „zum Club der Seereisenden" gehören bzw. als ‚Frau von Welt' gelesen werden möchte (Günther 2018, 9), gilt es, sich an die als hochgradig standardisiert dargestellten Räume im Kontext Kreuzfahrt anzupassen. Bei ‚Fehlverhalten' droht (öffentlich sichtbare) Exklusion, die im *Kreuzfahrt-Knigge* als mit Scham behaftet beschrieben wird. Hiermit eng verbunden ist 2) die Ebene der Reise, die ‚optimal' verläuft, wenn sie stressfrei, effektiv und ohne (große) Irritationen abläuft. Entsprechend eröffnet sich ein Paradoxon:

Während der Ratgeber postuliert, dass ‚frau' auf Kreuzfahrt der Orientierung des Alltags- und Arbeitslebens an Effizienz und Optimierung entkommen könne, so folgen die ‚hilfreichen Informationen' und Handlungsweisen eben diesen Kriterien.

Der Idee eines Urlaubs frei von (großen) Irritationen, steht der Topos *Reisen bildet* gegenüber, setzen bildende Erfahrungen doch „einen Verlust eingespielter Gewissheiten" voraus (Schäfer 2013, 25), wodurch potenziell eine Transformation des Selbst- und Weltverhältnisses angestoßen wird. Vor dem Hintergrund der Frage, was Anlass zu einer solchen Transformation bieten könnte, erweisen sich insbesondere im Kontext von Reisen Bernhard Waldenfels' Überlegungen zur Erfahrung von Fremdheit als anschlussfähig (vgl. Waldenfels 2013; Riettiens 2018; Schäfer 2013). Hans-Christoph Koller hält in Anlehnung an Waldenfels fest:

> Die Erfahrung dessen, was sich zeigt, indem es sich dem Zugriff einer je herrschenden Ordnung entzieht, kann insofern als eine Herausforderung für transformatorische Bildungsprozesse verstanden werden, als dieses Sich-Entziehen die Ordnung in Frage stellt, die dem Wahrnehmen, Denken und Handeln und damit dem Welt- und Selbstverhältnis eines Individuums oder einer sozialen Gruppe zugrunde liegt. (Koller 2018, 85)

Um zu einer bildenden Erfahrung zu werden, muss sie den_die Einzelne_n demnach „an die Grenzen seines Selbst- und Weltverhältnisses führen" (Schäfer 2013, 25), was im *Kreuzfahrt-Knigge* keineswegs gewollt erscheint. Hier geht es vielmehr darum, die reisenden (weiblichen) Subjekte ‚optimal' auf die auf Kreuzfahrt vorherrschenden Ordnungen vorzubereiten, um einen bestimmten Subjektstatus – die ‚optimal' vorbereitete und ‚perfekt an ihre Umgebung angepasste Frau von Welt' – zu bewahren (vgl. Pesek 2017, 18 f.). Damit konstruiert der Ratgeber vielmehr ‚ordentliche Gewissheiten', auf die ‚frau' sich mit seiner Hilfe vorbereiten kann.

Im Spannungsfeld von Massentourismus und Optimierung ergibt sich allerdings noch eine weitere Perspektive auf transformatorische Bildung, die es meines Erachtens in Zeiten der Digitalität (vgl. Stalder 2019) weiterzuverfolgen lohnt. So konstruiert nicht nur Ratgeberliteratur ein spezifisches Bild von handelnden Subjekten, auch die kund_innenorientierten Marketingstrategien der Kreuzfahrtunternehmen und Zusammenschlüsse entwerfen solche Bilder, um „ihre Angebote entsprechend der Bedürfnisse ihrer Kunden anzupassen und somit auch ihr zielgruppenspezifisches Marketing" (Groß 2017, 219). Hierfür sammeln sie soziodemografische, verhaltensbezogene, psychografische sowie geografische Daten[9] über Passagier_innen. Denke ich den Aspekt weiter, dass Daten über „die räumliche Verteilung der Nachfrager (= Herkunft/Einzugsgebiet) und die Gebiete, in denen Kreuzfahrten angeboten werden sollen" (ebd., 209; vgl. CLIA 2020a),

---

[9] In Anlehnung an Kubicek u. a. (2019), die sich wiederum auf die Datenschutzverordnung beziehen, verstehe ich Daten in diesem Fall als personenbezogene Daten, bei denen es sich „nicht nur um Zahlenwerte [handelt], sondern [um] alle ‚Informationen, die sich auf eine identifizierte und identifizierbare natürliche Person […] beziehen' (Artikel 4, Ziffer 1)" (ebd., 3).

genutzt werden, um daran die Speisen-, Getränke- und Personalauswahl, das Design sowie das Unterhaltungsprogramm auszurichten, kommt hier eine bis dato nicht gekannte ‚Vermessung der Welt' zum Tragen (vgl. Kehlmann 2005): So fußt das „zunehmende Angebot von Kasinos und/oder Automatenspielen an Bord von amerikanischen und asiatischen Schiffen" oder eine größere Auswahl an (dunklen) Broten für ‚die deutschen Passagier_innen' im Vergleich zu ‚den französischen', die zum Frühstück eher „weiche Croissants, Brioches und Süßgebäck" bevorzugen würden (Groß 2017, 220), auf Datensammlungen mitsamt ihrer systematischen Auswertung und Indienstnahme. Im Rahmen einer „psychographische[n] Marktsegmentierung" werden durch eine „Kombination aus demographischen und psychographischen Kriterien" – hier allgemein als Daten verstanden – sogar „spezifische verhaltensabhängige Typologien" identifiziert (ebd.).

Die im Kontext Kreuzfahrt gesammelten (personenbezogenen) Daten setzen demnach nicht bloß Angebot und Nachfrage ins Verhältnis. Vielmehr dienen sie „als Ausgangspunkte der Kategorisierung und Systematisierung von Welt" (Verständig 2020, 116), die sich im Lichte massentouristischer (Marketing-)Strategien wiederum als geradezu ‚notwendig' erweisen, denn: Das Führen der Reisenden „an die Grenzen […] [ihres] Selbst- und Weltverhältnisses" (Schäfer 2013, 25) erscheint ungewollt. Vor allem der exemplarisch untersuchte *Kreuzfahrt-Knigge* zeigt dabei eindrucksvoll auf, dass und wie das Reisen hier offenbar zu lesen ist.

Literatur

Böth, Mareike. 2018. „Ich handele, also bin ich". Selbstzeugnisse praxeologisch lesen. *Geschichte in Wissenschaft und Unterricht* 69: 253–270.
Bourdieu, Pierre. 2005. *Die männliche Herrschaft*. Frankfurt a. M.: Suhrkamp.
Bröckling, Ulrich. 2007. *Das unternehmerische Selbst. Soziologie einer Subjektivierungsform*. Frankfurt a. M.: Suhrkamp.
CLIA. 2020. State of the cruise industry outlook. https://www.cliadeutschland.de/wissenswertes/2020-CLIA-State-of-the-Cruise-Industry-Outlook.pdf?m=1579098037 Zugegriffen: 13. April 2021.
Depaepe, Marc. 2010. The ten commandments of good practices in history of education research. *Zeitschrift für pädagogische Historiographie* 16: 31–34.
Dippner, Anett. 2016. *Miss Perfect: neue Weiblichkeitsregime und die sozialen Skripte des Glücks in China*. Bielefeld: transcript.
Duttweiler, Stefanie. 2008. Erkenne dich selbst und finde dein Glück. Ratgeberliteratur als Anleitung privater Selbstoptimierung. *Interesse. Soziale Informationen* 2: 1–2.
Fach, Wolfgang. 2004. Selbstverantwortung. In *Glossar der Gegenwart*, Hrsg. Ulrich Bröckling, Susanne Krasmann, und Thomas Lemke, 228–235. Frankfurt a. M.: Suhrkamp.
Freist, Dagmar. 2015. Diskurse – Körper – Artefakte. Historische Praxeologie in der Frühneuzeitforschung – Eine Annäherung. In *Diskurse – Körper – Artefakte. Historische Praxeologie in der Frühneuzeitforschung*, Hrsg. Dagmar Freist. 9–30. Bielefeld: transcript.
Groß, Sven. 2017. *Handbuch Tourismus und Verkehr. Verkehrsunternehmen, Strategien und Konzepte*. 2. Aufl. Konstanz: UVK Verlagsgesellschaft mbH.
Günther, Peggy. 2018. *Kreuzfahrt-Knigge für die Frau von Welt. DOs and DON'Ts auf hoher See*. Stuttgart: BusseSeewald.

Helmstetter, Rudolf. 2010. *Der stumme Doctor* als guter Hirte. Zur Genealogie der Sexualratgeber. In *Fragen Sie Dr. Sex!*, Hrsg. Peter-Paul Bänziger, Stefanie Duttweiler, Philipp Sarasin, und Annika Wellmann, 58–93. Berlin: Suhrkamp.

Kehlmann, Daniel. 2005. *Die Vermessung der Welt*. Reinbek bei Hamburg: Rowohlt.

Koller, Hans-Christoph. 2018. *Bildung anders denken. Einführung in die Theorie transformatorischer Bildungsprozesse*. 2. Aufl. Stuttgart: Kohlhammer.

Kubicek, Herbert, Andreas Breiter, und Juliane Jarke. 2019. Daten, Metadaten, Interoperabilität. In *Handbuch Digitalisierung in Staat und Verwaltung*, Hrsg. Tanja Klenk, Frank Nullmeier, und Göttrik. Wewer, 1–13. Wiesbaden: Springer VS.

Messerli, Alfred. 2010. Zur Geschichte der Medien des Rates. In *Fragen Sie Dr. Sex!*, Hrsg. Peter-Paul Bänziger, Stefanie Duttweiler, Philipp Sarasin, und Annika Wellmann, 30–57. Berlin: Suhrkamp.

Moser, Heinz. 2019. *Einführung in die Medienpädagogik. Aufwachsen im digitalen Zeitalter*. 6. Aufl. Wiesbaden: Springer VS.

Pesek, Michael. 2017. Vom richtigen Reisen und Beobachten: Ratgeberliteratur für Forschungsreisende nach Übersee im 19. Jahrhundert. *Berichte zur Wissenschaftsgeschichte* 40: 17–38. https://doi.org/10.1002/bewi.201701808.

Reckwitz, Andreas. 2020. *Das hybride Subjekt. Eine Theorie der Subjektkulturen von der bürgerlichen Moderne zur Postmoderne*. Berlin: Suhrkamp.

Riettiens, Lilli. 2018. Im Dazwischen – Differenzkonstruktionen der Europareisenden Maipina de la Barra. In *Migration – Geschlecht – Religion. Praktiken der Differenzierung*. Schriftenreihe der Sektion Frauen- und Geschlechterforschung in der Deutschen Gesellschaft für Erziehungswissenschaft (DGfE), Bd. 6, Hrsg. Eva Breitenbach, Thomas Viola Rieske, und Sabine Toppe, 139–153. Opladen: Barbara Budrich.

Riettiens, Lilli. 2021. *Doing Journeys. Transatlantische Reisen von Lateinamerika nach Europa schreiben, 1839–1910*. Bielefeld: transcript.

Rutschke, Maria. 2020. „Eine gute Mutter sollst du sein!". Zur Vergeschlechtlichung von Handlungsanweisungen in Gesundheitsratgebern. In *Geschlecht und Medien. Räume, Deutungen, Repräsentationen*, Hrsg. Britta Hoffarth, Eva Reuter, und Susanne Richter, 237–258. Frankfurt a. M.: Campus.

Schäfer, Alfred. 2013. Erkundungen von Fremdheit und Andersheit. Bildende Erfahrung von Individualreisenden in Mali und Ladakh. *DIE Zeitschrift für Erwachsenenbildung. Reisen bildet* 3: 25–28.

Schüßler, Otto. 2005. *Passagier-Schifffahrt. Ein Handbuch für Reiseverkehrskaufleute in Ausbildung und Praxis*. 2. Aufl. Frankfurt a. M.: DRV-Service.

Stalder, Felix (2019): Kultur der Digitalität, Berlin.

Verständig, Dan. 2020. Die Ordnung der Daten. Zum Verhältnis von Big Data und Bildung. In *Big Data, Datafizierung und digitale Artefakte*, Hrsg. Stefan Iske, Johannes Fromme, Dan Verständig, und Katrin Wilde, 115–139. Wiesbaden: Springer VS.

Waldenfels, Bernhard. 2013. *Topographie des Fremden. Studien zur Phänomenologie des Fremden I*. 6. Aufl. Frankfurt a. M.: Suhrkamp.

Wulf, Christoph, Michael Göhlich, und Jörg Zirfas. 2001. Sprache, Macht und Handeln. Aspekte des Performativen. In *Grundlagen des Performativen. Eine Einführung in die Zusammenhänge von Sprache, Macht und Handeln*, Hrsg. Christoph Wulf, Michael Göhlich, und Jörg Zirfas, 9–24. Weinheim: Juventa.

Umsetzungsformen von internationalen Mobilitätsprogrammen an Grundschulen

Bernd Wagner

Den verschiedenen Mobilitätsprogrammen, mit denen europaweit in beachtlichem Umfang Schulaustausch gefördert wird, liegt ein Bildungsanspruch zugrunde, in dem das Potential des Reisens für die Persönlichkeitsentwicklung hervorgehoben wird. Insbesondere Schülerinnen und Schüler, die wenige Gelegenheiten dazu haben, sollen einbezogen werden. Die umsetzenden Institutionen können diesem Anspruch jedoch nur eingeschränkt gerecht werden. Im Folgenden wird anhand des Mobilitätsprogramms *Erasmus+* der Europäischen Union gezeigt, welche Schwerpunkte in den Programmen angesprochen werden und welche Anforderungen die mit der Umsetzung beauftragten nationalen bzw. regionalen Schulverwaltungen damit verbinden.[1] Dabei werden Sichtweisen der beteiligten Akteurinnen und Akteure, der nationalen Bildungsagenturen und der an den

---

[1] Erasmus+ läuft zunächst bis 2020 und vereint sieben zuvor einzeln laufende Programme mit Mobilitätsangeboten. Die Förderung von Schulkooperationen, in denen Schülerinnen und Schüler an bestimmten Themen mit Partnern aus verschiedenen europäischen Ländern zusammenarbeiten, wird von nationalen Schulverwaltungen unterstützt. Diese Schulkooperationen sollen die Sprach- und Präsentationskompetenzen fördern sowie zur Persönlichkeitsentwicklung beitragen. Zudem ermöglichen Mobilitätsprogramme Lehrerinnen und Lehrern fachliche Fortbildungen im EU-Ausland. Vgl. https://ec.europa.eu/info/education/set-projects-education-and-training/erasmus-funding-programme_de (Zugegriffen: 01. Januar 2021).

B. Wagner (✉)
Erziehungswissenschaftliche Fakultät, Universität Leipzig, Leipzig, Deutschland
E-Mail: bernd.wagner@uni-leipzig.de

© Der/die Autor(en), exklusiv lizenziert durch Springer-Verlag GmbH, DE, ein Teil von Springer Nature 2022
P. Knobloch et al., *On the Beaten Track*, Kindheit – Bildung – Erziehung.
Philosophische Perspektiven, https://doi.org/10.1007/978-3-662-63374-8_10

Programmen teilnehmenden Schulen, zu den Aufgaben und Zielen des Erasmus+ Programms untersucht. Anhand eines Experteninterviews mit einer leitenden Mitarbeiterin der Schulverwaltung, die für europäische Bildungsprogramme zuständig ist, werden programmbezogene Positionen der Bildungsagenturen auf nationaler/ regionaler Ebene exemplarisch herausgearbeitet. Die programmatischen Schwerpunkte und administrativen Erwartungen werden mit Formen der Programmnutzung von Grundschulen kontrastiert. In vier teilstrukturierten Interviews, die zuvor mit Schulleiterinnen und -leitern in Sachsen zu institutionellen Mobilitätsformen geführt worden sind, werden diese Umsetzungsformen thematisiert.[2] Es wird herausgearbeitet, welche von den europäischen und den von den nationalen/ regionalen Bildungsadministrationen nicht projektierten Umsetzungsformen aufgrund institutioneller Schwierigkeiten entstehen können. Auch wird mit Bezügen zu empirischem Material entworfen, wie diesen Herausforderungen im Schulalltag im Kontext von Globalisierungsprozessen und Internationalisierungsanforderungen an Schulen begegnet werden kann (vgl. Charlot 2002). Das Datenmaterial zum Forschungsfeld beinhaltet Beispiele zur inhaltlichen Zusammenarbeit in Mobilitätsprogrammen und der Einbeziehung von Mobilitätsformen in die Schul- und Unterrichtsentwicklung. Anhand der zu Grunde liegenden Interviewdaten werden im Beitrag folgende Fragen diskutiert: Können die mit Mobilität einhergehenden Ausnahmesituationen an Grundschulen nur mit einer *institutionellen Logik*[3] bewältigt werden? Dient das Programm Erasmus+ entgegen der formulierten Zielstellungen einer Form von Elitenförderung, d. h., kommen nur wenige ohnehin mobilitätserfahrene Schülerinnen und Schüler in den Genuss einer Förderung? Wie gestaltet sich die in den Mobilitätsprogrammen vorgesehene inhaltliche Zusammenarbeit an den selbstgewählten, im Förderantrag formulierten Themenstellungen? Diese Fragen ermöglichen es, Diskrepanzen zwischen der Programmfinanzierung und -ausführung zu erkennen. So kann rekonstruiert werden, dass Anforderungen des Mobilitätsprogramms in bestehenden institutionellen Strukturen nicht vollumfänglich umsetzbar sind.

---

[2] Die ausgewählten Interviews sind im Rahmen eines 4-jährigen französisch-deutschen Forschungsprojekts *Mobilität in die Schule bringen! Institutionelle Mobilität als Thema inklusiver Schulentwicklung/ Mobilité institutionnelle comme thème central du pilotage de l'établissement* geführt worden, das vom Deutsch-Französischen Jugendwerk (DFJW) finanziert worden ist.

[3] Mit institutioneller Logik wird der Rückgriff auf bekannte, den Unterrichtsablauf und die Stoffvermittlung nicht allzu sehr störende Mobilitätsformen beschrieben, wie etwa dem Entsenden einer Schuldelegation mit ausgewählten Schülerinnen und Schülern. Darauf wird beispielsweise referiert, indem mobilitätserfahrene Schülerinnen und Schüler einzeln oder in kleinen Gruppen als Botschafterinnen und Botschafter mit Reisen betraut werden. Dies knüpft an die historischen Bildungsreisen (Grand Tour) gehobener Bürgerssöhne an, die neben den finanziellen Ressourcen am Ende ihrer Ausbildung auch über ein entsprechendes kulturelles Kapital verfügten.

Zunächst wird im Abschn. 1 das Datenmaterial aus dem Experteninterview vorgestellt, worauf in Abschn. 2 institutionelle Umsetzungsformen beschrieben werden und die Bedeutung von Mobilitätsprogrammen für Schul- und Unterrichtsentwicklung herausgearbeitet wird. In Abschn. 1 und 2 werden jeweils Interviews mit Grundschulleiterinnen und -leitern kontrastiv miteinbezogen. In Abschn. 3 werden Perspektiven für die inhaltliche Zusammenarbeit in Mobilitätsprogrammen entworfen und Potenziale der Mobilitätserfahrungen aufgezeigt.

1 Das Experteninterview mit einer leitenden Mitarbeiterin der Schulverwaltung

In dem über einstündigen Interview mit einer Mitarbeiterin der Schulverwaltung (im Folgenden abgekürzt S1), die für die Weiterleitung von Fördermitteln des Programms Erasmus+ an (Grund-)Schulen zuständig ist, wird auf inhaltliche Schwerpunkte des Programms hingewiesen, die im Folgenden vorgestellt werden. Perspektiven von Schulleitungen auf die Umsetzung des Programms werden durch vier teilstrukturierte Interviews mit Grundschulleiterinnen und -leitern in Sachsen dargestellt. Die erhobenen Interviews sind in Anlehnung an die „Qualitative Inhaltsanalyse" (Mayring 2010) sequenziert und kodiert worden. Die in den Interviews herausgearbeiteten Inhalte werden im Hinblick auf Schul- und Unterrichtsentwicklung weitergehend diskutiert (vgl. Braun u. a. 2018). Im Interviewmaterial kommen vor allem Perspektiven der Interviewpartner auf institutionelle Umsetzungen der Mobilitätsprogramme und die Potenziale für Schülerinnen und Schüler zum Ausdruck, was auch im Folgenden ausgehend von drei im empirischen Material herausgearbeiteten thematischen Schwerpunkten vorgestellt wird.[4]

1.1 Schwerpunkt 1: Mobilität im Klassenverband oder Aussendung von Botschafterinnen und Botschaftern?

In allen fünf diesem Beitrag zugrundeliegenden Interviews wiederholt sich die Frage, wie eine Reise mit institutionellen, schulischen Abläufen in Verbindung gebracht werden kann. Im Folgenden wird herausgearbeitet, dass den beteiligten Akteurinnen und Akteuren Diskrepanzen zwischen programmatischen Inhalten

---

[4] Perspektiven der Lehrkräfte werden in den erhobenen Interviews nur wenig berücksichtigt. Deutlich wird jedoch, dass zusätzliche Motivation und Arbeitstätigkeiten für die Umsetzung eines Mobilitätsprogramms notwendig sind. Auch diese zusätzlichen, vor allem administrativen Belastungen führen zu denen im Beitrag dargestellten, verkürzten Umsetzungsformen der Mobilitätsprogramme.

und schulischer Praxis durchaus bewusst sind. Im Interview mit der Mitarbeiterin der Schulverwaltung wird betont, dass das Programm Erasmus+ der inhaltlichen Zusammenarbeit von Schulklassen dienen soll und nicht der Bildungsmobilität von Einzelnen oder von ausgewählten Kleingruppen. Dementsprechend wird die Erasmusförderung von individuellen Mobilitätsformen abgegrenzt:

> Das Programm Erasmus+ wie es jetzt läuft, sieht es gar nicht vor, die Förderung von einzelnen Schülerinnen und Schülern. Das ist überhaupt nicht eine Fördervorgabe oder eine Rahmenvorgabe, zurzeit. Nein, was gefördert wird, sind Schulen, also die Institution Schule, die eine Partnerschaft mit einer anderen Schule zu einem bestimmten Thema eingeht (S1, Z. 37–41).

Der Interviewauszug macht deutlich, dass das Förderprogramm auf Schulen bezogen ist und einer Vielzahl von Schülerinnen und Schülern der beteiligten Institutionen zugutekommen soll. Gleichzeitig wird die Problematik gesehen, dass Mobilitätsangebote vor allem von Kindern aus einkommensstarken Familien wahrgenommen werden und betont, dass mit dem Erasmus+ Programm beabsichtigt ist, gegenzusteuern.[5]

> Weil wir eben genau wollen, dass es diese Möglichkeit einkommensunabhängig gibt. Also eben genau das Beispiel, was Sie eingangs sagten: die Schüler, die sowieso schon gut Englisch sprechen, deren Eltern bildungsnah sind und sowieso der Meinung sind. Mein Kind muss ein Jahr in die USA, Die brauchen wir nicht zu fördern (S1, Z. 62–65).

Das mit den Mobilitätsprogrammen verbundene Ziel der Schulverwaltung und der EU-Administration, auch mobilitätsferne Schülerinnen und Schüler zu erreichen, wird jedoch im weiteren Verlauf des Interviews immer wieder deutlich in Frage gestellt. Es finden sich mehrere Überlegungen bezüglich der schwierigen Anpassung an die Schulpraxis. So denkt die Expertin der Schulverwaltung beispielsweise grundsätzlich darüber nach, ob ein Schüleraustausch im Klassenverband in der Grundschule möglich ist:

> Also ganze Klassenverbände, das ist natürlich ein wirklicher Aufwand, ne. Also bei Grundschulen kann ich mir das, muss ich auch sagen, gar nicht richtig vorstellen (S1, Z. 99–100).

Zudem stellt sie grundlegend in Frage, ob Grundschulkinder überhaupt von Mobilitätsprogrammen profitieren können. Dabei findet sich die klassische Sichtweise, dass (Grund-)Schulaustausch nur in Korrespondenz mit Fremdsprachenunterricht Sinn ergeben kann. Dies belegt folgende Interviewsequenz:

> Also überhaupt in der Grundschule schon mit Französisch schon Kontakt haben. Und sie (die Kollegin, der Verfasser) sagt, ihre Einschätzung ist es, dass es kontraproduktiv ist, für den Französischunterricht. Und dann natürlich dann dieser Effekt, dass die dann natürlich sehr weit weg sind, von zu Hause (S1, Z. 111–114).

Im Verlauf des längeren Interviews mit der Mitarbeiterin der Schulverwaltung werden die anfangs allgemein formulierten Programmziele mehr und mehr mit

---

[5] Hierzu finden sich in mehreren Studien empirische Belege (u. a. Becker und Thimmel 2019).

administrativ institutionellen Schwierigkeiten relativiert. Zudem werden auch bezüglich der beteiligten Akteurinnen und Akteure, der Schülerinnen und Schüler sowie der Lehrkräfte persönliche Zugangsschwierigkeiten und Kapazitätsprobleme gesehen. Im Interview werden zwei Problemlagen angesprochen:

A. Reisen mit Schülerinnen und Schülern mit ungesichertem Aufenthaltsstatus.
B. Der hohe Zeitaufwand für Lehrkräfte. Bei diesem Thema wird deutlich, dass es kein Arbeitszeitbudget für diese Form der Mobilität gibt.

Die Interviews zeigen, dass implizit davon ausgegangen wird, dass die schulische Umsetzung nicht den Ansprüchen, die die Schulverwaltung und die EU-Administration an das Programm stellen, gerecht werden kann. Denn die tatsächliche Umsetzungspraxis in oft außergewöhnlich engagierten Schulen kennzeichnet sich dadurch aus, dass kleine Gruppen ausgewählter Grundschülerinnen und -schüler mit Englischkenntnissen, die die Schulen würdig vertreten sollen, als Botschafterinnen und Botschafter ausgesandt werden. Alle Interviewpartner gehen zudem davon aus, dass die in Mobilitätsprogrammen reisenden Schülerinnen und Schüler, was die grundsätzliche Motivation und Leistungsbereitschaft betrifft, über Mindestanforderungen verfügen müssen. Die für das Erasmus+ Programm verantwortliche Mitarbeiterin der Schulverwaltung formuliert dazu drastisch:

> Also wenn ich Schüler habe, die da in der Ecke hängen und sagen. Was soll der ganze Mist, ich hab gar keine Lust. Das geht natürlich nicht (S1, Z. 483–485).

Sie begründet diese Aussage allerdings nicht weiter. Obwohl sie den zuvor formulierten Programmabsichten widerspricht, wird dies als „natürlich" dargestellt. Die Diskrepanz zwischen allgemeinen Zielen und einer exkludierenden Praxis wird nicht hinterfragt. Anhaltspunkte für die Vermutung, dass die beteiligten Akteurinnen und Akteure davon ausgehen, dass Umsetzungsformen von den Programmabsichten abweichen müssen, lassen sich auch in den Interviews mit den Schulleiterinnen und -leitern finden. So hat eine sächsische Grundschule einen Katalog für die Auswahl der Schülerinnen und Schüler entwickelt, die zur Belohnung auf Reisen geschickt werden können. Das nicht auf Individualförderung ausgelegte Förderprogramm wird von den Grundschulen verändert umgesetzt:

> Also wie gesagt, ganz darüber hinaus, jetzt ab diesem, also seit Oktober jetzt praktisch, vergangenen Jahres, das Erasmus-Plus-Projekt. Und da waren wir jetzt im Januar das erste Mal mit Kindern im Ausland, also in Göteborg. (…), wir haben also vier Kinder ausgewählt, die als Botschafter unserer Schule dort mitfahren durften (L1, Z. 654–657).

Die ausgewählten Botschafterinnen und Botschafter erfüllen die Anforderungen an die Reise und die damit verbundenen Repräsentationsaufgaben. Die ohnehin begrenzten Ressourcen der Lehrkräfte werden von ihnen nicht weiter strapaziert. Sie haben bereits Fremdsprachenkenntnisse und sind motiviert, auch aufgrund bereits bestehender Mobilitätserfahrungen. Zudem kommt in dem Interview zum Ausdruck, dass die reisenden Grundschülerinnen und -schüler versäumten Unterrichtsstoff nachholen müssen. Dies gilt für alle Mobilitätsformen an einer der sächsischen Grundschulen, auch die Tagesexkursionen zu sogenannten außerschulischen Lernorten. Die Teilnahme an Mobilitätsprogrammen zählt oft nicht als Unterrichtszeit:

> Ja, es gab ne Sache zum Beispiel dadurch, dass wir das Gewandhausprojekt eben auch während der Unterrichtszeit zum Teil machen, und dann Kinder ja auch Unterrichtsstoff, dann manches eben doch nachholen mussten (L1, Z. 207–209).

Zusammenfassend kann festgehalten werden, dass sowohl seitens der Expertin wie auch der Schulleitungen zum Ausdruck kommt: Grundschulaustauschprogramme werden nicht als eine eigenständige, diversitätssensible, motivierende und kommunikationsfördernde Unterrichtsform verstanden (vgl. Thomas 2004), sondern mitunter als risikoreiche Ausnahmesituation angesehen. Diese Diskrepanzen zwischen offiziellen administrativen Überlegungen zum Programm und schulischen Umsetzungsformen sind mit den vorgestellten Interviewsequenzen belegt worden. Auch ist die Praxis deutlich geworden, dass Mobilität, durchaus im Sinne der seit Ende des 19. Jahrhunderts gängigen Gestaltung von Schüleraustauschen und -reisen, vorrangig mobilitätserfahrenen kleinen Schülergruppen zugestanden wird, denen ausreichend Motivation und die entsprechenden sozialen und kommunikativen Fähigkeiten, im Ausland aufzutreten, zugeschrieben werden.

1.2 Schwerpunkt 2: Politische und interkulturelle Bildung im Kontext grenzüberschreitender, inhaltlicher Zusammenarbeit

Den beschriebenen Umsetzungspraxen, die auch im Interview mit der Mitarbeiterin der Schulverwaltung thematisiert und als unvermeidlich dargestellt werden, steht die grundsätzlich positive Einschätzung der Mobilitätsprogramme hinsichtlich ihrer Bildungswirksamkeit gegenüber. Diese wird in allen Interviews neben den persönlichkeitsbildenden Aspekten von Aufenthalten im Ausland auch auf die fruchtbare, inhaltliche Zusammenarbeit in den Mobilitätsprogrammen bezogen. Die Interviewpartnerinnen und -partner messen gerade dem Prozess der Themenfindung und den Formen der inhaltlichen Zusammenarbeit einen großen Stellenwert bei und weisen diesen gemeinschaftsstiftende Potenziale zu.

> In Erasmus+ ist es ja eine Vorgabe, dass sich die beteiligten Partnerschulen ein Thema suchen müssen. Und ich finde, das ist eine gute Voraussetzung. Weil dann muss man ja anfangen, gemeinsam zu überlegen. Ja, wie machen wir das denn überhaupt, wie arbeiten wir denn an dem Thema (S1, Z. 720–724)?

Das gemeinsam bearbeitete Thema wird als positiv für Interaktions- und Gruppenprozesse beschrieben. Gleichzeitig wird im Interview mit der Mitarbeiterin der Schulverwaltung deutlich, dass die Themen anhand national geprägter schulischer Curricula und entsprechender regionaler Gegebenheiten entwickelt werden:

> Okay, ich mache, ich habe Lust, ein Projekt zu dem Thema und ich suche mir Partnerschulen, die an den Orten in Europa sind, wo auch Kernfusionsreaktoren[6] schon sind, oder im Bau sind. Und genau so ist sie vorgegangen (S1, Z. 753–755).

Das Interviewtranskript ist ein weiterer Anhaltspunkt für institutionelle Zwänge, die daraufhin wirken, dass der mit den Mobilitätsprogrammen einhergehende Unterrichtsausfall verringert werden muss. Daher wird zumeist an Themen gearbeitet, die in den jeweiligen nationalen Curricula der beteiligten Fachlehrkräfte vorkommen. Die Behandlung der Themen verharrt im Kontext der jeweiligen nationalen Lehrpläne und der Stoff wird häufig in den jeweiligen nationalen Gruppen abgearbeitet. Die Zusammenarbeit während der Austauschfahrten besteht dann oft darin, dass sich Lehrkräfte über die unterschiedliche Einbettung der Themen in die jeweiligen Stoffverteilungspläne und die etablierten didaktischen Formate austauschen. Dies ist auch darin begründet, dass die Gestaltung der Austauschthemen zumeist nur von den beteiligten Lehrkräften geplant wird. Ausnahmen entstehen, wenn aktuelle Themen aufgegriffen werden. Beispielsweise jene, die die als übergreifende Aufgabe von Schulen beschriebene politische und interkulturelle Bildung behandeln:

> Die haben zum Thema ‚Migration' gearbeitet und das Projekt lief quasi, als die Flüchtlingskrise sozusagen ihren Höhepunkt erreichte. Und nun war eine der Patenschulen in Griechenland und die haben letztendlich im Projekt sozusagen noch Umsteuerungen vorgenommen, das heißt, da war das sehr zentriert auf die Schülerinnen und Schüler... (S1, Z. 242–246)

Durch aktuelle Themenstellungen, so das Interviewmaterial, wird mehr Partizipation der binationalen Schülergruppe an der Themenfindung und der Gestaltung ermöglicht. Zudem können gemeinsame Lernprozesse entstehen, die sich nicht nur auf das Verständigen über curriculare Inhalte beziehen. Wie folgende Interviewsequenz zeigt, werden auch an interkultureller Bildung orientierte Fragen aufgeworfen, die sich damit beschäftigen, wie Zusammenarbeit überhaupt gestaltet und dokumentiert werden kann:

> Wie kriegt man es eigentlich hin, dass Schulen bei uns überhaupt mal diese Grundhaltung haben? Ich kann was von den anderen lernen (S1, Z. 262–264).

Bisher gibt es nur wenige Überlegungen und keine expliziten Forschungsergebnisse zu den Möglichkeiten inhaltlicher Zusammenarbeit in internationalen (Grund-)Schulkooperationen (vgl. Wagner 2019). Es bleibt daher ein wichtiges Forschungsdesiderat, danach zu fragen, wie inhaltlich in den binationalen Austauschgruppen kooperiert werden kann. In den Interviews wird darauf hingewiesen, dass insbesondere offene und aktuelle Themenstellungen, die zu Diskursen um inhaltliche Zusammenarbeit führen, etwa zum Festlegen und Abstimmen thematischer Einheiten, bildungswirksam sein können. Es bietet sich

---

[6]In der Interviewsequenz wird der Kernfusionsreaktor ITER in Südfrankreich angesprochen. Anhand von außergewöhnlichen Bauwerken und Projekten der besuchten Region wird (anspruchsvoller) Physikfachunterricht abgehalten.

an, übergreifende Themenstellungen wie interkulturelle und politische Bildung oder Bildung für nachhaltige Entwicklung zu wählen. Diese übergreifenden Themenstellungen können umfangreich diskutiert und auf die beteiligten Gruppen bezogen werden, zudem sind sie zumeist in beiden Ländern als schulische (Querschnitts-)Aufgaben beschrieben. Gleichzeitig bieten transkulturelle Kommunikationsformen, die unterschiedlich ausgeprägte Gemeinsamkeiten bearbeiten können, Perspektiven für den Diskurs um inhaltliche Zusammenarbeit und damit auch die inhaltliche Ausgestaltung von Mobilitätsprogrammen.[7] Wie diese Kommunikationsformen und Abstimmungsprozesse sinnvoll in Austauschreisen sowie deren Vor- und Nachbereitung einbezogen werden können, wird weiterhin zu untersuchen sein.

1.3 Schwerpunkt 3: Mobilitätsprogramme und nationale Institutionen

Ohne eine ausreichende institutionelle Verankerung bleiben Mobilitätsprogramme zusätzliche Projekte und die für Querschnittsaufgaben beschriebenen Bildungspotentiale können nicht ausreichend entwickelt werden. Zudem werden Mobilitätsprogramme an Schulen häufig von mehreren, separat agierenden Geldgebern und oft nur in Form von Zuschüssen finanziert. Dies führt dazu, dass keine Kontinuität möglich ist und nur in wenigen Schulen eine explizite Anbindung an Schul- und Unterrichtsentwicklung existiert. So ist die Durchführung von Mobilitätsprogrammen oft an einzelne engagierte Personen und deren Kapazitäten gebunden (vgl. Brill 2018), was zu Schwierigkeiten führt:

> Und das ist natürlich eigentlich schon mal ein falscher Ansatz. Weil das davon ausgeht, nur, wenn ich gar nichts zu tun habe, dann mache ich ein EU-Projekt (S1, Z. 983–986).

Ohne eine Anerkennung des Arbeitsaufwands und eine entsprechende Entlastung ist es nicht möglich, Mobilitätsprogramme besser institutionell einzubinden. In den Interviews mit Grundschulleiterinnen und -leitern wird dies auch gefordert. So wird beabsichtigt, Mobilitätsprogramme an den Schulen programmatisch aufzugreifen und verstärkt als eine institutionelle Aufgabe zu verstehen. Damit verbinden Grundschulleiterinnen und -leiter auch die Hoffnung, die Schülerinnen und Schüler frühzeitig mit Mobilitätsformen vertraut zu machen:

> Wir argumentieren ja immer, also wir von der Schulseite, sozusagen auch immer ganz stark, dass nur diejenigen Studierenden eigentlich ja mobil sein werden, die das vorher auch schon entweder gelernt haben oder sozusagen so aufgewachsen sind (S1, Z. 925–927).

---

[7] Bei der Ausbildung eines vernetzten, globale Prozesse einbeziehenden und an kulturellen Dynamiken orientierten Denkens sind transkulturelle Kommunikationsformen von Bedeutung. Einseitig national geprägte Gesellschafts- und Kulturinterpretationen können so hinterfragt und darüberhinausgehende Globalisierungsprozesse, die auch zu unterschiedlich ausgeprägten Gemeinsamkeiten führen können, thematisiert werden (vgl. Welsch 1997).

Um Mobilitätsformen an Grundschulen umsetzen und besuchende Klassen empfangen zu können, bieten sich Kooperationen mit Partnern im Gemeinwesen an. Auch der Erfahrungsaustausch zu Mobilitätsprogrammen kann dadurch angeregt werden. Eine sächsische Grundschulleiterin hebt dazu eine Kooperation mit einem nahegelegenen Kindergarten hervor, in dem Grundschülerinnen und -schüler von ihren Reiseerfahrungen berichten.

> Also umgesetzt haben wir schon, indem wir – also ganz eng, mit Partnern, wir fangen mal gleich hier nebenan an, mit dem Kindergarten Heilandskirche zusammenarbeiten (L1, Z. 59–60).

Austauscherfahrungen werden von den Grundschulkindern mit Partnern im Gemeinwesen geteilt. Auch während der Austauschreisen können die Partner der Grundschulen in gemeinwesenorientierte Unterrichtsprojekte mit internationalem Anspruch, d. h. grenzüberschreitenden (europäischen) Themenstellungen, einbezogen werden. Eine Vernetzung im Gemeinwesen fördert die Verankerung von Mobilitätsprogrammen im Grundschulalltag und kann zur Schul- und Unterrichtsentwicklung beitragen.

2 Bedeutung von Mobilitätsprogrammen für Schul- und Unterrichtsentwicklung – erste materialgestützte Überlegungen

In vielen Interviewsequenzen wird die Unbeweglichkeit der beteiligten Grundschulen hinsichtlich vorhandener Zeiteinteilungen und curricularer Vorgaben thematisiert. Offensichtlich fehlen strukturelle Verankerungen von Mobilitätsformen.[8] Davon sind auch Mobilitätsformen im unmittelbaren Nahraum der Schulen betroffen, deren Bildungspotentiale nicht ausreichend berücksichtigt werden. Ein Beispiel hierfür ist, dass bei Tagesausflügen unabhängig von Interessen der Schülerinnen und Schüler immer der gleiche langfristig gebuchte außerschulische Lernort aufgesucht wird:

> Aber es ist schon so, dass wir dann festlegen wollen, dass man in der gesamten Grundschulzeit ja, wie oft auch immer, also vielleicht fünf bis zehn Mal solche außerschulischen Lernorte benutzen muss (L1, Z. 401–403).

Die institutionellen Schwierigkeiten nehmen bei längerfristig angelegten (z. B. internationalen) Mobilitätsformen zu, da die Mobilitätsaktivitäten als zusätzliche

---

[8]Vgl. das Interviewtranskript: *Ja, ich würde gerne mit meinen Kindern eine Radtour machen, ja, einfach mal ein bisschen so – und das ist einfach gescheitert, an den ganzen Vorschriften, wenn etwas passiert.* (L1, Z. 127–129).

Aufgaben betrachtet und nicht konzeptionell eingebunden werden. Stattdessen ist ein Umdenken notwendig, das dazu führt, Mobilitätsformen programmatisch zu verankern und entsprechende organisatorische Rahmenbedingungen auszugestalten. Längerfristige Bildungspartnerschaften könnten zudem in den Unterricht eingebunden werden, sodass Vor- und Nachbereitung sowie Schüleraustauschreisen nicht nur als zusätzliche Projekte verstanden werden. Auch die aktive Mitarbeit der Elternschaft im Kontext von Unterrichtsangeboten außerhalb der Schule ist eine wichtige Hilfestellung (L3, Z. 17–21). Die Aufnahme von Mobilitätsformen in Schulprogramme ermöglicht die Durchführung längerfristig angelegter Unterrichtseinheiten, sodass Grundschulaustausch eine eigenständige methodische und inhaltliche Relevanz erhält, wobei schulische Querschnittsaufgaben und europäische Themen berücksichtigt werden können. Ein weiterer wichtiger Schulentwicklungsaspekt ist die Einbeziehung der gesamten Schule, d. h. nicht nur der an Mobilitätsformen teilnehmenden Kinder, sondern auch der anderen Klassen.

> Und da werden praktisch auch immer Aufgaben mitgebracht, die dann alle Kinder der Schule sozusagen dann lösen sollen. Also daran knobeln. Also nicht bloß, dass es eine kleine Gruppe gibt, die, bloß die dort hinfahren, da involviert sind in das Projekt, sondern es soll die ganze Schule involviert sein (L1, Z. 735–740).

Die schulweite Diskussion zeigt, dass Mobilitätsformen nicht nur in Prozessen der Schul- und Unterrichtsentwicklung thematisiert werden, sondern diese darüber hinaus auch anregen können. Weitere Forschung ist notwendig, um Bildungspotentiale institutioneller Mobilität an Schulen weiter zu beschreiben. Denn in den Interviews mit Grundschulleiterinnen und -leitern wird deutlich, dass diese außerschulischen Erfahrungen für Grundschulkinder längerfristig bildungswirksam sein können:

> …das Erlebnisse sind, die haften bleiben, von denen sie immer wieder erzählen und die so eine, einen positiven, so einen positiven Aspekt haben auf die ganze Grundschulzeit. Das kann man schon so sagen (L2, Z. 185–188).

Zusammenfassend kann festgehalten werden, dass trotz der schwierigen Umsetzungsformen bildungswirksame Bestandteile der Mobilitätsprogramme erhalten bleiben, die insbesondere in Austauschreisen im Klassenverband zur Geltung kommen. Diese Austauschform ermöglicht auch themenbezogene Partizipationsmöglichkeiten der binationalen Schülergruppen. Mobilitätsunerfahrene Schülerinnen und Schüler an staatlichen Grundschulen können derzeit jedoch mit den Förderprogrammen nur eingeschränkt erreicht werden.[9]

---

[9] Dementsprechend fordert die in Deutschland existierende Initiative *Austausch macht Schule* eine Schüleraustauscherfahrung für jede Schülerin und jeden Schüler im Verlauf des Schulbesuchs. Vgl.: https://www.austausch-macht-schule.org/ (Zugegriffen: 01. Januar 2021).

3 Inhaltliche Zusammenarbeit in Mobilitätsprogrammen im Kontext von Schul- und Unterrichtsentwicklung

Bereits in den Kennenlernphasen im Vorfeld der Austauschfahrten können Grundlagen der weiteren inhaltlichen Zusammenarbeit gelegt werden. Eine Verständigung über die inhaltlichen Themen macht nicht nur kulturelle Heterogenität, sondern auch Gemeinsamkeiten bewusst, was Voraussetzungen von Zusammenarbeit schaffen kann (vgl. Melin und Wagner 2015). Dies wird von einer sächsischen Grundschulleiterin folgendermaßen formuliert:

> Das ist ja eine Gegend, in der viel Deutsch gesprochen wird, in der Nähe der deutschen Grenze und das bot sich sehr an. Und da muss ich sagen, das steht außer Frage, dass das eine riesengroße Bereicherung ist, dass die Kinder wissen, sie haben jetzt Freunde in einer Schule in Frankreich (L2, Z. 110–113).

Die unterschiedlich ausgeprägten Gemeinsamkeiten können in transkulturellen Kommunikationsformen herausgearbeitet werden und Thema der inhaltlichen Zusammenarbeit sein. Partizipative Zusammenarbeit ist in den meist nur wenige Tage bis eine Woche andauernden Grundschulaustauschfahrten oft nicht möglich, sodass sich jede nationale Gruppe das gesetzte Thema mit ihren jeweiligen curricularen Vorgaben und im Kontext der Unterrichtsfächer der beteiligten Lehrkräfte erschließt.[10] Das Interviewmaterial gibt jedoch Hinweise darauf, dass die internationalen Kooperationen partizipativer gestaltet werden können, indem die beteiligten Schülerinnen und Schüler mehr in die Antragstellung einbezogen werden und an der Festlegung des Themas mitarbeiten. Dieser Verständigungsprozess ist ein wichtiger Teil des Austauschprogramms. Denn bevor eine Zusammenarbeit möglich wird, geht es um eine Verständigung über das, was die spezifische Fragestellung beinhaltet und um die Wertschätzung der Diversität der jeweiligen national geprägten (fachlichen) Diskurse (vgl. Wagner 2014). Auch während der inhaltlichen Arbeit geht es immer wieder darum, sich zu vergewissern, was ähnlich bzw. unterschiedlich betrachtet wird. Aktuelle politische Themenstellungen, die beide Partnerländer betreffen und national geprägte Diskurse herausstellen, können thematisiert werden (vgl. Wagner 2019). Dies erfordert Spontaneität bei der Gestaltung der jeweiligen Austauschreisen.

Die vorgestellten empirischen Erkenntnisse, die Anforderungen an Grundschulpartnerschaften und deren Gestaltung betreffen, weisen darauf hin, dass Schülerbeteiligung und *Begegnungslernen* (S. 1, Z. 251) in der inhaltlichen Zusammenarbeit der Grundschulaustausche wichtiger sind als die Weiterführung fachlichen Unterrichts im Partnerland. Die Mobilitätserfahrungen benötigen zudem eine gezielte Nachbereitung im Unterricht, die im Sinne eines „Whole School Approach" (Henderson und Tilbury 2004) auch über den reisenden

---

[10]Vgl. das Interviewtranskript: *So, und in dem Moment grenzt sich das Thema natürlich ein, weil ein Französischlehrer wird natürlich ein anderes Thema nehmen als ein Mathelehrer* (S. 1, Z. 742–744).

Klassenverband hinausgehend in den Grundschulen stattfinden kann. Die Einbeziehung mehrerer Klassen oder der ganzen Schule in Mobilitätsprogramme kann wichtige Impulse für die jeweilige Schul- und Unterrichtsentwicklung liefern. Um für Lehrkräfte praktikable Perspektiven entwickeln zu können, wie Schülerorientierung in Kontexten thematischer internationaler Schulzusammenarbeit gestaltet werden kann, ist weitere empirische Forschung nötig. Dabei gilt es auch weiter zu untersuchen, wie die Entwicklung und Ausgestaltung der inhaltlichen Zusammenarbeit der Mobilitätsmaßnahmen gestaltet und wie transkulturelle Kommunikationsformen einbezogen werden können. Es geht darum, gemeinsam binational-hybride Projektunterrichtsformen zu erproben anstatt Austauschreisen nur mit Spiel- und Besuchsprogrammen zu gestalten. Mobilitätsprogramme können so dazu beitragen, dass nicht nur einzelne Schülerinnen und Schüler in die Austausch- und Reiseaktivitäten einbezogen werden und sich Institutionen internationalen Anregungen der Schul- und Unterrichtsentwicklung öffnen.

3.1 Forschungsmaterial

Elfering, Karsten. 2017. Vier teilstrukturierte Interviews mit Grundschulleiterinnen und -leitern aus Sachsen, L1-L4.
Wagner, Bernd. 2018. Experteninterview mit einer leitenden Mitarbeiterin der Schulverwaltung, S1.

Literatur

Becker, Helle, und Andreas Thimmel. 2019. *Die Zugangsstudie zum internationalen Jugendaustausch Zugänge und Barrieren*. Frankfurt a. M.: Wochenschau.
Braun, Annika, Sabine Weiß, und Ewald Kiel. 2018. Interkulturelle Schulentwicklung aus Schulleitungsperspektive. *Schulmanagement* 49 (6): 31–35.
Brill, Swaantje. 2018. Interkulturelle Erfahrungen: die Sicht der Lehrkräfte. In *Deutschfranzösischer Grundschulaustausch – informelles und interkulturelles Lernen. Eine videoethnographische Studie. Dialoge – Dialogues 7*, Hrsg. Marianne Krüger-Potratz und Bernd Wagner, 245–258. Münster: Waxmann.
Charlot, Bernard. 2002. Demokratische Bildung für eine solidarische Welt – Solidarische Bildung für eine demokratische Welt. In *Globalisierung als Herausforderung der Erziehung. Theorien, Grundlagen, Fallstudien*, Hrsg. Christine Wulf und Christoph Merkel, 177–192. Münster: Waxmann.
Elfering, Karsten. 2017. *Vier teilstrukturierte Interviews mit Grundschulleiterinnen und -leitern aus Sachsen*, L1–L4.
Henderson, Kate, und Daniella Tilbury. 2004. *Whole school approaches to sustainability: An international review of whole-school sustainability programs. Report prepared by the Australian Research Institute in Education for Sustainability (ARIES) for the Department of the Environment and Heritage*. Sydney: ARIES/Macquarie University.

Mayring, Philipp. 2010. *Qualitative Inhaltsanalyse. Grundlagen und Techniken*. Weinheim: Beltz Juventa.
Melin, Valérie, und Bernd Wagner. 2015. The intercultural and non-formal learning processes of children in primary school exchange programs in France and Germany. *Journal of Research in Comparative and International Education. Issue: The potential of videography in comparative education* 10 (3): 407–422.
Thomas, Alexander. 2004. Stereotype und Vorurteile im Kontext interkultureller Begegnung. In *Konzepte der interkulturellen Kommunikation. Theorieansätze und Praxisbezüge in interdisziplinärer Perspektive*, Hrsg. Hans-Jürgen Lüsebrink, 157–176. St. Ingbert: Röhrig Universitätsverlag.
Wagner, Bernd. 2014. Sachlernprozesse von Kindern in interkulturellen Begegnungssituationen. *Tertium Comparationis. Journal für International und Interkulturell Vergleichende Erziehungswissenschaft* 20 (1): 3–20.
Wagner, Bernd. 2018. *Experteninterview mit einer leitenden Mitarbeiterin der Schulverwaltung*, S1.
Wagner, Bernd. 2019. Internationale Grundschulpartnerschaften zu Nachhaltigkeitsthemen. In *Bildung für Nachhaltige Entwicklung im Sachunterricht – Grundlagen und Praxisbeispiele*, Hrsg. Meike Wulfmeyer, 191–200. Baltmannsweiler: Schneider Verlag Hohengehren.
Welsch, Wolfgang. 1997. Transkulturalität, Zur veränderten Verfassung heutiger Kulturen. In *Hybridkultur. Medien, Netze, Künste*, Hrsg. Irmela Schneider und Christian Werner Thomson, 67–90. Köln: Wienand.

Alternative Perspektiven

Zimmerreisen

Jürgen Nielsen-Sikora

> „O God, I could be bounded in a nutshell and count myself a king of infinite space."
> (William Shakespeare)

> „Mir gab das Umherstreifen in der Kindheit Eigenständigkeit, einen Richtungssinn, ein Gespür für Abenteuer, Fantasie, den Willen, etwas zu erforschen, mich ein bisschen zu verirren und dann den Weg zurück zu finden. Ich frage mich, wozu es wohl führt, wenn man die heutige Generation unter Hausarrest stellt."
> (Rebecca Solnit)

1 Reisen in Zeiten der Ansteckung

Homeoffice, Homeschooling, Quarantäne – die Corona-Pandemie hat das soziale Leben als auch die Arbeitswelt grundlegend auf den Kopf gestellt. Büros, Wohn- und Unterrichtsräume mussten refiguriert und neu definiert werden. Die Stilllegung ganzer Wirtschaftszweige, die temporäre Schließung von Schulen und Universitäten, die Klassifizierung von so genannten „Risikogebieten", die Entstehung neuer Netzräume haben diese Refiguration maßgeblich mitgeprägt.

In der Zeit des Lockdowns (ab dem Frühjahr 2020) ließen sich alte Realitäten auf einmal viel klarer beschreiben. Wie der Zukunftsforscher Matthias Horx zu Recht feststellt, wirkte die Krise wie ein Labor der Gesellschaftsanalyse, in dem

---

J. Nielsen-Sikora (✉)
Department Erziehungswissenschaft, Universität Siegen, Siegen, Deutschland
E-Mail: juergen.nielsen@uni-siegen.de

© Der/die Autor(en), exklusiv lizenziert durch Springer-Verlag GmbH, DE, ein Teil von Springer Nature 2022
P. Knobloch et al., *On the Beaten Track*, Kindheit – Bildung – Erziehung. Philosophische Perspektiven, https://doi.org/10.1007/978-3-662-63374-8_11

deutlich wurde, dass die Zukunft nicht mehr das ist, was sie einmal war (vgl. Horx 2020, 10). Es galt, sich fortan selbst neu zu erfinden, um sinnvoll weiter leben zu können. Entscheidungen mussten teilweise in Isolation, ohne direkten sozialen Kontakt getroffen werden. Kommunikationsformen änderten sich, Begrüßungsrituale, und – damit verbunden – ganze Gefühlswelten. Der private Raum mutierte nicht nur zum Büro, sondern geradezu zum neuen Mittelpunkt der weiten, weiten Welt und warf die zentrale Frage auf, worauf wir in Zukunft vorrangig unsere Aufmerksamkeit lenken möchten.

Diese Situation bot andererseits auch die Möglichkeit, das Leben zumindest teilweise zu entschleunigen und das eigene Zuhause aus ungewohnter Perspektive wahrzunehmen. Das Privileg, die eigenen vier Wände zum vorrangigen Aufenthaltsort des Lebens zu machen, warf ein ganz anderes Licht auf viele Dinge, die sonst im üblichen Alltagsstress unterzugehen drohten. Als der Faden des Soziallebens riss, das Unterwegssein und das Reisen nicht mehr in dem gewohnten Ausmaß möglich waren, wuchs insofern der Stellenwert des eigenen Zimmers und der Dinge, die sich darin befanden: Bücher, Bilder, Briefe, Bierdeckel, Schallplatten, Spiele, Fotoalben, Knöpfe, Kunst, Kalender, Comics, Münzen, Modelleisenbahnen, Plakate, Puppen, Orden, Orangen-, Zucker- und Schokoladenpapier, Blechspielzeug und Autogrammkarten, Schneekugeln, Schweizer Uhren und vieles mehr. Die schier endlose Multiplikation des Selbst in den Dingen, mit denen wir uns umgeben, geriet mithin verstärkt in den Fokus der Aufmerksamkeit.

Der Blick ins Netz mit dem Wust an neuen Nachrichten als auch der Blick aus dem Fenster auf die Welt da draußen markierten zudem jenen Perspektivwechsel, der ‚in Zeiten der Ansteckung' (Giordano 2020) vollzogen wurde. Charakteristikum dieses Blickwechsels war nicht das bloße Wiedererkennen der Dinge, sondern die Fähigkeit, die Dinge mit ganz anderen Augen zu sehen, und ihnen im wahrsten Sinne des Wortes auf den Grund zu gehen.

Genauer muss man wohl davon sprechen, dass die Krisensituation, die das Coronavirus mit sich brachte, einen solchen Blickwechsel gewissermaßen forcierte: Die Mühsal, inmitten des Wohnraums das Leben neu zu denken und zu gestalten, eröffnete mithin auch die Chance, zum Bildungsreisenden, um nicht zu sagen: zum Bruce Chatwin des eigenen Zimmers zu werden.

Solche ‚Zimmerreisen' sind freilich kein neues Phänomen: Als *spiritus rector* der Zimmerreise gilt seit geraumer Zeit der französische Offizier und Schriftsteller Xavier de Maistre (1763–1852), der schon gegen Ende des 18. Jahrhunderts seine *Voyage autour de ma chambre* (de Maistre 2011) verfasste. Diese Miniaturreise war das Produkt eines sechswöchigen Hausarrests, den er wegen eines unerlaubten Duells in Turin absitzen musste.

Von seinem Bett aus reiste de Maistre zum Lehnstuhl und weiter zum Schreibtisch; er betrachtete die Bilder an der Wand, blickte in den Spiegel, schweifte mit seinen Gedanken durch die Welt altgriechischer Philosophen und kehrte nach seinen imaginären Spaziergängen wieder zurück zu seinem geliebten Hund namens ‚Rosine' und in die Turiner Stube.

Noch in Marcel Prousts Jahrhundertroman *Auf der Suche nach der verlorenen Zeit* hallt diese von de Maistre inaugurierte Reise indirekt nach. So setzt „Auf dem Weg zu Swann", der erste Teil des Romans, ein mit der Erinnerung an jene Zimmer, die der namenlose Erzähler im Laufe seines Lebens bewohnt hatte. In Gedankenspielen kurz nach dem Erwachen vergegenwärtigt er sich diese Zimmer. Es sind Zimmer, „in denen man mit der lauen Nacht verschmelzen möchte, in denen das Mondlicht, auf den halbgeöffneten Läden ruhend, an das Fußende des Bettes seine Zauberleiter wirft …". Immer noch schlaftrunken erinnert er sich auch an „jenes kleine Zimmer mit zu hoher Decke, in Form einer Pyramide ausgehoben über zwei Stockwerke hinweg und teilweise mit Mahagoni verkleidet, in dem ich vom ersten Augenblick an von dem unbekannten Geruch des Vetiver seelisch vergiftet wurde, überzeugt wurde von der Feindseligkeit der violetten Vorhänge und der anmaßenden Gleichgültigkeit der Pendeluhr, die lauthals vor sich hin plapperte als sei ich gar nicht vorhanden." (Proust 2020, 15 f.) Und schon im Verlauf des ersten Buches erhebt sich sodann aus einer Tasse Tee, die der Erzähler von seiner Tante mit einer in das Getränk eingetauchten Madeleine gereicht bekommt, die ganze übrige Welt.

Die ganze Welt: War man während des Lockdowns, ähnlich wie de Maistre und Proust, einmal mehr auf das eigene Zimmer zurückgeworfen, so führte dieser Umstand nicht zuletzt dazu, dass de Maistres Reisebericht rasch vergriffen und auch antiquarisch nur noch zu horrenden Preisen zu beziehen war. Anfang 2021 war das Buch gar vollständig dem Handel entzogen. Denn des Maistre hatte vor über 200 Jahren ein Motiv gefunden, dass mit einem Male wieder erstaunlich aktuell war.

De Maistres ‚Reise' spielte mit den damals vorherrschenden Motiven der Zeit: Der Sehnsucht nach Neuem, dem empfindsamen Innenleben, und der Idee, Interieur und Wohnraum spiegelten das Seelenleben des Individuums wider (vgl. Becker 1990, 9). Die Passivität des in das Zimmer eingesperrten Körpers korrespondierte mit der schier unbegrenzten Aktivität der Imagination. Der Bericht reagierte nicht zuletzt auf den seit der Aufklärung verstärkt zu beobachtenden Rückzug ins Private, der eine Fülle von Autobiografien, Ich-Erzählungen und Briefromanen hervorbrachte. Nur drei Jahre nach de Maistres Reise erschien bereits ein weiteres Buch zum Thema: Aloys Schreibers Bericht über die Zimmerreise seines Cousins (vgl. Schreiber 2017). Dieses aus dem Bereich des Privaten gewonnene Backpacker-Genre hat bis in die Gegenwart hinein nichts von seinem Reiz eingebüßt (Biesheuvel 2021, Gauß 2019).

2 Bernd Stieglers „Reisender Stillstand" – wiedergelesen

> „Wenn man für ein paar Tage die Möbel umstellt, kann man ganz billig Urlaub machen."
> (Marc-Uwe Kling, Das Känguru-Manifest)

Bernd Stiegler hat die Geschichte der Zimmerreisen eindrucksvoll rekonstruiert. Er bezeichnet – in Anspielung auf Kants Hauptwerk von 1781 – de Maistres schmalen Band aus dem Jahre 1794 als „Kritik der reisenden Vernunft" (2010, 22).

Auf einer solchen Reise werden nicht, wie bis dato üblich, beliebte Reiseziele in der Ferne behandelt, vielmehr ist de Maistre, wie bereits angedeutet, allein von dem Wunsch beseelt, die Welt im eigenen Zimmer zu durchqueren.

Für Stiegler gleicht die Schrift einem peripatetischen Blick auf ein das Subjekt widerspiegelndes Interieur, dessen Beschreibung zugleich als Vorläufer der letzten Reise – der des Todes – aufscheint (auch hier liegt die Analogie der aktuellen Situation auf der Hand). De Maistres Zimmerreise jedoch begegnet der Kontingenz und Flüchtigkeit des Lebens mit dem ungeheuerlichen Versuch, Sinn und Ordnung in einer zunehmend chaotischen Welt wiederherzustellen. Die Zimmerreise sei, so Stiegler, „eine Form der immobilen Anschauung", oder, in anderen Worten: „Reisender Stillstand" (ebd., 31).

Indem sie sich fragend auf den absoluten Stillstand des Seins vorbereiteten, seien de Maistres Reflexionen nicht zuletzt als ein anti-dromomanisches, quasi entschleunigendes Manifest zu lesen. De Maistre deute das eigene Zimmer als ein vielfältiges und lehrreiches Land: Die Wohnung wird zum Schauplatz der Entdeckungsreise, dient der Erkundung des eigenen Habitus sowie der Überprüfung von Ordnungen. Es ist, wie Stiegler hervorhebt, eine Welt, in der der Zimmerreisende nicht nur Philosoph, Historiker und Naturforscher in einer Person ist, sondern gleichsam lokaler Monarch und Herrscher über ein Universum der Dinge, die eine Art „innere Biografie" (ebd., 47 f.) widerspiegelten. Denn die Dinge geben Aufschluss darüber, wer sie bewohnt.

Die Idee, in den Dingen und ihrer Anordnung seien biografische Hinweise zu erblicken, begleitet nicht zuletzt ein im gleichen Jahr erschienenes Buch von Daniel Miller mit dem schönen Titel „Trost der Dinge" (Miller 2010). Es geht davon aus, dass über die moderne Welt zahlreiche diagnostische Mythen im Umlauf seien. Ein Mythos laute, in dieser Welt gäben sich zusehends isolierte Individuen hemmungslos dem Konsum hin. Miller, ein britischer Anthropologe, hinterfragt diesen Mythos, indem er die Bewohner einer einzigen Londoner Straße aufsucht und sie zu den Dingen, die sie in ihrer Wohnung aufbewahren, interviewt. Obwohl die Menschen nicht gerne über ihr Leben Auskunft geben, sind sie dennoch bereit, über die Dinge, mit denen sie leben, zu berichten. Da ist jemand, der mehr als 15.000 Schallplatten besitzt, weil die Musik all seine emotionalen Schattierungen zum Ausdruck bringe. Miller entdeckt einen Laptop, auf dem Unmengen von Briefen und Fotos gespeichert sind, die alle eine eigene Geschichte erzählen. In dem konkreten Fall geht es dem Besitzer darum, Erinnerungen an seine Ahnen, die Aborigines waren, aufrechtzuerhalten. Und da gibt es billige Spielfiguren aus dem Fast-Food-Restaurant, mit denen eine Mutter ihren Kindern ihre Liebe zum Ausdruck bringen möchte. Den Blick auf die Gegenstände des Zimmers gerichtet, gelangt man bei der Lektüre beinahe von selbst zu der vielsagenden Erkenntnis von J.L.E.B. Jourdan: „Ich bin zu reich um zu sterben." (zit. nach Stiegler 2010, 97)

Anders als Miller ist Stieglers Erkenntnisinteresse historischer Natur. Er rekapituliert die Geschichte der Zimmerreise bis in die Gegenwart, wobei er insbesondere die französische Literatur des 19. Jahrhunderts in Augenschein nimmt. So geht er unter anderem auf Léon Gautier ein, den französischen Philologen,

Literaturhistoriker und Archivar, dessen 1862 veröffentlichte Reise auch Körper und Kathedrale als Räume definiert und diese darüber hinaus in einem Analogieschluss zu einer Einheit verschmelzen lässt. Dies passt zum 19. Jahrhundert insgesamt, waren doch nicht nur Zimmerreisen en vogue, sondern ebenfalls Versuche, die Physis des Menschen in neuer Gestalt erscheinen zu lassen.

Bereist wurden aber auch die Hosentaschen, die Zelte und Schubladen, die Bibliotheken sowie weitere Räume und andere Dinge. Es wundert insofern ein wenig, dass weder in Alain de Bottons *Kunst des Reisens* (2002) noch in Karen Genschows Quellensammlung der *Kleinen Philosophie des Reisens* (2012) Zimmerreisen eine Rolle spielen.

Dahingegen betont Stiegler umso nachdrücklicher, dass noch im 18. Jahrhundert das Haus ein Ort gewesen sei, an dem man lediglich schlief, im 19. Jahrhundert aber sei es zu einem Rückzugsort geworden, in dem das Leben am Kamin zur ruhenden Beschäftigung par excellence aufgestiegen sei. Die Dinge, mit denen man die Zimmer dekorierte und ausstattete, wurden zusehends zu Objekten der Begierde. Man war von den Dingen, die einen umgaben, geradezu entzückt. Und als dann im 19. Jahrhundert auch die keramischen Künste wiederentdeckt wurden, bereisten Sammler die Trödelmärkte und Antiquitätenläden Europas auf der Suche nach *Bric-à-brac* (Gebrauchtwaren). Ein besonderes Interesse galt fortan der Meissner Porzellanplastik des 18. Jahrhunderts, die sich nun einer generationenübergreifenden Leidenschaft sicher sein konnte. Im Allgemeinen waren die Dinge nicht mehr bloßer Besitz, sondern sie verkörperten, so Stiegler, Gedächtnis und Glück (vgl. Stiegler 2010, 102; Becker 1990).

Die Innerlichkeit des 19. Jahrhunderts war insofern ablesbar an der Dingwelt, mit der man sich einrichtete. Und das Leben in dieser Zeit fand vornehmlich im Zimmer statt. Als „wohnsüchtig" bezeichnete schon Walter Benjamin seine unmittelbaren Vorfahren, die in Lehnstuhlreisen den Orbit auskundschafteten (Benjamin 1983, I4, 4). Benjamin schreibt, das Haus trüge den Abdruck des Bewohners:

> Wohnung wird im extremsten Fall zum Gehäuse. Das neunzehnte Jahrhundert ... begriff die Wohnung als Futteral des Menschen und bettete ihn mit all seinem Zubehör so tief in sie ein, daß man ans Innere eines Zirkelkastens denken könnte, wo das Instrument mit allen Ersatzteilen in tiefe, meistens violette Samethöhlen gebettet, daliegt (ebd.).

Und noch Theodor W. Adornos oft zitiertes Bonmot, wonach es kein richtiges Leben im falschen gäbe, ist der Schlusssatz einer Miszelle über das Wohnen (vgl. Adorno 2003, 43).

Aber nicht allein die Wohnung entwickelte sich in der Moderne zum Futteral des Menschen. Auch die Stadt war von nun an: bewohnter Raum, Landschaft und Stube zugleich. Und der neue Menschentyp des Flaneurs begab sich auf seine Forschungsreisen durch die Straßen: „Wenn Straßen die Wohnung des Kollektivs sind, dann ist auch der Flaneur ein Zimmerreisender." (Benjamin 1983, M3a, 4; vgl. Culicchia 2020).

Stiegler deutet solche Miniaturreisen als Form der Distanznahme durch Beobachtung sowie als Prozess der radikalen Selbstentfremdung („als sei ich gar nicht vorhanden", heißt es bei Proust). Allerdings war die Entfremdung nur temporär. Die Reise führte wieder zu sich selbst zurück, denn das Zimmer war der Raum, der das eigene Denken materiell widerspiegelte. Paradigmatisch stand hierfür die deutsche Schriftstellerin und Herausgeberin der *Pomona,* der ersten deutschen Frauenzeitschrift, Sophie von La Roche. Am Schreibtisch sitzend ließ sie die Schichten des Holzes in eine Stratigraphie ihres eigenen Lebens münden.

Dieses Palimpsest aus Menschenleben und Materialsammlung, die Dialektik von Ding und Ich der Bürgerzeit-Travelogues, brach dann erstmals Gaston Chaumont Mitte des 19. Jahrhunderts auf, indem er seinen Blick aus dem Zimmerfenster hinab auf die Szenerie der Gassen und Plätze richtete. Nicht in erster Linie das Interieur der persönlichen Behausung noch die eigene Subjektivität, sondern „der Raum, der sich dem Blick erschließt" (Stiegler 2010, 67) wurde für Chaumont zum Ausgangspunkt seiner Miniaturreise. Stiegler spricht in diesem Zusammenhang von einer Verschiebung der Zimmerreise, bei der das Fenster die Rolle einer „Geschichtsmaschine" (ebd.) übernimmt.

Auch Arsène Houssaye, der bekannte Kunst- und Literaturkritiker und Freund Gautiers erkannte, dass das Fensteröffnen eine neue Welt erschließt, denn nun könne man, so Houssaye, überall hinreisen (vgl. ebd., 70 ff.).

Diese Idee Houssayes klang bereits in E.T.A. Hoffmanns Erzählung *Des Vetters Eckfenster* (Hoffmann 1822, 1980) an: Hoffmanns Protagonist kann aufgrund einer Krankheit seine Wohnung nicht mehr verlassen, verfolgt jedoch von seinem Eckfenster aus das Treiben auf dem nahegelegenen Marktplatz. Das Leiden beflügelt die Phantasie des Kranken. Die Kunst der genauen Beobachtung, so erklärt er dem Besucher, sei die Grundlage der Literatur. Der Dialog der beiden Vettern entwickelt sich in diesem Sinne zu einer Schule der Wahrnehmung und Anschauung. Im Verlauf des Gesprächs zeichnen die beiden Verwandten gar ein Sittengemälde der Gesellschaft auf der Grundlage des Markttreibens. Der Kranke hat in diesem Fall große Ähnlichkeit mit Hoffmann selbst: Nur wenige Wochen nach der Niederschrift starb Hoffmann im Juni 1822 in seiner Wohnung am Berliner Gendarmenmarkt.

Wer in den großen Städten der Gegenwart wohnt, weiß im Übrigen, wovon Hoffmann und Houssaye sprachen, mögen die Fensterblicke auch nur bis zum Markt oder in den eigenen Garten reichen – so wie bei dem Schriftsteller und Satiriker Alphonse Karr, der die Beete und Bäume zu Forschungsgegenständen seiner Reisen erklärt hat. In seiner *Voyage autour de mon jardin* aus dem Jahre 1845 promovierte er den Garten zum Weltenersatz, sei doch die Ferne ein Ort der Fiktion, die Nähe aber der Ort der Faktizität.

Im Anschluss an die reisenden Franzosen widmet sich Stiegler unter anderem dem amerikanischen Schriftsteller und Mediziner Oliver Wendell Holmes, der glaubte, die Erfindung der Photographie mache das Reisen grundsätzlich überflüssig; Stiegler spricht aber auch die Panoramen, Cosmoramen und Dioramen sowie die bereits von Walter Benjamin eindringlich beschriebenen Kaiserpanoramen als neue Räume und Sujets der Reiseliteratur an.

Vor allem Kaiserpanoramen waren im ausgehenden 19. Jahrhundert sehr beliebt. Sie waren die Nachfolger der großen Rundpanoramen, jener monumentalen Schaustätten des ausgehenden 18. Jahrhunderts. Zu sehen waren in den aufwendig hergestellten Panoramen Schlachten, Feldzüge oder Landschaftsgemälde. Es war die Zeit der großen illusionistischen Schaubilder, die mit der Weltausstellung zur Mitte des 19. Jahrhunderts eine neue Schaulust nach sich zog. August Fuhrmann mit seinen neuen farbigen Glasphotogrammen und dem automatischen Bildtransport steigerte die illusionistischen Reize und war bemüht, auf seine Weise Deutschland groß zu machen.

„Unsicherheit, ja Perversion lebenswichtiger Instinkte und Ohnmacht, ja Verfall des Intellekts. Dieses ist die Verfassung der Gesamtheit deutscher Bürger" diagnostizierte Walter Benjamin dann auch im Abschnitt „Kaiserpanorama" seines Buches *Einbahnstraße* von 1928 (Benjamin 1955, 27 f.), und fügt mahnend hinzu:

> Aus den ältesten Gebräuchen der Völker scheint es wie eine Warnung an uns zu ergehen, im Entgegennehmen dessen, was wir von der Natur so reich empfangen, uns vor der Geste der Habgier zu hüten. Denn wir vermögen nichts der Muttererde aus Eigenem zu schenken: Daher gebührt es sich, Ehrfurcht im Nehmen zu zeigen ... Ist einmal die Gesellschaft unter Not und Gier so weit entartet, daß sie die Gaben der Natur nur noch raubend empfangen kann ... so wird ihre Erde verarmen und das Land schlechte Ernte bringen. (ebd., 37f.)

Benjamins „Kaiserpanorama" liest sich wie ein desillusioniertes Resümee auf das wilhelminische Reich und die ersten Jahre der Weimarer Republik, in der sich nach dem Zusammenbruch der preußisch-protestantischen Gesellschaftsordnung der Kampf der Weltanschauungen zwar verschärfte, die Literatur jedoch weiterhin auf der Suche nach dem Universum in einer Brieftasche war (vgl. Heilborn 1924).

Die Anziehungskraft der Zimmerreise blieb deshalb ungebrochen. Sie wurde, wie Stiegler erläutert, gar zu einer Reise der Existenz, in der Nähe und Ferne dialektisch miteinander verwoben sind. An dieser Stelle erinnert er nicht zu Unrecht an einen Ausspruch des dänischen Philosophen Søren Kierkegaard: „Die Kunst aber wäre, Heimweh zu haben ob man gleich zu Hause ist." (Kierkegaard 1914, 12). Tatsächlich griff auch Kierkegaard das Phänomen der Zimmerreise auf. In der autobiografischen Skizze seines alter Ego Johannes Climacus berichtet Kierkegaard über Johannes: „Sein Zuhause bot nicht viele Zerstreuungen, und da er so gut wie niemals herauskam, wurde er es früh gewohnt, sich mit sich selber zu beschäftigen und mit seinen eignen Gedanken." Dann aber, nur wenige Zeilen später, wird die Wohnung doch zum Abenteuerspielplatz:

> Während sie so die Diele auf und nieder gingen, erzählte der Vater alles, was sie sahen; sie grüßten die Vorübergehenden, Wagen ratterten an ihnen vorüber und übertäubten die Stimme des Vaters: die Früchte der Kuchenfrau waren einladender denn je. Er wählte alles so genau, so lebendig, so gegenwärtig bis zur unbedeutendsten Einzelheit, die Johannes bekannt war, so ausführlich und anschaulich, was ihm unbekannt war, daß er, wenn er eine halbe Stunde mit dem Vater spaziert war, so überwältigt und müde worden war, als wenn er einen ganzen Tag aus gewesen wäre. (Kierkegaard 1986, 113)

Das Zuhause avancierte auch für den Pariser Romancier Joris-Karl Huysmans zu einer Art Exil. Stiegler widmet ihm das wundervolle Kapital „Peregrinationen", ergo: Aufenthalte in der Fremde, wobei es sich um die unendliche Ferne des eigenen Innenlebens handelt.

Es war Raymond Roussel, der dieses Innere dann mit auf die Reise nimmt: In seinem Wohnwagen, einem nomadischen Heim. Wie auch der sowjetische Filmemacher Dziga Vertov, ist Roussell der Auffassung, dass die Nähe bislang ungesehen ist, und sie allererst zu entdecken wäre. Einen Verbündeten finden beide in dem französischen Ethnologen Marc Augé, der laut Stiegler bemerkt haben soll, wir lebten in einer Welt, die anzuschauen wir noch nicht gelernt haben. Besondere Betonung legt Augé in diesem Kontext auf die *nonlieux,* die Nicht-Orte (vgl. Stiegler 2010, 199). Es sind Orte der Planung, Orte, die nur mittels Ausweisen begehbar sind, der Eintritt in den Raum jedoch damit verbunden ist, dass unsere Individualität nichts mehr zählt; oder Orte, an denen Einsamkeit und Gleichheit die Regel sind: Im Kaufhaus, in der Metro, in Disneyland, in Bürostädten. Es sind negative Paradiese, überflutet mit „Bildern und Texten einer massenmedial normierten stereotypisierten Welt" (ebd., 24). In dieser Welt ist, so Stiegler, die „Gegenwart zum Phantom geworden" (ebd.).

Nicht zuletzt aus diesem Grund vollzieht sich ein erneuter Wechsel des Raumverständnisses zur Mitte des 20. Jahrhunderts (vgl. Bachelard 1987). Dieser Wechsel ist verbunden mit dem Vorüberziehen der Wörter. In Anlehnung an Rilke resümiert Stiegler mit den Worten: „Hinter tausend Sätzen keine Welt." (Stiegler 2010, 216)

Kurz gesagt: Alles schrumpft. Unser Zimmer wird immer kleiner. Ganz so wie in Jorge Luis Borges' berühmter Kurzgeschichte mit dem Titel *Aleph* – jenem Ort „im Keller unter dem Eßzimmer" (Borges 1992, 140), an dem sich alle Orte der Welt zusammenfinden, ein unfassliches Universum, das am Ende zerstört wird und wieder vergessen werden muss. Wenn ein einzelner Punkt im Raum das gesamte Universum enthält, muss er sich konsequenterweise auch selbst enthalten. Es ist diese unendliche Spiegelung, die Borges als Antwort und Frage zugleich unserem auf ein Minimum zusammengeschrumpften Leben hinterlässt.

Stiegler spricht angesichts des von Borges inaugurierten Paradigmenwechsels von einer neu einsetzenden Innenraumforschung und zitiert des Weiteren den deutschen Künstler Timm Ulrichs: „Je tiefer wir eindringen in uns selbst, je mehr wir uns versinken in unsere Physis und Psyche, um so abgründiger, bodenloser, unheimlicher und befremdlicher erscheinen wir uns selbst, und wir erkennen, was wir sind: Fremdkörper." (zit. nach ebd., 228)

Als ein solcher Fremdkörper in einer Welt, aus der niemand mehr hinauskommt, hat sich wohl auch der von Stiegler angeführte und viel zu früh verstorbene Künstler Jeff Chapman verstanden. Sein Projekt *Access all Areas* wollte insbesondere die verborgene Seite der Stadt entdecken: Die Tunnel, Krankenhäuser, die Kloaken, Keller und Brunnen, die U-Bahn-Schächte, verlassene Gebäude und Militäranlagen. Sein Ziel ist vergleichbar mit dem von Gregor Schneider, dessen (Totes) Haus *ur,* auf das sich Stiegler abschließend beruft, eine irritierende Erfahrung der „Unheimlichkeit des vermeintlich heimeligen Hauses" ist (ebd., 245). Es dokumentiert die Verwandlung der Geborgenheit in Ungeborgenheit. Letztlich ist dies ein radikaler Gegenentwurf zu de Maistres wohlbehaglicher Zimmerreise von 1794. Gleichwohl gilt auch hier: Das Thema der letzten Reise wird nicht verworfen, im Gegenteil. Es zieht sich wie ein roter Faden durch die gesamte von Stiegler eindrucksvoll erarbeitete Reisegeschichte.

Bei all den Erkundungen durch die Literatur- und Kunstgeschichte weiß Stiegler auch: Eine Rückkehr von der Reise durchs Zimmer gleich welcher Art ist unmöglich. Denn die Welt der Zimmerreisen kennt keine Terminals und Bahnhöfe, und sie hat vor allem keine Löcher, durch die der Reisende wieder entschwinden könnte. Vielmehr kommt die Reise durch das eigene Zimmer irgendwann zum Stillstand, nämlich dann, wenn der Reisende wieder zu sich gelangt, ganz bei sich ist und die Reflexionen über die Dingwelt dazu geführt haben, dass derjenige, der so weit gereist ist, nicht mehr der ist, der er zuvor noch war.

3 Das Zimmer als neuer Seminarraum?

Bernd Stiegler (2021) hat in einem gut 50-minütigen Youtube-Video während des ersten Lockdowns im Frühjahr 2020 selbst zu einer digitalen Zimmerreise geladen und über die Dinge in seinem eigenen Zuhause nachgedacht (vgl. Stieglers Beitrag in diesem Band). Zimmerreisen sind aber, wie wir gehört haben, nicht zwangsläufig auf das eigene Zimmer beschränkt. Man kann durchaus auch andere Zimmer bereisen.

So stellt der Protagonist am Ende von David Wagners Roman *Vier Äpfel* ein wenig verwundert fest: „Es gefällt mir heute hier, mir ist, als hätte ich eine lange Reise unternommen und am Ende den Weg nach Hause gefunden …" (Wagner 2009, 145). Ziel seiner ‚Reise' war der Supermarkt, in dem er seit Jahren einkauft. Er spaziert die Regale entlang, wundert sich über das 13. Fischstäbchen in der Tiefkühlpackung, zieht Parallelen zum Märchen *Dornröschen,* und ist erstaunt, dass die vier Äpfel, die er kauft, zusammen genau 1000 g wiegen. Der Supermarktreisende kommt immer wieder zum Stillstand, sinniert über die Manövriertätigkeit seines Einkaufswagens, der mit ihm verwachsen zu sein scheint, erinnert sich an andere Supermärkte, die er einst aufgesucht hat und stellt Überlegungen zur Ästhetik des Einkaufszettels an. Auch registriert er die Salami- und Käsehappen, die ihm, mit Zahnstochern versehen, als Köder auf den Verkaufstheken ausgelegt werden. In Gedanken schweift er immer wieder ab, denkt an seine alte Liebe und merkt, dass er alles außer der Liebe hier im Supermarkt kaufen kann. Im Verlauf seiner Reise wird er gar zum Ethiker des Einkaufens und fragt sich, ob er jemals an der Kasse ankommen wird. Sein Einkauf scheint ihm wie ein ewiger Traum, in dem, wie in den klassischen Zimmerreisen, ebenfalls der Tod (etwa in der Mitte des Buches) als letzte aller Reisen aufscheint: „Und der Tod, so kommt´s mir vor, schiebt seinen Einkaufswagen neben mir. Und legt die Leben, die er nimmt, hinein. Und an der Kasse muß er nicht bezahlen." (ebd., 83)

Zweifellos ist Wagners Roman eine moderne Zimmerreise, das Zimmer in diesem Fall der Supermarkt. Wagners Protagonist macht in meinen Augen aus den Regalgängen einen Seminarraum des Selbst, weil er immer wieder innehält und über sich und Welt reflektiert (vgl. Schütte 2017) und sich somit Kultur (Supermarkt) subjektiv zueignet (Reflexion des Einkaufs durch inneren Monolog). Letzten Endes möchte der namenlose Erzähler hierbei im Grunde doch nur wissen, wie er heißt und wer er eigentlich ist (vgl. Wagner 2009, 55).

Insbesondere dann, wenn Schulen und Universitäten geschlossen sind, wie in diesen Wochen, in denen ich den vorliegenden Text schreibe (es ist Anfang 2021), gilt es, ganz im Sinne von Wagners Protagonist nach alternativen Seminarräumen zu suchen, um den abgebrochenen Dialog auf andere Art weiterzuführen. Der Supermarkt ist in einer Zeit, in der man sich hauptsächlich zwischen dem Arbeitsplatz im Homeoffice und verschiedenen Lebensmittelregalen bewegt, ein nahezu idealer Ort für Zimmerreisen. David Wagner führt in seinem Roman vor Augen, inwiefern der Supermarkt – vor allem in diesen Zeiten – zum Seminarraum mutieren kann.

Wenn ich von neuen Seminarräumen spreche (und insofern auch den Bildungsaspekt der Zimmerreise anspreche), so muss ich wohl eine kleine Zwischenbemerkung einschieben: Es sollte allgemein bekannt sein, dass der Begriff *Seminar* auf den lateinischen Ausdruck seminarium (Baumschule) aus dem 16. Jahrhundert zurückgeht. Der etymologische Kontext des Gartenbaus ist auch im fortwirtschaftlichen Prinzip des ‚Aufschulens' virulent: Bäume und Pflanzen sollen im Seminarium Wurzeln treiben und kultiviert werden, bis sie zu einer gewissen Größe herangewachsen sind.

In diesem Verstande wurde der Begriff des Seminars auf die Bildungseinrichtungen übertragen. Nach dem Konzil von Trient (1545–1563) war ‚Seminar' zunächst die amtliche Bezeichnung für Anstalten zur Ausbildung von Geistlichen. So nannte man etwa die 1577 von Papst Gregor XIII. in Rom, dem damaligen Zentrum der Priesterausbildung, gestiftete Anstalt, worin junge Griechen in der katholischen Religionslehre unterrichtet wurden, Griechisches Seminarium. Um 1700 kam dann die Idee auf, Seminare auch zur Ausbildung von Lehrern, insbesondere von Volksschullehrern, zu etablieren. Diese Art des Seminars hatte nicht selten Internatscharakter und legte das Gewicht auf den Praxisbezug. Seit dem Ende des 19. Jahrhunderts diente das Seminar dann vor allem der systematischen Ausbildung von Lehrern, d. h. der pädagogischen Ausbildung, die als Aufgabe des Staates verstanden wurde. Unterrichtsfächer wie Landwirtschaft und Gartenbau fanden sich in dieser Zeit weiterhin auf dem Lehrplan. Auch der Einfluss eines der damals bekanntesten Erziehungsratgeber war unverkennbar: Der deutsche Orthopäde Daniel Gottlob Moritz Schreber übertrug bereits zur Mitte des 19. Jahrhunderts in seiner *Kallipädie* das Prinzip der Disziplinierung der Natur durch Beschnitt und Raumzuteilung auf die Erziehung (Schreber 1858).

In den Universitäten wurde das Seminar als besondere Form der Lehrveranstaltung zur Zeit des Deutschen Idealismus um 1800 wieder eingeführt und als belebendes Komplement der lediglich dozierenden Vorträge der Professorenschaft (diejenigen, die dem Worte nach etwas zum Vorschein bringen) interpretiert. Wie schon in der mittelalterlichen *universitas* wurden die Studenten im Seminar als gleichberechtigte Teilnehmer wissenschaftlicher Forschung betrachtet.

Heute ebnet die zunehmende Digitalisierung unserer Lebenswelt nicht zuletzt auch Formen und Inhalten der Bildung neue Wege. Sie prägt die Art und Weise, wie wir uns informieren und wie wir kommunizieren. Der digitale Wandel bietet unendliche Möglichkeiten. Trotz räumlicher Trennung findet – über das leicht verstaubte Tele-Kolleg hinaus – ein reger Wissensaustausch auf verschiedenen Kanälen statt. Stieglers digitale Zimmerreise auf Youtube kann als ein Aspekt dieses Wissensaustauschs gelesen werden.

Das Zimmer im hier angesprochenen, allgemeinen Sinn, d. h. auch der Supermarkt, die Straße, die Bibliothek, das Museum, der virtuelle Raum, kann das Ziel einer Reise sein und damit in der Tat zum Seminarraum werden. Voraussetzung ist, dass der Reisende innehält, zum ‚Stillstand' kommt, die Dinge, die er bereist, reflektiert, über die Welt, die ihn umgibt, nachdenkt und das Zimmer zu einem lebendigen Ort der Betrachtung (des Selbst) wird. Es genügt mithin nicht, die Dinge nur wahrzunehmen – ‚Zimmerreisen' meint, sich zu den Dingen in Beziehung zu setzen und somit ein kritisches Verhältnis zu sich selbst zu initiieren. Die Rückbesinnung auf sich selbst und, wie wir aus den vielen Zimmerreisen der Geschichte gelernt haben, auf den eigenen Tod als letzte Reise, ist ein zutiefst philosophisches Unterfangen und ein Akt der (Selbst)Bildung.

Die Reise verlangt also die Reflexion, in Gedanken oder – idealiter – in einer Niederschrift wie einem Notizbuch oder einem Essay, einem Bericht oder einer Erzählung. Bruce Chatwin hatte stets seine so genannten *Carnets moleskines* bei sich, um auf den Reisen seine Gedanken festhalten zu können. Für die Zimmerreise stelle ich mir ein solches Notizbuch als Medium der Reflexion vor. Es hilft, die Neugier in Worte zu fassen, die Dinge zu analysieren und zu lesen. Es hilft bei der Ausbildung eines Sinns für die Ästhetik der Räume, in denen wir uns bewegen. Es schult die Urteilskraft. Es unterstützt den Perspektivwechsel und zeugt davon, verstehen zu wollen. Vorstellung und Phantasie werden durch Versprachlichung Realität. Allererst sie macht den Reisenden zu jemand, der tatsächlich auch jemand sein will: Sie gibt der Selbsterkenntnis einen Körper.

Mit Versprachlichung muss dabei nicht zwangsläufig das Wort gemeint sein, die Dinge können ebenso durch das Zeichenhafte, das Bild versprachlicht werden. Ein schönes Beispiel sind die so genannten ‚Daily Purchase Drawings' der us-amerikanischen Künstlerin und Grafik-Design-Professorin Kate Bingaman-Burt, die zwischen 2006 und 2014 sowie wieder ab 2017 alltägliche Dinge, die sie gekauft oder mit denen sie zu tun hatte, zeichnet resp. Illustrationen zu den Alltagsgegenständen und Waren anfertigt (s. Internetquelle im Anhang).

Auch das gemeinsame Online-Projekt der Universitäten Hamburg, Bochum und Gießen, um ein letztes Beispiel anzuführen, hält über das *Corona-Archiv* einige Zimmerreisen bereit. Auf der Website können Erlebnisse, Fundsachen, Gedanken, Medien und Erinnerungen zur ‚Corona-Krise' mit anderen geteilt werden. „Become a part of history" lautet der Leitspruch des Projekts (s. Internetquelle im Anhang). Vielleicht sollten wir uns, sofern noch nicht geschehen, gerade in diesen Zeiten alle ein Notizbuch zulegen, durch die unendlichen Zimmer unseres Selbst reisen und schreibend oder zeichnend einen neuen Raum schaffen, den wir von nun an ‚Seminar' nennen wollen.

Literatur

Adorno, Theodor W. 2003. *Minima Moralia. Reflexionen aus dem beschädigten Leben* (Bd. 4). Frankfurt a. M.: Suhrkamp.
Bachelard, Gaston.1987. *Poetik des Raumes.* Frankfurt a. M.: Fischer Taschenbuch.
Becker, Claudia. 1990. *Zimmer-Kopf-Welten. Zur Motivgeschichte des Interieurs im 19. und 20. Jahrhundert.* München: Fink.
Benjamin, Walter. 1955. *Einbahnstraße.* Frankfurt a. M.: Suhrkamp.
Benjamin, Walter. 1983. *Das Passagen-Werk. Erster Band.* Frankfurt a. M.: Suhrkamp.
Biesheuvel, J.M.A. 2021. *Reise durch mein Zimmer.* Leipzig: Faber & Faber.
Bingaman-Burt, Kate. https://www.katebingamanburt.com/daily-purchase-drawings/. Zugegriffen: 28. Jan. 2021.
Borges, Jorge Luis. 1992. *Das Aleph. Erzählungen 1944–1952.* Frankfurt a. M.: Fischer Taschenbuch.
Corona-Archiv. https://coronarchiv.blogs.uni-hamburg.de/. Zugegriffen: 26. Apr. 2021.
Culicchia, Giuseppe. 2020. *Turin ist unser Haus. Reise durch die zwanzig Zimmer der Stadt.* Berlin: Wagenbach.
De Botton; Alain. 2002. *Die Kunst des Reisens.* Frankfurt a. M.: Fischer Taschenbuch.
De Maistre, Xavier. 2011. *Die Reise um mein Zimmer.* Berlin: Aufbau Verlag.
Gauß, Karl-Markus. 2019. *Abenteuerliche Reise durch mein Zimmer.* Wien: Paul Zsolnay Verlag.
Genschow, Karen, Hrsg. 2012. *Kleine Philosophie des Reisens.* Frankfurt a. M.: Fischer Taschenbuch.
Giordano, Paolo. 2020. *In Zeiten der Ansteckung.* Hamburg: Rowohlt.
Heilborn, Adolf. 1924. *Die Reise durchs Zimmer.* Berlin: Ullstein Verlag.
Hoffmann, E.T.A. 1980. *Des Vetters Eckfenster.* Stuttgart: Reclam.
Horx, Matthias. 2020. *Die Zukunft nach Corona. Wie eine Krise die Gesellschaft, unser Denken und unser Handeln verändert.* Berlin: Econ.
Kierkegaard, Søren. 1914. *Gesammelte Werke IV. Stadien auf dem Lebensweg.* Leipzig: Diederichs.
Kierkegaard, Søren. 1986. *Gesammelte Werke X. Philosophische Brocken. De omnibus dubitandum est.* Gütersloh: Gütersloher Verlagshaus.
Miller, Daniel. 2010. *Der Trost der Dinge.* Berlin: Suhrkamp.
Proust, Marcel. 2020. *Auf der Suche nach der verlorenen Zeit. Bd. 1: Auf dem Weg zu Swann.* Ditzingen: Reclam.
Schreber, D.G. Moritz. 1858. *Kallipädie oder Erziehung zur Schönheit durch naturgetreue und gleichmässige Förderung normaler Körperbildung, lebenstüchtiger Gesundheit und geistiger Veredelung und insbesondere durch möglichste Benutzung specieller Erziehungsmittel.* Leipzig: F. Fleischer.
Schreiber, Aloys W. 2017. *Die Reise meines Vetters auf seinem Zimmer.* Norderstedt: hansebooks.
Schütte, André. 2017. Bildung im Supermarkt. Eine pädagogische Lektüre von David Wagners Romans „Vier Äpfel". In *Kulturelle Bildung – Bildende Kultur. Schnittmengen von Bildung, Architektur und Kunst,* Hrsg. Gabriele Weiß, 369–379. Bielefeld: transcript.
Stiegler, Bernd. 2010. *Reisender Stillstand. Eine kleine Geschichte der Reisen im und um das Zimmer herum.* Frankfurt a. M.: Fischer Taschenbuch.
Stiegler, Bernd. *Kultur für daheim. Prof. Dr. Bernd Stiegler lädt zu einer digitalen Zimmerreise.* https://www.youtube.com/watch?v=MglXFOA3U5k. Zugegriffen: 26. Jan. 2021.
Wagner, David. 2009. *Vier Äpfel.* Reinbek: Rowohlt.

Eine Zimmerreise in Zeiten von Corona

Bernd Stiegler

Wenn man vor zehn Jahren ein Buch geschrieben hat, das noch dazu einem recht abgelegenen Gegenstand gewidmet ist, denkt man im Traum nicht daran, dass es noch einmal eine fröhliche Urständ erfahren könnte. Mit meinem Buch über die Geschichte der Zimmerreise ging es mir – aus coronesken Gründen – so. Es erschienen sogar erneut Rezensionen und ich bekam Anfragen für Interviews. Daher habe ich mir, als im Frühjahr 2020 der erste Lockdown begann, überlegt, in welcher Weise ich das Thema erneut wiederaufnehmen könnte. Angesichts der Notwendigkeit, mein Zimmer auf seinerzeit recht unabsehbare Zeit hin zu bereisen, habe ich schließlich die Perspektive gewechselt und bin von einer historischen Darstellung zu einer eigenen Zimmerreise übergegangen, oder sagen wir es pathetisch: aufgebrochen. Etwas mehr als 40 Tage lang postete ich auf meinem ansonsten gänzlich inaktiven Facebook-Account jeden Tag genau ein Foto und einen kurzen Text.[1] Das ist überschaubar viel und passt doch letztlich zum Reisetyp. Zimmerreisen sind ja per se kleine Formen oder solche, die aus kleinen Formen bestehen. Es sind bedächtige, ja behäbige Formen der Reise, bei denen die Stillstellung das probate Mittel ist, um Wahrnehmungen scharfzustellen. Hinsichtlich der Reisegeschwindigkeit wäre selbst die Schildkröte, die, so will es eine Anekdote aus dem 19. Jahrhundert, dem Flaneur in den Pariser Passagen sein Tempo mitunter vorgab, noch zu schnell.

Bei einer Zimmerreise, die ich schließlich (soll ich sagen: endlich?) auch im Selbstversuch erkundete, kann man kleine Dinggeschichten schreiben,

---

[1] Einzusehen unter: https://www.facebook.com/bernd.stiegler.54.

B. Stiegler (✉)
Literaturwissenschaft, Universität Konstanz, Konstanz, Deutschland
E-Mail: bernd.stiegler@uni-konstanz.de

einen kurzen Blick aus dem Fenster wagen oder auch verschiedene Formen des betrachtenden Zooms auf einzelne Gegenstände ausprobieren. Letztlich geht es um eine Art wahrnehmungspraktischen V-Effekt, der eine Distanz zur Gewohnheit des Alltags, die den Blick auf die Dinge stumpf und sie zumeist unsichtbar gemacht hat, herstellt. Die Zahl möglicher Verfahren ist Legion: Fotografieren, Zeichnen, Lesen, Schreiben, Schnuppern, Drehen, Wenden usw. Man stellt rasch fest, dass sich die Zeitschichten überlagern, die Corona-Effekte auch im Durchqueren der eigenen vier Wände unübersehbar werden, aber auch die Bücher, mit denen ich mich anderweitig beschäftige, auf die Dinge abfärben. Diese reagieren umgekehrt damit, dass sie sich in *Batterien der Lebenskraft,* um einen Buchtitel von Christoph Asendorf aufzunehmen, verwandeln und Geschichte abstrahlen. Diese Verschränkung verschiedener Zeitachsen auf der Oberfläche der Dinge ist eine der Erfahrungen, die für Zimmerreisen typisch sind. Zum Ding wird hier die Zeit. Es ist eine Reise der – räumlich betrachtet – kurzen Distanzen, die gleichwohl oft große Zeiträume umfasst. Der Blick bleibt an den Dingen hängen und verwandelt Geschichte in kleine Geschichten. Diese letztlich anekdotische Zuspitzung ist die rhetorische Form, die dann eben jene Koexistenz der Zeiten gestattet.

Die Zimmerreise, von der einige Etappen im Folgenden abgedruckt sind, erkundet und erzählt allerlei: vom Sieg der Kantinaner über die Hegelianer, von aus Sansibar stammenden Mangroven, der Kühlschranktür, vorbeifahrenden Zügen, der Bibliothek, von Bildern und Ausblicken, der Figurensammlung auf dem Schreibtisch, Sherlock Holmes-Büchern, der besonderen Geschichte eines Salzfässchens aus Japan und vielem anderen mehr. Bereits heute, mehr als ein Jahr später, schauen wir mit dem Habitus der Lockdown-Erfahrung ein wenig verwundert auf die damalige Irritation zurück und finden sie nicht mehr besonders außergewöhnlich. Doch gerade von solchen Unruhemomenten zeugen ja auch Reiseberichte. Vielleicht werden wir eines Tages sagen: Es war einmal…

Erster Tag

In diesen Tagen, in denen das Zimmerreisen zwar nicht zur Mode wohl aber zur leidigen Pflicht geworden ist, will ich ein altes Projekt wiederaufnehmen und das, was seinerzeit nur Theorie und Geschichte war, in die Praxis umsetzen. Als das Buch *Reisender Stillstand* seinerzeit erschien, bin ich bei Interviews oft gefragt worden, was denn meine persönlichen Erfahrungen mit dem Zimmerreisen seien. Ich musste diese Frage unbeantwortet lassen, denn geschrieben hatte ich das Buch nicht als überzeugter Zimmerreisender oder als eine Art Prediger der entschleunigten Reise, sondern nur weil ich das Thema so skurril und dann auch ergiebig fand. Es war eine Art thematisches Vergrößerungsglas, das unser Verhältnis zur Nähe und zur Ferne, zu Geschichte und Gegenwart, zu Entdeckungen in allen möglichen Bereichen und zu vielen anderen Dingen mehr, auf besondere Art wahrnehmbar machte und scharf stellte.

Doch nun ist Zimmerreisen das Gebot der Stunde. Bei Xavier de Maistre dauerte die Zimmerreise notgedrungen 42 Tage, denn so lange war sein Hausarrest angesetzt. Warten wir ab, wie lange nun die Zimmerreise dauern wird. Aber das Zimmerreisen, so habe ich aus den Texten gelernt, ist eine glückliche Erfahrung der Wahrnehmung, Erinnerung und Verwandlung. Also: Leinen los. Auf zur Zimmerreise!

Konstanz, der 22. März 2020

Zweiter Tag

Der günstige Wind einer Zimmerreise, der einen durch die Weltmeere des eigenen Raums und darüber hinaus führt, ist eine gut ausgestattete Bibliothek. Das war auch bei den Zimmerreisenden des 18. und 19. Jahrhunderts nicht anders. Meine setzt noch ganz traditionell auf Bücher, auch wenn E-Learning nun gefordert ist. Da die Universität Konstanz nun ihre Pforten geschlossen hat – und das gilt auch für die Universitätsbibliothek und sämtliche Büros –, bin ich auf meine eigenen Bücher angewiesen, um das zu tun, was ich ansonsten auch tue, wenn es die Zeit zulässt: schreiben. Gerade sitze ich an einer Vorlesung für ein Semester, das vermutlich so nicht stattfinden wird – und so schreibe ich in eine offene Zukunft hinaus. Gegenstand sind Theorie-Schlüsseltexte der Gegenwart; im Moment die *Dialektik der Aufklärung*. Es ist natürlich verlockend, diese finstere Kulturdiagnose der 1940er Jahre auf die Gegenwart zu übertragen und etwa die beklemmenden Wiederholungsschleifen der Corona-Berichterstattung mit dem Immergleichen der Kulturindustrie zu identifizieren. Doch das würde zu kurz greifen.

Ein Freund schickte mir vor einigen Tagen einen Auszug aus einem Spiegel-Interview Adornos.

Spiegel: Herr Professor, vor zwei Wochen schien die Welt noch in Ordnung…
Adorno: Mir nicht.

In der Tat: Hätte Adorno die Krise der Gegenwart zu kommentieren, so würde er sie vermutlich nicht auf den Corona-Virus schieben. Aber ein Remedium dürfte auch er nicht parat haben – zumal in seiner Sicht das eigentliche gesellschaftliche Übel auch durch eine Impfung nicht zu bekämpfen sein dürfte. Wahrscheinlich würde er an die Solidarität denken und ihre Wahrnehmbarkeit loben. Wenn seitens der Politik selbst die Ökonomie hintangestellt wird, steht die Gesellschaft auf dem Spiel. Von anderen Krisen der Gegenwart (auch der Flügel flattert hässlich weiter) ist allerdings gegenwärtig kaum noch die Rede. Auch das ist ein – und nun mit Adorno und Horkheimer gesprochen: kulturindustrieller – Effekt der Corona-Krise.

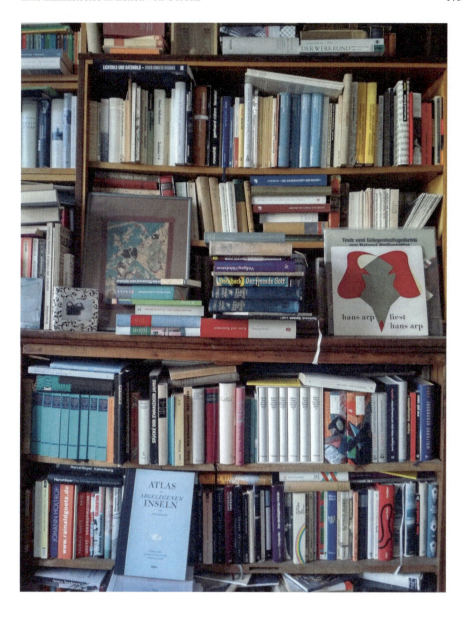

Dritter Tag

Zur Zimmerreise gehört auch das Hineinwuchern entlegener Räume, Zeiten und Weltgegenden. Die Dinge und Bilder, Pflanzen und Möbel, die im Raum des Zimmers herumstehen, wurzeln oft in anderen Räumen. Auch wenn sie recht unscheinbar aussehen, sind diese Mangroven meine liebsten Pflanzen. Sie stammen aus Sansibar, einer Insel vor Tansania, wo meine Tochter Sara vor einigen Jahren in einer Schule und einem Waisenhaus ein Praktikum absolviert hat. Man konnte dort auf Holzstegen durch die Mangrovenwälder spazieren, die über die Gezeiten mit Wasser versorgt wurden. Es war ein ebenso eindrücklicher wie auch ein wenig unheimlicher Weg, da die Pflanzen fortwährend zu wuchern schienen. Am Strand konnte ich dann an einigen Stellen umherliegende Samen einsammeln und mit nach Hause bringen. Auf Sansibar hatte man sie vielerorts in Flaschen gesteckt, wo sie dann Blätter trieben und ein wenig wie die Affenbrotbäume in Saint-Exupérys *Der kleine Prinz* aussahen. Eine Welt im Kleinen. Hier muss man Salz ins Wasser geben, damit die Mangroven auch im fernen Deutschland ans Meer erinnert werden. Und ich erinnere mich an eine traumschöne Reise, die immer noch Tag für Tag in die Gegenwart hineinwuchert – auch wenn die Mangroven partout nicht zu Bäumen werden wollen.

Eine Zimmerreise in Zeiten von Corona

Vierter Tag

Im Fachbereich Philosophie der Universität Frankfurt kam es jeden Sommer (ob das heute noch der Fall ist, entzieht sich meiner Kenntnis) traditionell zu einem besonderen Aufeinandertreffen und einer engagiert geführten Auseinandersetzung in der Art einer ludischen Ausweitung der Kampfzone: Auf dem Fußballplatz spielten Hegelianer gegen Kantianer. Man hatte seine Mannschaft zu wählen und konnte sich dem Spiel auch nicht als neutraler analytischer Philosoph entziehen. Dann war man ein Spielverderber. Fände diese philosophische Wahl heute und – aus naheliegenden Gründen – außerhalb des Platzes statt, so gäbe es wohl nur noch eine Gruppe: die Kantianer. Auch wenn der Alltag sich mitunter ein wenig wie angekommen in der Posthistoire (und somit als Sieg einer speziellen Hegel-Deutung) anfühlt, verwandeln wir uns durch die habituelle Umstellung unseres Tagesablaufs doch immer mehr in Kopisten des Kantschen Vorbilds. Wir werden alle zu Kantianern. Zwar werden wir vermutlich nicht durch den Diener morgens um Viertel vor 5 mit den Worten „Es ist Zeit" geweckt und zudem ist auch der Zeitpunkt um 19 h für den Spaziergang mit dem des Sonnenuntergangs nicht optimal koordiniert, doch mein Corona-Alltag hat die deutliche Tendenz zur Wiederholung und Routinebildung à la Kant. Auch die Unterscheidung zwischen Wochentagen und Wochenende droht zu fallen. Allerdings ist dieses Sofa, auf dem ich sonst gerne mittags eine kleine Pause mache, bei der mich eine aufgelegte Schallplatte vom Einschlafen abhält, weitgehend funktionslos geworden, da zu dieser Zeit ein Spaziergang vorgesehen ist. Er führt mich nicht in die Gesellschaft der Konstanzer Mitbürger – oder allenfalls in kommunikativer sozialer Distanz –, sondern für eine kurze Zeit hinaus aus dem Zimmer. Das ist – zugegeben – nicht konform mit den Regeln eines dogmatischen Zimmerreisenden. Aber etwas Sonne muss sein.

Eine Zimmerreise in Zeiten von Corona

Fünfter Tag

Zu den schönen Nebeneffekten der Corona-Häuslichkeit gehört, dass die Küche und das Kochen wieder zu einem besonderen Moment des Tages werden. Da die Mensabesuche ebenso ausgesetzt sind wie die in Restaurants, und der Tag ansonsten weitgehend zwischen Schreibtisch, Bibliothek und Fernseher (dazu morgen mehr) verläuft, ist das abendliche Kochen ein echter Höhepunkt der alltäglichen Dramaturgie. Speisepläne wollen, da von zu häufigen Besuchen in Supermärkten abgeraten wird (merke, so hieß es: Fehlt ein Gurkenglas im Regal, ist das als Anlass nicht hinreichend, um einen Laden aufzusuchen [ich mag allerdings ohnehin keine Gurken]), wohl bedacht und geplant werden. Endlich wird allerdings auch der Vorratsschrank allmählich leer und kommt auch das mentale Kochbuch, das lange vernachlässigt war, wieder zu seinem Recht. Ich gestehe, dass ich auch zum ersten Mal in meinem Leben Sendungen wie *Kitchen impossible* durchaus mit Genuss angeschaut habe und aufbewahrte Rezepte vergangener Reisen hervorkrame. Sie sollen und wollen dann in den kommenden Tagen und – wer weiß – Wochen in Gerichte (was für ein eigenartiges Wort) verwandelt werden. Ohnehin trägt mein Kühlschrank die Spuren meiner Geschichte, die dort fast wie Fetische ihren Ort gefunden haben. Tickets von Fußballspielen (jedes Jahr rituell mit Freunden die besondere Begegnung von Eintracht Frankfurt gegen „meine" Hertha) und Konzerten, Magneten aus verschiedenen Herren Länder, Geschenke, Fotos und vieles mehr. Die Kühlschranktür versammelt Schichten des eigenen Lebens und überführt sie in ein Tableau ohne offensichtliche Ordnung. Synkretismus und ästhetische Buntscheckigkeit regieren wie dann später auch auf dem Teller die unterschiedlichen „Küchen". Gehört zu den Folgen der gegenwärtig gebotenen Zimmerreise, dass der Geschmack regiert? Jedenfalls hat er sich einen besonderen Platz im Alltag erkämpft. In diesem Sinne: Bon appétit!

Eine Zimmerreise in Zeiten von Corona

Neunter Tag

Meine Wohnung liegt auf der, flussabwärts gesehen, rechten Seite des Seerheins und somit außerhalb des Stadtzentrums. Links von ihr öffnet sich der Bodensee, gegenüber verlaufen die Bahngleise. Das gibt der Wohnung einen Hauch von Urbanität, was ja in Konstanz ohnehin so eine Sache ist. Es sind vor allem drei Arten von Zügen, die tags und manchmal auch nachts vorbeifahren: Güterzüge aus der Schweiz, die was auch immer transportieren, der Seehas (ja, so heißt er wirklich), der auf der Strecke zwischen Konstanz und Engen verkehrt, und schließlich die Schwarzwaldbahn, die durch den Schwarzwald hindurch über Offenburg bis nach Karlsruhe fährt. Dafür braucht sie drei Stunden. Zu Beginn ist diese Strecke überaus charmant und fast so etwas wie ein Glacier Express durch die Schluchten der Fichtenmonokultur, verliert aber etwas an Attraktivität, wenn man sie das zwanzigste Mal durchfahren hat und den überschaubaren Komfort des Regionalzugs nachgerade physisch spürt. Auch der Bahnhof Offenburg, wo man, wenn man gen Norden fährt, in der Regel umzusteigen hat, verfügt nur über einen rustikalen Charme. Nun aber, in den Zeiten, in denen das Reisen in den Raum zwischen Erinnerung und Tagtraum verbannt ist, schaue ich auf die Züge hinaus und sehe in regelmäßigen Rhythmen gänzlich leere Abteile vorüberfahren. Manchmal sitzt im ganzen Zug eine Person, selten zwei oder drei. Der Corona-Virus ist sozial sichtbar. Seine Präsenz im öffentlichen Raum ist wahrnehmbar und auch spürbar – bis hinein in die Traurigkeit und Fassungslosigkeit, die einen plötzlich ergreift, wenn man die leeren Züge vorbeifahren sieht. Dass diese Schwarzwaldbahn noch dazu den Hinweis „Nicht einsteigen" auf ihrer Anzeigetafel gab, ist eine Art von bitterer Ironie.

Eine Zimmerreise in Zeiten von Corona

Zehnter Tag

In der großartigen Mini-Serie *Fargo* findet sich in der achten Folge der dritten Staffel ein wunderbarer kleiner Dialog:
„Was bedrückt dich Schatz?"
„Die Welt. Es ist meine Welt, aber es ist alles anders."
Sy Feltz, dessen Welt aus den Fugen geraten war und dessen Leben (sorry für das Spoilern) kurz darauf noch weiter aus seinen Bahnen gerissen wird, war nach Hause gekommen und stand einfach starr und regungslos da, so als hätten ihn eine Katalepsie und eine abgrundtiefe Melancholie ergriffen. Seine Frau half ihm aus dem Mantel und auch noch aus dem Sakko und hätte ihn mit ihrer bizarrkomischen Fürsorge wohl auch noch zu Tisch geleitet, an dem sicher bereits das Essen für ihn bereitstand, wäre er nicht in Tränen ausgebrochen. Seine Erklärung war dann einfach kompliziert genug und irgendwie lebensweltlich philosophisch. In der Serie geht es dann in anderen Räumen weiter, denn nach einem solchen Dialog und einer solchen Gefühlswallung kann es nur einen Cut geben.

Was Sy hier in Worte zu bringen versucht, ist eigentlich nichts anderes als die Erfahrung der Zimmerreise, nur dass diese nicht den Boden der Existenz unter den Füßen wegzieht, sondern diesem weitere Schichten verleiht, indem sie aus der Welt eine andere macht. Die Dinge werden zu Resonanzräumen unterschiedlicher Gestalt. Auch bei der Zimmerreise kommt es auf V-Effekte an, da die Erzeugung einer Distanz zum Alltag, zum gewöhnlichen Erfahrungsraum der entscheidende Trick ist. Daher braucht es Strategien und Techniken, Rituale und auch Phantasie, um ohne Sys Verzweiflung, sondern eher mit dem Rückenwind der zimmerreisenden Erkenntnis sagen zu können: Es ist meine Welt, aber es ist alles anders.

Siebzehnter Tag

Corona vorm Balkon führt zumindest bei mir dazu, dass dieser blüht wie noch nie. Eigentlich bin ich ansonsten zu viel unterwegs als dass ich mich richtig um Pflanzen in der Wohnung oder in den Blumenkästen dort kümmern könnte. Daher hatte ich eher eine Tendenz zu Korniferen, Kakteen und anderen anspruchslosen Gewächsen. Dieses Jahr ist aber alles anders: Wie viele der Nachbarn habe ich Blumen gekauft und eingepflanzt – und das, weil der Besuch in einer Gärtnerei ja ein besonderer Moment ist – in verschiedenen Etappen, um nicht mit einem Mal den möglichen Platz gleich gänzlich auszuschöpfen. Ein jeder Einkauf war und ist ein besonderer Moment. Nun sind aber die Blumenkästen bepflanzt und die Pflanzen scheinen sich an ihrem neuen Ort auch wohl zu fühlen. Auch die Vögel mögen sie: Wie jedes Jahr nistet unter den Dachbalken ein Vogelpaar. Meist waren es Spatzen, in einem Jahr sogar Rotkehlchen. Das Nest des Vorjahrs wird übernommen und ausgebaut. So auch jetzt, denn gerade scheint die Nestbauphase begonnen zu haben. Man hört sie rascheln und noch dazu ziehen es die Vögel vor ungestört zu sein und so protestieren sie ein wenig, wenn man auf den Balkon tritt. Das bedeutet dann auch, dass in einer Zeit nicht fern von hier der Morgenschlaf bei Sonnenaufgang oft unterbrochen werden wird, da die Kleinen lautstark nach Nahrung verlangen. Das Jahr nimmt auch in Zeiten von Corona seinen Lauf, ungestört und mit einer beruhigenden Beharrlichkeit. Und in diesem Jahr sind auch den Vögeln mehr Blumen geboten als im Vorjahr. Ob sie es zu schätzen wissen?

Achtzehnter Tag

Es ist wieder zu sehen und das sogar in meiner Wohnung: das Grabtuch von Turin wird – und das geschieht selten genug – ausgestellt. Dieses Mal sogar angesichts der coronesken Umstände online, damit die Gläubigen vor ihren Bildschirm dem Gebet beiwohnen können. Am Karsamstag um 17 h wird die Andacht des Turiner Erzbischofs vor dem Tuch live übertragen. Jenseits der Frage der Authentizität ist dabei ein Problem, dass man auf dem Grabtuch nur sehr wenig erkennen kann, da sich der Abdruck eigentlich nur in Gestalt und mithilfe der Fotografie zeigt. Nun trifft es sich, dass ich in meiner Wohnung eine Originalfotografie des Turiner Grabtuchs von Secondo Pia habe, die Ende des 19. Jahrhunderts als Carte de Visite vertrieben wurde. Daher sehe ich vermutlich daheim mehr als es am Samstag möglich sein wird. Für Pia war seinerzeit die Aufnahme eine regelrechte fotografische Offenbarung: Als er die Platte aus dem Entwicklerbad hob, geschah Wunderbares:

Endlich hielt er die tropfende Glasplatte empor. Im diffusen roten Dunkelkammerlicht waren der obere Rand des Altars und der riesige Holzrahmen deutlich und scharf zu erkennen, doch das gefleckte Abbild auf dem Tuch nahm sich gänzlich verändert aus: plastischer und tiefer getönt..., es sagte etwas aus. Pia drehte die Platte etwas zur Seite und blickte auf das Antlitz. Was er dort erblickte, ließ seine Hände erzittern, die Platte glitt durch seine Finger und zerschellte um ein Haar auf dem Boden. Jenes Antlitz auf der Platte – die Augen schienen geschlossen – war von einer beängstigenden Lebensechtheit!

Er schaute, so glaubte er zu wissen und zu sehen, in das Antlitz Christi. Und zugleich machte er eine besondere Beobachtung: Das Grabtuch sei bereits ein Negativ, das sich nun in der fotografischen Gestalt des Negativs in ein Positiv verwandelt habe. Wir haben es bei dem Grabtuch, mit anderen Worten, bereits mit einem quasi-fotografischen Verfahren zu tun, das nun dank der Fotografie in anderer Weise zur Sichtbarkeit gelange. Es zeige nun mithilfe der magisch-technischen Kraft der Fotografie das, was dem menschlichen Auge verborgen geblieben sei. Auf dem Bild ist neben der Ankündigung der *Vatican News* rechts dieses Foto zu sehen. Die Zimmerreise bietet ein besonderes Mehr-Sehen – und das nun auch online.

Eine Zimmerreise in Zeiten von Corona

Neunzehnter Tag

Dieses Federkleid gehört wohl zu den Dingen in meiner Wohnung, die am meisten Aufmerksamkeit auf sich ziehen. Ich werde oft gefragt, woher es stammt, ob ich es im Fasching anziehe und was ich überhaupt damit mache. Die letzte Frage ist leicht beantwortet: nichts. Es ist einfach nur da, hängt vor der Wand eines Regals, in dem ein Teil meiner Fotosammlung untergebracht ist, und erfreut mich mit seinem puren Dasein. Auch die Antwort auf die zweite Frage ist einfach: Da ich aktiv am Fasching nicht teilnehme, ziehe ich es zu diesem Zweck auch nicht an. Es wäre auch absurd, das zu tun, denn es stammt ja aus anderen Kontexten. Ich habe es mir dennoch schon zwei, drei Mal übergestreift, weil man mich dazu überredet hatte und zu Beginn, weil ich wissen wollte, wie es sich anfühlt; es roch etwas muffig und staubig und – schlimmer noch – verlor dann auch gleich einige Federn. Daher verzichte ich jetzt darauf und behalte das besonderen Augenblicken vor, die vielleicht noch kommen. Die erste Frage ist die komplizierteste. Woher ich es habe, weiß ich noch. Vor gut zwei Jahrzehnten habe ich es bei Ebay gekauft, als das Internet noch über ein Modem lief und das Laden von Bildern eine gefühlte Schallplattenlänge dauerte. Ich war dann wirklich überrascht, als ich das Paket öffnete und fragte mich, was ich mit einem solchem Gewand anfangen sollte. Eben nichts. Das war mir dann auch klar. Aber es gefiel mir, weil es so besonders war und eben etwas rätselhaft. Ursprünglich stammt es wohl, so sagte es jedenfalls der Verkäufer, aus dem Kongo. Wozu es dort verwendet wurde, weiß ich bis heute nicht. Irgendwie hatte es seinen Weg nach Deutschland und zu seinem neuen Ort gefunden, wo es nun neben anderen Gewändern hängt, die ich von Reisen mitgebracht habe. Aber eines weiß oder vermute ich zumindest: die Federn stammen von Hühnern. Und ich weiß auch, dass es nicht für mich bestimmt ist und mir doch gefällt.

Eine Zimmerreise in Zeiten von Corona

Zwanzigster Tag

Die Kontinente und die Zeitschichten meines Lebens finden hier in der Küche auf, über und unter dem Bord an der Wand aufs bunteste zueinander. Das „JUHU SAK ECH", sprich „Juhu sag ich", das meine Tochter vor vielen, vielen Jahren auf ihr Bild geschrieben hat, gilt auch für mich. Hier ist Freude pur und man rutscht durch die Zeit und den Raum. Oben sieht man noch Kalorien- und Vitaminangaben eines alten Rollbildes für Schulen, die ich gänzlich ignoriere, doch bereits rechts öffnen sich andere Welten: Ein gesticktes Bild von einem Markt aus Guatemala und das farbig bedruckte japanisches Krepppapier, das ich in Paris auf einem Flohmarkt gefunden habe, ordnen die Welt auf je ihre Weise. Die silbern und golden behangenen Bäumchen haben ihre Bestimmung, als Opfergaben eines Tempels in Laos zu dienen, verfehlt und eine neue Nachbarschaft gefunden: Brotstempel aus Rumänien und Albanien, Reismesser aus Ostasien und eine Uhr, die schon lange nicht mehr läuft, aber aus der Wohnung meiner Großeltern stammt und so von einer anderen Zeitrechnung zeugt. Davor liegt ein Fußballer, den man vielleicht einmal anstelle des Sterns oder eines anderen Symbols auf ein Auto montieren sollte, und dahinter kann man gerade noch ein Stück Stuck erkennen, das ich von dem Haus der Kindheit meiner Mutter gerettet habe, bevor es abgerissen wurde. Und der Ikebana-Igel erinnert mich daran, dass ich als Jugendlicher eine kurze Zeit lang mich an dieser Kunst versucht habe. Mit Japan hatte das wenig zu tun, eher mit etwas morbiden Stillleben aus wenigen Blumen, im Wald zusammengetragenen Wurzeln und vom Wasser der Jahrtausende rund geschliffenen Steinen. Es ist gut einen Ort zu haben, an dem die Sedimente des Lebens sich so ungeschliffen übereinanderlegen können und am Ende eine Art Wunderkammer ergeben, die erst gar nicht beansprucht, Ordnung stiften zu wollen. Sie ist nur zum Schauen da und gelegentlich zum Staunen.

Eine Zimmerreise in Zeiten von Corona

Einundzwanzigster Tag

Eine Woche meines Lebens habe ich in Japan verbracht. Ich hatte eine Einladung zu einer Tagung in Tokio erhalten und noch einige Tage drangehängt, um wenigstens diese Stadt zu erkunden. Doch mitten in der Woche kam es dann zum Erdbeben und zur Fukushima-Katastrophe. Als die Erde bebte, war ich in Asakusa ganz am südwestlichen Rand der Stadt, mein Zimmer hingegen auf dem Unicampus ganz auf der anderen Seite. Der öffentliche Nahverkehr war zusammengebrochen und ich wusste ohnehin nicht, was geschehen war und schaute mir nach dem Beben erst einmal in Ruhe die – im Übrigen wunderbaren – Tempelanlagen an. In einem Antiquitätenladen sagte mir dann der Besitzer, dass er schon seit über einer Generation dort sei und Erdbeben in Tokio an der Tagesordnung seien, dieses aber das stärkste von allen gewesen sei. In der Tat hatte ich mich während des Bebens nicht mehr aufrecht auf dem Boden halten können und klammerte mich zusammen mit einer alten Dame an einem Pfeiler fest. Die Erde war wie ein Wackelpudding und die Atmosphäre gespenstisch. Mit einem Mal war es ganz still geworden, bis alle Vögel gemeinsam zum Himmel aufstiegen und die Glocken zu läuten begannen, ohne dass jemand an den Seilen gezogen hätte. Es war der Tempelturm, der so wackelte, dass das Glockengeläut ertönte. Da auch Stunden später der Nahverkehr nicht wiederaufgenommen wurde und die Fernsehsender allmählich auch Bilder der Katastrophe zeigten, die nahelegten, dass die Schäden doch größer waren, machte ich mich auf den Weg zurück in mein Zimmer. Ich wartete stundenlang auf den Bus, der nur einige Kilometer fuhr, und lief dann ohne Karte zu Fuß durch die Stadt. Noch heute erinnere ich mich an die Solidarität und die stoische Disziplin der Japaner, die zu tausenden und abertausenden in der Stadt gestrandet waren. Die Foyers der großen Firmen waren für sie geöffnet worden und im Bahnhof war der ganze Boden der Hallen und auch der Gleise mit Kartons bedeckt, auf denen nebeneinander die Menschen schliefen. Niemand klagte und ein jeder half so gut es eben ging. Irgendwann am frühen Morgen war ich, da ich mich schließlich verlaufen hatte, dank der Hilfe eines anderen Wanderers durch die Nacht, wieder zurück in meinem Zimmer und konnte nun über das Internet auch sehen, was geschehen war. Ich blieb nur noch zwei Tage. Am zweiten kaufte ich dieses kleine Salzfässchen, das seitdem auf meinem Esstisch steht und den Speisen ihre Würze gibt. Bald ist es, wie ich sehe leer. Das japanische Salz wird aufgebraucht sein. Aber ich werde es wieder auffüllen. Dieses Salz in der Suppe darf nicht fehlen.

Eine Zimmerreise in Zeiten von Corona

Vierzigster Tag

Believe it or not: „Life is so beautiful" ertönte morgens kurz nach 8 aus dem Radiowecker, als er sich heute ein wenig später als sonst anschaltete. Es ist eine kurze Phrase aus dem neuen Rolling Stones-Song „Living in a Ghost Town", der im nun bereits bekannten Corona-Stil auch in einem Video effektsicher in Szene gesetzt wurde. Der erste Stones-Song seit langer Zeit heißt es, so wie der erste – aber ungleich längere – Dylan-Song seit Jahren, der vor einigen Tagen herauskam. Was haben sie nur die ganze Zeit gemacht, fragt man sich. Nicht dass ich ihnen Faulheit unterstellen würde, was auch ohnehin ein unberechtigter Vorwurf wäre, da sie ja ohnehin schon seit vielen Jahren im wohlverdienten Ruhestand sein könnten. Es ist eher die Frage, wie sie es haben schaffen können, bei so viel Kreativität solange nichts zu veröffentlichen. Aber meine Reisedestination ist heute nicht ein Song von Dylan oder den Stones, sondern eigentlich der Radiowecker, aus dem er erklang. Den eigenen Geburtstag – ja, der ist heute – mit „Life is so beautiful" von den Stones beginnen zu dürfen, ist ein Glück und ein großes Geschenk. Und das ist keineswegs selbstverständlich: Ich erinnere mich gut an den bitteren Morgen, als die Auszählungen der letzten US-Staaten liefen und sich abzeichnete, dass Trump gewinnen würde. Es war grauslich und ein Tag, bei dem man sich eine Zeitmaschine gewünscht hätte und ohnehin im Bett bleiben wollte. Aber gemeinhin ist mein alter Radiowecker ein Glücksbringer. Jeden Morgen beginnt mein Tag mit Deutschlandfunk Kultur. Es ist ein Glück, morgens diese kompakte Mischung aus Politik, Kultur und Musik verfolgen zu können und so in den Tag geleitet zu werden. Die Musik ist ganz die meine: Manchmal habe ich mir später auch die LPs oder CDs gekauft, weil sie mir morgens so sehr gefallen haben, und vieles ist mir bereits vertraut. Besonders schätze ich, wie Dieter Kassel es schafft, so vieles mit freundlicher, aber beharrlicher Insistenz aus seinen Interviewpartnern herauszukitzeln. Man hat den Eindruck, er müsse sich wochenlang vorbereitet haben, so messerscharf stellt er oft seine Fragen. Der Tag könnte besser nicht beginnen. Und ein Geburtstag ohnehin nicht.

Eine Zimmerreise in Zeiten von Corona

Einundvierzigster Tag

Man sollte auf jeden Fall auch außerhalb der Corona-Zeiten eine allgemeine Maskenpflicht einführen. Bei mir besteht sie schon seit mittlerweile drei Jahrzehnten und hat sich in vieler Hinsicht bewährt. Letzte Woche habe ich einige von ihnen aufgesetzt, als hierzulande die Maskenpflicht eingeführt wurde und wir abends zwischen Zoom und Cisco wechselnd im kleinen Kreis über die Online-Seminare und andere Dinge sprachen. Gegen Viren dürften sie allerdings kaum helfen; ein wenig muffig riechen sie auch und die Spinnenweben kribbeln in der Nase. Zudem werden die meisten auch gar nicht vor dem Gesicht getragen, sondern über dem Kopf, manche auch an der Schulter. Gegen schlechte Träume helfen sie hingegen schon. Eine besonders furchterregende Maske hing in Frankfurt über meinem Bett. Meine Tochter, die damals noch sehr klein war, träumte oft von Krokodilen, die ihr Angst machten, fürchtete sich aber auch vor dieser Maske. Die anderen mochte sie gern. Ich erklärte ihr dann, dass es gerade Aufgabe der Maske sei, böse Träume abzuwenden. Das leuchtete ihr ein und das Krokodil erschien nie wieder in ihren Träumen. In meiner Wohnung sind die Masken im Flur und dem Wohnzimmer verteilt und hängen dort in Gruppen, die mehr durch ihre Größe als durch ihre Herkunft bestimmt sind. Im Flur sind Krankenmasken der Lega aus dem Kongo, denen heilende Wirkung zugeschrieben wird, und einige von den Bambara aus Mali. Im Wohnzimmer hingegen hängen allerlei Masken, die mich inmitten der Berge der Waren bei den Händlern auf den Flohmärkten, wo ich sie erwarb, so intensiv angeschaut haben, dass ich meinen Blick nicht abwenden konnte. Masken schauen dich an mit ihren hohlen Augen, ihren herausgearbeiteten Formen und ihrem durchdringenden und doch ein wenig abwesenden Blick. In der Wohnung mag ich sie nicht missen. Sie beobachten mich bei dem, was ich tue, unverwandt und mit stoischem Gleichmut. *Impassibilité* und Ausdrucksintensität finden wunderbar zueinander in ihrem zugewandt abgewandten Blick.

Eine Zimmerreise in Zeiten von Corona

Zweiundvierzigster Tag

Es hat recht viele Kinderriegel (Empfehlung: die normalen sind besser als die dunklen), die, wie ich sah, genussvoll verzehrt wurden, gebraucht, bis diese kleine Sammlung an Fußballerbildern zusammenkam, die eigentlich die Vorfreude auf ein besonderes Ereignis wecken sollte, zu dem es, wie wir ja leider bereits wissen, allenfalls ein Jahr später und mit vermutlich gänzlich anderen Mannschaften kommen wird. So sind die Fußballer nicht nur aus den Kinderiegeln, sondern aus der Zeit gefallen. Sie waren zu früh dran und wurden von der Geschichte überholt. Irgendwie ist es ein Lehrstück über Kontingenz, Versprechen, Glück, Markt und vieles mehr. Ich erinnere mich noch gut an die Sammelbilder, die ich als Schüler mit dem Taschengeld auf dem Nachhauseweg bei einem Zeitschriftenhändler kaufte. Dann musste ich mit dem Fahrrad einen kleinen Umweg wählen, den ich mit einer hässlichen Steigung von 18 % zu bezahlen hatte. Aber das Herz pochte, wenn ich die Tüte aufriss, denn das, was darin war, konnte man von außen nicht erahnen und am Ende fehlten dann immer einige wenige Spieler, die ich nur mit großer Mühe tauschen konnte und die ich Tüte für Tüte aufs Neue erhoffte. Das Sammelbuch, in das man sie einklebte, war weniger wichtig als der Moment des Aufreißens und der freudigen Erwartung. Es landete dann irgendwann im Altpapier. Ja, Panini wusste, wie man aus Kontingenz Glück und Versprechen, Hoffnung und Kalkül machte. Die Kinderriegel-Sticker, die sorgfältig durchnummeriert sind und dabei wohl der Ordnung der verschiedenen Mannschaftsteilen folgen, versuchen eine ungewisse Zukunft möglichst realistisch zu antizipieren, denn wer will schon Spieler sammeln, die am Ende nicht nominiert werden und die EM auf dem Sofa verfolgen? Gleichwohl kommt es zu einer recht waghalsigen Auswahl, die aus Jogi Löws wolkigen Andeutungen und seinen wechselnden Aufstellungen einen Kader bastelt, der idealiter möglichst den Spielern entspricht, die dann auch in den Augen des Bundestrainers Gnade gefunden haben werden. Wir alle werden vorab ein wenig zu Bundestrainern und räsonieren darüber, ob etwa Suat Serdar wirklich nominiert werden sollte oder auch was mit der Verletzung von Niklas Süle oder Leroy Sane ist. Einerlei: alles Makulatur, Wishful Thinking, Zukunftsmusik, Kaffeesatzleserei, Spökenkiekerei. Aber irgendwie geht es uns mit Corona ähnlich, da uns die Zukunft oft mehr umtreibt als die Gegenwart und wir uns etwa fragen, ob wir im Sommer verreisen können, ob auch das nächste Semester online stattfindet oder wann endlich Reisen zu den Nächsten wieder möglich sein werden. Und das geht vermutlich auch den Fußballern nicht anders.

Eine Zimmerreise in Zeiten von Corona

Dreiundvierzigster Tag

Man muss sich gut überlegen, welche Künstlerin oder welchen Künstler man in sein Schlafzimmer lässt, sind doch die Bilder mit das erste, was man sieht, wenn man sich den Schlaf aus den Augen reibt, mit dem das Sandmännchen ihre Lider verklebt hat. Bei mir war es keine Frage: Jan Voss. Er war meine erste Liebe als Sammler von zeitgenössischer Graphik. In Freiburg habe ich Mitte der 90er-Jahre seine Arbeiten in der Galerie Pro Arte entdeckt und war gleich fasziniert von dem dichten Geflecht, das ich dann Jahre später, als ich in Tübingen einmal eine Vernissage-Rede halten durfte, mit „Die Welt als Linie und Vorstellung" in Worte zu fassen versucht habe. Seinerzeit konnte ich mir eine Radierung von ihm eigentlich nicht leisten und so wurde die Ausstellung in Freiburg abgebaut und zurückgeschickt, ohne dass ich eine Arbeit von ihm hätte erwerben können. Aber ich war so begeistert, dass ich Geld sparte, um beim nächsten Besuch in Paris auch die Galerie Maeght aufzusuchen, die ihn vertritt, um dort etwas zu erwerben. Es war schließlich eine kleine, aber wunderbare Radierung, die heute bei mir im Wohnzimmer im Erker hängt. Über ihr ist eine zweite, die mir Jan schenkte, da er, wie der Zufall es wollte, just in dem Moment, als ich die Radierung mit etwas zittrigen Händen bezahlte, die Galerie besuchte. Der Galerist stellte mich ihm vor und Jan lud mich in sein Atelier am Rand von Paris ein und schenkte mir in seiner großzügigen Art eine weitere Radierung. Ich habe ihn noch einige Male in Paris besucht; einmal sind wir durch die Galerien der Stadt gezogen und haben uns die aktuellen Ausstellungen angeschaut. Das letzte Mal habe ich ihn in Berlin getroffen, da seine Tochter eine Ausstellung in einer Galerie kuratiert hat, bei der ich zu einem Künstlergespräch eingeladen war. Es war eine freudige Überraschung, ihn nach Jahren wieder zu sehen, da ich bis zum Tag des Gesprächs gar nichts von der verwandtschaftlichen Beziehung wusste. Manchmal fügen sich die Dinge aufs Wunderbarste und zugleich Überraschendste. Und ich hatte es nicht kommen sehen, als ich das erste Mal die Bilder in der Freiburger Galerie entdeckte, wohl aber, dass ich etwas Besonderes sah.

Eine Zimmerreise in Zeiten von Corona

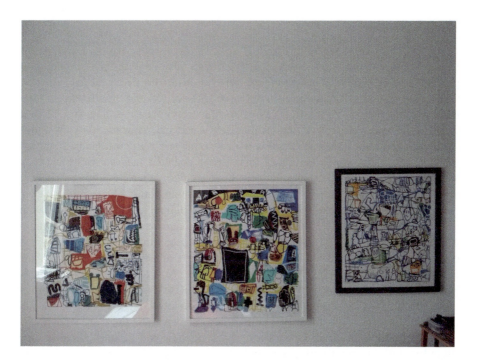

The Day After

Eine jede Reise muss irgendwann enden, auch jene, die ihren Ausgang dort genommen hat, wohin man gemeinhin bei Reisen in die Ferne zurückkehrt. So ist es auch mit dieser Zimmerreise, deren Anlass der Corona-Shutdown vor nunmehr vierundvierzig Tagen war. Xavier de Maistres Erfahrung, dass die 42 Tage seiner Reise eine gute, reiche und erfüllte Zeit waren und zwar nicht wie im Fluge vorübergingen, wohl aber problemlos hätten verlängert werden können, kann ich teilen. Wenn meine Reise nun zwei Tage länger gedauert hat, war das nicht dem Wunsch nach Überbietung geschuldet, sondern dem eher zufälligen Wochenverlauf, da die letzte Etappe auf einen Sonntag fallen sollte. Der Montag ist ein Schritt in eine neue Woche, zu neuen Dingen, die auch außerhalb des Zimmers auf mich warten. Man muss nicht ein wenig bedauernd und weinerlich wie die Mamas & the Papas „Monday, Monday" vor sich hin singen, sondern kann gestärkt von den reichen Eindrücken der Reise Neues in Angriff nehmen. So wurden es dann am Ende 43 Tage und ein kleiner Ausblick in die Welt außerhalb des Zimmers, der dort als Werbebotschaft das vorfindet, was die Tage und Wochen im Zimmer nachdrücklich geprägt haben: „Entschleunigung erleben". Dass diese Botschaft die Frontseite eines Autos ziert, ist eines jener Paradoxa, die die Corona-Zeit auszeichnen. Nähe und Ferne, Gegenwart, Vergangenheit und Zukunft, Eigenes und Fremdes, Kalkül und Kontingenz, Sichtbares und Unsichtbares sind auf eigentümliche Weise miteinander verwoben. Zimmerreisen können dieses Geflecht nicht entwirren, sondern weben es sogar noch ein wenig weiter. Aber das macht vielleicht letztlich ihren Charme aus. Am Ende ist es irgendwie ein wenig kontingent, wann das Ende der Reise erreicht ist. Es sind noch viele Dinge, die mich ein wenig vorwurfsvoll anschauen, weil ich nicht über sie geschrieben habe, und so viele Bilder, die nach einem Text verlangen. Auch eine Reise in 80 Tagen um mein Zimmer wäre problemlos möglich gewesen. Dort hatte am Ende Phileas Fogg einen Tag gewonnen, waren seine Tage doch durch den Wettlauf gegen die Uhr bestimmt und ließen nur beim abendlichen Whist-Spiel etwas Entspannung zu. Diese Zimmerreise hat eine andere Zeitordnung: die entschleunigte Corona-Zeit. Xavier de Maistres Entdeckung nach 42 Tagen war hingegen einfach kompliziert: „Niemals habe ich jedoch deutlicher wahrgenommen, daß ich *doppelt* bin." Zimmerreisen in Zeiten von Corona und Covid haben zwar auch mit solchen Erfahrungen von Verdoppelungen des Selbst zu tun, wenn man etwa in sich hineinhorcht und befragt, ob man infiziert ist oder war, oder eine Maske aufsetzt oder sich den eigenen Alltagsroutinen recht schonungslos ausgesetzt und gegenübergestellt sieht, doch letztlich ist der rote Faden ein anderer. Die Kontingenz blickt einen an, wenn man die Dinge anschaut, auch und gerade dann, wenn sie zu Geschichte und Geschichten geworden sind. Diese sind wie auch die Dinge, die sich im Raum der Wohnung angesammelt haben, ein Mittel der Kontingenzbewältigung. Sie geben Vertrauen und Zutrauen zurück, auch wenn man ihnen bloß zuschreibt, dass sie es tun. Sie können weder Viren noch die Kontingenz besiegen, wohl aber sie in Geschichte und Geschichten verwandeln. Und das ist schon viel.

Eine Zimmerreise in Zeiten von Corona

Back to B-more – eine Serienbildungsreise vor Ort

Olaf Sanders

1 Drohnen

Drohnen erleichtern das Filmemachen und eröffnen neue Perspektiven. Sie ersparen auch, selbst zu fliegen oder sich überhaupt auf konventionelle Weise auf Reisen zu begeben. Drohnen sind nicht immer Kriegsgerät, können es aber sein (vgl. Chamayou 2014).

Direkt nach dem Vorspann der Folge *Churn* (dt. *Im Strudel)*, das ist die zweite Episode der fünften Season der sehenswerten Science Fiction-Serie *The Expanse* (Syfy/Amazon Prime 2015), nähert sich die Kamera in einer Plansequenz (S5/E2 6:18–07:26) der Stadt Baltimore. Dass es sich um Baltimore handelt, darüber informiert ein Zwischentitel. Das Kameraauge geht erst in den Tiefflug über und bremst dann über den Projects. Die Dächer der Sozialbauten sind inzwischen mit Solaranlagen versehen. Anschließend sinkt die Drohne zwischen den Blocks auf die Höhe der flanierenden Menschen hinab, um – so wirkt es – im Rückwärtsflug Amos Burton (Wes Chatham) den Weg zu weisen. Auf die Plansequenz folgen zwei Schuss-Gegenschuss-Wechsel auf Amos' eigene Geschichte. Dass dem so ist, erschließt sich dem Publikum erst gegen Ende der Episode, als der jugendliche Timothy (Cole Pollock) mit seiner Pflegemutter Lydia (Stacey Roca) an den Docks sitzt. In der Eingangssequenz guckt Amos irritiert angesichts des unmöglichen Déjà-vus; und die Drohne, ein Quadrocopter, fliegt blinkend von dannen. Dass die gefilmte Drohne selbst hätte filmen, sich aber kaum selbst hätte filmen können, ist eine interessante Selbstreferenz. Amos klopft an die Tür eines Hauses. Ein älterer Schwarzer öffnet vorsichtig. Amos verschafft sich mit Nachdruck

O. Sanders (✉)
Fakultät für Geistes- und Sozialwissenschaft, Helmut-Schmidt-Universität Hamburg, Hamburg, Deutschland
E-Mail: olaf.sanders@hsu-hh.de

Zutritt. Der Schwarze nennt ihn zögerlich fragend Timothy und sagt, dass Lydia immer auf ihn gewartet habe. Er bietet Amos/Timothy Tee an, weil die Kücheneinrichtung größtenteils schon verpackt sei, und stellt sich als Charles (Frankie Faison) vor. Amos möchte wissen, wie Lydia gestorben und ob sich glücklich gewesen sei. Ein Aneurysma, im Schlaf, und überwiegend, obwohl sie über ihre Vergangenheit kaum gesprochen habe. Sie habe getan, was nötig gewesen sei, um die Miete zu bezahlen, und Charles erzählt, dass Timothy gleichsam in die Drogenszene hineingeboren worden sei und dann irgendwann begonnen habe, als *muscle* zu arbeiten. Während des Gesprächs wiederholt Amos vergleichsweise schnell eine Verwandlung, für die er zuvor fast die gesamte Serie gebraucht hat: vom eiskalten Killer zu einem sorgenden Begleiter. Später in der Episode sorgt Amos bei Erich (Jacob Mundell), einem früheren Kumpel und in der erzählten Gegenwart mächtigen Drogenboss, dafür, dass Charles in Lydias Haus wohnen bleiben darf. Lydias lebenslanges Wohnrecht war Teil des Lohns, den Timothy für den Mord an Amos Burton erhalten hat.

„Amos Burton ist tot", erinnert Erich Timothy; und er erinnert ihn auch daran, wie sie einst bei den Docks saßen und die Shuttle-Starts beobachteten. Erich droht, auch Amos/Timothy töten zu lassen, sollte er noch einmal nach Baltimore zurückkehren. Die Drohung bleibt auch in den folgenden Folgen folgenlos. In der letzten Sequenz der Episode *Churn* erinnert sich Amos, wie er, Timothy, mit Lydia an den Docks saß, nachdem er etwas Übles getan hatte. Sie erklärt ihm, dass es einfach sei, jemanden zu verletzen, wenn man selbst verletzt sei, aber Stärke erfordere, dies nicht zu tun. Sie sei außerdem kein Vorbild. Dessen ungeachtet könnten beide so tun, *als ob* sie vorbildlich sei und er stark. Womöglich genüge dies, weil mehr für Leute wie sie ohnehin nicht zu haben sei. Amos verlässt den Pier nach Einbruch der Dunkelheit, während ein Shuttle startet. Sich ihm nähernde Gangmitglieder ändern kurzfristig ihre Pläne. Baltimore ist noch immer eine beschädigte Stadt.

In *The Expanse* gehört Amos zur Crew der Roci, kurz für Rocinante, ein gestohlenes Schiff der marsianischen Kriegsflotte. Wie die anderen Crew-Mitglieder, Holden (Steven Strait), der Käpt'n, Naomi (Dominique Tipper) als Board-Ingenieurin und Alex (Cas Anvar) als Pilot, tat Amos zu Beginn der Serie auf dem Eis-Frachter Canterbury Dienst, als Mechaniker und *muscle* für Naomi. Der Name „Rocinante" ist nicht die einzige Anspielung auf Cervantes' *Don Quijote von der Mancha*. Die erste Episode von *The Expanse* trägt den Titel *Dulcinea*. „Prinzessin Dulcinea" ist bekanntlich die Herrin, die den geistvollen Hidalgo seiner Aussage nach, aus ihrem Leben verbannt und so alles, also auch den Roman, in Gang gesetzt habe (vgl. Cervantes 2008, 36). Rocinante heißt Don Quijotes „alter Schindgaul", den sein Name zum Ross adele (vgl. ebd., 33). In der Roci sitzen die drei Fraktionen, die sich in der Serie bekriegen, in einem Boot. Amos und Holden sind Earther, Alex ist Marsianer und Naomie Belterin. Der Belt, zu dem auch die Saturn- und Jupiter-Monde zählen, ist ein Asteroiden-Gürtel mit noch geringerer Schwerkraft, als sie auf dem Mars wirkt, der ersten Kolonie der Erde. Der Belt ist inzwischen ebenfalls ehemals koloniales Gebiet, zugleich aber Halbwelt und Rückzugsort für Terrorist*innen. Was *Don Quijote* mit den *Canterbury Tales* verbindet, die Pasolini *(I raconnti di Canterbury,* I/F 1972) als Mittelteil seiner so genannten Trilogie des Lebens verfilmte und auch von einem Ritter erzählen, entzieht sich meiner Kenntnis. Es mag die Absurdität und die Reise zu Pferd sein.

The Expanse lehrt, wie schmerzhaft es ist, schnell zu reisen. Die Serie spielt im 24. Jahrhundert und zumeist in unserem Sonnensystem. Extreme Beschleunigung erhöht das Risiko, an einem Schlaganfall zu sterben – und ein Leben bei geringerer Schwerkraft verunmöglicht nach einer Weile aus dem Belt oder auch vom Mars zur Erde zurückzukehren. Als ich *Churn* sah, fiel mir auf, dass es im Serienuniversum kaum eine bedeutsamere Stadt gibt als Baltimore. Dorthin will wirklich kaum jemand reisen. Zum Glück ersparen uns Fernsehserien dies.

2 Orson Welles

Orson Welles war ein Meister der Plansequenz. Eine Plansequenz ist eine lange ungeschnittene Einstellung. Als Goldstandard, aus der Zeit als Gold noch Standard war, gilt die Eingangssequenz des Films *Touch of Evil* (dt. *Im Zeichen des Bösen*, USA 1958). Die Eingangssequenz von *Churn* erinnert aber auch an *Citizen Kane* (USA 1941), weil die Kamerafahrt in die Vergangenheit hinab führt und die gezeigte Vergangenheit zudem noch unerwartet war. Selbst Amos wird von ihr überrascht, denn er hatte sie noch nie gesehen, sowenig wie er sie erlebt hat. Die Zukunft kommt uns aus einer Vergangenheit zu, die niemals gegenwärtig war (vgl. Deleuze 1997, 114) Ungesehenes zu sehen und Unerlebtes zu erleben, kann als Ziel von Reisen gelten. Nun sind Reisen, während sich die dritte Welle der Corona-Pandemie aufbaut, nahezu unmöglich und als Selbstzweck sowieso nicht geboten. Gut, dass uns Reisen vor Ort bleiben. Wir nehmen sowieso ganz alltäglich in Plansequenzen war.

Gilles Deleuze und Félix Guattari unterscheiden die Reisen von Ort zu Ort gewöhnlicher Reisender von Reisen vor Ort, wie sie (Stadt-)Nomad*innen, Beatniks und andere unternehmen. „Reise vor Ort ist der Name aller Intensitäten, sogar wenn sie sich auch in der Ausdehnung (*extension*) entwickeln. Denken ist Reisen" (Deleuze und Guattari 1997, 668, Übersetzung modifiziert). Zur Illustration verweisen sie auf Wim Wenders Road Movie *Im Lauf der Zeit* (D 1976) als Bildungsreise. In *Das Bewegungs-Bild* schreibt Deleuze (1987, 141) „Initiationsreise". Bruno Winter (Rüdiger Vogler) und Robert Lander (Hanns Zischler) fahren entlang von Elbe und deutsch-deutscher Grenze durch die sterbende Kinolandschaft. Auf den Film *Aguirre, der Zorn Gottes* (D 1972) von Werner Herzog und mit Klaus Kinski in der Titelrolle, den Deleuze und Guattari im Zusammenhang mit den Subjektivierungsprozessen von Zeichenregimen ebenfalls anführen, passen die Zuschreibungen gleichermaßen, auch wenn er nicht in den 1970er Jahren in der BRD, sondern im 16. Jahrhundert in Amazonien spielt. Herzogs Film verdeutlicht noch stärker: „Im Glatten zu reisen ist ganz und gar ein Werden und außerdem ein schwieriges, unsicheres Werden." (Deleuze und Guattari 1997, 669) Eine Reise vor Ort unternimmt auch Allie, der sich selbst spielende Protagonist von Jim Jarmuschs ersten Film *Permanent Vacation* (USA 1980, vgl. Sanders 2020, 384).

Aufgrund seiner Lungenkrankheit reiste Deleuze seit Ende der 1960er Jahre ungern und auch immer seltener von Ort zu Ort, umso intensiver dafür vor Ort, vor allem im Kino. Derzeit sind die Kinos geschlossen; und die von SARS-CoV-2 ausgelöste Lungenentzündung hat sich längst als Teil einer viel größeren Systemerkrankung erwiesen. Das noch immer undeleuzianische Jahrhundert scheint in gewisser Hinsicht hyper-deleuzianisch geworden zu sein.

3 Temporaladverbiale

Temporaladverbiale wie die oben als Störung eingestreuten „inzwischen" oder „noch immer" stiften nur Sinn, wenn man dem Kameraflug der Drohne in die Vergangenheit folgt. Dann wundert man sich, wie wenig sich die Projects seit der großen US-Qualitätsfernsehserie *The Wire* (HBO 2002–2008), die in Baltimore spielt und deren schwarze ästhetischen Figuren sie oft bloß B-more nennen, verändert haben. In den vier Jahrhunderten zwischen den erzählten Zeiten sind nur die Solaranlagen und die Shuttles zu den nun außeratmosphärischen Häfen hinzugekommen, Drogenkriminalität prägt die Stadt nach wie vor. Und auch die Grafitis und Tags haben sich kaum verändert. Die in B-more mitklingende Anweisung „Sei mehr!" hat sich nicht realisiert. Die Stadt stapelt nicht hoch.

The Wire gehört zu den großen Dramaserien, die als komplexe Langspielfilme neue Weisen filmisch zu erzählen hervorgebracht haben und heute für die kulturelle Selbstverständigung so wichtig sind wie es Romane oder Kinofilme im langen 19. und kurzen 20. Jahrhundert waren. Anna Karenina, Emma Bovary, Ismael, Ulrich, der Mann ohne Eigenschaften, oder Hans Castorp sind erst von Ilsa Lund, Charles Foster Kane, Ripley oder Rick Deckard abgelöst worden und dann durch Tony Soprano, Peggy Olson, Walter White oder Cersei Lennister. Zu den großen Dramaserien zählen neben *The Wire, The Sopranos* (HBO 1999–2007), diese brillante Fusion aus Familien- und Mafiaserie, mit der die Qualitätsserienerzählung gemeinhin einsetzt, die Spätwestern- oder Frontier-Serie *Deadwood* (HBO 2004–2006), *Lost* (Touchstone/ABC 2004–2010), *Mad Men* (AMC 2007–2015) und *Breaking Bad* (AMC 2008–2013). Verantwortlich zeichneten Show Runner oder Kreatoren wie David Chase, David Milch, J. J. Abrams, Matthew Weiner oder Vince Gilligan. Eine Zeit lang hieß Qualität schlicht HBO, kurz für Home Box Office, ein US-amerikanischer Pay-TV-Sender, der mit *Game of Thrones* (HBO 2011–2019) seine Ausnahmestellung zum Teil zurückgewann und diese mit *Westworld* (HBO 2016–) zu sichern versuchte.

In der Internet Movie Database (IMDb) kommen *Game of Thrones* und *The Wire* auf einen ausgezeichneten IMDb-Score von 9,3. Theoretisch wäre maximal ein Score von 10,0 möglich. Die bis heute bestbewertete Dramaserie ist Kriegsminiserie *Band of Brothers* (HBO 2001) mit einem Score von 9,4. Der bestbewertete Film *The Shawshank Redemption* (dt. *Die Verurteilten*, USA 1994) von Frank Darabont, der auch bei der Pilotfolge der Zombie-Serie *The Walking Dead* (AMC 2010–) Regie führte, kommt auch nur auf 9,3. *Game of Thrones* und

The Wire erreichen Ihren Score durch unterschiedlich viele Stimmen (1.795.290 zu 289.885 am 17.4.2021). *Game of Thrones* war erfolgreich, *The Wire* bahnbrechend. Für das letzte Zehntel scheint noch eine Extradosis Pathos nötig, auf die Simon verzichtet.

Inzwischen neigt sich das Qualitätsserienzeitalter seinem Ende zu, weil am Publikumsgeschmack orientierte Serien von Streamingdiensten wie Netflix oder Amazon Prime an Markanteil gewinnen, wodurch sich das Gute als Feind des Besseren erweist, was in der Popkulturgeschichte kein seltener Effekt ist. Der Entscheidung, die *Sopranos* als Startpunkt des Qualitätsserienzeitalters zu setzen, haftet auch eine gewisse Willkür an. *Twin Peaks* (ABC 1990–1991 und Showtime 2017) von Mark Frost und David Lynch lässt sich ebenso als Qualitätsserie beschreiben wie die großartigen deutschen Serien *Berlin Alexanderplatz* (D 1980) von Rainer Werner Fassbinder und die um den Prequel-Spielfilm *Die andere Heimat* (D/F 2013) erweiterte *Heimat*-Trilogie (D 1984, 1992 und 2004) von Edgar Reitz. *Twin Peaks* und *Heimat* umspannen das Zeitalter gewissermaßen ganz.

David Simon, der Creator oder Show Runner von *The Wire,* steht für ein besonderes Qualitätssegment der Qualitätsserienwelt von HBO, das die Wirklichkeit, denen er sich zuwendet, durch fiktionale Stützen realer werden lässt. *The Wire* wurde als gefilmte Soziologie gehandelt und Simon als Balsac. Die Assoziation zu Balsacs Roman-Zyklus *Die menschliche Komödie* liegt tatsächlich nah, auch wenn Simon den Vergleich selbst verspottete mit dem Verweis, dass jemand, der jemanden in Baltimore einen *ball sack* nenne, schon aufpassen müsse, dass er nicht Prügel beziehe. *Verlorene Illusion* (1937–1943, dt. neu übersetzt 2014), Balsacs vielleicht bekanntester Roman, lässt sich als Gesellschaftskritik lesen, und jede von Simons Serien sich als solche gucken. Simon, Jahrgang 1960, war Journalist und arbeitete von 1982 bis 1995 als Polizeireporter für die *Baltimore Sun,* die in der fünften Season von *The Wire* eine große Rolle spielt, weil sie ihre gesellschaftliche Rolle als vierte Gewalt aufgrund ökonomischer Zwänge immer schlechter spielt. Simon war auch gewerkschaftlich aktiv und ließ sich 1988 für ein Jahr beurlauben, um ein Buch über die Arbeit der Mordkommission in Baltimore zu schreiben. Das Buch erschien 1991 unter dem Titel *Homicide: A Year on the Killing Streets* (Simon 2011) und diente als Vorlage für die TV-Serie *Homicide: Life on the Street* (noch NBC u. a. 1993–1999). Das Buch gehört ins True crime-Genre, die Serie ist eine Krimi-Serie, genauer ein Police Procedural. Die Serie begleitet die Arbeit einer fiktiven Homicide-Einheit des Baltimore Police Departments. Simon beweist sich schon im Buch und durch diese Serie als Baltimore-Chronist. Im Unterschied zu den meisten anderen Krimiserien steht die Einheit als *ensemble* oder Menge im Vordergrund. Der Ensemble Cast ermöglicht temporär herausgehobene ästhetische Figuren wie Frank Pembelton (Andre Braugher). Alltagsprobleme und soziale Hintergründe spielen nicht erst in *The Wire,* sondern schon in *Homicide* eine große Rolle.

Gleich in der ersten Folge geht es um eine ganze Reihe von Mordfällen, die auf dem Whiteboard in der Kommission rot, ungelöst, oder schwarz, gelöst, unter dem Namen des jeweils verantwortlichen Detectives aufgelistet werden. Die Gespräche zwischen den Detektives erinnern an Quentin Tarantinos Spielfilmdebut *Reservoir Dogs* (USA 1992), der mit einer berühmten Diskussion über Madonnas Song *Like a Virgin* (1984) beginnt und auch durch seinen gut besetzten Ensemble Cast besticht, zu dem u. a. Harvey Keitel, Tim Roth, Steve Buscemi und Michael Madsen gehören. Der Titel des Tarantino-Films soll übrigens auf eine an Axel Hacke-Buchtitel erinnernde Falschaussprache eines Kunden der Videothek *Video Archives* zurückgehen, in der Tarantino in den 1980er Jahren gearbeitet hatte. Ausleihen wollte der Kunde Louis Malles *Au revoir, les enfents* (F 1987). Neues entsteht bisweilen auf seltsame Weisen. In *Reservoir Dogs* und in *Homicide* wird ausgesprochen viel geredet.

Zu den ausführenden Produzenten von *Homicide* gehört auch Berry Levinson, der in den 1980er Jahren bei Filmen wie *Good Morning, Vietnam* (USA 1987) und *Rain Man* (USA 1988) Regie führte. Die Rolle des Radio-DJs Adrian Cronauer in *Good Morning, Vietnam* spielt der unvergessene Robin Williams. Sie ist inspiriert durch den AFN(=American Forces Network)-Moderator Adrian Cronauer, der ab 1965 in Saigon arbeitete, übertreibt dessen Stil aber erheblich. Williams spielt auch in einer *Homicide*-Episode mit dem kriegsfilmkalauernden Titel *Bob Gun* (S2/E1) statt *Top Gun* (USA 1986) einen Familienvater, der mit seiner Frau und seinen beiden Kindern in Baltimore Urlaub macht. Während eines Ausflugs wird seine Frau vor den Augen der Familie in der Nähe des Camden Yards Sportparks erschossen, weil sie sich geweigert hatte, ihren Schmuck herauszugeben. Ihr Mann fühlt sich schuldig, weil er im Gegensatz zu seiner Frau keinen Verteidigungswillen gezeigt hat, was wahrscheinlich klug war. Der Schütze, der schließlich wegen Mordes verurteilt wurde, hatte die Pistole an sich genommen, um zu verhindern, dass jemand zu Schaden kommt, nachdem die Familie in den Fokus der schwarzen Jugendgang geraten war. Der die Ermittlungen leitende Detective Beau Felton (Daniel Baldwin) zeigt sich dem Mann des Opfers gegenüber empathielos. Seine Partnerin, Detective Kay Howard (Melissa Leo), will hingegen lange nicht glauben, dass der schwarze Junge der Täter ist und nicht nur seine viel vorbelasteteren Freunde schützt. Die Verhältnisse in Baltimore sind komplex und Reisen dorthin gefährlich. Man droht jemanden oder auch sich zu verlieren.

4 The Corner

The Corner (Jahreszahl nicht unterstrichen. 1997, dt. 2012) heißt ein weiteres Reportage-Buch, das David Simon gemeinsam mit Ed Burns geschrieben hat (vgl. Simon/Burns 2012). Der deutsche Untertitel lautet *Bericht aus dem dunklen Herzen der amerikanischen Stadt*. Da klingt Joseph Conrads Reiseerzählung *Herz der Finsternis* (1998, zuerst i. O. 1899) an. Das Buch von Simon und Burns ist nach Jahreszeiten gliedert. Es beginnt mit Winter und endet mit Herbst. Die erzählte Zeit spannt sich vom dunkelsten Tag zum dunkelsten Tag. Der amerikanische Untertitel bleibt sachlicher: *A Year of the Life in an Inner-City Neighborhood*. Für die Recherche zu diesem Buch nahm Simon 1993 ein weiteres Jahr Urlaub bei der *Sun*.

1995 wechselte er dann ganz ins Fernsehgeschäft. Gemeinsam mit David Mills schrieb er das Drehbuch zur Miniserie *The Corner* (HBO 2000), bei der Charles S. Dutton Regie führte. Dutton arbeitet auch als Schauspieler und stammt aus Baltimore, was er auch zu Beginn der Miniserie erklärt, deren Folgen immer mit den Zwischentiteln „True Stories …" und „Baltimore, Maryland" beginnen sowie fiktive Interviewsequenzen enthalten, wodurch sie dokumentarisch wirken. Die Serie porträtiert eine Familie, die nicht mehr zusammen-, aber noch immer im Umfeld einer Straßenkreuzung lebt, an der Drogen gehandelt werden. Es handelt sich um die Kreuzung Monroe St / Fayette St. Dass sich kreuzende Straßen durch Ecken verbunden sind, gibt dem Buch und der Serie ihren Namen. Corner ist ein Synonym für Drogenrevier. Die Familienmitglieder sind Gary McCullough (T. K. Carter) und Fran(cine) Boyd (Khandi Alexander), sowie ihr gemeinsamer Sohn DeAndre (Sean Nelson). Zum Ensemble gehören auch Garys Eltern, Frans Schwester Bunchie (Maria Broom) und DeAndres jüngerer Halbbruder DeRodd. Gary und Fran sind drogenabhängig, DeAndre dealt. So wird der Cast durch *dope fiens* oder andere User wie Fat Curt (Clarke Peters), Blue Epps (Glenn Plummer) oder Scalio (Reg E. Cathey) und die Mitglieder von DeAndres Gang erweitert.

Die einzelnen Episoden-Titel enden immer auf „Blues"; und ein Blues, der Textzeilen aus Steve Earles' *South Nashville Blues* (1996) enthält, untermalt den Abspann, der Fotos zeigt, die Originale und keine Filmstills sind. Viele der realen Vorbilder der ästhetischen Figuren haben in der Serie Cameo-Auftritte. Blues vertont Leidensgeschichten. In den ersten drei Folgen geht es um die Geschichten von Gary, DeAndre und Fran, in den verbleibenden drei um das Leid der Drogenabhängigen, der Corner Boys und von Jedermann. Durch Rückblenden in die Zeit, als Gary und Fran noch ein Paar waren, das mit ihrem kleinen Sohn in eine weiße Vorortnachbarschaft ziehen wollte, zeigt Simon, wie tief die Familie gefallen ist. Schuld daran, äußert Fat Curt in einer Interview-Sequenz, sei vor allem der Siegeszug der Droge Crack über das vergleichsweise harmlose Heroin gewesen. Gary erzählt vom Aufstieg seiner Eltern durch harte Arbeit. Die Rückblenden in die Zeit seiner Kindheit und frühen Jugend zeigen auch den Niedergang des Viertels. Der Grocery Store, in dem Gary seinen ersten Job bekam, wurde noch von einer jüdischen Familie betrieben. In der erzählten Gegenwart betreibt ihn eine koreanische Familie. Auf Google Earth kann man sehen, dass es den Eckladen immer noch gibt. Einige Fenster der einst belebten Häuser sind in *The Corner* schon vernagelt.

5   The Wire

The Wire zeigt die Beschleunigung des Verfalls und merged *Homicide* mit *The Corner.* Die Serie beginnt als Polizeiserie und wird immer stärker zu einer Sozialstudie, die sie bei genauerer Betrachtung von Anfang an ist und den Fokus dann Season für Season weiter zieht. Simon tritt erstmalig als Creator auf. *The Wire* sprengt Genregrenzen.

Wer zuvor *The Corner* gesehen hat, altert mit einigen Schauspielern, die nun ganz andere Rollen spielen. Ein schmieriger namenloser Vorarbeiter, der Gary in der Episode *Gary's Blues* aus bewohnten Häusern gestohlene Kupferrohre abkauft, leitet in *The Wire* die Mordkommission: Sergeant Jay Landmann (Delaney Williams). Der Verkäufer, der DeAndre in *DeAndre's Blues,* die ersehnten Sneaker für seine Freundin noch nicht anbieten kann, organisiert in *The Wire* den Drogenhandel in Ost-Baltimore: Proposition Joe (Robert F. Chew). Clarke Peters, der Darsteller von Fat Curt, spielt nun Detective Lester Freamon, der die Titelgebenden Abhöraktionen leitet, und Reg E. Cathey, Scalio, organisiert als Norman Wilson den Bürgermeisterwahlkampf für Councilman Carcetti (Aiden Gillan, den viele mit seiner Rolle als Peter Baelish in *Game of Thrones* in Verbindung bringen). Maria Broom, in *The Corner* Frans Schwester, kandidiert in *The Wire* als Marla Daniels für einen Sitz im Stadtrat. Einige der Cornerboys aus *The Wire* kennt man auch schon aus einzelnen *Homicide*-Folgen oder aus *The Corner,* manche wechseln zur Polizei. Der Deputy Commisioner of Operations und spätere Polizeipräsident Ervin H. Burell wird von Frankie Faison dargestellt, dem Freund von Amos' Pflegemutter in *The Expanse*.

Baltimores Serienwelt ist klein und überwiegend schwarz. Schwarze Leben haben kaum Gewicht, obschon sie in *The Wire* zumeist von schwarzen Amerikanern beendet werden. In *The Wire* geschieht auch schon, was für *Game of Thrones* dann diskutiert wurde, dass gut eingeführte herausgehobene Figuren quasi aus dem Nichts getötet werden, z. B. Stringer Bell (Idris Elba), der zweite Mann in der Barkesdale-Gang, der nebenbei Kurse in Betriebswirtschaft besucht und versucht, aus dem gefährlichen Drogengeschäft ins korrupte Baugeschäft zu wechseln. Die Serie beginnt wie fast jede Folge mit einem Cold Open. Blutlachen auf einer Straße spiegeln das blaue Licht der Streifenwagen. Omar Isaiah Betts Leiche liegt in orangenem Licht. Es ist spät, dennoch sitzen Kinder auf einer Treppe zu einem der Häuser und gucken auf den Tatort. Auf einer anderen Treppe sitzt Detective McNulty (Dominic West) mit einem potenziellen Zeugen, der mit dem Opfer befreundet war. Der Freund erzählt ihm, dass der tote Jugendliche Snot genannt worden sei, Snot Bougy, das heiß Rotz Popel. McNulty eschauffiert sich darüber, dass ein armer Junge, der einmal seine Jacke vergessen und sich deshalb erkältet habe, wegen seiner laufenden Nase für den Rest seines Lebens Snot Bougy heiße. Mir scheint der Spitz- und Spotname Snot Bougy wahrscheinlicher als Snot Boogie, der sich z. B. auf IMDb findet. Die Serie zwingt dazu, sich in den Slang einzuhören. Auch dieser Zwang steigert den Realitätseindruck. Der Freund stimmt der Erzählung zu und erklärt, dass er nicht als Zeuge vor Gericht aussagen werde, obwohl es nicht nötig gewesen sei, Snot zu erschießen, weil er ja nur getan habe, was er jede Woche getan habe. Wie immer hätten sie gewürfelt und getrunken und als genug Geld im Topf gelegen habe, habe Snot es gegriffen und sei davongerannt. Bisher hätten sie ihn immer verfolgt und verprügelt. Daraufhin fragt McNulty ungläubig zurück, warum sie ihn dann noch überhaupt noch hätten mitspielen lassen. Der junge Schwarze antwortet, dass Snot einer von ihnen gewesen sei und: „This is America, man." Dieser Satz ist sehr wahr. Es ist

America, das spätestens nach 9/11 auf die schiefe Bahn geraten ist (vgl. Lepore 2018, 876 ff.)

Der auf das Cold Open folgende Vorspann endet immer mit einem Zitat aus der Folge. Im Anschluss erzählt McNulty seinem Partner Bunk (Wendell Pierce) auf dem Weg ins Gerichtsgebäude von der schrägen Folgerung des Freundes des Opfers, dass man den jungen im Land der Freien und der Mutigen eben immer wieder habe mitspielen lassen müssen, und besucht dann einen Mord-Prozess gegen D'Angelo Barkesdale (Lawrence Gilliard Jr.), einem Neffen von Avon (Wood Harris), dem Chef der Barkesdale-Crew. Hinten im Gerichtsaal sitzt Avons Cousin Stringer Bell. Es sind auch weitere Crew-Mitglieder anwesend, *muscle* und *soldiers*, Wee-Bey Brice (Hassan Johnson), Stinkum (Brandon Price) und Sorvino (Chris Clanton). William Gant erkennt in D'Angelo den Schützen, Nakeesha Lyles erkennt ihn nicht mehr. McNulty teilt dem ermittelnden Detective Barlow, der sich gerade am Telefon mit einem Holzlieferanten wüst streitet, statt im Gerichtssaal der Verhandlung zu folgen, mit, dass die Barkesdales seinen totsicheren Fall gedreht hätten. Dafür war diemal nicht einmal die Kunst ihres Anwalts Maurice Levy (Michael Kostroff) nötig. Nach 08:50 sehen wir zum ersten Mal die Ecke, die wir schon aus The Corner kennen und uns auch auf Google Maps hätten ansehen können (Abb. 1).

Das schwarze Ford-SUV von Kima Gregs (Sonja Sohn) parkt in der Fayette Street, der Grocery Store befindet sich in dem roten Gebäude. Nach dem Zugriff

Abb. 1 Fayette St., The Wire (S1/E1, 0:08:50)

korrigiert sie ihre Kollegen Herc (Domenick Lambardozzi) und Carver (Seth Gilliam). Die drei Detectives gehören zum Drogendezernat, das von Lieutenant Cedrick Daniels (Lance Reddick) geleitet wird. Herc und Carv halten sich für eine Macht im War on Drugs. McNulty steckt dem Richter Phelan (Peter Gerety) nach dem gescheiterten Prozess, dass gegen Avon Barkesdale bisher nicht einmal ermittelt werde, was zu einigem Ärger in Mordkommission und Drogendezernat führt, weil es die eigene statistikgetriebene Strategie stört. Auch D'Angelo wird erst von Wee-Bey und dann von Avon wegen seiner Unprofessionalität gemaßregelt. Am nächsten Tag degradiert ihn Stinger und versetz ihn aus seinem Hochhaus zwischen die Flachbauten, wo Bodie (J.D. Williams), Wallace (Michael B. Jordan) und Poot (Tray Chaney) für ihn arbeiten. D'Angelo ermahnt seine Crew, dass sie keine Abkürzungen beim Drogendeal nehmen sollen, und bemerkt dann das er von Bubbs (Andre Royo), einem Informanden Kimas, und dessen weißen Freund Johnny (Leo Fitzpatrick), beide drogenabhängig, mit kopierten Geldscheinen betrogen wurden. Bodie organisiert Johnnys Bestrafung. Auch McNultys Versetzung auf Polizeiboot, die am Ende der ersten Season dann wirklich erfolgt, droht sich schon an. McNulty besucht seinen alten Kumpel Agent Fitzhugh (Doug Olear), der ihm die audiovisuelle Überwachungstechnik vorführt und mitteilt, dass das FBI nun vom War on Drugs auf den War against Terror umstelle. McNulty schlägt Daniels und der Staatsanwältin Rhonda Pearlman (Deirdre Lovejoy), mit der er eine Affäre hat und die später eine Beziehung mit Daniels eingeht, moderne Überwachungstechnik gegen die Barksdales einzusetzen. Daniel Eschkötter (2012, 47) weist darauf hin, dass vor allem die erste Season von *The Wire* CCTV(= Closed Circuit Television)-Bilder nutze. Das ist ein medienevolutionär älteres Überwachungssystem als das, welches das FBI nutzt. Am Ende der ersten Folge liegt William Gant erschossen zwischen den Flachbauten und D'Angelo bezweifelt, dass das nötig war. *The Wire* ist eine strukturalistische Serie, die mit Verdichtungen und Verschiebungen arbeitet.

Die Pilotfolge *The Target* vermittelt einen guten Eindruck von der anfangs verwirrenden Größe des Ensemble Cast, in der zweiten Folge *The Detail* kommen dann bei der Aufstellung einer Spezialeinheit noch einige wichtige Charaktere hinzu, u. a. Officer Roland Prezbylewsky (Jim True-Frost), der nach einer längeren Innendienstphase einen verdeckt ermittelnden schwarzen Kollegen erschießt, daraufhin den Dienst quittiert und Lehrer wird. Die neu gegründete „Spezialeinheit" bekommt einen ungenutzten Kellerraum zugewiesen und als Verstärkung all die Kollegen, die sich in anderen Einheiten nicht bewährt haben. Prezbylewsky erscheint mit einem Knall, ein Schuss hatte sich aus seiner Glock gelöst, und glücklicherweise nur die Kellerwand getroffen. Er habe Carver nur zeigen wollen, wie leicht der Widerstand des Abzugs sei, rechtfertigt er sich. Daniel nutzt diesen Vorfall als Hebel, um wenigstens noch Detective Sydnor (Corey Parker Robinson) für die Spezialeinheit zu bekommen. Der tote Zeuge schlägt Wellen. Er gibt auch ein Beispiel dafür, wie es läuft. Wer aussagt, wird ermordet, wer betrügt, wenigstens übel zusammengeschlagen. In der ersten Episode trinken McNulty und Bunk nachts neben ihrem Auto, in der zweiten Prez, Herc and Carv. Sie beschließen zu den Hochhäusern zu fahren, die Situation gerät außer Kontrolle, ein 14-jähriger schwarzer Junge verliert ein Auge, Fernseher fliegen, der Dienstwagen brennt aus. Daniels ermahnt die Polizisten am nächsten Morgen scharf und versorgt sie dann doch mit einer Geschichte für die Innenrevison, die sie einüben sollen wie Schauspieler eine Rolle. Seine Frau sagt ihm, er hätte sie der Innenrevision überlassen sollen. Er erwidert, dass ihm das letztlich geschadet hätte, weil er die Verantwortung trage. Die „chain of command" ist auch eine Kette. McNulty lebt von seiner Frau und seinen Kindern getrennt. Betrunken versucht er zwei Männer zu vertreiben, die ein Auto aufbrechen. Er stolpert, rutscht einen Abhang hinab – eine weitere schräge Ebene – und muss schließlich über sich selbst lachen. Die Polizei arbeitet in Baltimore zu oft unter lächerlichen Bedingungen. Das ist die Lehre aus Folge zwei.

Über die Lehren aus *The Wire* hat Sönke Ahrens (2011) schon geschrieben, er betont auch die Bedeutung, die die Serie dem informellen Lernen beimisst. Zu jeder bisher erwähnten ästhetischen Figur ließe sich eine Geschichte erzählen. Die Serie verstrickt einen in diese Geschichten, die oft von der Ambivalenz leben und einer gewissen Unschärfe. „Soft eyes" erlauben das ganze Bild zu sehen, das lernt Kima in Season vier von Bunk, obwohl sie es zunächst als „zen shit" verunglimpft. Dass Prez in dieser Season an einer Mittelschule Mathematik unterrichten wird, hätte man schon in der siebten Folge der ersten Season ahnen können. Er entschlüsselt mit Lester Freamon den Code, den die Barkesdale-Crew bei ihren Telefonaten nutzen. McNulty, Kima und Herc verstehen kein Wort. Prez versteht, weil er, wie er erklärt, als Jugendlicher 500 Mal sein Ohr an die Lautsprecher gehalten habe, um die ersten beiden Zeilen des Rolling Stones-Stücks *Brown Sugar* von der LP *Stinky Fingers* (1971) zu entschlüsseln. Er weiß sie noch immer auswendig. Sie lauten: „Gold Coast slave ship bound for cotton fields / Sold in a market down in New Orleans." Das versteht sofort, wer sie kennt; und zwischen Mathematik und Musik besteht seit jeher ein enger Zusammenhang. Der Lebenslauf Prezbylewskys ist durch Burns' Leben inspiriert.

The Wire erzählt auch die jüngere Mediengeschichte. In der ersten Season nutzen die Barksdales Pager (Pieper). Die Nachrichten teilen ihnen mit, wen sie von öffentlichen Telefonen anrufen sollen. Später nutzen sie Burner (Einweghandys), die sie in immer kürzeren Zyklen austauschen. Die Crew von Marlo Stanfield (Jamie Hector), der sich wie Avon als Gangsta versteht und ihm im Verlauf der Serie einen großen Teil seines Territoriums abnimmt, verschickt dann als NMS Bilder von analogen Zifferblättern. Die Zeigerstellung verweist auf Stadtplanseiten und Planquadrate. Mit Marlo wird das Game, das kein Spiel ist, noch härter und kälter. Als Bodie und Poot sich über diese Tendenz unterhalten (S4, E10), merkt Bodie an, dass das nicht zum Klimawandel passe, worauf Poot entgegnet: „World going one way, people another, yo."

Die Ambivalenz der Figuren zeigt sich vor allem darin, dass die Guten schlecht und die Schlechten auch manchmal gut bzw. nur von wenigen Figuren abgesehen nicht nur schlecht sind. Jeder und jede lebt ein Leben, das die Serie aufzeichnet, bewahrt und verdichtet. Dabei verändert sie mit jeder Season die Blickwinkel. Die zweite Season konzentriert sich auf den Hafen. Sein Niedergang zwingt die Gewerkschafter zu Nebengeschäften, die Drogen und Frauenhandel fördern. In der dritten Season gerät mehr und mehr die Politik in den Blick und der Bürgermeisterwahlkampf und damit auch die Niederträchtigkeit der Wahlkampfstrategien. Die vierte Season schärft den Fokus auf die Corner-Kids, indem das unterfinanzierte Schulsystem thematisiert wird. Und die abschließende fünfte Season widmet sich – wie oben bemerkt – der Presse. Die Serie ist wahrlich kanonisch.

6 David Simon

David Simon hat Cameo-Auftritte in *Homicide, The Corner* und *The Wire*. Danach verlässt er Baltimore in die Welt. Auf *The Wire* folgt *Generation Kill* (HBO 2008). Diese ebenfalls in Zusammenarbeit mit Burns realisierte Miniserie basiert auf dem gleichnamigen Buch des Journalisten Evan Wright (Lee Tergesen), der im dritten Golfkrieg das 1st Reconaissance Battalion der US-Marines als *embedded reporter* während der Invasion in den Irak begleitet hat. Die Vorlage erschien zuerst als Serie in der Zeitschrift *Rolling Stone*. Wie *The Corner* handelt auch *Generation Kill* von realen Personen und realen Ereignissen. Sergeant Rudy Reyes spielt sich sogar gleich selbst. Die erzählte Zeit umfasst nur knapp zwei Wochen. Kommandiert hat den Einsatz der spätere Verteidigungsminister der USA Major General James „Chaos" Matthis (Robert John Burke). Wie *The Wire* thematisiert die Serie, die schlechte Ausrüstung, die bisweilen von falschen Zielen gelenkte Führung und die teilweise leichtfertige Auslegung der einsatzleitenden Rules of Engagement, die die Handlungsspielräume von Soldat*innen definieren. Die Serie zeigt aber auch durch das Handeln von Figuren wie Sergeant Bred „Iceman" Colbert (Alexanders Skarsgaard) oder Navy Hospital Corpsman „Doc" Bryan (Jonah Lotan) wie sich unter diesen Bedingungen so gut wie möglich führen und Haltung bewahren lässt. Am Ende des Einsatzes gucken die Marines einen selbstgedrehten Film über ihren Einsatz, der mit Johnny Cashs letzten Song *The Man Comes Around* (2002) unterlegt ist. Alle weitere Musik singt die von Colbert geführte Humvee (=HMMWV für High Mobility Multipurpose Wheeled Vehicle)-Besatzung selbst: a capella und cover oder aus dem American Songbook. Wie in *The Wire* stärkt den Realitätseindruck auch, dass die soldatische Sprache und deren Kürzel sowie der Funk nicht ins Zivile übersetzt wird.

Musik trägt die Serie *Treme* (HBO 2010–2013), die Simon gemeinsam mit Eric Ellis Overmyer entwickelt hat. New Orleans Stadtteil Tremé ist der Musikkultur der Stadt besonders verbunden. Die Handlung der Serie setzt drei Monate nach Katrina ein, dem Hurrican, der die Region 2005 verwüstete. Ein Teil der ehemaligen Bewohner*innen versucht ihr Leben wiederaufzubauen. Doch ist ihr Rückkehr nicht in allen Fällen erwünscht, denn die Zerstörung erlaubt auch profitorientierten Neuaufbau, was die verschränkten Stränge korrupter Politik und Bauindustrie aus neu akzentuiert. Der Ensemble Cast besteht bei *Treme* vor allem aus Bar- und Restaurantbesitzer*innen, Radio-DJs, Musiker*innen, lokalpolitischen Aktivist*innen und Mardi Gras-Indians.

Auch Simons bewegende Miniserie *Show Me a Hero* (HBO 2015) – diesmal mit William F. Zorzi als Co-Creator – setzt einen Strang aus *The Wire* fort. Auf Grundlage des gleichnamigen Buches der New York Times-Journalistin Lisa Belkin erinnert Simon an die tragische politische Karriere von Nick Wacisko (Oscar Isaac), der erst Councilman und später Bürgermeister der Stadt Yonkers ist, die im Norden an den New Yorker Stadtteil Bronx anschließt, und in diesen Funktionen versucht, *housing projects,* also Sozialwohnungen für *black americans,* in weißen Nachbarschaften durchzusetzen. Am Ende der sehr langen Rückblende, aus der die Serie besteht, erschießt sich Wacisko am Grab seines Vaters. Anders als Carcetti scheitert er auf ganzer Linie.

Für *The Deuce* (HBO 2017–2019) arbeitet Simon mit dem Krimi- und Drehbuchautoren George Pelecanos zusammen. Die Serie erzählt die mit der Legalisierung verbundene Aufstiegsgeschichte der Pornoindustrie in Manhatten, konkret rund um *the Deuce,* das ist der Teil 42nd Street zwischen 7th und 8th Avenue, wo besonders viele Grindhouse-Kinos und Stripclubs angesiedelt waren. Diesmal handelt es sich um eine fiktive Geschichte mit vielen emanzipatorischen Nebenthemen – unter anderen der Schwulenbewegung – und James Franko als Star, der die ungleichen Brüder Vince und Frankie Martino spielt. Wie bei der *Heimat*-Trilogie springen die Seasons durch die Zeit und erhellen die Zeiträume 1971/1972, 1977/1978 und 1984/1985. Migrationsgeschichte bedeutet fast immer.

Mit der Verfilmung des Philip Roth-Romans *A Plot Against America* als Miniserie (HB0 2020) setzt Simon seine Bewegung ins Historische und Fiktionale mit Burns fort. Die alternative Geschichte ereignet sich zwischen Juni 1940 und September 1942. Die Republikanische Partei wirft dem demokratischen Präsidenten Franklyn D. Roosevelt kriegerische Politik vor und nominiert den Atlantikflieger, Nazi-Sympathisanten und Antisemiten Charles Lindbergh als Gegenkandidaten. Lindbergh führt die USA nach seinem Wahlsieg in den Faschismus, was wiederum zu einigen Verwerfungen in der jüdischen Familie Roth aus Newark führt.

Simons Serien zeigen Leben aus der Mitte, wie es der italienische Neorealismus einst entwickelt hat: realer als wirklich. Wie in Rosselinis *Germania anno zero* (I/F/D 1948) gibt es keine Orientierung mehr von höherer Warte. Die Zerstörung ist allgegenwärtig und die Ebene immer schief. Vieles gerät ins Rutschen, manches strömt wirbelförmig. Simon erschafft eine minoritäre Serienkultur, die das amerikanischen Rhizom zur Durchreise anbietet: immer in der Mitte, immer dazwischen. Seine Serien sind Bildungsgut und gut geeignet für den Lockdown, sicher auch nach dem Spillover von H5N6 noch. Doch greifen wir dem Geschiehtes nicht vor. Ab an den Bildschirm, das Hirn (vgl. Deleuze 2005, 269 ff.): Denken ist Reisen.

Literatur

Ahrens, Sönke. 2011. Blickdehnübungen für emanzipierte Zuschauer. Die Lehren von „The Wire". In *Lehr-Performances. Filmische Inzenierungen des Lehrens*, Hrsg. Manuel Zahn, und Karl-Josef Pazzini, 163–173. Wiesbaden: Springer VS.
Cervantes. 2008. *Don Quijote von der Mancha*. München: Hanser.
Chamayou, Grégoire. 2014. *Ferngesteuerte Gewalt. Eine Theorie der Drohne*. Wien: Passagen.
Conrad, Joseph. 1998. *Herz der Finsternis*. München: Pieper.
de Balsac, Honoré. 2014. *Verlorene Illusion*. München: Hanser.
Deleuze, Gilles. 1987. *Das Bewegungs-Bild. Kino 1*. Frankfurt a. M.: Suhrkamp.
Deleuze, Gilles. 1997. *Differenz und Wiederholung*. München: Fink.
Deleuze, Gilles. 2005. *Schizophrenie und Gesellschaft. Texte und Gespräche 1975–1995*. Frankfurt a. M.: Suhrkamp.
Deleuze, Gilles, und Félix. Guattari. 1997. *Tausend Plateaus*. Berlin: Merve.
Eschkötter, Daniel. 2012. *The Wire*. Zürich: Diaphanes.
Lapore, Jill. 2018. *Diese Wahrheiten. Geschichte der Vereinigten Staaten von Amerika*. München: Beck.
Sanders, Olaf. 2020. *Deleuzes Pädagogiken*. Hamburg: Katzenberg.
Simon, David. 2011. *Homicide. Ein Jahr auf mörderischen Straßen*. München: Antje Kunstmann.
Simon, David, und Ed Burns. 2012. *The Corner. Bericht aus dem dunklen Herzen der Stadt*. München: Antje Kunstmann.

Fernsehserien und Spielfilme

A Plot Against America. 2020. Creator: David Simon/ Claire M. Shanley. Regie: Thomas Schlamme, und Minkie Spiro. [TV-Serie]. RK Films, HBO.
Aguirre, der Zorn Gottes. 1972. Regie: Werner Herzog. [Film].
Au revoir, les enfants. 1987. Regie: Louis Malle. [Spielfilm]. NEF, Stella Films.
Band of Brothers. 2001. Creator: Tom Hanks, und Steven Spielberg. [TV-Serie]. Mary Richards, HBO.
Berlin Alexanderplatz. 1980. Creator und Regie: Rainer Werner Fassbinder. [TV-Serie].
Breaking Bad. 2008–2013. Regie: Vince Gilligan. [TV-Serie]. Sony Pictures Television, AMC.
Citizen Kane. 1941. Regie: Orson Welles. [Film]. RKO.
Deadwood. 2004–2006. Regie: David Milch. [TV-Serie]. HBO.
Die andere Heimat – Chronik einer Sehnsucht. 2013. Regie: Edgar Reitz. [Film]. München: Edgar Reitz Filmproduktion, Les films du Losange.
Die zweite Heimat – Chronik einer Jugend. 1992. Regie: Edgar Reitz. [Film]. Edgar Reitz Filmproduktion.
Game of Thrones. 2011–2019. Creator: David Benioff, und D. B. Weiss. [TV-Serie]. HBO.
Generation Kill. 2008. Creator: David Simon, und Ed Burns. [TV-Serie]. HBO.
Germania anno zero. 1948. Regie: Roberto Rosselini. [Film]. Produzione Salvo D'Angelo, Tevere Film.
Good Morning, Vietnam. 1987. Regie: Barry Levinson. [Film]. Silver Screen Partners III, Touchstone Pictures.
Heimat – eine deutsche Chronik. 1984. Regie: Edgar Reitz. [Film]. Edgar Reitz Filmproduktion.
Heimat 3 – Chronik einer Zeitenwende. 2004. Regie und Creator: Edgar Reitz. [Film]. Edgar Reitz Filmproduktion.
I racconti di Canterbury. 1972. Regie: Pier Paolo Pasolini. [Film]. Les Productions Artistes Associés, United Artists Corporation, Produzioni Europee Associate.

Im Lauf der Zeit. 1976. Regie: Wim Wenders. [Film]. Wim Wenders Produktion, Westdeutscher Rundfunk.
Lost. 2004–2010. Idee: J.J. Abrams, Damon Lindelof, und Jeffrey Lieber. [TV-Serie]. ABC Studios, Bad Robot Productions, Grass Skirt Productions.
Mad Men. 2007–2015. Creator: Matthew Weiner. [TV-Serie]. Lionsgate.
Permanent Vacation. 1980. Regie: Jim Jarmusch. [Independentfilm].
Rain Man. 1988. Regie: Barry Levinson. [Film]. United Artists, Gluber-Peters Company, Star Partners II.
Reservoir Dogs. 1992. Regie: Quentin Tarantino. [Independentfilm].
The Corner. 2000. Idee: David Simon. [Serie]. HBO.
The Expanse. 2015. Regie: Terry McDonough, und Robert Liebermann. [TV-Serie]. Alcon Entertainment, The Sean Daniel Company
The Shawshank Redemption. 1994. Regie: Frank Darabont. [Film]. Castle Rock Entertainment.
The Sopranos. 1999–2007. Creator: David Chase. [TV-Serie]. HBO. (USA 1999–2007, C. David Chase)
The Walking Dead. 2010–. Creator: Frank Darabont. [TV-Serie]. AMC.
The Wire. 2002–2008. Creator: David Simon. [TV-Serie]. Blown Deadline Productions.
Top Gun. 1986. Regie: Tony Scott. [Film]. Jerry Bruckheimer.
Touch of Evil. 1958. Regie: Orson Welles. [Film]. Universal Studios.
Treme. 2010–2013. Creator: David Simon, und Eric Ellis Overmyer. [Serie]. HBO.
Twin Peaks. 1990–1991. 2017. Creator: Mark Frost, und David Lynch. [TV-Serie]. Lynch/ Frost Productions, Propaganda Films, Spelling Television.
Westworld. 2016–. *Creator: Lisa Joy, und Jonathan Nolan.* [TV-Serie]. Bad Robots Productions, Kilter Films, Warner Bros. Television, Jerry Weintraub Productions.

„Livin' on the road my friend". Eine Bildungsreise auf den Spuren von Townes van Zandt

Jürgen Oelkers

Change the words to this song, start singin' again
(Blaze Foley)

1 Bildung, Leben und Ideen der Reise

Bildung lässt sich als ‚Reise' verstehen, historisch als ‚grand tour' und so entstanden als Teil der Adelserziehung, theoretisch als Metapher für die kontinuierliche Anreicherung des Geistes und damit des Lebens zwischen Geburt und Tod. Das Leben kulminiert nicht an einem Punkt, sondern muss weitergehen, aber nicht unverändert auf nur einem Weg, den die Natur vorgeben würde, sondern herausgefordert und verändert durch Bildung.

Richard Peters hat den Anspruch dieser Bildungstheorie 1963 in seiner Londoner Antrittsvorlesung so auf den Punkt gebracht: „To be educated is not to have arrived at a destination; it is to travel on with a different view" (Peters 1972, 110). Gemeint war der viel zitierte Satz als konzentrierte Arbeit an Bildungsgütern oder „worth-while things" (ebd.), also nicht selbst als Reise, sondern abhängig von Unterricht, der eine Weiterreise des Wissens und Denkens bewirkt.

Nicht jede Aktivität bildet, sondern nur die wertvollen, über die nicht der Reisende selbst entscheidet, sondern der Kanon oder – wie bei Gadamer und Oakeshott – die geistige Tradition, in die hineingeführt werden muss, wer sich

---

Ich danke dem Team vom Bücherschiff Konstanz für die Beschaffung von zahlreichen Literaturtiteln. Für Rückmeldungen zum Text und Diskussion danke ich Jan Oelkers.

J. Oelkers (✉)
Institut für Erziehungswissenschaft, Universität Zürich, Zürich, Schweiz
E-Mail: oelkers@ife.uzh.ch

© Der/die Autor(en), exklusiv lizenziert durch Springer-Verlag GmbH, DE, ein Teil von Springer Nature 2022
P. Knobloch et al., *On the Beaten Track*, Kindheit – Bildung – Erziehung. Philosophische Perspektiven, https://doi.org/10.1007/978-3-662-63374-8_14

‚gebildet' nennen will. Der Prozess kommt einer Initiation gleich, in der der Lernende sich selbst verwandeln muss und danach nicht mehr zurückkann.

Verwandeln ist gleichbedeutend mit ‚verbessern'. Seit Platon verbindet sich damit der Weg nach oben, nicht nach unten, getreu der Unterscheidung von Licht und Dunkel oder von Himmel und Hölle. In diesem Sinne bezeichnet die Metapher der ‚Reise' einen Aufstieg heraus aus der Ignoranz in die Höhen der Bildung. Diese Reise, entgegen dem Höhlengleichnis, ist gedacht ohne Umkehr; Bildung, einmal auf den Weg gebracht, darf nicht verloren gehen, sondern soll arbeiten.

Auch das Leben kann als Reise verstanden werden, wobei sich die ‚Bildungsgüter' und ihr Wert unterwegs erschließen – oder auch nicht. Bildung ist dann nicht das Privileg der Schulen und ihrer Autoritäten, sondern dient einfach der Erfahrung, sie findet in den Lebenswelten statt und setzt die vielen Wege voraus, auf denen man sich bewegt und die sich zu einer inneren Landkarte formen.

‚Reise' und ‚Bildung' sind traditionell auch noch anders verknüpft worden. Im Sinne von Montaigne bilden die Reisen, weil sie Fremdes nahebringen und Lernen veranlassen, wie sein Journal von 1580/1581 zeigt,[1] aber eine solche Reise ist nicht gleichbedeutend mit dem Leben und wer Reisen im Sinne von Montaigne nutzen will, setzt akademische Bildung voraus und nicht lediglich die Wege der Erfahrung.

Die *sentimental journey* des 18. Jahrhunderts[2] ist keine Forschungsreise, auch keine pädagogische ‚grand tour',[3] sondern eine Erlebnisreise, die zur Bildung der inneren Erfahrung beiträgt, einschließlich derjenigen, die man besser für sich behält. Aber auch hier ist die Reise endlich und stellt nur eine längere Episode dar.

Wäre das Leben eine einzige Reise, dann ist die Frage, ob es einem Ziel oder einem τέλος folgt, wie das in der christlichen Predigtliteratur immer behauptet worden ist.[4] Wäre es so, würde der Weg hinaufführen und nicht einfach irgendwo hin. Ohne letztes Ziel wäre ‚Bildung' einfach die je letzte Sprosse der Erfahrung und nicht die erste der Himmelsleiter, von der in der Bibel die Rede war.[5] Nach Hieronymus ist die Leiter (scala) das Symbol für den Weg zum Ziel des Lebens.[6] Und sie diente der Gewissheit.

---

[1] Das französisch-italienisch geschriebene Tagebuch der Reise durch die Schweiz und Deutschland nach Italien ist erst 1775 veröffentlicht worden (Montaigne 2002).

[2] Begriffsprägend war Laurence Sternes zweiter Roman *A Sentimental Journey Through France and Italy* (1768).

[3] Der Ausdruck geht auf den gleichnamigen Reiseführer von Thomas Nugent (um 1700–1772) zurück. Die Bücher erschienen ab 1749 in mehreren Bänden.

[4] „That life is a journey, and mankind travellers, is an undisputable truth. We are on the road to eternity. But how long our journey may be, before we reach it, is more than we can tell" (Gardiner 1825, 1).

[5] Die Leiter oder die Stiege in den Himmel ist das Kernstück im Traum Jakobs (Gen 28, 12). Im Johannesevangelium steigen beim ersten Osterfest die Engel über dem Kreuz auf und nieder (1 Joh 1, 51).

[6] Brief 118 „Mahnschreiben an Julian" (Hieronymus 1937, 79).

‚Pilgerfahrt' und ‚Narrenreise' sind zwischen Dantes *Divina commedia* und Ludovico Ariostos *Orlando Furioso* zwei literarische Figuren der frühen Neuzeit, die bis in deutsche Frühromantik hinein die europäischen Romanthemen bestimmt haben (Osols-Wehden 1998). Die Welt ist ein Labyrinth, wer sie überwinden will, muss zuerst tief fallen, bevor es in die Höhe der Erlösung geht oder aber die Welt hat viele Orte und am Ende dann keine Mitte mehr, die angeben würde, wohin die Reise gehen soll.

Der historische Wandel der Reiseliteratur hat zu tun mit der Entdeckung Amerikas oder was im Zeitalter nach Columbus dafürgehalten wurde. Die neuen Räume schienen offen zu sein und es ist kein Zufall, dass Pilger die ersten waren, die nach der großen Reise für sich das neue Jerusalem bauen wollten. Diese Reise war gedacht als Transit und Beginn des neuen Lebens. Die ‚neue Welt' der Utopie schien bis weit in das 19. Jahrhunderts hinein ein Ziel zu sein, das gerade die Bildungstheorie fasziniert hat.[7] Die Tatsache, dass es eine christliche Mission war und so die Unterjochung der Indigenen, galt gerade als Merkmal der überlegenen Bildung. Das Himmelreich auf Erden, eigentlich ein Widerspich in sich,[8] war nie für die Anderen gedacht.

2 Big Country Blues

Der amerikanische Sänger und Poet Townes Van Zandt beschreibt in dem Lied *Big Country Blues* einen Prozess der Bildung durch Erfahrung. Es geht um eine Reise quer durch Amerika, die einer langen Suche gleichkommt. Es ist nicht die Reise eines Aristokraten wie bei Montaigne, aber es ist auch keine Pilgerfahrt auf der Suche nach Erlösung, wie sie der Baptistenprediger John Bunyan 1678 beschrieben hat, sondern ein rastloses Hin und Her auf den Spuren der Siedlungsgeschichte des 19. Jahrhunderts.

Die Reise, anders gesagt, ist illusionslos. Sie führt überall hin und am Ende hat man alles gesehen, was man sehen wollte, doch ein Platz, an dem man halten oder zu dem man zurückkehren könnte und der das Leben lohnen würde, wurde nicht gefunden, egal wohin man sich begibt. ‚Amerika' sollte die Welt sein, in der jeder sein Glück finden kann, aber der Glaube daran hat sich im Raum der Geschichte verloren. Wer alles sehen will, landet schnell ganz unten bei den verlorenen Träumen.

Well, I been up the Mississippi to the Manitoba line[9]
I've been downstream to the Gulf of Mexico

---

[7] Zwischen den Polen Utopie und Verstaatlichung: Aubry u. a. (2015).

[8] Die Verkündung im Matthäusevangelium allerdings ruft zur Umkehr auf, weil das Himmelreich nahe ist (Mt 3, 2; 4, 17).

[9] Das bezieht sich auf die Trans-Canada-Pipeline, die durch Manitoba führt. Gemeint ist wohl die Strecke von Winnipeg nach Churchill, die über 1.000 km quer durch Manitoba führt. Die Hudson Bay Railway wurde 1910 gegründet.

> Followed the sun out west to Californ
> And there just ain't no place left for me to go
>
> Spent a lonesome month in Maine and a year in Louisian
> Packed my bags and hit the Westward Trail[10]
> Rambled down through Texas 'til I came to El Paso
> Spent a week in a stinkin' Juarez jail[11]
>
> Well, I rambled through Nevada gamblin' most of my life away
> I headed north when I heard Dakota call[12]
> Well, I stayed until the Northers came rollin' down the line[13]
> I headed south when summer turned to fall
>
> I've been north and east, south where the cotton grows
> And out in the west where the sun forever shines
> Well, I've bent my back for a dollar a day in a Texas sugar field[14]
> Labored in a Minnesota mine
>
> Well, I've seen your hungry babies scream, I watched their mamas cry
> Seen a worn out prostitute beg for a dime
> I've seen men come out of gutters[15] ready to give their lives away
> For a slug at a lousy bottle of rot gut wine[16]
>
> I've been up the Mississippi to the Manitoba line
> Downstream to the Gulf of Mexico
> Followed the sun out west to Californ
> And there just ain't no place left for me to go
> Well, there just ain't no place left for me to go[17]

Diese Reise ohne Beginn und Ende, ohne wirklichen Ort und nur voller Stationen, widerspricht allen Idealen der Höherbildung oder der Vollkommenheit, die keinen Abstieg kennen soll, im 18. Jahrhundert noch ein Standesideal gewesen ist und dann zum Umbau der Gesellschaft durch Erziehung gesteigert wurde. Seitdem dient ‚Bildung' dem Aufstieg und nie dem Gegenteil.

Townes Van Zandt hingegen beschreibt eine Reise durch die Welten derer, die als ‚Unterschicht' gebrandmarkt werden, ohne je selbst beachtet zu werden.

---

[10] Der Oregon-Trail führte über 2.000 Meilen von Independence (Missouri) nach Oregon City.

[11] Ciudad Juarez liegt gegenüber von El Paso auf mexikanischer Seite, getrennt durch den Rio Grande. Juraez ist eine spanische Gründung, der Nordteil der Stadt wurde 1850 nach dem Krieg mit Mexiko Teil von Texas.

[12] „Dakota" ist ein Stamm der Sioux.

[13] Die Strecke der Northern Pacific Railway verband die Grossen Seen mit dem Pazifik und führte durch North-Dakota.

[14] Zuckerrohrplantagen.

[15] Aus dem Schmutz.

[16] Billiger und schlechter Fuselwein.

[17] Zitate aller Liedtexte nach: https://www.azlyrics.com/lyrics/townesvanzandt/html.

Der Horror der sozialen Erniedrigung kommt in keiner gängigen Bildungstheorie vor, ausgenommen, dass falsche Erwartungen der Erlösung geweckt werden, die sich nie haben verwirklichen lassen. Townes Van Zandt, anders gesagt, erzählt in vielen seiner Lieder, dass aus dem amerikanischen Traum ein Albtraum geworden ist (Holmes und Harde 2013, 145).[18]

Auch dann geht das Leben weiter, bestimmt durch Geburt und Tod, trotz allem Hoffnung auf bessere Tage und so auf den neuen Versuch, den jeder Lebenslauf ermöglicht. Es ist eine Reise mit einem Anfang und vielen Wegen und Stationen, die sich neu verkoppeln können, wie dies auch die Reportage von Jessica Bruder (2017) und besonders der Film *Nomadland* (2020) zeigen.

Eine solche Reise führt an keinen definitiven Ort, sondern erreicht immer nur einen Zustand, von dem man nie weiß, ob es ein Ende ist. Man kann auch das Immergleiche treffen, zumal dann, wenn es um die prekäre Form des Zusammenlebens geht. Die kann, anders als die innere Landkarte des Lebens, jeder verlieren.

In einem Lied von Townes Van Zandt heißt dieser Zustand *Nothin'*, er ist erfahrungsgesättigt und zeigt sich in der Einsamkeit, wenn alle Bindungen nicht halten und man am Ende allein ist, egal, wohin die Reise gegangen ist und wo sie dann – und für wie lange – Halt gemacht hat.

> Hey mama, when you leave
> Don't leave a thing behind
> I don't want nothin'
> I can't use nothin'
>
> Take care into the hall
> And if you see my friends
> Tell them I'm fine
> Not using nothin'
>
> Almost burned out my eyes
> Threw my ears down to the floor
> I didn't see nothin'
> I didn't hear nothin'
>
> I stood there like a block of stone
> Knowin' all I had to know
> And nothin' more
> Man, that's nothin'
>
> As brothers our troubles are
> Locked in each others arms
> And you better pray
> They never find you

---

[18] Townes Van Zandt wird so charakterisiert: "The quiet champion of the dispossessed ... living on the edge, and somehow miraculously survived to write about it" (Kruth 2007, 52 f.).

> Your back ain't strong enough
> For burdens doublefold
> They'd crush you down
> Down into nothin'
>
> Being born is going blind
> And buying down a thousand times
> To echoes strung
> On pure temptation
>
> Sorrow and solitude
> These are the precious things
> And the only words
> That are worth rememberin'

Das Lied vermittelt ein trostloses Bild: Die Augen des Verlassenen sind tränenleer und sehen nichts. Die vergeblichen Mühen drücken ins Nichts, der Rücken trägt sie nicht, wenn, dann machen uns die Sorgen zu Brüdern, nicht die Moral, und beten sollte man, dass sie uns nicht finden. „Aber als ich dastand wie ein Stein und wusste alles, was ich wissen sollte und nichts mehr, so war da nichts".

‚Nichts' ist die Metapher für die leere Seele nach der Trennung, die man nicht wollte. Die sicher geglaubte Ontologie des Paares ist zerbrochen und übrig davon bleibt nichts. Der Schmerz ist eine Prüfung, ein Schnitt in der Erfahrung, der überwältigt, aber auch vernarbt. Einsamkeit mag die Folge sein, aber sie lässt sich poetisch erfassen und so aushalten. In diesem Sinne ist sie eine Bildungserfahrung.

Wenn etwas in den Liedern von Townes Van Zandt nicht vorkommt, dann ist es Selbstmitleid. Es gibt in seinen Liedern auch keinen ‚sozialen Tod',[19] weil selbst oder gerade an den äußersten Rändern der Gesellschaft immer noch Leben zu spüren ist und so auch Geschichten erzählt werden können, die dieses Leben einfangen und zum Ausdruck bringen. ‚Nichts' ist daher nur Erfahrung und kein Schicksal.

Schmerz kann man ertragen, wenn man weiß, dass man selber Schmerzen zufügt. Aber das ist nie eine Glückserwartung. Weil Glück fallibel ist und doch von jedem gesucht wird, ohne deswegen mehr zu sein als eine Sehnsucht und ein Augenblick, müssen Hilfen gesucht werden und oft sind es solche, die magisch sein sollen wie Schutzengel, Talismane oder Amulette.

Sam ‚Lightnin'' Hopkins hatte den größten Einfluss auf Townes Van Zandts Gitarrenspiel, das *finger pickin'*,[20] das nur wenige Musiker wirklich beherrschen. Aber der farbige Blues-Sänger aus Texas war auch ein Vorbild für den lakonischen Ton vieler Lieder, wie er stilbildend etwa auf Hopkins' Album *Mojo Hand* von 1962 zu hören ist.[21]

---

[19] Den Begriff verwende ich im Sinne von Orlando Patterson und seinen Studien zu den Folgen der Sklaverei.

[20] Hierzu O'Brien und Ensminger (2013).

[21] Das Album ist 1960 aufgenommen und erst zwei Jahre später veröffentlicht worden.

Der Titelsong zeigt, dass man besser einen Glücksbringer bei sich hat, wenn man nach einer Reise zurückkehrt und etwas erwartet, das auch verloren sein kann. Gemeint ist die Frau, von der man nicht weiß, was sie während der Abwesenheit gemacht hat. Dass auch sie das nicht weiß, von dem Mann nämlich, wird vorausgesetzt und ist zugleich die Basis für den Blues.

3 Reisen der Seele

Das Lied *Nothin'* erinnert auch an Rousseaus *rêveries du promeneur solitaire*, aber es ist keine verbitterte Lebensbilanz,[22] sondern das bittere Ende einer Beziehung, aus der sich der nächste Versuch ergeben kann. Wir müssen alle Löcher füllen, heißt es in *To Live's to Fly,* manchmal fällst Du hinein und manchmal gräbst Du selber welche. Aber Löcher – *holes* – kennt jeder Lebenslauf. Soll also Bildung eine Reise sein, dann muss sie mit Löchern rechnen und nicht lediglich mit stetiger Entwicklung.

Glücksbringer gibt es in keinem Lied von Townes Van Zandt, weil Glück wie Unglück gelebt und ausgehalten werden müssen, wenn sie nicht künstlich sein sollen. In seinen Liedern kommen aber geheimnisvolle Verlockungen vor oder Prophezeiungen ohne jede Sicherheit[23] und auch Warnungen vor Dämonen, die sich in Frauen verwandeln. „Ah a yellow-headed woman brings nothin' but pain// Takes all you give her, well she leaves only shame".[24]

Das große Thema der Einsamkeit wird weder heroisch noch asketisch verstanden, man beschließt das Leben nicht in Einsamkeit, wie Rousseau ohne Thérèse, die ihn doch um mehr als zwanzig Jahre überleben sollte, sondern reist weiter und bleibt der lakonische Beobachter seiner selbst. Aber, wie in Gedichten von Robert Frost (2013, 126–129), Einsamkeit ist auch eine Haltung dem Leben gegenüber und nicht einfach Unglück.[25]

Auch in der christlichen Literatur war Einsamkeit kein Makel, sondern Vorbereitung auf den Weg zu Gott, den Andere nur stören können. Augustinus hat in den unvollendet gebliebenen *Soliloquia*, also den ‚Selbstgesprächen', den Wert der Einsamkeit für den Dialog der Seele mit Gott beschrieben. Gespräche mit Dritten sind anfällig für den „ungezügelten Widerspruch des Starrsinns" und lassen keinen Ausweg zu, wenn man sich einmal festgelegt hat und die Wahrheit dann nicht mehr findet, weil man sie zerreden muss (Augustinus 2002, 100–103).

Einsamkeit ist aber nicht nur Vermeidung von Störungen der Andacht, sondern auch Rückzug aus der Welt und mit der ἄσκησις – Askese – von aller

---

[22] „J'étois fait pour vivre, et meurs sans avoir vécu" (O.C. I/S. 1004).
[23] *Our Mother the Mountain* (1969).
[24] *Snake Mountain Blues* (1969).
[25] Das Lied *At My Window* (1987) erinnert an Robert Frost und das Gedicht *Tree At My Window* (1928) (Frost 2013, 251 f.).

Fleischlichkeit wie bei Origines oder Athanasius im *Vita Antonii,* jenem Buch, das bei der Bekehrung von Augustinus eine wichtige Rolle spielte[26] und wesentlich dazu beigetragen hat, das christliche Ideal des gottgefälligen einsamen Lebens zu etablieren.[27]

Wenn in dem Lied *Nothin'* gesagt wird, Trauer und Verlassenheit sind kostbare Dinge und die einzigen Worte, die es wert sind, im Gedächtnis behalten zu werden, dann ist aber nicht von Askese die Rede, also von freiwilligem Verzicht auf alles, was die Welt ausmacht, sondern von der Umkehrung einer Glückserwartung, die Dauer verspricht, wo sich jederzeit Abgründe auftun können, im persönlichen Leben wie in der Gesellschaft.

Die christliche Askese setzt einen sicheren Ort voraus, eine Eremitage, eine Klause oder ein Kloster, im Grenzfall die Styliten *(στυλίτης),* also die Säulenheiligen, aber sie stellt keine ‚Reise' im Sinne äußerer Bewegungen im Raum dar. Missionsreisen dagegen sind seit Paulus genau das, die Verbreitung des Glaubens von Ort zu Ort über eine große Distanz, die zu überwinden Gefährten verlangt und gerade keine Einsamkeit. Erst wenn der Glaube sozial gefestigt ist, kann er seinen Ort behalten.

Eine Mission verlangt eine Botschaft, anders kann keine Reise angetreten werden. Townes Van Zandt fragt, was geschehen soll, wenn alle diese Botschaften aufgebraucht sind, also auch die Mission der Bildung, die in der Theorie doch nichts weniger wollte, als den Geist zu formen[28] und dabei Kolonien des Richtigen gründen musste.

Aber dem kann man sich auch entziehen und sich auf das eigene Leben einstellen, wie in einem Blues, der Bildung von unten nach oben bringt, doch dann auch auf die Abgründe achten muss. ‚Oben' ist nie eine Form von Erlösung, auch kein Zustand, sondern nur eine bessere Einsicht wie die in einem Lied.

Nirgendwo ist der Verbrauch von missionarischen Botschaften grösser als in den Beziehungen. Vermutlich ist das der Grund, warum sich jeder in einem Blues wiederfinden und sein Leben darauf einstellen kann. Trost – *consolatio* – ist damit nicht verbunden. „The bitter the blues the better they keep" heißt es bei Fred Neil, einem Seelenverwandten von Townes Van Zandt.[29]

Wenn Geborenwerden dasselbe ist wie allmählich blind werden, dann weil jedes Licht fehlt oder trügerisch ist. Man kann tausendmal versuchen, sich herunterzukaufen und folgt den Echos der reinen Verführung. *Buying down* ist der Versuch, möglichst früh den Zinssatz einer Hypothek zu senken und sich

---

[26] Confessiones, liber VIII, caput 6, 14–15.

[27] Das Buch wurde um 360 n. Chr. verfasst. Die Anachoreten – von ἀναχωρεῖν: zurückziehen – bildeten mit Antonius die strengste Lebensform.

[28] „C'est l'éducation qui développe l'intelligence, règle des mœurs, et forme l'esprit" (Lammenais 1830, 388). Félicité Robert de Lammenais (1782–1854) war einer der bekanntesten Vertreter des liberalen Katholizismus in der frankophonen Welt und ein Wegbereiter des christlichen Sozialismus.

[29] *Blues on the Ceiling* (1965).

dann meist noch mehr zu verschulden. Die reine Versuchung ist die Lust und das Symbol dafür die Verschuldung.

Aber ‚Leben' heißt auch nicht einfach, so gelähmt zu sein, dass es sich nur noch lohnt, auf den Tod zu warten. Das zeigt das Lied *Waiting 'Round to Die,* eine von zwei Anthem-Songs, mit denen der junge Townes Van Zandt seine Karriere begann und ein erstes Spektrum seiner Themen festlegte. Das andere Lied war *For the Sake of the Song* (Eggers und McCullough 2018, 56).

In dem zweiten Lied geht es um die Frage, wie jemand schuld sein kann am Ende einer Beziehung, wenn jeder den anderen und so auch sich selbst beschuldigt; in dem ersten geht es um das Leben vor dem Tod, auf den man nicht warten kann, weil immer etwas getan werden muss und nie ein Gleichgewicht erreicht wird, das wirklich dauert und so für Ruhe sorgen könnte, die man erst im Grab findet. Vorher kann man sich in ein Loch hinabgezogen fühlen und muss sich befreien.[30]

Waiting 'Round to Die beschreibt nicht Todessehnsucht, auch nicht die Fatalität des Todes oder die letzte Reise, wie in einem Gedicht von Emily Dickinson. Dort wird gesagt: „Because I could not stop for Death - //He kindly stopped for me -//The Carriage held but just Ourselves -//And Immortality". Diese Reise in der Kutsche des Todes ist nicht die mit Vergils Charon,[31] sondern eher mit einem Freund, aber es ist ein letzter kurzer Weg, ein Tag hin zur Ewigkeit (Dickinson 1961, 350).

Die erste Strophe in *Waiting 'Round to Die* gibt ein ganz anderes Thema vor:

Sometimes I don't know where this dirty road is taking me
Sometimes I can't even see the reason why
But I guess I keep a-gamblin', lots of booze and lots of ramblin'
Well, it's easier than just a-waitin' 'round to die

Die anderen Strophen variieren dieses Thema, dass man besseres als den Tod überall finden könne, nur dass es keine Stadtmusikanten gibt[32] und man am Ende doch auf den Tod wartet, weil man einen neuen Freund gefunden hat, der nicht stielt, nicht untreu ist, nicht trinkt und auch nicht lügt.

His name's Codine[33]
He's the nicest thing I've seen
Together we're gonna wait around and die
Together we're gonna wait around and die

---

[30] Townes Van Zandt: *The Hole* (1994).

[31] Aeneis, Liber sextus, 320–330.

[32] *The Traveling Musicians, or the Waits of Bremen* war Teil der ersten englischen Übersetzung der Kinder- und Hausmärchen (1823). Die Formel „to find there something better than death" findet sich in erst in der Ausgabe von 1853 (Household Stories 1853, 133).

[33] Buffy Sainte-Marie prägte den Ausdruck „Cod'ine" für ein Lied, das 1964 auf ihrem Debütalbum „It's My Way" veröffentlicht wurde. Codein ist ein Opiumpräparat, das als Schmerzmittel und Heroinersatz genutzt wird, aber unkontrolliert auch süchtig machen kann.

Im Sinne Kierkegaards ist Verzweiflung die Krankheit zum Tode, aber dann wartet man nicht oder nur in dem Sinne, dass die Qual der Verzweiflung gerade darin besteht, „nicht sterben zu können" (Kierkegaard 2019, 37). Die Verzweiflung verzehrt den Verzweifelnden nicht, aber das ist kein Trost, sondern gerade die Qual, die sich in jedem Augenblick zeigt, in dem man weiterlebt (ebd., 38).

‚Warten' dagegen ist transitorisch und kann sich daher auch nicht auf das Leben beziehen, das agiert wird und sich nicht anhalten lässt. Doch damit sind zugleich die Risiken gegeben, die mit Torheit, Leichtsinn oder Selbstüberschätzung zu tun haben, auch mit Not und vergeblichen Versuchen, mit Verletzungen und dem Warten auf Heilung, ohne dass sich daraus immer eine Summe der Verzweiflung ergeben würde, die bei Kierkegaard ja so etwas wie eine Aufforderung zum Bewusstwerden ist (ebd., 73–76).

Nutzlos verbrauchte Zeit oder Müssiggang ist wie der Tod, hält Ovid in einem Schlüsselsatz seiner *Epistulae ex Ponto* fest, also seiner Schrift aus dem Exil.[34] Aber schlechte Nutzung der Zeit ist, was die meisten Leben kennzeichnet, die sich eben dadurch verkürzen. Was Seneca im zweiten Kapitel der kleinen Schrift *De brevitate vitae* beschreibt, lässt sinnvolle Zeitnutzung als knappes Gut oder Grenzerfahrung erscheinen. Nur ein kleiner Teil des Lebens ist es, den wir wirklich leben,[35] der große Rest ist einfach nur Zeit (Seneca 2013, 9).

Wer Glück sucht, eigenes oder fremdes, handelt oft haltlos oder wird von seinen Leidenschaften bedrängt. „Niemals steht es ihnen frei, zu sich selbst zu kommen" und niemals finden sie Ruhe. Dabei geht es nicht um die, über deren misslichen Zustand *(in confesso mala)* es keinen Zweifel gibt. Gerade wer Glück und Erfolg hat, erstickt geradezu an den erworbenen Gütern (ebd., 9,11).

Tucumseh Valley heisst eine Ballade über das Unglück, die dieser Annahme widerspricht. Man erstickt an dem, was fehlt oder verloren geht. Townes van Zandt hat das Lied kurz vor Weihnachten 1968 auf seinem Debütalbum *For the Sake of the Song* veröffentlicht. Mit einem anderen, reduzierten Arrangement erscheint es auch seinem dritten Album *Townes van Zandt* (1969). Von seinen ersten Alben nahm seinerzeit kaum jemand Notiz.

Die Ballade thematisiert die Suche nach Arbeit und damit die Umstände, die Glück unmöglich machen und die zum Tode führen, ohne in einer stoischen Haltung Trost zu finden oder auch nur daran denken zu können. Die Not des Lebens erzwingt den Weg und er führt nicht zur Seelenruhe. Die Lebensform ευδαιμονία ist ausgeschlossen, weil nichts erfahren wird, das ein gutes Leben hätte sein und innere Ruhe hätte begründen können.

Das Lied handelt von einer Frau. Sie nannte sich Caroline und war die Tochter eines Bergmanns. Ihre Wege waren frei und es schien, als ginge der Sonnenschein neben ihr. Sie kam aus dem Dorf Spencer über den Hügel in das Tal und gab an, dass ihr Vater sie geschickt habe, weil die Kohle im Berg knapp war und der

---

[34] „Mors nobis tempus habetur iners" (Ovid Ex Ponto I/5, 44).
[35] „*Exigua pars est vitae qua vivimus*". *Der Satz geht auf Quintus Ennius zurück (Koster 1978).*

Schnee bald den Winter bringen würde. Sie sagte, sie käme um zu arbeiten und suche keinen Gefallen von niemandem. Für zehn Cent am Tag und ein Dach über dem Kopf würde sie ihre Hände zu gebrauchen wissen.

Die Zeiten waren hart und es gab nur wenig Arbeit in dem Tal von Tecumseh.[36] Doch sie fragte herum, bis sie einen Job fand, als Barfrau bei Gypsy Sally's. Und als dann der Frühling kam und den Winter hinter sich ließ, hatte sie genug gespart und konnte zurückkehren. Doch ihre Träume zerfielen, denn sie hörte, dass ihr Vater gestorben war.[37] Die Nachricht erreichte sie aus Spencer.

So blieb sie und wurde sie zur Hure auf den Straßen mit der ganzen Lust[38] in sich. Viele Männer kamen immer wieder zu ihr, um sich neben sie legen zu können. Eines Tages fand man sie, neben der Treppe, die zu Gypsy Sally's führt, und als sie starb, hielt sie eine Nachricht in der Hand, die sagte, sie wollte weinen zum „Abschied von Tecumseh Valley". Und immer noch schien es, als seien die Wege frei und als würde der Sonnenschein sie begleiten.

Ein ähnliches Lied bezieht auf den Verkauf der Seele, nicht an den Teufel, sondern an einen Spieler, der den Namen eines Apostels und eines Heiligen trägt. *St. John the Gambler* erzählt erneut die Geschichte von einer jungen Frau. Sie verlässt ihre Mutter, obwohl sie weiß, dass sie trauern wird. „But I've given my Soul to St. John the Gambler//Tomorrow Comes Time to Leave".

Die Hügel können die Trauer nicht für immer zurückhalten. Tote liegen vor der Tür. Die einzige Rettung für sie war Bitten. Deshalb Mutter, denk' nicht mehr an mich. Winter liegt in den Bergen und auf den Blättern des Waldes zeigt sich die die Kälte des Schnees. Aber sie kleidet sich mit Lorbeerrosen,[39] denn der Gambler liebt seine Frauen ausgefallen *(fancy)* und das für ihn will sie sein.

Doch die Straße, die sie gehen musste, war lang und sie folgte ihrem Atem, der gefroren war, als sie den einen ‚St. John the Gambler' suchte und dabei in den Tod stürzte. Sie hörte sein Lachen gerade herunter von den Bergen und dann tanzte sie mit den Tränen ihrer Mutter zu einem Begräbnis geschmückt mit den Rosen neben dem Kreuz ihrer gerade einmal zwanzig Jahre.

Ein Leben wie dieses kennt nur eine wirkliche Erfahrung, endet dann abrupt und hinterlässt keine Spuren. Die Situation, in die man gerät, ist hoffnungslos. In anderen Leben sind die Spuren Wiederholungen und wer sie hinterlässt, ist unfähig, die Fallen und Untiefen auf den Wegen zu vermeiden. Aber man kann auch fliehen, den immer gleichen Blues verlassen und etwas Neues versuchen, ohne dabei in Verzweiflung enden zu müssen.

---

[36] Tecumseh (1768–1813) ist der Name eines Häuptlings der Shawnee-Indianer, der die Kämpfe der Indianerstämme gegen die amerikanischen Siedler angeführt und organisiert hat.

[37] In dem Lied *Lungs* wird der Tod in den Minen näher beschrieben.

[38] In der Version auf dem ersten Album wurde aus dem „huren auf der Strasse" ein „gehen" und aus „lust" ein „hate inside her" (Hardy 2008, 78).

[39] *Calico*: „Kalmia catifolia".

Anders als Montaigne in den *Essais* es wollte,[40] ist Rückzug aus der Gesellschaft kein Gebot der Klugheit am Ende des Lebens, weil das Leben heute auch im Alter immer neu angefangen werden kann oder Krankheiten Pflege erzwingen oder die Not gerade im Alleinsein liegt. Die Sorge einzig für sich, anders gesagt, kann jeden überfordern. Doch man kann eine bestimmte Gesellschaft verlassen.

Dafür muss man nur seine Schuhe binden und dann mit den *flying shoes* davonstürmen, so als seien sie die Siebenmeilenstiefel.[41] Seit Perraults *Le petit poucet* (1697) sind sie der einzig wirksame Ausweg aus höchster Bedrängnis, den ein Däumling – und das ist der Mensch in seelischer Not – wählen kann.

> „Days full of rain// Skys comin' down again// I get so tired//Of these same old blues// Same old song// Baby, it won't be long// 'Fore I be tyin' on //My flyin' shoes// Flyin' shoes"

4 Die gemeinsame Reise: Liebe als Bildungserfahrung

Die vermutlich stärkste Bildungserfahrung ist die gleichsinnige Bindung an einen anderen Menschen, also die Liebe. Sie wird romantisch erwartet, ohne Datum des Endes und ohne inneren Zerfall, die ‚fliegenden Schuhe' spielen bei keinem Anfang eine Rolle, anders wäre es keine Liebe. Die Erfahrung jedoch muss dann umso mehr mit den Eingangsversprechen kämpfen. Die hohe Erwartung des Glücks hängt am Augenblick, aber auch jede Enttäuschung bildet, also formt die eigene Seele weiter und legt eine neue Richtung fest.

Emmylou Harris war die erste, die Townes Van Zandt einem größeren Publikum bekannt machte, mit dem Lied *If I Needed You,* das sie 1981 in einem Duett mit Don Williams aufnahm und das zu einem Bestseller wurde. Dieses Lied fällt nicht unter das Verdikt des direkt eingängigen Kitsches, weil es zart ist, auf die Fragilität der Annäherung hinweist und den Augenblick würdigt, in dem die Liebe sich zeigt oder sich verliert.

> Well, in the night forlorn
> Oh, the morning's born
> And the morning shines
> With the lights of love
> And you will miss sunrise
> If you close your eyes
> And that would break
> My heart in two

Aber so kostbar oder sinnlos der Augenblick der Liebe sein kann, er ist immer auch mit dem Gegenteil verbunden, mit der Vergänglichkeit und dem Tod, wie das Lied *Black Crow Blues* zeigt.

---

[40] „De la solitude" (Montaigne 1965, 344–357; Zitat 350).
[41] Zur Verwendung der Metapher in der Reiseliteratur etwa Halliburton (1935).

> Oh babe, don't lie lonesome after I'm gone
> Don't mourn your young life away
> Just lower me down with a prayer and a song
> Just 'fore the breaking of day
> Just 'fore the breaking of day

Eine Beziehung, die sich mit Liebe verbunden glaubt, verlangt wechselseitige Beobachtung und führt zu einem Leben, das oft einer Reise ins Schweigen gleicht, hinter der die Gedanken stehen, die sich nicht mitteilen lassen, weil jedes Wort eines zu viel wäre und die Illusion möglichst lange halten soll.[42] Das Ende der Beziehung baut sich über den inneren Monolog auf, nur er kann für die Bestärkung des Zweifels sorgen.

For the Sake of the Song, anders als Dylans Lied *It Ain't Me, Baby,* das eine direkte Abrechnung ist,[43] stellt eine solche innere Bilanz dar, die versucht, sich nicht in Anschuldigungen zu verlieren, die jede direkte Konfrontation unweigerlich mit sich bringen würde. Und ‚verstehen' hieße, sich selbst aufzugeben.

Das Wort von Augustinus, *dilige et quod uis fac* – oft übersetzt mit „liebe und mach was du willst" (Augustin 2008, 305) – gilt gerade nicht. Der Satz ist entgegen den modernen Deutungen allein für die Liebe zu Gott reserviert.[44] Davon ist in *For the Sake of the Song* keine Rede, Liebe ist gerade das Rätsel oder die Illusion, die keine höhere Fügung mehr kennt.

Zwar sagt Townes van Zandt in einem anderen Lied: Wenn sich Gottes Hand zeigt, dann muss der Pilger sie ergreifen,[45] aber wer ist schon ein Pilger, der sich auf dem rechten Weg weiß? Liebe jedenfalls zwingt das Denken zum Äußersten, wenn nur noch die Zeichen gedeutet werden können und die Gewissheit ausbleibt. Es ist eine gemeinsame Reise nebeneinanderher oder ein *living together alone.*

Von der einen Seite einer solchen Reise handelt *For the Sake of the Song.* Der Mann fragt sich: Warum singt sie ihre traurigen Lieder für mich? Ich bin nicht der, der ihr zärtlich eine sanfte Sympathie entgegenbringt. Gerade habe ich begonnen, meinen Weg klar vor mir zu sehen und es ist einfach so, wenn ich anhalte, dann falle ich. Ich kann ihr eine Träne zurücklassen für ihren Schmerz, eine Träne und das ist alles.

Aber was will sie, das ich tun soll? Sie sagt, sie weiß, die wirklichen Augenblicke sind rar, und ich vermute, das ist wahr. Und dann sie sagt sie, dass ich mich nicht um sie sorge, aber sie Weiß, dass sich es tue.

---

[42] „En amour on ne jouit que de l'illusion qu'on se fait" (Stendhal 1857, 17 f.).

[43] *Why She's Acting This Way* ist vergleichbar: Wer bin ich, dass ich weiß, warum sie so handelt? „Give your lover a call if your legs start to fail//And he'll come break your fall with a bed full of nails". Und kümmere dich nicht um mich, ich komme allein zurecht. Ich habe keinen Platz, wo ich sein kann, aber ich bin nicht weit von zuhause.

[44] Iohannis Epistulam ad Parthos tractatus decem, VII, 8. (Augustin 2008, 304). Augustinus kommentiert eine längere Passage aus dem 1. Brief des Johannes über den Ursprung von Liebe und Glauben (1Joh.4, 4–12).

[45] *When He Offers His Hand* (1972).

> Oh, maybe she just has to sing,
> For the sake of the song
> And who do I think that I am
> To decide that she's wrong.

Sie möchte gerne glauben, dass ich grausam bin, aber sie weiß, dass das eine Lüge ist. Ich wäre nicht mehr als ein Werkzeug, wenn ich ihr erlauben würde, über mich zu weinen. Oh, meine Trauer ist real, obwohl ich meinen Plan nicht ändern kann. Wenn sie sehen könnte, wie ich mich fühle, dann, das weiß ich, würde sie mich verstehen.

Oder denkt sie tatsächlich, ich sei es, der die Schuld trägt? Oder glaubt sie wirklich, dass ein Wort von mir sie von allen ihrem Schmerz befreien kann? Kann sie nicht sehen, dass sie trauert, weil sie blind ist und getäuscht wird von ihrer Schande *(shame)?*

> Oh, maybe she just has to sing,
> For the sake of the song
> And who do I think that I am
> To decide that she's wrong.

Nichts ist, was es zu sein scheint. Vielleicht beginnt sie eines Tages einzusehen, dass, wenn sie ihre Träume aufgibt, alles was sie sagt, nur Lügen sind. Und wann wird sie sehen, dass Gewinnen nur heißt zu verlieren? Alles was sie mir bietet, sind ihre Ketten und die kann ich nicht annehmen.

Sie belügt sich nur selbst. Sie liebt es, sich einzureden, dass da etwas ist, was sie mit ihrem Stolz verteidigen müsste. Und ich habe nicht vor, bei ihr zu stehen und der Freund zu sein, vor dem sie sich verstecken muss. Aber vielleicht muss sie ja einfach nur singen und hat gar kein Lied. Alle Vermutungen wären nichts als Selbsttäuschung.

> Oh, maybe she just has to sing,
> For the sake of the song
> And who do I think that I am
> To decide that she's wrong
> Oh, maybe she just has to sing.

Das romantische Liebesideal sieht weder eine Trennung noch eine einsame Bildung je für sich vor. Aber längst scheidet nicht erst der Tod die Beziehung und oft endet die gemeinsame Reise vor der Zeit, die zu Beginn gar keine Rolle spielte. Der Aufbruch der Liebe beginnt mit der Phantasie des gemeinsamen Weges, der an keine Kreuzung kommt und auch deswegen überwältigend ist.

Manche Frauen in den Liedern von Townes Van Zandt haben Namen, Loretta, Kathleen oder Marie, aber was er auch über sie singt, es entspricht nie dem Ideal. Es sind Namen für Affären, Sehnsüchte und unerfüllte Träume, morbide wie in *Kathleen,* frivol wie in *Loretta* und elegisch wie in *Marie,* einem Lied geschrieben aus dem Elend, für die Liebe und mit dem Tod. Durch das Lied erhalten diese

Erfahrungen eine Stimme und sind dann ‚Kristalle im Sand', wie es in *Kathleen* heisst[46].

In dem Lied Buckskin Stallion Blues *wird gefragt:* „If love can be and still be lonely// Where does that leave me and you?" Das Lied, bekannt durch den Film *Three Billboards Outside Ebbing, Missouri* (2017), geht auf das ein, was nach einer unglücklichen Liebe einem Mann zu wünschen übrig bleibt, einen Hengst zu zähmen und wegzureiten, im Morgenlicht davon zu segeln oder doch auf die ewige Liebe zu warten, nachdem man gerade versucht hat, sie zu vergessen.

„Von der Skepsis erlöst", hielt Nietzsche in der *Morgenröthe* fest, aber meinte damit nicht das Verhältnis von Liebe und Wahrhaftigkeit, von dem man sich nicht erlösen kann. „Aus Liebe" sind wir „Hehler und Stehler, welche mehr wahr sein lassen, als uns wahr scheint" (Nietzsche 1980, 284 f.), eben weil sich jede Skepsis durch Liebe – oder was man dafür hält – überwältigen lässt.

In *Come Tomorrow* beschreibt Townes Van Zandt, wie schnell es mit der gemeinsamen Reise vorbei sein kann, weil keine emotionale Brücke mehr hält und der Weg hinüber zur anderen Seite verbrannt ist. Morgen ist man dann nur noch auf sich selbst verwiesen, ohne dass es eine Befreiung wäre.

> Could it be the season's changin'
> the winds of winter rearranging
> all the leaves like fallin' queens of sorrow
> Could be the freezing rain a-fallin'
> could be sad September callin'
> or maybe its knowin' she'll be gone
> Come tomorrow
>
> Well, it's strange how many tortured mornings
> fell upon us with no warning
> lookin' for a smile to beg and borrow
> It's over now, there is no returning
> a thousand bridges sadly burning
> and light the way I have to walk alone
> Come tomorrow

Cole Porters Lied *True Love* aus dem Film *High Society* (1956) gibt die Illusion wieder, zeitlos lieben zu können und nur das als die ‚wahre' Liebe zu bezeichnen. Bing Crosby und Grace Kelly spielen, dass sie sich wiederfinden, nachdem sie sich getrennt hatten, und erst jetzt das erleben, was sich jeder wünscht. Zugleich weiß jeder, dass es nur eine Szene in einem Film ist.

In dem Song *Baby Please Don't Go* von Big Joe Williams (1935) bittet er sie zu bleiben und nicht zu ihrem Mann zurückzukehren, aber nicht um jeden Preis:

---

[46] „Cristallisation" ist der Grundbegriff in Stendhals *De l'Amour*. Damit ist gemeint des Festhalten am Perfektionsideal: „C'est l'opération de l'esprit, qui tire de tout ce qui se présente la découverte que l'objet aimé a des nouvelles perfections" (Stendhal 1857, 5).

> Before I be your dog
> Before I be your dog
> Before I be your dog
> I get you way'd out here, and let you walk alone

Dieser lakonische Ton zeichnet auch den weißen Blues aus. ‚Lakonisch' meint nicht nur karg und trocken, sondern ebenso verletzlich und impliziert den Verzicht auf jegliches Pathos, das doch gerade die Liebe immer wieder abverlangt. Aber das Leben muss man mit selbst abmachen.

Das letzte Lied, das Townes Van Zandt je gehört und mitgesungen hat, war *Lost Highway* von Leon Payne in der Version von Hank Williams. Das geschah auf der Fahrt eines Todkranken zurück nach Hause, der wusste, dass er nur noch wenige Tage zu leben hatte (Eggers und McCullough 2018, 170). Townes Van Zandt starb mit 52 Jahren am 1. Januar 1997 nach einem Leben auf der Straße voller Drogen, Exzesse und vergeblichen Versuchen, sesshaft zu werden.

Beide, Payne wie Williams, stehen ihrerseits für ein Leben *on the road* und das amerikanische Bildungsideal der ungebundenen Freiheit ohne einen ständigen Ort, doch das Lied von Payne enthält eine Warnung, was die Straße aus dem Ideal machen kann:

> I'm a rollin stone all alone and lost
> For a life of sin I have paid the cost
> When I pass by all the people say
> Just another guy on the lost highway

5 On the Road

Das bekannteste Lied von Townes Van Zandt handelt von zwei Banditen, *Pancho and Lefty,* frei assoziierbar mit Pancho Villa und Lefty Frizzell, dem mexikanischen Revolutionär und dem Sänger aus Texas, der mit neunzehn Jahren im Gefängnis gesessen hat.[47] Die Geschichte, die das Lied erzählt, ist die eines Verrats, aber es beginnt mit einer Hoffnung. Pancho verlässt seine Mutter, in der Erwartung frei zu sein. Aber was er dann findet, ist einfach nur die Straße, die stählernen Trucks und das Benzin, das auf den Atem schlägt.

> Livin on the road my friend, is gonna keep you free and clean
> Now you wear your skin like iron
> Your breath as hard as kerosene

Keine Spur mehr von Jack Kerouacs *On the Road* (1957), jenem amerikanischen Bildungsroman, der die Perspektive der Außenseiter kultiviert und das authentische Leben ohne den *way of life* der bürgerlichen Gesellschaft stilisiert, getrieben von Be Bop, Drogen und Sex, aber nicht auf den Wegen der Banditen.

---

[47] Frizzell war ein frühes Vorbild für Townes Van Zandt (Hardy 2008, 21).

Vielleicht war es die ironische Brechung von Kerouacs Idee des Ausbruchs, wenn es in der ersten Zeile heißt: Das Leben auf der Straße wird dich ‚frei und rein' halten, aber vielleicht ist es auch nur die Hoffnung, von den Drogen loszukommen. Frei und sauber wird man *on the road* nie und in diesem Sinne lässt sich auch das Leben verstehen, wenn es wie ein Highway erscheint.[48]

In dem Lied *Highway Kind* heißt es: Meine Tage sind wie ein Highway, sie kommen, um zu gehen. Das Fortgehen ist mir egal, aber nach dem Ankommen sehne ich mich. Lass die Sonne auf den Grund strömen und halte stand für den Schatten, schau', wie er in die Nacht wächst und den Himmel füllt, wenn der sich dreht. Zeit unter den Pinien fühlt sich an wie ein Atemzug. Gewöhnlich gehe ich auf den Straßen und sage zu mir, dass ich mich in Acht nehmen muss. Manchmal glaube ich mir und manchmal höre ich gar nicht zu. Manchmal wird mich der Zustand, in dem ich gerade bin, nicht loslassen.

Nun, ich weiß nicht zu viel, das wahr ist. Aber mein Herz weiß, wie es schlagen muss. Meine Beine wissen, wie man jemanden liebt und meine Stimme weiß, wie sie klingen muss. Doch wo ist man, wenn sich der Kreis schließt?

Shame that it's not enough
Shame that it is a shame
Follow the circle down
Where would you be?

Die Frage kann man auch mit der Kernfrage der Bildung verbinden: Was für ein Wissen braucht man im Leben und warum ist es nie genug? Die aristokratische Reise nimmt die Erfahrung auf dem Weg als Quelle des Wissens, für eine Pilgerreise steht das notwendige Wissen bereits fest und die Straße braucht keinen Rucksack des Wissens, mit dem legitimiert wurde, warum die Schule dem Leben dient, was ihr nicht erst seit Pestalozzi immer abgesprochen wurde.

Fraternity Blues ist eine Satire auf die akademische Bildung. Townes Van Zandt hat als Student einschlägige Erfahrungen machen müssen, auch im Blick auf seine psychische Gesundheit. Er war nach einer Diagnose, die ihm eine bipolare Störung attestierte, vier Monate in stationärer Behandlung und wurde gezwungen, sich mit neunzehn Jahren einer ECT-Behandlung zu unterziehen, also einer ‚Elektrokrampftherapie', die bei schweren depressiven Störungen eingesetzt wurde (Eggers und McCullough 2018, 77).

Das Lied, ein Sprechgesang, beginnt mit einem ironischen Szenario der Umkehr: Ich beschloss, meine soziale Stellung zu verbessern und trat einer studentischen Bruderschaft bei. Ich strich mein Hemd glatt und unterschrieb das Formular. Von Anfang waren sie darauf aus, meinen Geist und mich zu verbessern, also wie ich mein Auto fuhr, welches Buch ich las, welches Essen ich aß, was ich trank und welche Mädchen mir den Atem verschlugen.

---

[48] Zahlreiche Berichte und Erzählungen von Reisen durch Amerika festigten das Ideal der Straße, etwa Mark Twains Erkundung des Westens in dem Reisebericht *Roughing It* (1872) oder F. Scott Fitzgeralds *The Cruise of the Rolling Junk* (1924). John Steinbecks *Travels with Charley* (1962) ist der Versuch, im Alter Amerika und seine Widersprüche zu erfassen.

Sie sagten zu mir, „Junge, wir mögen nicht, wie Du gehst und Du musst auch die Art ändern, wie Du redest". Und weiter sagten sie, „Deine Kleidung ist viel zu schmutzig *(sludge)* und deine Haltung erregt großen Widerwillen *(grudge)*". Dann: „Du musst lernen, Dich zu einer Blase zu bilden *(to bubble)* und das mit großer Leidenschaft". Also begann ich, zu einer Blase zu werden.

Und sie gaben mir einen Rat:

Most important thing you can't forget
Is learning the entire greek alphabet».
I never did really understand
That that's gonna make me anymore a man
But I learned it

I can whip through that son-of-a-beta backwards in five seconds.

Für die Straße braucht man das nicht, nur für die akademische Bildung und auch nur für eine, die es kaum noch gibt. Was man für die Straße wissen muss, erwirbt man unterwegs, und dort lernt man auch, was man vergessen kann, weil man es nicht braucht. Doch nur ein Hobo lebt für immer auf der Straße, nutzt die Güterzüge und hat kein Ziel, außer den Schienen zu folgen und sich die nächste Arbeit zu suchen.

Die vielen Songs über Hobos sind selten heroisch, sie beschreiben stattdessen die Not der Mütter, wenn sie ihre Söhne an die Straße verlieren[49] und sie sind fast immer bedrückend wie der *Hobo Bill Blues,*[50] den Townes Van Zandt 1973 im Whole Coffeehouse Minneapolis aufnahm und der von einem einsamen Tod erzählt, den niemand wahrgenommen hat. William Vollmann (2009) nannte das Hobo-Dasein nach einem Selbstversuch ein ‚amerikanisches Nachtbild'.

In dem Lied *White Freight Liner Blues* wird der Highway wiederum als Sehnsuchtsort beschrieben, an dem sich die Freiheit verwirklichen lassen soll, was sich historisch mit einer eigenen Kultur verbunden hat (McNally 2014). Aber in dem Lied ist klar, dass jeder Highway in die Irre führen und eine Reise auch von dem Gedanken der Rückkehr getrieben werden kann, jedenfalls wenn man noch etwas zu verlieren hat und sei es nur Erinnerungen.[51]

Es geht in dem Lied um Leben und Tod: Der Mann sagt, ich gehe raus auf den Highway und höre die Riesentrucks aufheulen. Ihr weißen Freightliner, kommt her und raubt mir den Verstand. Und lieber Gott, Mexiko wäre nicht schlecht, die Leute da behandeln dich gut. Aber aus Houston kommen schlechte Nachrichten,

---

[49] John Lee Hooker: *Hobo Blues* (1959).

[50] Der Song stammt von Waldo Lafayette O'Neill (1908–1980) und ist 1929 als *Hobo Bill's Last Ride* von Jimmie Rodgers aufgenommen worden.

[51] So auch in dem Lied *No Lonesome Tune*, das auch darauf eingeht, wie unwahrscheinlich – *hard to find* – eine gute, weil belastbare Beziehung ist.

die Hälfte meiner Freunde sterben. Und deswegen, lieber Gott, kehre ich zurück dorthin, von wo ich gekommen bin.

Die ersten Strophen von *I'll be here in the morning* beschreiben das näher:

There's no stronger wind
Than the one that blows
Down a lonesome railroad line
No prettier sight than lookin' back
On a town you left behind
There is nothin' that's as real
As a love that's in my mind
Close your eyes
I'll be here in the morning
Close your eyes
I'll be here for a while
There's lots of things along the road I'd surely like to see
I'd like to lean into the wind and tell myself I'm free
    But your softest whisper's louder than the highways call to me

Seit der Odyssee ist die Rückkehr das Wesentliche der Reise, egal wie lange sie dauert und wie viele Stationen sie hinter sich hat; aber seitdem ist auch damit zu rechnen, dass nichts mehr so ist, wie es zu der Zeit war, als der Aufbruch unausweichlich schien.

Eine romantische Vorstellung der Lebensreise kann das ausblenden, weil die nächste Liebe wartet und eine Rückkehr ausgeschlossen wird. Eine neue Liebe ist ein neues Versprechen, das Zukunft wieder öffnet und so geht man immer nur voran; das Neue jedoch verbraucht sich genau wie das Alte und die Frage ist, was man gewinnt, wenn nichts überdauert.

Dauer schrumpft zur Gegenwart und die kann jede Zukunft zunichtemachen. Der Phantasie eines ständigen und unbegrenzten Neubeginns sind also Grenzen gesetzt, solche der Enttäuschung und solche der Wiederholung. Gleichwohl bildet sich immer auch eine Strategie des Überlebens, den keine akademische Bildung je bieten könnte: „Every cruel day had its nightfall".[52]

Die Metapher der ‚Crossroads' ist im amerikanischen Blues tief verankert,[53] aber nicht für Kinder, für die es keinen ‚Blues' gibt. Tristesse war nie ein Erziehungsziel und wer den Highway als Lebensweg besingt, hat keine Kinder vor Augen. ‚On the road again' ist keine Kinderpoesie und ‚Crossroads' passen in kein pädagogisches Programm. Aber ein solches Programm bestimmt auch nicht die Erfahrung des Lebens, das sich selbst bilden und seinen eigenen Ausdruck finden muss. Leben folgt nicht der Kindheit und auch nicht den eigenen Erwartungen. Insofern ist es eine Reise ohne Umkehr.

---

[52] Townes Van Zandt: *Rake* (1971). Das Lied handelt vom Sterben eines Mannes, der mit den Frauen nach Belieben spielen konnte und bereut  anders als Don Juan.

[53] *Cross Road Blues* (Robert Johnson, 1937). Auch der Spielfilm *Crossroads* (1986) handelt vom Blues.

Literatur

Aubry, Carla, Michael Geiss, Veronika Magyar-Haas, und Jürgen. Oelkers, Hrsg. 2015. *Education and the state. International perspectives on a changing relationship*. London: Routledge.
Augustinus. 1987. *Bekenntnisse*. Frankfurt a. M.: Insel Verlag.
Augustinus. 2002. *Selbstgespräche. Von der Unsterblichkeit der Seele*. 3. Aufl. Düsseldorf: Artemis & Winkler.
Augustin. 2008. *Homélies sur la première épître de saint Jean. In Iohannis epistulam ad Parthos tractatus decem*. Paris: Institut d'Etudes Augustiniennes.
Bruder, Jessica. 2017. *Nomadland. Surving America in the twenty-first century*. New York: Norton.
Bunyan, John. 1678. *The pilgrim's progress from this world, to that which is to come: Delivered under the similitude of a dream wherein is discovered, the manner of his letting out, his dangerous journey; and safe arrival at the desired country*. London: Printed for Nath. Ponder.
Dickinson, Emily. 1961. *The complete poems*. New York: Back Bay Books.
Eggers Jr., Harold F., und Lawrence E. McCullough. 2018. *My Years with Townes Van Zandt. Music, Genius, and Rage*. Milwaukee: Backbeat Books.
Frost, Robert. 2013. *The collected poems*. London: Vintage Books.
Gardiner, John S. J. 1825. *Life a Journey, and Man a Traveller. A New-Year's Sermon, Preached at Trinity-Church, on January 4th, 1824, and, by Particular Desire, Delivered Again on January 2nd, 1825*. Boston: Samuel H. Parker.
Halliburton, Richard. 1935. *Seven League Boots*. Indianapolis: The Bobbs-Merrill Company.
Hardy, Robert Earl. 2008. *A Deeper Blue. The Life and Music of Townes Van Zandt*. Denton: University of North Texas Press.
Hieronymus, Eusebius. 1937. *Ausgewählte Briefe*. II. Briefband. München: Verlag Kösel-Pustet.
Holmes, Thomas Alan, und Roxanne Harde, Hrsg. 2013. *Walking the line. Country music lyricists and American culture*. Lanham: Lexington Books.
Household Stories. 1853. *Household Stories Collected by the Brothers Grimm Newly Translated. With Two Hundred and Forty Illustrations by Edward H. Wehnert*. London: Addey and Co.
Kierkegaard, Sören. 2019. *Die Krankheit zum Tode. Furcht und Zittern. Die Wiederholung, Der Begriff der Angst*. München: dtv.
Koster, Severin. 1978. Maximus Poetarum. *Rheinisches Museum für Philologie* 12 (3–4): 303–310.
Kruth, John. 2007. *To live's to fly: The Ballad of the Late, Great Townes Van Zandt*. New York: Da Capo Press.
Lamennais, Félicité Robert de. 1830. *Œuvres. Tome Deuxième*. Bruxelles: Demengeot et Goodman.
McNally, Dennis. 2014. *On Highway 61: Music, race, and the evolution of cultural freedom*. Berkeley: Counterpoint.
Montaigne, Michel de. 1965. *Essais. Livre Premier*. Paris: Gallimard.
Montaigne, Michel de. 2002. *Tagebuch der Reise nach Italien über die Schweiz und Deutschland von 1580 bis 1581*. Frankfurt a. M.: Eichborn Verlag.
Montaigu, Paul de. 1671. *Le jour du chrestien et l'idée générale des prédicateurs, sur les desseins des sermons, pour tous les jours de l'année*. Paris: Chez Denys Thierry.
Nietzsche, Friedrich. 1980. *Sämtliche Werke Kritische Studienausgabe*. Bd. 3. Hrsg. Giorgio Colli und Mazzini Montinari. München: Deutscher Taschenbuch Verlag.
O'Brien, Timothy J., und David Ensminger. 2013. *Mojo Hand. The Life and Music of Lightnin' Hopkins*. Austin: University of Texas Press.
Osols-Wehden, Irmgard. 1998. *Pilgerfahrt und Narrenreise. Der Einfluss der Dichtungen Dantes und Ariosts auf den frühromantischen Roman in Deutschland*. Hildesheim: Weidmann.
Ovid. 2011. *Briefe aus der Verbannung. Tristia. Epistulae ex Ponto*. 5. Aufl. Mannheim: Artemis & Winkler.

Peters, Richard. 1972. Education as Initiation. In *Philosophical Analysis and Education*, Hrsg. Reginald D. Achambault, 87–111. London: Routledge.

Rousseau, Jean-Jacques. 1959. *Œuvres Complètes. Tome I: Les Confessions*. Paris: Editions Gallimard.

Seneca, L. Annaeus. 2013. *De breviate vitae. Von der Kürze des Lebens*. Stuttgart: Reclam.

Stendhal. 1857. *De l'amour. Seule édition complète. Augmenté de préfaces et de fragments entièrement inédites*. Paris: Michel Levy Frères.

Vergil. 1983. *Aeneis*. 6. Aufl. Darmstadt: Wissenschaftliche Buchgesellschaft.

Vollmann, William T. 2009. *Hobo Blues. Ein amerikanisches Nachtbild*. Berlin: Suhrkamp.

Reisen an den Grenzen des Kapitalismus. Autobiografische Berichte über das Aussteigen und Verweigern

André Schütte

1 Einleitung

In ihrem Buch *Revolution für das Leben* untersucht die Philosophin Eva von Redecker zeitgenössische Formen des politischen Protests, die eine Befreiung von kapitalistischer Herrschaft fordern. Als „Aufstand der Lebenden gegen die Lebenszerstörung" kämpften die Protestbewegungen für die „Aussicht auf geteiltes, gemeinsam gewahrtes und solidarisch organisiertes Leben" (Redecker 2020, 10). Gegenüber diesen kollektiven Widerstandsformen sind derzeit auch individuell vollzogene Versuche beobachtbar, sich den Routinen und Zwängen kapitalistischer Vergesellschaftung zu entziehen. Immer mehr Menschen steigen zeitweise – mal mehr, mal weniger radikal – aus der Welt des Konsumierens aus, um gerechtere und solidarischere Weisen des Produzierens und Konsumierens zu entdecken. Und so hat sich im Feld der populären Literatur jüngst eine neue Gattung etabliert, die in Form von autobiografischen Berichten von jenen Ausstiegen erzählt. Ähnlich den von Redecker analysierten Protestbewegungen geht es auch den Konsumverweiger/innen um Fragen nach dem Preis des Überflusses westlicher Konsumgesellschaften: Bezahlen wir ihn mit persönlichem Unglück, sozialer Ungerechtigkeit und der Zerstörung natürlicher Lebensgrundlagen?

Für den Zusammenhang von Reisen und Bildung sind diese Berichte in zweierlei Hinsicht interessant: Obwohl hier dem buchstäblichen Reisen selbst keine herausgehobene Bedeutung zukommt, fällt *erstens* auf, dass die Autor/innen ihre Erfahrungen regelmäßig mittels Reise-Metaphern beschreiben. Sie werden z. B. als „Entdeckungsreise" beschrieben (Boyle 2012, 324), es fallen Vergleiche mit

A. Schütte (✉)
Department Erziehungswissenschaft, Universität Siegen, Siegen, Deutschland
E-Mail: andre.schuette@uni-siegen.de

Reisen in die Vergangenheit (Levine 2007, 46), und einmal werden sie sogar als Robinsonade gedeutet: „Ich fühlte mich wie Tom Hanks in ‚Cast Away'" (Kaller 2015, 103). Offensichtlich stellt das Bedeutungsfeld der Reise einen Sinnhorizont dar, der dazu geeignet scheint, den jeweiligen Erfahrungen eine adäquate Form zu geben. Der Konsumverzicht wird von den Aussteiger/innen dabei als Reise an die (und entlang der) Grenzen des Kapitalismus erlebt und beschrieben. Und wie das buchstäbliche Reisen, so ermöglichen auch die metaphorischen Reisen der Konsumverweigerung, Abstand zu alltäglichen Routinen, Denk- und Wahrnehmungsmustern zu nehmen und sich zu ihnen in ein Verhältnis zu setzen. Vor diesem Hintergrund erscheinen die Berichte dann *zweitens* aus bildungstheoretischer Perspektive interessant. Denn die Autor/innen berichten nicht selten von sie verändernden Erfahrungen, die mit ihren Experimenten einhergehen. Sie schreiben „über ein Jahr, das mein Leben verändert" (Kaller 2015, 5) bzw. eine „komplette Umstellung meiner Lebensweise" bewirkt hat (Boyle 2012, 303). Eine mögliche politische Dimension solcher Veränderungserfahrungen wird deutlich, wenn man mit von Redecker die Bedeutung des radikalen Wandels unserer alltäglichen Lebensmuster betont – sie nennt es das alltägliche ‚Leben für die Revolution', auf dem eine stete ‚Revolution für das Leben' basiert (Redecker 2020, 147 f.).

Können die Erfahrungen auf den Reisen in die Konsumverweigerung also als bildende Erfahrungen rekonstruiert werden? Welche Bedeutungen werden hierbei Konsum und Konsumverweigerung zugesprochen, und in welche Beziehung werden beide zueinander gesetzt? Lassen die Reisen an den Grenzen des Kapitalismus Möglichkeiten eines anderen Lebens erkennen, oder werden selbst im Konsumverzicht Kapitalismus und Konsum noch einmal bestätigt? Um diese Fragen beantworten zu können, frage ich zuerst (2) nach Zusammenhängen von Bildung und Reisen, bevor ich dann anhand dreier Beispiele die Erfahrungen und Entwicklungen der Konsumverweiger/innen bildungstheoretisch analysiere. Hierbei frage ich auch nach dem jeweiligen Verhältnis von Privatem, Ökonomischem und Öffentlichem/Politischem (3).

2 Bildung und Reisen

Ich möchte zwei Bildungstheorien heranziehen, die den Zusammenhang von Bildung und Reisen auf unterschiedliche Weise denken. Hierbei handelt es sich zum einen um die im Neuhumanismus geprägte Vorstellung von Bildung und deren paradigmatische Veranschaulichung durch Goethes Italienreise. Zum anderen ziehe ich die Vorstellung von Bildung heran, wie sie Platon im siebten Buch seiner *Politeia* anhand des Höhlengleichnisses ausarbeitet. Der Weg des Befreiten aus der Gefangenschaft in der Höhle ins Freie und wieder zurück wird hier – jedenfalls in der Übersetzung Schleiermachers – als „Reise" bezeichnet (Platon 1990, 519c).

Wilhelm von Humboldt zufolge meint Bildung den Prozess der „Verknüpfung unsres Ichs mit der Welt zu der allgemeinsten, regesten und freiesten Wechselwirkung" (Humboldt 1960a, 235 f.) mit dem Ziel der „höchste[n] und proportionirlichste[n] Bildung seiner Kräfte zu einem Ganzen" (Humboldt 1960b, 64). Damit ist ein Prozess des Übergangs des Menschen auf die Welt gemeint, in dem durch die eröffnete „Mannigfaltigkeit der Ansichten" (Humboldt 1960a, 237) eine „innere[] Verbesserung und Veredlung" (ebd., 235) stattfindet. Da sich der Mensch nur durch vielfältigen Umgang mit der Welt bilden kann, darf ihm der Kontakt zur Welt nicht eingeschränkt werden. Bildung benötigt eine „Mannigfaltigkeit der Situationen": „Auch der freieste und unabhängigste Mensch, in einförmige Lagen versetzt, bildet sich minder aus" (Humboldt 1960b, 64).

Vor diesem Hintergrund bildet die Reise einen prototypischen Anlass zur Selbstbildung: Man lässt die alltäglichen Lebensmuster hinter sich, um woanders neue Eindrücke sammeln und neue ‚Verknüpfungen' mit der Welt eingehen zu können. In diesem Sinne ist auch Goethes Italienreise (1786–1788) zu verstehen. Goethe reist in eine andere Welt, um diese auf sich einwirken zu lassen und sich hierdurch als Individuum neu zu konstituieren. Denn Goethe leidet unter seinem Leben in Weimar: „Die Sache ist, daß ich wieder Interesse an der Welt nehme, meinen Beobachtungsgeist versuche und prüfe, wie weit es mit meinen Wissenschaften und Kenntnissen geht […], und ob die Falten, die sich in mein Gemüt geschlagen und gedrückt haben, wieder auszutilgen sind" (Goethe 1976, 35). Er will eine Lebenskrise überwinden und sich in Italien seiner selbst neu vergewissern. In diesem Sinne zielt die Reise darauf, vermittels neuer Erfahrungen mit der Welt das eigene Selbst auf eine neue und bessere Art erfahren und gestalten zu können. Der Plan geht auf: „Im Rom hab´ ich mich selbst zuerst gefunden, ich bin zuerst übereinstimmend mit mir selbst glücklich und vernünftig geworden" (ebd., 700).

Gegenüber dieser Position, die Bildung als Weg individueller Selbstverwirklichung versteht, veranschaulicht Platons Höhlengleichnis ein Verständnis von Bildung, in dessen Verlauf Selbst und Welt radikal in Frage gestellt werden. Das Gleichnis gibt eine ausführliche Beschreibung der Gewaltförmigkeit und der Widerstände, die der Befreite seinem Bildungsgang entgegenstellt. Weil er in sein Leben in Gefangenschaft zurückkehren möchte, muss er beim Aufstieg durch den „unwegsamen und steilen Aufgang" (Platon 1990, 515e) aus der Höhle ans Tageslicht geschleppt werden. Unter Schmerzen muss er sich an die neue Situation gewöhnen. Die Distanz zu seiner „ersten Wohnung" (ebd., 516c) und der dort gültigen Ordnung lässt ihn aber die Bedingungen und Begrenztheit seines bisherigen Lebens erkennen. Sein vormaliges Leben wird ihm fremd: Er würde sich „alles eher gefallen lassen, als so zu leben" (ebd., 516e). Dennoch bleibt er nicht oben, sondern kehrt zurück. Nun muss er sich wieder an die Höhlensituation gewöhnen. Aber ihm wird die Möglichkeit einer bruchlosen Partizipation an seiner ehemaligen Lebensform und dem gemeinsamen Leben versagt: Man würde ihn „auslachen und von ihm sagen, er sei mit verdorbenen Augen von oben zurückgekommen und es lohne nicht, daß man auch nur versuche hinaufzukommen" (ebd., 517a).

Käte Meyer-Drawe hebt in ihrer Interpretation des Höhlengleichnisses die schmerzvollen Momente von Bildung im Sinne eines Elements von „Unsicherheit, einer wohlbegründeten Orientierungsschwäche" hervor (Meyer-Drawe 2015, 122): „Auf dem Spiel stehen die Geborgenheit im Vertrauten und der Einklang mit sich selbst. […] Die zurückgebliebenen Höhlenbewohner sehen jemanden vor sich, der nicht mehr weiß als sie, sondern im Hinblick auf ein sorgenfreies Leben sogar noch weniger" (Meyer-Drawe 2008, 50).

Vor diesem Hintergrund lässt sich der Zusammenhang von Bildung und Reisen auf zweierlei Weise deuten. Hierbei ist zum einen die Frage nach dem Selbst- bzw. Anderswerden, zum anderen aber auch die Frage nach der Privatheit bzw. dem Politischen von Bildung relevant: Mit Humboldt und Goethe kann die Bildungsreise als Weg eines Menschen in neue Verhältnisse beschrieben werden, durch deren Erfahrung Menschen zu sich selbst finden können. Bildung und Reisen erscheinen hier als individuelle Angelegenheiten und werden dementsprechend strikt im Privaten verortet. Demgegenüber kann mit Platon die Bedeutung der Bildungsreise in der Eröffnung anderer Sichtweisen auf sich und die Welt gesehen werden: Statt der Verwirklichung des Selbst steht hier die Infragestellung von Selbst und Welt im Fokus. Das macht Bildung (und die Bildungsreise) zugleich zu einer potenziell über das Individuum hinausgehenden Sache, die auch soziale Zusammenhänge betrifft. Denn insofern es Bildung in diesem Sinne ermöglicht, die öffentlichen Angelegenheiten „aus dem Tritt zu bringen und so die […] Frage nach ihrem Anders-möglich-sein aufzuwerfen" (Grabau 2017, 165), kann man hierin eine politische Dimension im Zusammenhang von Bildung und Reisen erkennen.

3 Konsumverzicht als Bildungsprozess?

Vor diesem Hintergrund werde ich nun drei Berichte über Konsumverweigerung bildungstheoretisch analysieren. Hierbei handelt es sich um *Der Mann ohne Geld* von Marc Boyle (3.1), *Ich kauf nix!* von Nunu Kaller (3.2) und *No Shopping!* von Judith Levine (3.3). Ich frage hierbei, wie die Berichte auf aktuelle Diskurse des Zusammenhangs von Konsum, Moral und Politik antworten.

3.1 Mark Boyle: Der Mann ohne Geld

Der britische Geschäftsmann Mark Boyle beschließt nicht aus heiterem Himmel, ein Jahr lang ohne Geld zu leben. Er ist schon lange überzeugt, dass Geld die menschlichen Beziehungen zerstört. Deshalb hatte er bereits die ‚Freeconomy Community' gegründet, in der Dinge und Fähigkeiten geteilt statt verkauft werden. Trotz des großen Erfolgs des Projektes entschließt sich Boyle zum geldfreien Leben. Er rechtfertigt seinen Entschluss mit der Dringlichkeit, mit der globale Herausforderungen wie Klimawandel und Erdölknappheit angegangen werden müssten: Wie könne man „davon ausgehen, dass es hierfür moderate Lösungen" gibt (Boyle 2012, 36)?

Nach einiger Vorbereitungszeit kündigt Boyle sein Bankkonto und seine Wohnung. Mit Fahrrad plus Anhänger, selbstgebautem Ofen, Solarmodul, Laptop, Prepaid-Handy zum Empfangen von Anrufen sowie einem selbstgebauten Kompostklo zieht er in einen ihm überlassenen Wohnwagen. Ihn stellt er auf die Wiese eines Biobauernhofes außerhalb von Bristol auf. Im Gegenzug verpflichtet er sich, drei Tage wöchentlich auf dem Hof mitzuarbeiten. Lebensmittel sammelt er entweder direkt in der Natur, bezieht sie über Abfälle von Supermärkten, baut sie selber an oder tauscht sie ein.

Boyle ist an Aufmerksamkeit gelegen: Den Beginn seines Experiments leitet er mit einem Fest ein, bei dem er 150 Menschen mit einem ausschließlich aus Abfällen und gesammelten Lebensmitteln bestehenden Drei-Gänge-Menü bekocht. Boyle will seine „Botschaft" (ebd., 88) in zahllosen Interverwies verbreiten, was sich im Laufe des Jahres auch nicht ändert.

Ein typischer Tag in Boyles geldlosem Leben verläuft so: Frühstück, Nahrungssuche und Morgentoilette sowie Pflege und Verwaltung des Freeconomy-Netzwerkes und Frühsport zwischen fünf und halb neun Uhr morgens. Bis fünf Uhr nachmittags Arbeit auf dem Bauernhof und Abendessen. Danach entweder zu einer Verabredung in die Stadt fahren oder Holz hacken und Schreibarbeit. Abends einen Spaziergang durch die Felder sowie Liegestütze und Lektüre.

Städtische Lebensformen empfindet er als „an sich unvertretbare Lebensmodelle" (ebd., 123). Er hat sogar das Gefühl, Städter hätten „ihren Verstand verloren" (ebd., 299). Demgegenüber beschreibt er seinen Alltag als beglückende Form, „im Einklang mit der Natur zu leben" (ebd., 131). Probleme ergeben sich, wenn die Grenze vonseiten der Zivilisation überschritten wird. Ein Beispiel: Ein Bach mit verschmutztem Wasser tritt über die Ufer und verunreinigt sein Gemüsebeet. In der Folge muss er sich neue Nahrungsquellen beschaffen, öfter mit dem Rad in die Stadt fahren, um dort gegen Essensspenden zu arbeiten. „Ohne Geld zu leben, war nicht so schwer, wie ich es mir zu Anfang vorgestellt hatte, aber dies in einer Gesellschaft zu tun, die nur vom Wunsch nach immer mehr getrieben wird, fühlte sich an, als würde ich gegen einen starken Strom schwimmen" (ebd., 288 f.). Boyle fühlt nur dann „echte Befreiung" und sich „am lebendigsten", wenn „niemand in der Nähe" ist und er sich „weitab vom Stress des modernen Lebens" in der „freien Natur" aufhält (ebd., 260).

Boyle feiert das Ende seines Experiments mit einem noch größeren Fest als zu Anfang und beschließt, weiterhin längstmöglich ohne Geld zu leben. Von den Erlösen seines im Laufe des Jahres entstandenen Buches möchte er zudem ein Stück Land kaufen, um das geldlose Leben nun auch sozial zu verwirklichen: „Die Gemeinschaft wird auf denselben Prinzipien basieren wie die Online-Freeconomy-Community und mein Jahr ohne Geld" (ebd., 294).

Wie sind Boyles Erfahrungen bildungstheoretisch zu deuten? Boyle setzt sich einer ‚Mannigfaltigkeit von Situationen' aus, tritt hierbei aber gerade *nicht* in freie Wechselwirkung mit der Welt, sondern nutzt diese lediglich zum Zwecke der

Steigerung seiner selbst. Während Goethe auf seiner Reise etwas sucht, will Boyle gar nichts Neues, sondern vor allem Selbstbestärkung finden. So stellt er zwar sein Leben unter neue Bedingungen, aber es ist nicht zu erkennen, dass er sich im Zuge dessen verändert. Boyles Experiment ist keine Bildungsreise, sondern ein einjähriges Kompetenztraining, das die Fähigkeiten zum geldlosen Leben ausdifferenziert, optimiert und sie sogar zu den Grundpfeilern und Prinzipien einer ganzen Sozialidee verallgemeinert. Boyles Prinzipien können die von ihm diagnostizierte „extreme Distanziertheit" (ebd., 19) kapitalistisch geprägter Welt- und Mitbeziehungen keineswegs überwinden. Nicht nur zieht sich Boyle aus der geldvermittelten Welt zurück, sondern hält sich auch souverän von ‚den Leuten' fern (ebd., 152). Auch diejenigen, die seine Idee teilen, werden nur insofern erwähnt, als sie der Durchsetzung seiner Ideen dienen. Insofern schreibt Boyle nicht nur von seinem geldlosen, sondern vor allem von seinem welt- und mit-menschenlosen Leben.

Boyle reproduziert aber auch das, was er eigentlich überwinden möchte. Auch ihm geht es vor allem darum, „erfolgreich" zu sein (ebd., 101). Überhaupt betreibt Boyle in seinem Buch vor allem Werbung in eigener Sache. Das Buch will nicht berichten, sondern überzeugen: Es ist von einer an Actionfilme erinnernden Dramaturgie durchzogen. Zudem gibt Boyle permanent praktische Tipps für ein geldloses Leben und wendet sich regelmäßig wie ein Verkäufer suggestiv an die Leser/innen. Boyles Experiment ist also nicht nur ein Versuch, ohne Geld zu leben, sondern Teil des Produktionsprozesses einer Ware. Der Widerspruch, dass Boyle in einem käuflichen Produkt sein geldloses Leben propagiert, bleibt ihm zwar nicht verborgen. Er rechtfertigt ihn damit, dass er zur Gründung einer geld-losen Gemeinschaft Geld benötigt. Auch zu Beginn benötigt Boyle Geld, um sein Experiment realisieren zu können (z. B. für das Solarmodul und den Ofen). Doch durch seinen ‚Erfolg' braucht er mehr Geld. Auch Boyle ist also vom „Wunsch nach immer mehr getrieben" (ebd., 289). Dabei macht Boyle sich selbst erfolg-reich zu einem Produkt, nämlich zum ‚Mann ohne Geld'.

Der Sozialphilosoph Zygmunt Baumann schreibt über Prozesse der Selbstkommodifizierung Folgendes: *„Die Mitglieder der Konsumgesellschaft sind selbst Konsumgüter*, und es ist die Eigenschaft, ein Konsumgut zu sein, die sie zu vollwertigen Mitgliedern jener Gesellschaft macht" (Baumann 2009, 77). Folgt man Baumann, markiert Boyles Austritt aus der Konsumgesellschaft paradoxer-weise seinen Eintritt in sie.

3.2 Nunu Kaller: Ich kauf nix!

Der Anblick ihrer Schmutzwäsche lässt die österreichische Journalistin Nunu Kaller über ihre Konsumroutinen nachdenken. Sie ist eine „leidenschaftliche Shopperin" (Kaller 2015, 38), doch die Ausmaße ihres Hobbys wachsen ihr über den Kopf. Sie besitzt mehr Kleidungsstücke als nötig und hat mittlerweile auch den Überblick über ihren Bestand verloren: „Die schiere Menge meines Kleiderbestandes wiegt tonnenschwer auf meinen Schultern" (ebd., 39). Das Kleiderkaufen gibt ihr einen „Kick" (ebd., 13) – und bei diversen internationalen Textilketten gibt es modische Kleidung günstig zu kaufen: „Meistens denke ich schon an mögliche nächste Einkäufe, während ich ein neues Stück zu Hause gerade mal erst auspacke" (ebd.). Das soll sich nun ändern. Sie entscheidet, ein Jahr lang keine Kleidung zu kaufen, um ihr Verhältnis zum Konsum zu ändern. Gleichzeitig möchte sie sich über die Produktionsbedingungen in der Textilindustrie informieren, Stricken und Nähen lernen, um Kleidung selber zu machen, sowie zum Ausmisten Kleidertauschpartys organisieren.

Neben den umweltschädlichen Implikationen der gesteigerten Baumwollproduktion und -distribution lernt Kaller die ausbeuterischen Verhältnisse kennen, in denen Bauern und Näherinnen in Niedriglohnländern arbeiten. Dass diese Strukturen durch das Konsumverhalten der Wohlstandsländer ermöglicht werden, findet sie „unmoralisch" (ebd., 119). Deshalb eignet sich Kaller neue Praktiken der Produktion an: Sie näht eine Handtasche, einen Rock, eine Hose und einen Mantel. Das Stricken eines Pullovers macht sie „einfach nur glücklich" (ebd., 212), und für das fertige Produkt wird sie in einem Modegeschäft sogar gelobt. Trotzdem stellt sie der Konsumverzicht immer wieder vor Versuchungen: „Und dann das: dieses Kleid. Tiefer Ausschnitt, bodenlang, leichter, fließender Stoff. [...] Gute zehn Minuten stehe ich vor der Auslage und könnte heulen vor lauter Drang, dieses Kleid in meinen Besitz zu bringen" (ebd., 131). Aber Kaller widersteht. Im Nachwort ihres Buches beschreibt sie, dass sie von nun an nur noch kauft, wenn sie Neues braucht – und dann vermehrt biologisch und fair produzierte Mode. Außerdem strickt sie regelmäßig. Kaller resümiert: „Die Shoppingdiät war eine Herausforderung – und seit sie vorbei ist, ist mein Leben als kritische Konsumentin mindestens ebenso herausfordernd, wenn nicht sogar anstrengender. Aber: Ich bin glücklich" (ebd., 250).

Kallers Entwicklung von der ‚leidenschaftlichen Shopperin' zur ‚kritischen Konsumentin' kann als Bildungsweg im Sinne des Neuhumanismus verstanden werden: Sie verlässt die ‚einförmigen Lagen' ihrer Shopping-Routinen und setzt sich einer ‚Mannigfaltigkeit von Situationen' aus. Hierdurch erweitert sie ihr Wissen, lernt neue Praktiken sowie eine Vielzahl neuer Menschen kennen und gewinnt so insgesamt eine neue Haltung in Bezug auf das Konsumieren. Auch Kaller plagen – wie Goethe – anfangs ‚Falten im Gemüt': Sie gibt zu, „ein Problem" zu haben und darunter zu leiden (ebd., 13). Doch auch sie findet im Laufe der Zeit zu sich selbst: Sie fühlt sich „innerlich beruhigt, weil ich spüre, wo mein Weg hingehen soll" (ebd., 145).

Gleichwohl: Kallers Begehren nach dem Konsum wird lediglich auf andere Objekte verschoben und besteht strukturell weiterhin fort. Ein Beispiel aus einer Bio-Boutique: „Zögerlich schaue ich die Angebote durch – und da ist er: der dunkelblaue Rock, den ich schon im Sommer [...] bewundert habe [...]. Das ist ein Zeichen" (ebd., 230). Kallers grundlegendes Konsummuster, aus der Fülle möglicher Waren ein singuläres Produkt zu erspähen und es schicksalhaft mit der eigenen Person zu verbinden, ändert sich nicht. Ist es zuerst noch z. B. *„Der* Mantel" eines Textildiscounters (ebd., 26), so ist es später *„Das Teil"* einer

Bio-Designerin (ebd., 74), auf das sich ihr Begehren richtet. Eine grundsätzliche Änderung ihres Verhältnisses zum Konsumieren und zum eigenen Begehren ist nicht festzustellen. Auch als ‚kritische Konsumentin' bleibt Kaller ‚leidenschaftliche Shopperin'.

Kallers Entwicklung wird vor dem Hintergrund dessen verständlich, was der Soziologe Jens Hälterlein als zeitgenössische *Regierung des Konsums* beschreibt, die an der Neuorganisation des Sozialen und Öffentlichen beteiligt ist: Anstatt den Fokus politisch auf globale Interessenskonflikte und Umverteilungsmaßnahmen zu legen oder den Kapitalismus als Wirtschaftsprinzip zu hinterfragen, wird die Problematisierung des Zusammenhangs von sozialer und ökologischer Gerechtigkeit und Konsum zu einer Frage des individuellen Konsums gemacht. Nicht der Konsumverzicht, sondern der Kauf bestimmter – eben nachhaltiger – Produkte soll zu sozialem und ökologischem Wandel führen: „Die Bereitschaft der KonsumentInnen, Verantwortung für eine nachhaltige Entwicklung zu übernehmen, wird mit der Verheißung beworben, dass diese Gemeinwohlorientierung zugleich Freude bereitet und mit einem konsumorientierten Leben vereinbar ist" (Hälterlein 2015, 156). Damit aber verschieben sich nicht nur politische Probleme in das Feld ökonomischen Handelns, sondern auch das Verhältnis von Individuum und Staat ändert sich. Der Soziologe Thomas Lemke spricht von einer ‚Regierung durch Individualisierung', d. h. „der Verlagerung von Führungskapazität vom Staat weg auf ‚verantwortliche' und ‚rationale' Einzelne" (Lemke zit. nach Hälterlein 2015, 160). Ob ökologische und soziale Probleme jedoch tatsächlich lediglich von Einzelnen auf dem ökonomischen Feld und ohne einen grundlegenden Wandel der Produktionsweisen und Konsumgewohnheiten gelöst werden können, bleibt zumindest fraglich. Die gesteigerte Nachfrage nach nachhaltigen Produkten macht eine Industrialisierung der Produktion nötig, die vergleichbare ökologische Konsequenzen nach sich ziehen kann wie in der konventionellen Produktion. Und auch die sozialintegrative Kraft nachhaltigen Konsumierens kann bezweifelt werden. Der Sozialwissenschaftler Sighard Neckel spricht diesbezüglich in dreierlei Hinsicht von ‚ökologischer Distinktion': „Als kulturelle Grenze repräsentiert sie ein exklusives Wissen über die Bedeutung von Nachhaltigkeit; als sozialökonomische Grenze die materielle Überlegenheit von Sozialschichten, die sich Bio-Konsum und Öko-Nischen leisten können. Als moralische Grenze symbolisiert sie den ethischen Wert einer Lebensführung, die sich als vorbildlich versteht und unverantwortliches Handeln in strenger Weise missbilligt" (Neckel 2018, 72).

All dies lässt sich auch bei Kaller beobachten. Sie kann es kaum erwarten, nach ihrem shoppingfreien Jahr endlich bei „diversen ökofairen Boutiquen, die ich entdeckt habe, einkaufen zu gehen" (Kaller 2015, 208). Und sie beschreibt die Sorge um Ausbeutung und Umweltzerstörung nicht als politisches Problem, sondern konsequent als Gegenstand der Verantwortung des Privatkonsums: „Es liegt an jedem selbst, ein kritischer Konsument zu werden" (ebd., 235). Vor diesem Hintergrund erwacht auch Kallers Distinktionsbewusstsein, das die Abgrenzung etwa zu den ‚Modemädchen' (ebd., 130) oder denjenigen, die sich in ‚Ausreden flüchten' (ebd., 235), sucht. Stolz moniert Kaller, wie viele Menschen „so selten wirklich reflektieren und zufrieden sind" (ebd., 200). Kallers Experiment kann damit als ein weitgehend unpolitischer Selbstsorgeversuch gelesen werden. Die von ihr gewählte Bezeichnung ‚Shopping-Diät' ist insofern passend, als ihr Buch einen Prozess beschreibt, durch den ihr *formloses* Kaufverhalten durch eigene Anstrengung in die geregelten Bahnen einer sozial akzeptierten und gewollten ‚guten Form' überführt wird. Kallers Buch zeichnet ein anschauliches Bild zeitgenössischer konsumbürgerlicher Subjektivität, die für sich moralische Vorbildlichkeit reklamiert, dabei aber zumeist blind ist für die Widersprüche, in die ihr Lebens- und Konsumstil verwickelt ist.

3.3 Judith Levine: No Shopping!

Am Tag nach den Anschlägen des 11. September fordert der New Yorker Bürgermeister Rudolph Giuliani die Bevölkerung auf: ‚Show you are not afraid, go shopping!' Der Selbstversuch der amerikanischen Autorin Judith Levine, gemeinsam mit ihrem Partner Paul ein Jahr lang nur das zu kaufen, was sie für notwendig erachtet, fällt in eine Zeit, in der das Konsumieren geradezu als patriotische Pflicht ausgegeben wird: „Die freie Wahl des Verbrauchers – das sei Demokratie. Jeder ausgegebene Dollar sei eine Wählerstimme für den American Way of Life" (Levine 2007, 8). Das macht Levine skeptisch. Sie fragt sich einerseits, was es für das Zusammenleben bedeutet, wenn sich Bürger/innen in erster Linie als Konsument/innen verstehen, ob es andererseits aber überhaupt möglich ist, sich dem Markt zu entziehen. Am Beginn von Levines Experiment steht eine Vision: „Ich sehe einen schwülstigen, in rosafarbenes Licht getauchten Zeichentrick-Himmel; Brian Enos wohltuende Klangkomposition ‚Music for Airports' ertönt im Hintergrund. Vor mir sehe ich nichts als Leere – keinen Matsch, keine Familie, kein Ketchup. Keine Kreditkarten, keine Einkaufstaschen. Kein Shopping" (ebd., 13).

Als sich die Imagination lichtet, beginnt die Irritation: Levine, die abwechselnd in ihrer New Yorker Eigentumswohnung und in einem Haus im ländlichen Hardwick, Vermont, lebt, muss erkennen, dass sie zwar mehr als nötig besitzt, aber trotzdem nicht angeben kann, was genau für sie zum Nötigen gehört und was nicht. Dementsprechend ist es eine permanente Aufgabe, die Regeln des Selbstversuchs eindeutig zu bestimmen. Nichtsdestoweniger meidet Levine im Laufe des Jahres die kommerzielle Sphäre. Stattdessen besucht sie kostenlose Konzerte oder Dichtervorlesungen und offene Werkstätten. Sie tritt einer Lebensmittelkooperative bei, besucht das ‚Simple Life Network' und lernt einen radikalen Konsumaussteiger kennen. Hier stößt sie jedoch auf den Widerspruch, dass auch das simple Leben sich kaum ohne Konsum bestreiten und dementsprechend gut vermarkten lässt, z. B. als Lifestyle für ‚Organic Professionals' (Oppies): „Wenn der Lebensstil dieser *Oppies* umweltfreundlich sein soll, ist das ja sehr schön, aber in erster Linie zielt er wohl darauf ab, *oppie*freundlich zu sein" (ebd., 176 f.). Levine entdeckt den Preis der Konsumfreiheit: Man schließt sich einer Bewegung an, „die anfängt, den Leuten zu sagen, daß sie nichts mehr begehren sollen" (ebd., 110), während man dabei im Wettbewerb, „wer der bessere Märtyrer ist", auf einen „Sockel der selbsternannten Überlegenheit" steigt (ebd., 194). Sie fragt sich, ob eine kritische Konsumhaltung möglich ist, ohne zugleich das Begehren nach Dingen also solches moralisch zu verwerfen. Neben den Schwierigkeiten, sich dem Markt zu entziehen, entdeckt sie aber auch die Probleme steigender Privatisierung gesellschaftlicher Aufträge: In einer öffentlichen und chronisch unter Budgetkürzungen leidenden Bücherei meldet sie ein Buch von Marcel Mauss als vermisst und wird Zeugin, wie der Bibliothekar den entsprechenden Eintrag löscht. Auch im privaten Buchhandel wird sie nicht fündig. Hier mangelt es aber nicht an Geld, sondern an Nachfrage.

Vor dem Hintergrund all dieser widersprüchlichen Erfahrungen endet Levines Selbstversuch mit einer anderen Vision als er begonnen hat:

> Ich träume nicht mehr vom shoppingfreien Himmel mit Brian-Eno-Musik […]. In meinem Himmelreich gibt es Gesetze und Richtlinien, die sowohl der Zerstörung von Arbeitern und der Umwelt als auch der Selbstzerstörung der Verbraucher – zumindest teilweise – entgegenwirken. Die Leute werden immer noch Pullover haben wollen, denn der Wunsch nach Neuem wird nie ganz verschwinden. Aber einen Pullover zu kaufen wird keine Frage der Moral mehr sein – und ihn nicht zu kaufen wird nicht mehr einer moralischen Verdammung gleichkommen (ebd., 266f.).

Levines Selbstversuch kann als ein Bildungsgang im Sinne Platons verstanden werden. Levine selbst beschreibt, dem Höhlengleichnis nicht unähnlich, ihren Versuch als Ortswechsel von drinnen nach draußen, und zwar von kommerziellen in nicht-kommerzielle Räume: „Nun, da ich mich nicht mehr so häufig innerhalb von Gebäuden befinde, um einzukaufen, zu essen und Filme oder Theaterstücke anzusehen, halte ich mich viel auf den Straßen auf" (ebd., 77). Und Levine leidet – wie auch Platons Befreiter – zuerst unter diesem Wechsel: Sie spricht von „Panikattacken, Angstzustände[n], Depressionen", die sie hierbei ereilen (ebd., 15 f.). Konsumfrei fühlt sie sich „ausgeschlossen – aus meiner Stadt und aus der ganzen Welt" (ebd., 73), sodass sie sich wünscht, wieder in Geschäfte, Cafés oder Restaurants gehen zu können. Aber wie bei Platon, so wird sich jedoch auch Levine mit zunehmender Gewöhnung an die neue Situation über die Bedingungen und Grenzen ihrer bisherigen Lebensform bewusst: Sie erkennt, dass Identitäten im Kapitalismus „kommerzielle Konstrukte" sind (ebd., 80), die zugleich unser Imaginäres beeinflussen: „Phantasie bedeutet für uns ein Jaguar XJ8L, und unsere Vision einer perfekten Zukunft sind 1,25 Millionen Dollar auf dem privaten Rentenkonto" (ebd., 296). Vor diesem Hintergrund gewinnen für sie Imagination und Begehren politische Relevanz: „Die Vergnügen der Konsumkultur sind wahrhaftig zahlreich und köstlich. Doch im Vergleich zu dem, was wir uns vorstellen *könnten,* sind die Begierden der Konsumenten ausgesprochen fade" (ebd., 297).

Trotzdem kann Levine aber – entgegen dem Versprechen der Konsumverweiger/ innen – in den Gefilden fernab des Konsums ihr „authentisches Selbst" (ebd., 86) nicht finden. Sie erkennt: „Als Sterbliche, die wir in dieser furchteinflößenden

Welt dahintreiben, brauchen wir vielleicht eigene Dinge, um Halt zu finden" (ebd., 225). Levines Bildungsgang führt sie dementsprechend in eine ‚wohlbegründete Orientierungslosigkeit': In persönlicher Hinsicht erkennt sie, dass es schwieriger ist als gedacht, die eigenen „Bedürfnisse [zu] definieren" (ebd., 34), weil zwischen dem, „was notwendig […] [ist] und was nicht […] [,] nicht immer eine klare Grenze gezogen werden kann" (ebd., 288). Gleichzeitig lernt sie aber auch, dass vielleicht „allein schon die Freiheit, etwas zu begehren […], eine Notwendigkeit" darstellt (ebd., 110). Die Freiheit des Begehrens lernt Levine aber nicht nur in ihrer privaten, sondern auch in der Ambivalenz ihrer politischen Dimension kennen, und zwar als Ausgangspunkt der Frage und des Streits um das gemeinsame und gute Leben. Als in Hardwick ein Funkmast errichtet werden soll, beginnen zähe Diskussionen. Für die einen ist er „die Lösung eines Problems, von dem die Leute nur andeutungsweise ahnten, daß sie es hatten", nämlich: Mangel an Mobiltelefonen (ebd., 216). Für die anderen gefährdet er die Integrität und Qualität des ländlichen Lebens. Am Ende wird er gebaut, jedoch kleiner als geplant, und seine Nutzung wird zudem an gewisse Bedingungen geknüpft. Für Levine wird „Hardwick in gleichem Maße gewinnen wie verlieren. Wenn ich in diesem Jahr irgend etwas gelernt habe, dann, daß dieser Mischmasch das Beste ist, was man kriegen kann, wenn man konsumiert" (ebd., 281 f.).

Im Zuge ihres Selbstversuchs entdeckt Levine ein komplexes Beziehungsgeflecht zwischen privater, politischer und ökonomischer Sphäre. Für sie sind weder Privatheit noch Politik von der Ökonomie zu trennen, ohne dass zugleich aber beide in ihr aufgehen sollten. Aber gegenüber der Moralisierung des Konsums fragt sie sich, „ob durch die Reduzierung meines persönlichen Konsums noch irgend etwas anderes erreicht wird, als daß ich persönlich mich besser fühle" (ebd., 106). Zwar würde, „wenn viele Menschen so lebten, […] Mutter Erde vor Erleichterung aufseufzen. Doch selbst die wichtigsten Auswirkungen privater Sparmaßnahmen bleiben immer privat" (ebd., 291). Obwohl sie so das Private individuellen Konsums betont, weigert sie sich zugleich, „einzig die Rolle des Konsumenten einzunehmen" (ebd., 293). Hierbei betont sie den prinzipiellen Unterschied zwischen Konsumentin und Bürgerin: „Bürger zu sein bedeutet, Einfluß auf das ganze Bild zu nehmen. Es bedeutet, Richtlinien einzufordern und sich für eine Wirtschaft und eine Kultur einzusetzen, die Umweltzerstörung, Ausbeutung, Privatisierung und vor allem die Kommerzialisierung aller Wünsche und Sehnsüchte ablehnen" (ebd.). Indem Levine ihre „andere öffentliche Identität zurückforder[t]: die des Bürgers" (ebd.), entzieht sie sich der Subjektivierungsform Konsumbürgerin und der damit einhergehenden Identifizierung von politischem mit ökonomischem Handeln. Sofern man das Politische mit dem Philosophen Thomas Bedorf als dasjenige versteht, „was die Routinen der Politik stört und aus dem Gleis bringt" (Bedorf 2011, 46), kann man schließlich sagen, dass Levine im Zuge ihres bildenden Selbstversuchs Erfahrungen des Politischen macht.

4 Zusammenfassung

Die Fragen, ob die Versuche der Konsumverweigerung als bildende Erfahrungen verstanden werden können, und ob diese Ausstiegsversuche andere als kapitalistisch grundierte Welt-, Mit- und Selbstverhältnisse aufzeigen, wurden mit Blick auf die untersuchten Berichte unterschiedlich beantwortet:

So schafft es Marc Boyle nicht, sich den Widersprüchen kapitalistischer Vergesellschaftung zu entziehen. Vielmehr veranschaulicht er, dass man als ‚Unternehmer seiner selbst' auch geldlos reüssieren kann. Boyle erzählt keinen Bildungsprozess, sondern die Geschichte seiner Selbstoptimierung in die Selbstkommodifizierung hinein, der es keineswegs an heroischem Pathos mangelt: „Das Beschreiten des Pfades zu geldlosem Leben ist, als würde man sich um Mitternacht ohne Laterne in einen Urwald begeben" (Boyle 2012, 322).

Demgegenüber vollzieht Nunu Kaller einen Bildungsprozess im Sinne des Neuhumanismus. Während sich Goethe auf seiner Italienreise einer ‚Mannigfaltigkeit an Situationen' aussetzt und so zu sich selbst findet, geschieht dies bei Kaller via ‚Shopping-Diät'. Das macht sie glücklich und stolz: „Da ist es wieder, dieses Tom-Hanks-Gefühl (ein Ausdruck, der es inzwischen in meinen fixen Sprachgebrauch geschafft hat): Hab *ich* gemacht! *Ich!*" (Kaller 2015, 221 f.). Hierbei ist Kaller aber blind für die Verbindungen kritischer Konsummuster und nachhaltiger Lebensstile mit aktuellen Regierungsformen und Machtkonstellationen.[1]

Beide Berichte führen also keineswegs aus den Selbstverständlichkeiten kapitalistischer Regierung heraus, sondern im Gegenteil unbemerkt in sie hinein, was sie zugleich auf eine spezifische Weise unpolitisch macht.

Judith Levine hingegen erfährt im Zuge ihres Selbstversuches eine Infragestellung ihrer bisherigen Welt- und Selbstverhältnisse. Ihr Bildungsgang lässt sie nicht sich selbst oder andere Gewissheiten finden, sondern all dies fremd werden. Er kann damit aber auch als Prozess gelesen werden, durch den sie sich nicht nur in ein neues Verhältnis zu ihren eigenen Wünschen und Begierden setzt, sondern in deren Fraglichkeit und Veränderbarkeit sie zugleich auch deren politische Relevanz erkennt. Gleichzeitig kann Levines Bildungsgang als Prozess der Entsubjektivierung beschrieben werden, der sich den Appellen umfassender Moralisierung und Politisierung des Konsumierens entzieht. Im Gegensatz zu Boyle und Kaller kann er deshalb mit guten Gründen als kapitalistische Grenz-Erfahrung, als ein Reisen an die und entlang der Grenzen des Kapitalismus beschrieben werden. Die politische Dimension ihres Selbstversuchs zeigt sich darin, dass er ihr ermöglicht, grundlegende Zusammenhänge des zeitgenössischen Kapitalismus nachzuvollziehen und nach deren möglichem Anders-Sein zu fragen.

---

[1]Zudem wird an diesem Beispiel deutlich, dass die systematisch auf das Ich bezogene und programmatisch auf Selbstverwirklichung ausgerichtete neuhumanistische Bildungstheorie diesen durchaus problematischen Formen zeitgenössischer Gouvernementalität nichts entgegensetzen kann.

Die Erfahrungsberichte sind aber nicht nur bildungstheoretisch aufschlussreich. Sie lassen zugleich auch Rückschlüsse auf das zeitgenössische Reisen zu:

Zum einen legen sie ein weites Reise-Verständnis nahe. Reisen meint hier nicht vordergründig den Weg und Aufenthalt an einem entfernten Ort. Es wird hier vor allem als zeitweiser Ausstieg aus Konsumroutinen im Sinne der Verweigerung eingefahrener kapitalistisch vermittelter Welt-, Anderen- und Selbstverhältnisse verstanden. Zum anderen werden hier unterschiedliche Reise-Typen sichtbar: Erstens die Optimierungsreise (Boyle), die vorhandene Kompetenzen steigert und bestehende Einstellungen festigt. Zweitens die Reise als therapeutisch motivierte Auszeit (Kaller), die ungeliebte Verhaltensweisen ändert und das lädierte Selbstbewusstsein stärkt. Drittens die Reise als Ungewissheitserfahrung (Levine), die die vermeintliche Selbstverständlichkeit einer Lebensform zur Debatte stellt – ohne jedoch handliche Alternativen in Aussicht zu stellen. Darüber hinaus lassen die Berichte Rückschlüsse über Möglichkeiten und Grenzen der Kommerzialisierbarkeit solcherart Reisens zu: Während eine touristische Vermarktung der ersten beiden Reise-Typen durchaus vorstellbar ist, gilt für die Reise als Ungewissheitserfahrung wohl auch, was Meyer-Drawe zu Platons Bildungsvorstellung schreibt: Es scheint „rätselhaft", wie jemand hierfür „auch noch Geld bezahlen will" (Meyer-Drawe 2008, 44).

Zuletzt möchte ich fragen, wie die Reiseberichte in sozial- und kulturtheoretischer Hinsicht zu bewerten sind. Hierbei interessiert mich vor allem der Erkenntniswert der Berichte in Bezug auf die zeitgenössische Rolle und Bedeutung von Konsum und Konsumverzicht:

Insofern alle drei Autor/innen ihre Erfahrungen durchweg als abenteuerliches Wagnis beschreiben, erscheint die Kritik des Kulturwissenschaftlers Wolfgang Ullrich an der Verweigerungsliteratur berechtigt, die Autor/innen würden sich „als Helden feiern" (Ullrich 2013, 96), nur weil sie sich ein wenig in Verzicht übten. Denn der „Schuldzusammenhang des Privileges", in den sich Bildung notwendig verstrickt (Adorno 1975, 79 f.), wirkt auch in der Konsumaskese fort: Das Wenige weiß vor allem zu schätzen, wem die Fülle selbstverständlich ist. Den vielen Menschen, die an der Armutsgrenze leben, wird es wohl zynisch vorkommen, dass akademisch gebildete Verweiger/innen ihre Askese als exzeptionelle Eigenleistung stilisieren. Für sie ist ein weitgehend konsumloses Leben kein Ideal, sondern oft bittere alltägliche Realität. Höhere moralische Weihen dürfen sie hierfür nicht erwarten. Denn im Gegensatz zur Askese der Privilegierten gilt ihr Konsumverzicht und der damit verbundene Lebensstil sozial als nicht anerkennungsfähig.

Insgesamt ist deshalb dem Ethnologen Hans-Peter Hahn zuzustimmen, dass man die soziale und kulturelle Dimension des Konsums „am besten von peripheren oder subversiven Positionen aus" erkennt (Hahn 2008, 30). Die Berichte über Konsumverweigerung bestätigen das. Auch sie bleiben – auf unterschiedliche Weise – stets auf den Konsum bezogen und bestätigen damit dessen grundlegende Bedeutung für die Gegenwart. Hierbei geben sie zudem zu erkennen, dass und wie Konsum ein Feld „von Auseinandersetzungen um gesellschaftliche Ordnungsentwürfe" darstellt (Hälterlein 2015, 13).

Vielleicht aber gilt zusammenfassend auch – und damit möchte ich schließen – für die Reisen in die Konsumverweigerung, was Jean-Jacques Rousseau über den Zusammenhang von Reisen und Bildung sagt (Rousseau 2004, 98): Über die Frage, ob reisen bildet, lässt sich streiten. Was aber, wenn wir *nicht* reisten?

Literatur

Adorno, Theodor W. 1975. Theorie der Halbbildung. In *Gesellschaftstheorie und Kulturkritik,* Theodor W. Adorno, 66–94. Frankfurt a. M.: Suhrkamp.

Baumann, Zygmunt. 2009. *Leben als Konsum.* Hamburg: Hamburger Edition.

Bedorf, Thomas. 2011. Die politische Differenz und die Kontingenz der Ordnung. *Ethics & Politics* XIII (1): 46–56.

Boyle, Mark. 2012. *Der Mann ohne Geld. Meine Erfahrungen aus einem Jahr Konsumverweigerung.* München: Goldmann.

Goethe, Johann Wolfgang von. 1976. *Italienische Reise.* Frankfurt a. M.: Insel.

Grabau, Christian. 2017. Bildung als Kunst, sich zu entziehen. Vom Verweigern, Desertieren, Abfallen und Aussteigen. In *Bildung und Teilhabe. Zwischen Inklusionsforderung und Exklusionsdrohung,* Hrsg. Ingrid Miethe, Anja Tervooren und Norbert Ricken, 157–177. Wiesbaden: Springer VS.

Hahn, Hans-Peter. 2008. Konsum und die Ethnographie des Alltags: Eine fragwürdige Ästhetik der Dinge. In *Konsumguerilla. Widerstand gegen die Massenkultur?* Hrsg. Birgit Richard und Alexaner Ruhl, 21–31. Frankfurt a. M.: Campus.

Hälterlein, Jens. 2015. *Die Regierung des Konsums.* Wiesbaden: Springer VS.

Humboldt, Wilhelm von. 1960a. Theorie der Bildung des Menschen. In *Schriften zur Anthropologie und Geschichte*, Wilhelm von Humboldt, Werke in fünf Bänden. Bd. I, Hrsg. Andreas Flitner und Klaus Giel, 234–240. Darmstadt: Wissenschaftliche Buchgesellschaft.

Humboldt, Wilhelm von. 1960b. Ideen zu einem Versuch, die Gränzen der Wirksamkeit des Staats zu bestimmen. In *Schriften zur Anthropologie und Geschichte,* Wilhelm von Humboldt, Werke in fünf Bänden, Bd. I, Hrsg. Andreas Flitner und Klaus Giel, 56–233. Darmstadt: Wissenschaftliche Buchgesellschaft.

Kaller, Nunu. 2015. *Ich kauf nix! Wie ich durch Shopping-Diät glücklich wurde.* Köln: Kiepenheuer & Witsch.

Levine, Judith. 2007. *No Shopping. Ein Selbstversuch.* Köln: Kiepenheuer.

Meyer-Drawe, Käte. 2008. Höhlenqualen. Bildungstheoretische Provokationen durch Sokrates und Platon. In *Bildungsphilosophie. Grundlagen, Methoden, Perspektiven,* Hrsg. Rudolf Rehn und Christina Schües, 36–51. Freiburg: Herder.

Meyer-Drawe, Käte. 2015. Lernen und Bildung als Erfahrung. Zur Rolle der Herkunft in Subjektivationsvollzügen. In *Bildung und Macht. Eine kritische Bestandsaufnahme,* Hrsg. Eveline Christof und Erich Ribolts, 115–132. Wien: Löcker.

Neckel, Sighard. 2018. Ökologische Distinktion. In *Die Gesellschaft der Nachhaltigkeit. Umrisse eines Forschungsprogramms*, Sighard Neckel, Natalia Besedovsky, Moritz Bodenberg, Martina Hasenfratz, Sarah Miriam Pritz und Timo Wiegand, 59–76. Bielefeld: transcript.

Platon. 1990. Politeia. In *Sämtliche Werke*, Platon, Hrsg. Ernesto Grassi unter Mitarbeit von Walter Hess. Bd. 3: Phaidon, Politeia. Hamburg: Rowohlt.

Redecker, Eva von. 2020. *Revolution für das Leben. Philosophie der neuen Protestformen.* Frankfurt a. M.: Fischer.

Rousseau, Jean-Jacques. 2004. *Emile oder Über die Erziehung.* Stuttgart: Reclam.

Ullrich, Wolfgang. 2013. Alles nur Konsum. Kritik der warenästhetischen Erziehung. Berlin: Wagenbach.

Printed by Printforce, the Netherlands